国家出版基金项目
NATIONAL PUBLICATION FOUNDATION

智慧教育发展丛书
黄荣怀/主编

智慧教育
迈向教育2050的路径

黄荣怀 著

SMART EDUCATION: PATHWAYS TOWARD EDUCATION 2050

教育科学出版社
·北京·

丛书序言

随着新一轮科技革命的加速演进，新兴数字技术的发展给人类的生产、生活与思维方式带来了根本性、基础性、颠覆性的影响，表现为生产方式的转变与产业结构的调整、人类生存状态与生活图景的重塑和全球创新版图的重构。智能技术驱动的科技进步引发了社会结构的改变，教育作为最重要的社会子系统之一，必须洞悉时代需求，做出回应时代发展的积极变革。教育的教学组织形式与服务模式正在发生巨变，呈现出与科技深度融合的趋势和加速变革的特征。

纵观人类的发展历史，我们从农业时代、工业时代到如今的数字时代，每个时期的教育都有其特定的历史背景，也有其所追求的教育智慧。时代的发展与科技的进步推动着人才需求结构与人才培养目标的变化，驱动着教育的顺应与调整。当前，数字教育已经成为国际关注的焦点，推动实现教育数字化转型是当下教育改革与发展的关键内容。全球教育正面临国际竞争加剧、气候环境危机与生成式人工智能快速演进等带来的严峻挑战，迫切需要充分发掘数字革命的力量。世界各国都在积极制定教育数字化发展战略，以应对现实挑战并助力实现《2030 年可持续发展议程》目标。响应国际教育发展趋势，中国政府在联合国教育变革峰会上承诺，将进一步实施《中国教育现代化 2035》，优先发展教育事业，发展更加公平包容的优质教育，培养适应未来社会的新一代，构建全民终身学习的教育体系，积极推进教育数字化转型，并不断扩大国际教育交流与合作。

《中国教育现代化 2035》是新时代推进教育现代化、建设教育强国的纲领性文件，系统谋划了我国教育现代化的战略愿景，为我国教育变革指明了前路。文件提出要加快信息化时代教育变革，强调利用现代技术加快推动人才培养模式改革，实现规模化教育与个性化培养的有机结合。党的二十大报告指出："推进教育数字化，建设全民终身学习的学习型社会、学习型大国。"这是以习近平同志为核心的党中央确定的新时代"实施科教兴国战略，强化现代化建设人才支撑"目标任务中，关于教育创新的具有前瞻性、全局性的重要战略决策。《教育强国建设规划纲要（2024—2035 年）》进一步明确要"建设学习型社会，以教育数字化开辟发展新赛道、塑造发展新优势"，提升终身学习公共服务水平、实施国家教育数字化战略以及促进人工智能助力教育变革。

推进面向全民终身学习的学习型社会和学习型大国建设，教育数字化转型是关键手段——教育数字化是学习型社会和学习型大国的核心组成部分。教育数字化转型是从战略层面进行系统规划，在教育系统中实施全要素、全流程、全业务和全领域的数字化进程，扩大"人人皆学"的覆盖范围、拓宽"处处能学"的空间广度、延展"时时可学"的时间尺度，从而构筑满足全民终身学习需求、开放灵活、可持续发展的学习型社会。面对我国教育现代化的宏伟目标和教育改革发展的核心问题，更应发挥教育数字化作为教育发展新赛道和新优势的突破口作用，全面推进教育数字化战略行动，为实现教育现代化目标提供有效支撑。

作为教育数字化转型的目标形态，智慧教育的发展目标是在技术与教育深入融合的基础上，促进教育理念、教育过程、基础环境、评价方式、管理模式等发生全面转型，以驱动教育深层次、系统性变革，从而引领教育系统走向整体革新。智慧教育是一种由学校、区域或国家提供的以高学习体验、高内容适配和高教学效率为特征的教育行为（系统），它能利用现代科学技术为学生、教师和家长等提供一系列差异化的支持和按需服务，能全面采集并分析参与者群体的状态数据和教育教学过程数据来促进公平、持续改进绩效并孕育教育的卓越。随着技术与教育的深度融合，智慧教育展现出全新的特征，体现为一个国家或区域智慧教育生态的表现性特征和智慧教育系统的建构性特征。智慧教育的表现性特征反映了人们对智慧教育作为"发展目标"的共同愿景，层层递进、相互关联，立体化、全景式地描绘了智慧教育生态的应然图景，遵循共识性、指向性和稳定性原则，具体表现为以学生为中心的教学、全面发展的学习评估、泛在的智慧学习环境、持续改进的教育文化和对教育包容与公平的坚守。智慧教育的建构性特征则反映了智慧教育“实践取径”的任务与使命，与教育数字化转型同频共振，系统性、具象化地指明了智慧教育建设的实践方向，符合操作性、阶段性和多样性原则，具体表现为积极性学生社交社群建构、教师发展的优先支持计划、合乎科技伦理的技术应用、可持续的教育改革规划和有效的跨部门跨域协同。

智慧教育生态的构建是持续的、生成的和变革的过程，需要前瞻性的顶层设计、多主体的协同联动、技术供给与教育场景需求的持续互动与演进、科技与教育系统性融合的效能转换等，以形成以人为本、具有韧性、可持续的未来教育格局。为促进我国教育数字化转型与智能升级，全面构建智慧教育新生态，助力建设教育强国，亟须挖掘智慧教育学术价值，展示和提炼人工智能教育与教育数字化转型的实践经验，增强对未来教育的解释力和指导性。

我们组织有关专家共同编写了“智慧教育发展丛书”，具有理论著作、典型案例、专家访谈录等多种形式，涵盖了智慧教育基础理论、师生数字素养、学习分析技术、智能化测评、智慧教育案例、教育数字化治理等诸多方面。期待丛书能为教育决策和管理部门、教育研究工作者以及一线校长和教师提供相关参考和指导。

黄荣怀

2025 年 6 月

序　一

教育是新兴技术落地应用的关键场域。技术的持续进步正推动教育工具、手段与模式的更新，为提升教育质量、优化教育结构、促进教育公平提供有力支撑。当前，人工智能、物联网、虚拟现实、5G 等新一代信息技术正广泛应用于教育教学之中，推动教育从传统形态向更加智能化与个性化方向转型，以适应新时代对育人方式提出的新要求。

在多种技术力量与教育改革动能的交汇推动下，智慧教育逐步成为全球教育发展的重要趋势。智慧教育强调从根本上重构教与学的结构性关系，推动教育教学活动从局部的工具性应用，迈向涵盖课程设计、交互方式、管理机制和评价体系的全流程系统性重构。在智慧教育的支撑技术体系中，人工智能、大数据与虚拟现实技术发挥着核心作用。特别是虚拟现实技术，正从具备“沉浸感、交互性、构想性”三大特征的 VR 1.0，向具备六大特征的 VR 2.0 方向演进。在原有三大特征基础上，VR 2.0 进一步强调“智能化、互通性、迭代性”，实现人机交互和内容生成的智能化，打通虚拟与现实之间的多源数据联通，随物理对象状态的变化，虚拟对象进行实时同步更新，为构建动态、拟真的教育空间提供重要技术支撑。随着这类虚实融合环境的日渐成熟，学习的时空边界将进一步得到拓展，延伸至虚实交织的多元场域，贯穿家庭、学校与社会等多个场景与节点。通过虚拟化身、数字孪生、远程实时交互等方式，学习者得以在高度沉浸、真实模拟、深度交互的环境中实现知识建构与能力提升，学习过程变得更加主动化、个性化与协同化。

智慧教育的兴起不仅是教育领域自身的技术演化结果，也与全球教育发展的战略趋势高度一致。当前，世界主要国家和国际组织普遍围绕“2050 年教育愿景”进行前瞻布局，试图通过技术系统重构来应对人工智能演进、人口结构变化与社会组织模式转型等深层挑战。在这一背景下，智慧教育已成为全球共识性选择，也是未来教育发展的主要方向。面对这股变革浪潮，我国亟须主动作为，系统谋划，加快构建具有中国特色、发展引领性与国际影响力的智慧教育体系。根据《教育强国建设规划纲要（2024—2035 年）》的战略部署，我国启动了国家教育数字化战略行动，迈向智慧教育新阶段，建立人才培养新标准，探索教育变革新路径。围绕国家智慧教育平台建设、终身学习公共服务能力提升、人工智能赋能教学改革等核心任务，国家正在加快改革教育治理模式与教学组织结构，着力打造适应智能时代的教育新生态，为实现教育现代化与教育强国目标奠定坚实基础。

黄荣怀教授的著作《智慧教育：迈向教育 2050 的路径》正是在这样的时代背景下撰写而成。全书紧扣教育强国建设目标，回应国际社会提出的未来教育愿景，以系统思维描绘智慧教育的价值逻辑、理想图景与实践路径。书中指出，智慧教育具备“表现性”与“建构性”的双重特征，强调教育改革必须与数字社会的发展趋势同频共振，统筹技术伦理、社会公平与文化多样性等多重考量。在中国语境下，推进智慧教育不仅是落实国家教育数字化战略的重要任务，更是培养面向未来的高素质人才、建设全民学习型社会、增强国家教育综合实力的重要支点。本书既立足服务国家战略，也积极回应全球面向 2050 的教育发展共识，展现出对时代命题的深度回应与前瞻思维的有机融合。以“2050”为未来锚点，本书不仅提供了面向未来教育的系统性思考，更发出了关于教育变革的理性倡议与集体邀约。在数字化加速演进的背景下，教育依然是塑造未来的中枢力量。我们必须在推动技术创新的同时，持续推动教育理念的更新与治理逻辑的重构，为构建公平、开放、可持续的教育新生态汇聚共识，凝聚行动。

教育传承过去、造就现在、开创未来，是推动人类文明进步的伟大力量。期待更多的研究者和实践者携起手来，推动新技术与教育的融合创新，创造教育更加美好的未来！

是为序。

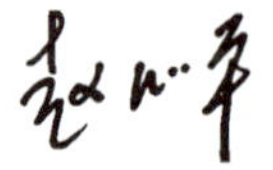

2025 年 7 月 15 日

序　二

数字技术正在深度嵌入社会各个层面，改变了信息的流动方式，也在持续重塑现实世界的组织逻辑与运行机制。互联网、数字化与人工智能的发展，催生出一种新的社会形态——网络社会。这一社会形态的显著特征，是虚拟现实的不断建构与扩展，为人们提供了一种区别于以往的工作空间与生活环境，也重塑了人们的交流方式、存在感知与自我认同结构。个体不再仅在物理社会中安置其社会角色，也在网络空间中获得多重映射与定位。由此，网络社会不仅改变了人类行为的表层结构，更深刻影响了个体的认知方式、社会关系、价值判断与成长，在教育领域引发了系统性变革诉求。

教育作为社会变革的重要一环，必须重新审视自身的功能定位与发展方式。从课程内容到教学方式，从学习方式到评价机制，从学校组织到育人逻辑，教育的各个维度都正被数字社会持续重构。它不再只是一个传授知识的封闭场域，而正在转化为一种引导机制，帮助个体在网络社会的多重镜像中辨识自我、在复杂世界中确立价值、在不确定现实中建构意义。在这一结构性转型中，教育的本质被重新激活：我们究竟要培养什么样的人，去面对怎样的社会？曾经由“教师—课堂—教材”构成的教育三角，正在被数据、平台、算法、智能体等新变量持续扩展。教育正从以线性传递为特征的教学逻辑，向以多方协同生成为特征的学习系统演化，学习者不再是信息的被动接收者，而是知识系统的参与者、建构者与再生产者。面向未来，教育变革趋势将持续深化，并将在 2050 这个已达成全球共识的长期目标节点上展现出更深层的系统性演化。这一演化进程将以人类命运共同体为基本视角，以教育的公共性与可持续发展为价值核心，重新审视教育应有的人文主义使命。教育的演进始终是一个漫长而深具价值导向的过程，必须以伦理原则为底线，以技术安全为前提，确保人在教育生态中的中心地位不被削弱。

正是在这样的结构性转型背景下，《智慧教育：迈向教育 2050 的路径》提出了一项具有系统性、前瞻性与理论深度的回应方案。它不仅回应了教育领域内部面临的挑战，也扩展了我们对于教育与社会、教育与技术之间关系的认知边界。作者及其所在团队将“智慧教育”置于教育强国建设进程、数字社会制度重构与全球教育治理变动的交汇点之上，搭建了具有理论建构力与实践指向性的分析框架。智慧教育所描绘的是一个面向未来的持续变革过程，是在智能时代背景下重塑教育形态、学习方式与育人机制的持续性变革路径。本书的一个重要贡献，是清晰地提出了智慧教育的“双重特征”——既作为发展愿景，具有表现性特征，描绘出未来教育的理想生态图景；也作为实践路径，具有建构性特征，提供了可操作、可推进的实践取径。这种从理念共识到结构逻辑的递进方式，使智慧教育不再停留在理念构思层面，而真正成为具有现实转化力的行动蓝图。在面向教育 2050 的全球图景中，智慧教育将成为支撑中国教育转型的重要抓手，有望塑造中国教育发展的战略品牌与国际表达标识，推动中国成为世界重要的教育中心之一，以理念、实践与技术引领力参与全球教育未来的共同建构。

本书从教育数字化转型的大背景切入，层层递进，依次展开对智慧教育理想样态、实践路径和未来图景的系统探讨，展现出跨越宏观政策与微观机制的理论张力。尤其在复杂的社会变迁背景下，本书强调教育系统如何提升“回应现实挑战”的能力，以及“建构未来可能”的方向路径。智慧教育，并非单纯的技术叠加，也不仅是对传统教育逻辑的渐进式延续，而是面向数字社会与智能时代的教育系统跃迁。它不仅关乎育人模式的转变，也深刻关联着个体主体性的形成与教育治理逻辑的调整。智慧教育是以“人为核心”的深度认知工程，是我们在技术高度渗透环境中对“教育之为教育”“人之为人”的重新思考。

今天，教育必须重新面对一个核心命题：如何在高度不确定与高度互联的社会结构中，确立人的价值、定义教育的意义？技术的演进加速了信息与资源的流动，也在不断重塑社会关系与个体认同的稳定性；信息创造了联通，但同时促使原有价值体系面临碎片化与多元竞争的深刻变革。面对这种复杂而深刻的变迁，教育亟须给出系统性的回应。智慧教育，作为数字教育发展的高端形态，正是在这一历史背景下应运而生，回应数字社会带来的挑战，整合智能技术、促进个体全面发展与推动教育系统智能跃迁，代表了未来教育转型的重要方向。相信《智慧教育：迈向教育 2050 的路径》的出版，将为智慧教育的发展提供理论支撑，也将在重新定位教育功能、重建教育结构、重塑教育文化的过程中，引发更加广泛而深入的社会对话。

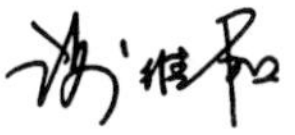

2025 年 6 月 25 日

序　三

人类因教育而文明，教育因科技而发展。随着以人工智能为代表的数字技术突飞猛进，人类步入信息社会，教育的理念、体系、内容、范式、治理正在发生深刻变化。工业文明孕育的传统学校教育体系，其标准化、同质化的固有基因已难以承载新质生产力及新型生产关系的要求。以人工智能为代表的前沿技术，正重塑人类的认知范式和学习样态。从“能存会算”到“能听会说”“能思考会理解”，人工智能系统正在模拟甚至替代人类大脑在记忆、识别、推理等方面的基本功能。技术的指数级跃迁与人机协同的深度融合，使传统教学范式和教育组织形态面临重新定义的挑战，更催生教育理念的系统性更新与教育制度的深层变革。

智慧教育跻身全球教育发展的核心议程。当前，推进教育数字化转型、探索智慧教育路径，已成为各国面向未来教育发展的共同议题。智慧教育是时代变革中的未来教育新形态，区别于工业时代教育的基本结构，超越以往“技术 + 教学”的局部优化逻辑，更强调教育结构与功能的协同再造，是面向人类未来的整体性系统改革。在数据密集与智能涌现的环境中，学习已不再是线性的知识获取，而演化为一种信息筛选、意义生成与社会协同并存的复杂过程。教育的核心功能也随之发生深刻转变，从“知识灌输”走向“能力建构”与“价值引导”。

智慧教育也因此被赋予全新的时代使命。它不是对既有模式的延伸和修补，而是教育范式的根本性跃迁，不断拓展教育的边界、方法与未来想象，成为数字社会背景下推动教育高质量发展的关键引擎。其旨在打破以学校为中心、以课堂为主场、以教师为单一主体的教育边界，推动家庭、学校与社会多元协同，重构育人方式、教学场域与知识结构，构建起一个“人人皆学、处处能学、时时可学”的高质量、个性化终身学习体系。面对全球教育演进趋势和国际组织提出的面向 2050 的未来教育愿景，中国亟须提升自身在全球教育治理中的影响力，成为具有强大辐射力的世界重要教育中心。当前，依据《教育强国建设规划纲要（2024—2035 年）》的战略部署，我国正以发展智慧教育作为重要抓手，系统推进教育体系的深度变革。围绕提升终身学习公共服务水平、实施国家教育数字化战略、促进人工智能助力教育变革等关键任务，国家正加快构建适应智能时代的智慧教育生态体系，持续深化技术赋能教育的模式创新，推动智慧教育的高质量发展。这不仅为教育现代化筑牢根基，更为迈向教育强国目标提供了坚实支撑。

黄荣怀教授的《智慧教育：迈向教育 2050 的路径》正是在这一时代背景下应运而生。该书立足服务教育强国建设的国家战略，力图专业展望全球面向 2050 的教育愿景。作者及其所在团队以战略高度与系统视角，清晰呈现了智慧教育的价值基础、结构特征与建构路径，既回应了当前教育强国建设的战略诉求，也积极对话国际社会在教育未来发展上的共识与挑战。书中提出，智慧教育具有“表现性”与“建构性”双重特征，展现了从理念共识到路径行动的系统结构，也强调教育改革必须与数字社会演化同频共振，兼顾技术伦理、社会公平与文化多样性，展现了对教育本质的深刻洞察。在这一意义上，智慧教育不仅是教育体系自身的跃迁，更是国家整体现代化战略的重要组成部分。

在中国教育发展语境中，智慧教育的推进不仅服务于国家教育数字化战略目标，更承载着构建全民终身学习型社会、培育适应未来社会新人、提升国家教育服务能力和全球竞争力的多重使命。通过制度创新、技术支撑与文化传承的协同发力，中国的智慧教育探索不仅将为本国教育变革注入强劲动力，也将为全球教育共同体贡献具有普遍价值的中国方案。如今，人类命运共同体理念日益深入人心，教育变革不能囿于一国一域，智慧教育的发展需要全球社会的共建与共享。在应对数字时代的不确定性、服务数字社会的建设过程中，如何培养面向未来的数字公民，是摆在全人类面前的共同课题——这不仅关乎能力的培养，更关乎价值的认同与社会的可持续发展。

智慧教育是世界大势，更是时代所趋。本书以“2050”为时间锚点，并非空泛的远景构想，而是对教育未来的深度回应，更是对集体思考的诚挚邀请。它试图为我们打开一扇认知窗口，也铺设一条实践路径，提醒我们在技术浪潮与社会巨变中，教育依然是穿透时代、连接希望的轴线。教育是面向未来的系统工程，智慧教育则是其在数字时代的高端形态。在新的历史周期中，我们需要的不仅是技术的迭代，更是教育理念与治理逻辑的深层革新。

愿本书能够激发更多思考、汇聚更多行动，推动构建更加公平、包容、灵活、可持续的教育新生态，共同书写通往教育2050的中国实践与全球答卷。

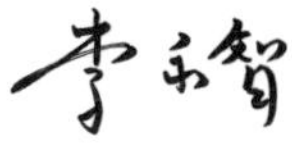

2025年7月9日

前　言

回顾工业革命以来人类社会的发展历程，技术始终是驱动社会结构变革与经济形态跃迁的核心力量。每一次技术革命不仅重塑了生产生活方式，更深刻重构了国家竞争力的形成逻辑与人类文明的演进路径。当今世界正处于百年未有之大变局，全球性挑战呈现出高度系统化与复杂化的态势——气候危机持续加剧，技术革新日益颠覆既有秩序，全球治理体系面临重构挑战，劳动力市场与知识结构正在深刻演化。这些态势交织着，不断冲击既有制度与文化认同体系，也催生出全新的社会期待与价值诉求。在这一充满不确定性与系统性风险的时代背景下，教育作为社会变革的核心力量和重要驱动力，其战略价值日益凸显。它不仅是应对社会动荡与不稳定的关键支点，更是支撑未来制度构建与达成伦理共识的重要基础。因此，重塑教育的形态与功能，已成为国际社会的共同战略议题。

国际社会亟须以更加系统和前瞻的方式审视教育的未来。围绕“教育如何回应 21 世纪中叶的挑战”这一根本问题，联合国教科文组织发起了以 2050 年为时间坐标的全球行动倡议，推动形成关于教育未来的集体想象与多边对话。“教育 2050”并非对远景的线性描绘，而是一种面向多元未来的可能性设想，承认世界各地认知方式与发展路径的多样性，也呼唤面向未来的共同行动。在这一框架下，教育被重新定义为连接人类共同命运、支撑生态文明与社会可持续的基础系统，必须以公平、团结、责任与同理心为原则，重塑面向未来的新型教育范式。它所关涉的不仅是学习本身，更是对人类如何共处、如何协作、如何持续演进的根本追问。

面对“教育 2050”所映射的全球共识与共同挑战，中国作为推动构建人类命运共同体的重要力量，正以系统视野和战略定力积极回应时代召唤。当前，伴随全球格局的深刻调整，我国经济与科技发展的外部环境与内在条件正在发生深层重塑。在这一充满不确定性的历史阶段，教育在国家现代化进程中展现出强大的确定性力量，成为引领社会持续发展的核心引擎和战略支柱。尤其在智能时代背景下，新一代信息技术进入创新密集迭代期，前沿技术不断重构人类生产生活方式，也深刻推动传统教育理念、模式与生态的系统变革。技术的加速创新迭代迫切需要我们在变局中把握机遇，推进前沿技术与教育的深度融合，构建开放、包容、适应智能时代需求的教育体系。在此背景下，我国踏上了现代化强国建设的新征程。中国政府响应国际教育发展趋势和联合国教科文组织“教育的未来”倡议，于 2022 年联合国教育变革峰会上郑重承诺，将进一步实施《中国教育现代化 2035》，优先发展教育事业，发展更加公平包容的优质教育，培养适应未来社会的新一代，构建全民终身学习的教育体系，积极推进教育数字化转型，并不断扩大国际教育交流与合作。《中国教育现代化 2035》作为新时代推进教育现代化、建设教育强国的纲领性文件，系统规划了我国教育现代化的战略愿景，强调要加快信息化时代教育变革，利用现代技术加快推动人才培养模式的改革，实现规模化教育与个性化培养的有机结合。党的二十大报告进一步指出，要“推进教育数字化，建设全民终身学习的学习型社会、学习型大国”。《教育强国建设规划纲要（2024—2035 年）》也明确提出要“建设学习型社会，以教育数字化开辟发展新赛道、塑造发展新优势”，提升终身学习公共服务水平，实施国家教育数字化战略，促进人工智能助力教育变革。

教育现代化不仅是推进教育强国建设的核心任务，更是推动国家全面现代化的基础支撑与战略引擎。在这一关键历史阶段，中国必须要统筹实施科教兴国战略、人才强国战略、创新驱动发展战略，一体推进教育发展、科技创新、人才培养，充分发挥科技创新在提升教育质量中的驱动作用，通过技术赋能推动教育理念、教学模式和教育治理的创新变革，为构建高质量教育体系提供坚实保障，并进一步构筑更加开放、包容的终身学习体系，服务于国家的可持续发展目标。在全球范围内，数字化转型已成为受到广泛关注的核心议题，推动教育数字化转型被视为教育改革与发展的重要方向。面对日益加剧的国际竞争、突显的气候环境危机以及生成式人工智能快速演进所带来的多重挑战，各国亟须深度挖掘数字革命的潜力。教育数字化转型不仅已成为国际共识，更被各国积极纳入发展战略，以应对现实挑战并助力实现联合国可持续发展议程的目标，为迈向教育2050奠定坚实基础。

在人类发展的历史进程中，每个时代的教育都深受其特定历史背景的影响，同时也反映了人们对因材施教的不断追求以及对美好教育的期待。科技的进步与时代的变迁，不断推动人才培养目标和结构的变化，促使教育随之调整与革新。智慧教育作为智能时代教育改革与发展的“理想”样态，代表了教育信息化向纵深发展的高级阶段，是教育数字化转型的目标形态，也是未来教育的设计与规划。深入发展智慧教育没有现成的经验以资借鉴，也没有既定的道路可以因循，这是一项具有开创性和挑战性的工作，它承载着我们对当前教育变革的期望，也承载着对未来教育的期待。从本质上讲，智慧教育，“慧”从师出；智能教育，“能”自环境；未来教育，“变”在形态。我从事教育信息化工作三十余年，围绕这一本质问题开展了一系列思考和探索，见证并参与了中国教育信息化的逐步发展：从基础设施建设的初步阶段，到技术深度融合与创新应用的快速发展，再到迈向智能化与个性化的高质量发展。在这期间，所在团队共同深入研究了信息技术在教育教学中的变革，尤其在学术研究、创新方法、环境构建和技术治理等领域做出了一系列有益的尝试。

在教育信息化理论与国际传播方面，围绕教育信息化的核心要素进行了一系列理论探讨，2007年出版的《创新与变革：教育信息化的核心价值》从创新扩散、知识资产等视角考察教育信息化的发展，提出了教育信息化核心要素框架和CIPO（情境、投入、过程、产出）评估模型，并用于国际项目的评估工作。我们还关注互联网技术在教育变革中的作用，分析互联网教育的演化过程，2017年提出“互联网教育进化九宫格图谱”和“蝴蝶吸引子”模型。此外，团队于2013—2018年组织编写和出版全球视野下教育信息化发展系列著作和中国版的教育技术发展地平线系列报告；新冠疫情期间在领导团队与联合国教科文组织合作发布了多语种《弹性教学手册：中国“停课不停学”的经验》等系列报告，在国际上广泛传播，展示了教育信息化的中国方案。

在技术支持的创新教学模式研究方面，所在团队长期跟踪和分析我国网络教育的现状、技术应用及国际发展趋势，2010年提出“技术促进学习的五定律”，以解释在线学习、信息化课堂等数字技术应用的基本规律；在2000—2014年构建了一套相对完整的计算机支持的协作学习理论体系与平台，用于解释和支撑网络环境下的研究性学习和在线小组合作学习；2009年提出混合式学习的活动设计与移动学习活动设计理论，并从观念、设计和实施视角阐释了混合式学习的主要环节与操作策略。

在智慧学习环境研究方面，所在团队早在2012年，就在国际上提出了“智慧学习环境”的概念，发起并成立了国际智慧学习环境协会，创办了英文期刊*Smart Learning Environments*。此外，团队于2012年在《开放教育研究》杂志上发表了一组关于智慧学习环境的文章，对智慧学习环境、智慧校园和智慧教室等概念进行了阐释，获得广泛认同，并提出从环境、模式到体制的智慧教育的三重境界理论，为智慧城市建设的教育发展提供理论依据。

在人工智能与社会治理研究方面，联合华中师范大学、西南大学等高校和科研机构共同承担国家社科基金教育学重点课题研究，与项目团队共同提出了智能时代的新人才观、知识观、学习观与教学观，推动教育与人工智能深度融合的理论发展；提出科技与教育双向赋能的命题，并构建了科技与教育系统性融合的多维模型；提出教育领域可信人工智能演化模型，智能时代教育社会实验的研究框架，并参与组织教育领域的人工智能社会实验，提出教育领域人工智能治理系列资政建议，为推动教育领域的人工智能治理提供理论支持。

随着教育全球化和数字化的迅猛发展，国际教育界对教育信息化和人工智能在教育领域的应用日益关注。在这一背景下，为了响应国际教育发展趋势并传播教育信息化的中国方案，我们积极投身教育国际化进程。在过去的研究基础上，团队申请并成功获批了联合国教科文组织的人工智能与教育教席。2023 年，联合国教科文组织在北京师范大学设立了人工智能与教育教席，旨在促进中国及亚洲、非洲、拉丁美洲等地区的高水平专家学者与教育工作者之间的合作与交流，推动人工智能技术创新，探索有效且符合伦理的人工智能教育应用，助力相关人才的培养。在教席任期内，团队将围绕五个主要目标展开工作：能力建设、政策对话、技术创新、课程资源和协同合作。具体工作包括建立培训中心并设置人工智能典型教育场景试点，构建由政策制定者、研究人员和从业者组成的跨部门人工智能教育共同体，设立跨学科开放课题，建立高质量人工智能相关数据库，以及设立信息沟通与项目合作专班。

与此同时，顺应联合国教科文组织发起的“教育的未来”倡议（该倡议动员广泛的全球磋商，动员青年、教育工作者、政府与企业等多方利益相关者参与讨论，共同探索未来教育的发展方向），团队与多家国际机构合作创设“国家智慧教育战略联合研究计划”。该计划聚焦未来教育的发展趋势与关键问题，致力于探索信息技术与教育深度融合的路径，推动包容和公平的优质教育，并为所有人提供终身学习的机会。在研究计划的开展过程中，我们还发起成立了全球智慧教育合作联盟（GSENet），该联盟逐渐发展壮大，目前已包括联合国教科文组织的教育信息技术研究所，非洲国际能力培养研究所，拉丁美洲和加勒比地区国际高等教育研究所，以及国际教育技术协会，国际开放及远程教育协会，阿拉伯国家联盟教育、文化和科学组织，东南亚教育部长组织以及英联邦学习共同体等国际机构。

近年来，团队持续推进智慧教育的系统性研究，致力于以全球视野勾画智慧教育的蓝图。我们的研究涵盖以下五个领域：第一，面向未来教育的教育信息化政策评估，对相关国家的教育信息化政策进行述评，探索技术与教育融合的基本途径；第二，国家层面的智慧教育技术框架，提出智慧教育的技术框架，为国家层面制定智慧教育发展规划提供参考；第三，国家智慧教育指数，基于技术框架确定监测国家智慧教育状况的指标；第四，智慧学习的国家公共服务体系，探索智慧学习国家公共服务体系的功能、定位、结构、工作机制和数据中心建设指南；第五，智慧校园的技术与标准，探索智慧校园的技术架构和智慧校园的建设解决方案。通过这些研究，我们构建了智慧教育的理论框架，推动智慧教育示范区的发展，并提出具体的政策建议，力图为全球教育变革提供理论依据与实践指南。

我们认为，智慧教育是一种由学校、区域或国家提供的以高学习体验、高内容适配性和高教学效率为特征的教育行为（系统），它能利用现代科学技术为学生、教师和家长等提供一系列差异化的支持和按需服务，能全面采集并分析参与者群体的状态数据和教育教学过程数据，以促进公平、持续改进绩效并孕育教育的卓越。随着技术与教育的深度融合，智慧教育展现出全新的特征，体现为一个国家或区域智慧教育生态的表现性特征和智慧教育系统的建构性特征。智慧教育的表现性特征反映了人们对智慧教育作为发展目标的共同愿景，层层递进、相互关联，立体化、全景式地描绘了智慧教育生态的应然图景，遵循共识性、指向性和稳定性原则，具体表现为以学生为中心的教学、全面发展的学习评估、泛在的智慧学习环境、持续改进的教育文化以及对教育包容与公平的坚守。智慧教育的建构性特征则反映了智慧教育实践取径的任务与使命，与教育数字化转型同频共振，系统性、具象化地指明了智慧教育建设的实践方向，符合操作性、阶段性和多样性原则，具体表现为积极性学生社交社群建构、教师发展的优先支持计划、合乎科技伦理的技术应用、可持续的教育改革规划以及有效的跨部门跨域协同。这也是智慧教育的五个辅助特征。

站在“智慧教育元年”的历史起点，我们正迎来教育数字化转型的重要突破，迈入智能时代的全新阶段。作为教育数字化纵深推进的关键时间节点，“智慧教育元年”标志着教育领域深刻变革的正式开启。在这一重要节点，团队基于多年研究积累撰写本书，以智慧教育为核心主题，全面剖析智能时代背景下智慧教育作为发展目标的理想图景与作为实践取径的现实路径，既为教育现代化的推进和教育强国建设提供系统的学术注解与实践建议，也意在回应全球“教育 2050”的时代命题，积极参与未来教育的国际性对话，力求为面向未来的教育变革贡献中国智慧与思想洞见。

本书以“检视全球数字变革过程、识别智慧教育基本形态、优化教育数字转型路径、擘画智能时代教育图景”为基本逻辑，力图构建一个系统完整、面向未来的智慧教育理论与实践框架。全书结构分为四篇，分别从教育数字化转型、智慧教育的表现性特征、智慧教育的建构性特征以及智慧教育的未来图景四个维度展开深入探讨，力图构建一个全景化的智慧教育研究框架，为智能时代教育变革提供学术借鉴与操作思路。

第一篇“从数字化转型到智慧教育”聚焦当前教育快速迈入以智慧化和数字化为核心特征的新时代，从全球学习危机、技术驱动教育变革以及智慧教育内涵三方面出发，剖析数字化转型的深远意义以及智慧教育的本质特征，厘清传统教育困局与转型之间的内在关系，揭示智慧教育作为教育深度变革的重要路径。第二篇“智慧教育的表现性特征”描绘了智慧教育作为教育未来发展的共同愿景，其关键特征符合共识性、指向性与稳定性原则。本篇从“以学生为中心的教学观”“智能时代学习评估的重塑”“泛在智慧学习环境”“技术变革教育的文化改进”“信息化支撑下的教育包容与公平”五个关键维度，系统呈现了智慧教育作为发展目标的理想图景，为教育理论与实践提供了具有普适价值的框架。第三篇“智慧教育的建构性特征”围绕智慧教育的任务与使命，强调其辅助特征应符合操作性、阶段性与多样性原则。本篇通过对“全球范围的学生社交社群建构”“教师发展的优先支持计划”“合乎科技伦理的技术应用”“智能时代的可持续教育改革规划”“教育系统、社会与政府的有效协同”五个关键领域的探讨，描绘了智慧教育作为实践取径的现实路径，为教育数字化改革提供了操作性强的理论基础与实践指南。第四篇“智慧教育的未来图景”面向2050，综合智慧教育的国际研究、教育社会实验和科教融汇，多层面阐释了智慧教育与教育强国建设之间的深度互动。本篇结合“智慧教育的国家战略与国际话语”“教育社会实验与智能技术治理”“智慧教育生态与科教融汇”，提出智慧教育在公共服务建设、教育数字化国家战略实施及人工智能助力教育变革中的深远意义，描绘出智慧教育在服务教育强国建设和回应全球未来教育愿景中的前沿方向。

本书汇聚了智慧教育与教育数字化转型的最新研究成果，旨在为智能时代教育理论体系的建设提供支撑，并明晰智慧教育的发展目标与实践路径，描绘智慧教育发展的未来图景。我们希望通过本书，系统呈现智慧教育生态构建的关键特征与辅助特征，引发社会各界对智慧教育的持续关注，并与教育界专家学者开展更深入的理论探讨与实践交流。本书不仅面向教育工作者、教育与科技领域研究者以及政策制定者，也希望引发大家更广泛的思考与探索。在迈向教育 2050 的全球进程中，我们深知未来不能被单一视角所定义，教育图景也无法由某一方独自绘就。我们期待本书能够成为一份思想邀请，推动跨界合作与公众参与，汇聚多元声音与智慧力量。期待更多的研究者和实践者能够携手推动智慧教育发展，为建设教育强国和构建更加公平、优质、高效的现代教育体系贡献力量。

本书的完成离不开团队的支持与付出。特别感谢我的学生刘梦彧在本书写作过程中的辛勤努力和付出；感谢研究团队刘嘉豪、潘静文、张国良、李至晟、王嫱、肖瑞雪、张静、张一帆、王欢欢、虎莹、Ahmed Tlili 等对本书的贡献。感谢教育科学出版社对本书出版的大力支持。

黄荣怀

2025 年 5 月

目　录

第一篇　从数字化转型到智慧教育

第二篇　智慧教育的表现性特征

第三篇　智慧教育的建构性特征

第四篇　智慧教育的未来图景

第一篇
从数字化转型到智慧教育

当代教育正处于深刻转型的关键时刻。伴随数字技术的快速发展，教育数字化转型在全球范围内持续加速，拓展了教育的边界，也对各国应对社会不平等、技术失衡与人才断层等结构性问题提出了更高要求。与此同时，全球学习危机持续蔓延，传统教育体系在公平性、韧性与质量保障等方面的局限越发凸显，深层次的结构性矛盾日益加剧。在这一背景下，联合国教科文组织发起“教育的未来”全球倡议，呼吁推动教育的系统性重构，明确提出教育应成为应对环境变化、技术颠覆与社会重组的重要支撑。这一判断体现了对教育 2050 图景的前瞻性思考，也对数字化时代教育的未来走向提出了根本性追问。顺应这一趋势，智慧教育作为教育数字化转型的目标形态，日益成为全球教育重构的重要方向。

本篇以“从数字化转型到智慧教育”为主题，立足全球教育变革背景，聚焦教育体系从危机响应向结构性重构的关键转向。第一章聚焦全球学习危机，系统呈现其主要表现，分析教育数字化转型的紧迫性与必要性，试图厘清传统教育困局与转型变革之间的内在逻辑；第二章着眼于科技革命对教育形态的深远影响，分析技术进步如何为教育系统注入新动力，从技术视角阐释教育领域的系统性变革与创新潜能；第三章深入解析智慧教育的内涵，即智慧教育系统的三重境界，厘清数字化转型与智慧教育的关系，阐明智慧教育的愿景目标及其实现路径。

第一章 全球学习危机与数字化转型

在这个复杂多变、快速更新的时代，多重危机正挑战我们的生存与可持续发展。全球贫困问题、国家和地区之间的不平等、气候变化与环境退化、生物多样性的减少、文明社会和民主体制结构的破坏，以及科技发展带来的社会分裂与矛盾，都表明人类赖以生存的世界正面临着复杂且严峻的危机。2022 年的第 77 届联合国大会，除了聚焦气候危机和国际争端等重大议题，也将教育置于全球政治议程的中心。教育作为连接过去与未来、个体与社会的桥梁，是应对全球挑战的核心力量，在全球变革中扮演着不可替代的角色。教育帮助我们识别和适应不断变化的世界，激发创新，促进理解与合作，将我们与彼此以及世界紧密连接，促进全球的对话和共识，构建更加包容和公正的社会。

当前，全球教育面临学习危机和预算危机两大挑战。各种复杂因素与教育发展相互交织、相互影响，阻碍了教育全面可持续发展的进程。在这种背景下，深入思考教育的未来显得尤为重要。《中国教育现代化 2035》是我国积极参与全球教育治理、推动联合国《变革我们的世界：2030 年可持续发展议程》（Transforming Our World: The 2030 Agenda for Sustainable Development，简称《2030 年可持续发展议程》）的承诺[①]，也是为世界教育发展贡献中国智慧、中国经验、中国方案的实际行动。推进教育现代化需要确保科技发展与技术进步不仅仅是为了追求效率和经济利益，也为了真正推动社会的公平正义和教育的数字革新。数字化转型在为教育提供新机遇的同时，也带来了一定的风险。因此，需要加强作为公共事业和共同利益的教育，深入探讨其在

① 杨小微 . 迈向 2035：中国教育现代化的目标定位 [J]. 华中师范大学学报（人文社会科学版），2019（5）：38-44.

应对全球性问题中的关键作用，通过教育改善当前状况，以构建更公平、更可持续的世界。本章将深入分析全球教育挑战和学习危机，探析如何通过教育的数字革新来应对当前危机，明确数字化转型方向与路径，以此塑造一个能够充分利用教育力量实现共同繁荣的未来。

一、全球教育挑战与学习危机

当前的政治、经济、健康危机正威胁着全球数十年的教育发展成果，使得联合国《2030 年可持续发展议程》的实现面临更大的挑战。全球教育危机要求世界各国共同应对，建立多边体系间一致、协调和全面的目标愿景比以往任何时候都更加重要。联合国强调，为应对教育系统的不平等和脆弱性，各国政府和国际社会应进行结构性转型，重新确立以可持续发展目标为导向的共同愿景。[①]“在全球经济放缓的背景下，教育往往是最容易被忽视的领域，且通常不再被视为优先事项。政府在经济滞胀、资金短缺的情况下往往会大幅削减教育预算。然而问题是，削减教育支出所造成的危害通常要多年后才会显现出来。”[②]因此，持续的教育投资是确保未来世代能够应对即将来临的社会和经济挑战的关键，助力实现教育的可持续发展目标，回应可持续发展议程，需始终将可持续发展愿景和目标作为教育发展的导向。

当前全球教育系统面临多维度挑战，《教育 2030 行动框架》呼吁各国制定教育可持续发展目标相关指标的中期基准，采用包容性的方法，围绕七项关键指标协助国家设定到 2025 年的阶段性目标和到 2030 年的最终目标，包括幼儿教育入学率、失学率、完成率方面的性别差距，阅读和数学的最低熟练率，受过培训的教师数量和公共教育开支。然而，教育公平缺失、教师资

① 彭婵娟，刘宝存 . 如何通过教育变革避免全球教育危机？：联合国教育变革峰会愿景述评 [J]. 中国远程教育，2023（4）：68–76.

② United Nations News. Interview：transform education，and avoid a global learning crisis[EB/OL].（2022–09–15）[2024–12–30]. https://news.un.org/en/story/2022/09/1126661.

源短缺、资金与财政困境、失学儿童问题以及实现可持续发展目标的困难，共同构成了教育领域的复杂困境，导致了全球范围内的学习危机加剧。教育公平的缺失扩大了不同地区、社会群体之间的教育机会差距；教师资源的不足限制了教育质量的提升；而资金和财政短缺则使得教育投入严重不足，尤其在低收入国家，教育问题更加突出。此外，失学儿童数量的增加也加剧了全球教育不平等的状况，进一步妨碍了可持续发展目标的实现。这一系列挑战要求各国采取紧急且有效的应对措施，以避免教育危机进一步恶化。

（一）全球失学率与教育障碍

根据联合国教科文组织2023年公布的数据，全球失学儿童人数增加了600万，总数已达到2.5亿。[①] 在全球范围内，小学阶段每10名儿童中就有1名没有上学，14%的初中学龄青少年和30%的高中学龄青少年正面临失学。[②] 教育发展的地区差异显著，全世界一半以上的失学儿童和青少年生活在撒哈拉以南非洲地区。低收入国家有33%的学龄儿童和青少年失学，这一比例在中低收入国家为19%，在中高收入国家和高收入国家分别为8%和3%。失学儿童人数增长的主要原因包括经济不平等、冲突与动荡，以及气候变化等。同时，部分国家对妇女和女童的大规模教育排斥进一步加剧了这一问题，并揭示出部分地区教育资源供给与需求之间的失衡现状。联合国教科文组织统计研究所（UNESCO Institute for Statistics，UIS）预测，按照目前的进度，到2030年实现全民优质教育的可持续发展目标希望渺茫。自2015年以来，完成初等教育的儿童人数增加了不到3个百分点，占比为87%。完成中等教育的人数只增加了不到5%，占比仅为58%。

与此同时，许多儿童仍然缺乏基本的阅读和算术能力，在中低收入国家

---

① 联合国新闻．教科文组织：全球2.5亿儿童失学，教育处于危机状态[EB/OL].（2023-09-18）[2024-08-30]. https://news.un.org/zh/story/2023/09/1121737.

② 莫乔菲．近10年内全球失学人口仅减少1.1%，投资不足成主要障碍：全球教育发展面临瓶颈[EB/OL].（2024-11-07）[2024-12-06]. https://www.workercn.cn/c/2024-11-07/8386897.shtml.

中，大约有70%的10岁儿童无法理解简单的书面文字，[①]这进一步加剧了全球教育不平等和学习危机。根据2015—2019年的数据，在大多数高收入国家，初中毕业时达到最低阅读能力要求的儿童比例为70%—90%。然而，在几乎所有中等收入和低收入国家，这一比例均降至60%以下，在一些国家甚至降至10%以下。从学业完成情况来看，全球范围内超过1/4的初中生和超过1/2的高中生未能完成学业。在中低收入国家，近60%的高中生未能完成学业，而在低收入国家，这一比例几乎达到90%。[②]如此大规模的辍学现象不仅对个人发展造成严重影响，也对教育系统的整体发展构成巨大损失。导致辍学的原因多种多样，包括课程内容缺乏适切性、对女孩的具体需求和贫困家庭经济状况关注不足、文化敏感性和关联性欠缺，以及教学方法与青少年实际生活脱节。这些因素共同揭示了全球教育系统亟待改革的深层问题，也是当前学习危机急需应对的关键领域。

（二）教育机会不平等问题

全球教育系统正处于一个“十字路口”，其中“公平和机会危机”是其面临的首要挑战。联合国教科文组织统计研究所数据显示，全球超过7.7亿青年和成年人是文盲，其中大多数为女性。特别是在撒哈拉以南非洲、北非和西亚，只有大约一半的儿童能够接受学前教育。[③]联合国发布《2019年全球可持续发展报告》进一步揭示了这一困境。报告指出，在大多数地区，女童仍然面临不平等的入学机会。特别是在中亚、北非、西亚以及撒哈拉以南非洲，每100名辍学的小学适龄男孩，就分别对应127名、112名、112名和121名女童被剥夺受教育的权利。全世界超过一半的儿童和青少年无法在阅读和数

---

① 联合国新闻．教科文组织：失学与教育不足致世界经济每年损失10万亿美元[EB/OL].（2024-06-15）[2024-08-30]. https://news.un.org/zh/story/2024/06/1129381.

② 朱鑫灿，陈殿兵．以新契约重新构想教育的未来：挑战、原则及建议[J]. 继续教育研究，2022（7）：93-98.

③ 联合国．联合国呼吁重塑全球教育系统，创建“学习型社会”[EB/OL].（2023-08-04）[2024-12-30]. https://www.ungeneva.org/zh/news-media/news/2023/08/83661/lianheguohuxuzhongsuquanqiujiaoyuxitongchuangjianxuexixingshehui.

学上达到最低标准。联合国教科文组织统计研究所预测，若不进行有效变革，到 2030 年全球将仍有 1/6 的 6—17 岁儿童和青少年失学，仅有 60% 的年轻人能够完成中学教育。此外，预计到 2030 年小学和初中阶段仍有 55% 的学生无法达到最低阅读水平，60% 的学生无法达到最低数学水平。[①]

尽管全球教育普及率显著提高，但多重排斥现象仍在持续剥夺数亿儿童、青年接受优质教育的基本权利。这些排斥往往具有系统性，涉及性别、种族、语言、文化及认知方式等方面的歧视。此外，不同社会经济群体之间的教育机会差距依然显著，生活在农村地区和最贫困家庭的儿童在教育参与和学习成果方面始终处于劣势，落后于城市中富裕家庭的同龄人。新冠疫情期间，学校停课进一步加剧了这种不平等，边缘化群体受到的影响尤为严重。例如，在远程学习的背景下，贫困家庭的孩子常因缺乏网络设备、计算机技能以及支持学习的家庭环境而被迫中断学习。

尽管全球已达成共识，并承诺在 2030 年前普及免费、公平且优质的小学和初中教育，但目前低收入国家中仍有 3/5 的青少年未能进入中学阶段。在高收入国家，初中教育几乎已全面普及（入学率高达 98%），而在低收入国家，超过 1/3 的青少年（其中女性占 40%，男性占 34%）未接受初中教育。高中教育入学率的差异更为显著，低收入国家女性和男性的入学率分别不足 35% 和 45%，而高收入国家的男女青年入学率均超过 90%。[②] 根据经济合作与发展组织（OECD）开展的国际学生评估项目（PISA）数据，即使在中等收入和高收入国家，也有相当比例的 15 岁在校学生无法理解超出基础水平的阅读材料，而在中低收入国家中这一问题尤为突出。此外，成人识字率的差异同样明显：中低收入国家的成人识字率不到 75%，而低收入国家仅略高于 55%，其中女性文盲比例超过 2/5。目前，低收入国家约有 1/5 的儿童、全球约 1/10 的儿童（即约 2.5 亿人）未能接受小学教育。在基础素养（如阅读、数学和科

---

① 联合国 . 可持续发展目标报告 2023：特别版 [R]. [2024-12-30]. https://unstats.un.org/sdgs/report/2023/The-Sustainable-Development-Goals-Report-2023_Chinese.pdf.

② 联合国教科文组织 . 一起重新构想我们的未来：为教育打造新的社会契约 [M]. 北京：教育科学出版社，2022：2.

学）之外，国际教育成就评价协会（IEA）和经济合作与发展组织还指出，在公民素养、全球胜任力以及社会情感能力等领域，全球教育体系同样存在显著差距。这些差距凸显了在全球教育公平目标下，不同经济体和社会背景间的长期不平等问题，亟须系统性政策干预。

（三）教师短缺与教育质量低

教育应赋予学生享受健康、具有开创性和丰富多彩的生活所需要的各项技能。国家的课程设置不仅应涵盖阅读理解能力和数字运算能力等基础技能，还需要培养学生更高层次的逻辑推理能力和创造力，以及意志力和团队合作能力等社会情感技能，以帮助学生全面发展并应用所需技能。[①] 世界银行在其发布的《2018 年世界发展报告：学习实现教育的愿景》中指出，经过十年的努力，全球儿童失学率有所降低，但对于许多学生而言，接受更多教育并未带来相应的知识和技能提升。[②] 因此，未来必须继续支持所有国家实现全民教育和教育的千年发展目标。首要目标不应只是增加入学人数，而是要确保学生真正“学习”。正如报告所言，增长、发展和减少贫困取决于人们获得的知识和技能，而不是他们坐在教室里的年限。然而，教育内容与实际需求的脱节，导致学习者更加难以获得有效的学习资源。正规教育往往难以满足儿童、青少年及其社区的实际需求和愿望。低质量的教学抑制了学习者的创造力和好奇心。在各级教育中，学生辍学现象频发，一定程度上揭示出当前的学校教育模式在为儿童和青年提供有意义的学习体验、自主性和使命感方面存在不足。越来越多的受教育者未能为应对当前的挑战及迎接未来的挑战做好准备。

教学质量低下是导致学生辍学的关键因素之一，而教师则是影响教育质量最重要的因素。联合国教科文组织在 2024 年发布的《全球教师报告：应对师资短缺 变革教师职业》中强调了全球教师短缺问题，报告指出，为实现到

① World Bank. World development report 2018：learning to realize education’s promise[M]. Washington，DC：World Bank，2018.

② 同①.

2030 年全球普及中小学教育的目标，全球需要新增约 4400 万名教师。[①] 教师短缺已成为全球性挑战，影响各国教育质量的提升。为应对这一问题，需要采取一系列综合性措施：加大对教师培训和职业发展的投资，确保教师具备必要的专业技能，并为在职教师提供持续的专业发展机会；提高教师薪酬和改善工作条件，加强教师职业的吸引力，减少教师流失率；增强教师的自主权和参与决策的机会，赋予教师更多的教学自主权，鼓励教师参与教育政策制定。

在适当的支持下，教师能够为学生提供有效、文化适切且公平的学习机会，从而促进学生的全面发展。教学专业化是实现这一目标的关键，它对于培养学生参与公民事务和经济活动所需的能力至关重要。为此，需要构建系统化的支持体系，包括选拔优秀的教师候选人、提供高质量的职前培训、在职业初期提供针对性支持、持续推进专业发展，以及营造协作型教育环境。此外，还应将学校建设为学习型组织，建立教师职业阶梯，承认并奖励教师在教学与管理方面的专业进步，同时倾听教师关于职业发展和教育未来的建议。然而，教师专业化的推进仍面临多重障碍。许多文化和制度性因素阻碍了教师角色的优化，例如，教师的职能常被用来服务于非教育目的，现有职业架构未充分认可教师对学生学习成果的贡献，教学实践标准和教师培训机制存在明显缺位。只有通过系统性改革和政策支持，才能有效破解这些制约因素，推动教育质量的全面提升。

（四）教育资源缺失与财政压力

教育资源的缺失是制约全球教育公平与质量提升的主要因素之一，其中基础设施的不完善尤为突出。提供充足的设施和服务是鼓励学生入学并确保其持续留校的关键。然而，许多学校的基本基础设施仍然严重不足。根据 2020 年的统计数据，全球约 1/4 的小学缺乏电力、饮用水和基本卫生设

① 联合国教科文组织，教育 2030 教师工作组. 全球教师报告：应对师资短缺 变革教师职业 [EB/OL]. [2024-12-20]. https://teachertaskforce.org/zh-hans/document/quanqiujiaoshibaogaoyingduishiziduanque-biangejiaoshizhiye.

施，仅有一半的小学配备了计算机、互联网接入或适合残疾学生使用的无障碍设施。[①] 在这些方面，最不发达国家的情况尤为严峻，通常处于最落后的地位。除此之外，教学资源的分配不均也进一步加剧了教育资源的缺失问题，包括教师短缺、教材供应不足以及教育技术的应用受限。联合国儿童基金会（UNICEF）的一项调查显示，全球 20% 最富裕家庭的儿童所获得的公共教育资源，几乎是 20% 最贫困家庭儿童的两倍；在低收入国家中，37.6% 的公共教育资源都流向 20% 最富裕家庭的儿童，20% 最贫穷家庭的儿童仅能获得 10.3% 的公共教育资源。[②]

撒哈拉以南非洲在学校基础资源方面面临相当严峻的挑战。即使是在条件相对较好的高中阶段，也仅有 57% 的学校拥有电力，44% 的学校配备计算机，50% 的学校提供饮用水，25% 的学校接入互联网。[③] 在师资方面，该地区同样落后于其他地区，小学和初中阶段训练有素的教师比例仅为 64% 和 50%，显著低于全球平均水平。[④] 这一困境的部分原因在于财政资源的严重不足。公共部门工资总额受到严格限制，使许多国家难以为招聘和留住高素质教师提供充足的资金支持。此外，高收入国家与低收入国家在教育支出上的巨大差距也进一步加剧了资源分配的不平衡：高收入国家承担了全球教育投资的 63%，但其学龄人口仅占全球的 10%。相对而言，许多低收入国家面临严峻的财政压力，不得不将有限的资源从长期教育投资转向短期经济和政治目标。财政资源的不均衡分配还进一步加剧了教育系统内部的差距。根据联合国儿童基金会的数据，在低收入国家，仅 11% 的公共教育资金流向最贫困

---

① 联合国 . 可持续发展目标报告 2022[R/OL]. [2024-12-20]. https://unstats.un.org/sdgs/report/2022/The-Sustainable-Development-Goals-Report-2022_Chinese.pdf.

② UNICEF. Addressing the learning crisis：an urgent need to better finance education for the poorest children[EB/OL]. [2024-12-15]. https://www.unicef.org/media/63896/file/Addressing-the-learning-crisis-advocacy-brief-2020.pdf.

③ 联合国 . 2019 年可持续发展目标报告 [R/OL]. [2024-12-20]. https://unstats.un.org/sdgs/report/2019/The-Sustainable-Development-Goals-Report-2019_Chinese.pdf.

④ 联合国教科文组织 . 新冠疫情催生远程学习 但数字鸿沟令人担忧 [EB/OL]. [2024-12-21]. https://news.un.org/zh/story/2020/04/1055622.

的学习者，而 42% 的资源却流向了最富有的学习者。① 这种资源分配的不平等不仅制约了教育系统的改善，还加剧了全球范围内教育资源和机会的不平等，对低收入国家的教育质量和公平性产生了深远的负面影响。

二、教育的可持续发展新理念

在传统经济学理论中，经济的发展过程通常被定义为产出的持续增长。基于这一观点的经济发展模式往往呈现出“高消耗、高投入、高污染”的特点，这种不可持续的生产和消费方式导致了自然资源的过度消耗和生态平衡的破坏，加剧了不同区域和不同群体之间的贫富差距。多种不平等、不稳定和不确定因素对人类社会发展产生巨大影响，片面追求经济增长的传统发展模式难以为继。② 政策制定者和学者们逐渐认识到，仅仅关注经济增长数字，而忽视资源环境和社会公平的问题，将不可避免地带来一系列负面后果。因此，“发展”的理念逐渐取代了单纯“增长”的理念，成为新的指导原则。“可持续发展”（sustainable development）这一概念应运而生，即在不损害后代人满足其自身需要的能力的前提下，满足当代人的需要，③ 体现出人类对于自身发展及发展后果认知的加深：只有进行根本性的变革，走可持续发展的道路，人类社会才能确保自身的长久存续。

联合国在 2015 年 9 月的可持续发展峰会正式通过《变革我们的世界：2030 年可持续发展议程》，其核心是 17 个可持续发展目标（Sustainable Development Goals，SDGs）。④ 这些目标涵盖了经济、社会和环境三个维度，

---

① 联合国新闻 . 儿基会：来自最贫困家庭的儿童从国家公共教育资金中受益最少 [EB/OL].（2023-01-17）[2024-12-03]. https://news.un.org/zh/story/2023/01/1114227.

② 关成华，陈超凡，沈欣忆 . 可持续发展教育的时代价值、实践绩效与未来展望 [J]. 教育经济评论，2023（1）：3-22.

③ WCED. Our common future：report of the world commission on environment and development[M]. Oxford：Oxford University Press，1987：53-78.

④ UNESCO. Education for sustainable development goals：learning objectives[M]. Paris：UNESCO，2017.

旨在通过各国和利益相关方的共同努力，在 2015 年到 2030 年间以综合的方式解决发展问题。教育决定着人类的未来，也是联合国可持续发展体系建设和目标实现的关键支撑。21 世纪以来，随着《达喀尔行动纲领》《可持续发展教育全球行动计划》等重要报告文件的发布，各国政府和国际组织等共同开展了教育促进可持续发展的行动。联合国教科文组织在 2015 年通过了具有里程碑意义的《教育 2030 行动框架》，该框架明确将“确保包容和公平的优质教育，让全民终身享有学习机会”的教育目标单列为《2030 年可持续发展议程》中的可持续发展目标 4（SDG4）。教育既是可持续发展的重要目标之一，也是实现其他可持续发展目标的重要手段，涉及各级各类教育和全民的终身发展。

世界银行作为全球重要的国际组织之一也全面参与了可持续发展目标的制定，其消除贫困和建设共同繁荣的目标与可持续发展的宗旨完全一致。[①] 在其发布的《全民学习：投资人们的知识与技能以促进发展》中提出了实现“全民学习”的战略愿景，即“确保所有学生，而不仅仅是那些享有特权的学生，获得能让他们过上幸福、有意义的生活所需要的知识和技能”[②]。尽管不同国际组织和国家政府携手努力，但全球仍有数千万儿童失学，且性别差距依旧明显。2018 年，世界银行首次以教育为主题发布报告《2018 年世界发展报告：学习以实现教育的愿景》，表明其对于联合国可持续发展计划的认可与支持，肯定了教育在解决社会问题方面的积极作用，认为教育能够促进创新、强化制度并培育社会的凝聚力。

除了上述国际组织，经济合作与发展组织通过《教育 2030：未来的教育与技能》强调未来教育的关键目标和核心素养，并通过国际学生评估项目对全球学生进行评估，提供详细的数据分析和政策建议。联合国儿童基金会通过“教育每个孩子”倡议，确保弱势儿童，尤其是在冲突和危机地区的儿童，获得优质教育，并在多个国家开展早期儿童教育项目。联合国开发计划

---

① World Bank. World Bank group and the 2030 agenda[EB/OL]. [2024-07-18]. https://www.world bank.org/en/programs/sdgs-2030-agenda.

② World Bank. Learning for all：investing in people’s knowledge and skills to promote development[R]. Washington，DC：World Bank，2011：4，1-3，4，8，5-6，6-7.

署（UNDP）通过支持各国实现可持续发展目标 4，特别关注教育在消除贫困和促进性别平等中的作用。世界经济论坛（WEF）通过“未来工作报告”和“技能再培训和提升倡议”，推动全球范围内的技能提升和再培训项目。国际劳工组织（ILO）通过“全球青年就业网络”项目以及技术和职业教育与培训（TVET），帮助青年获得就业所需的技能。全球教育伙伴关系（GPE）通过资助和政策支持，帮助低收入国家改善教育系统，推动基础教育的发展和教育公平的实现。这些国际组织多样化的项目和倡议，不仅提升了全球教育的整体水平，也为实现联合国《2030 年可持续发展议程》中的教育目标提供了坚实基础。综合分析国际组织关于教育可持续发展的报告和文件，可以总结出当下关于教育的可持续发展愿景所涵盖的五个关键部分。

第一，确保教育的包容和公平，消除一切形式的歧视，特别关注女性、贫困人口、少数民族和残疾人，旨在缩小教育差距，实现社会的公平正义。第二，提供优质教育以实现可持续发展，通过提升教育质量，培养学生的批判性思维、创新能力和可持续发展意识，为社会培养具备可持续发展理念的公民。第三，将可持续发展理念全面融入各级教育课程，使其成为教育体系的重要组成部分，强调环境保护、社会责任和经济可持续性。第四，在教育系统中倡导终身学习理念，鼓励并支持所有年龄段的人持续学习，提升个人和社会的适应力和竞争力，以应对未来的挑战。第五，利用创新与技术融合推进教育发展，通过数字技术和创新手段改善教育资源的获取，提升教育质量，缩小教育差距，实现教育的公平和包容。教育的可持续发展新理念为各国在制定和实施教育政策时提供了重要的参考方向和目标，有助于引导全球教育向更加公平、包容和可持续的方向发展。

（一）确保教育的包容和公平

为保障所有人的受教育权，联合国及相关国际组织发布了一系列政策和计划，以加强教育的包容性和公平性。1990 年，联合国教科文组织、联合国儿童基金会、联合国开发计划署及世界银行在世界全民教育大会上通过的《世界全民教育宣言》首次提出满足所有人基本学习需要的“全民教育”

（education for all）发展目标，这一目标成为世界各国制定国家教育政策的指导原则。《教育 2030 行动框架》在全民教育运动的基础上进一步发展，吸取了 2000 年以来的实践经验和教训。可持续发展目标 4 注重在终身学习的思路内扩大和提高各个层面教育的机会、包容和公平、质量和学习成果。

历年实践表明，全球教育议程应当与人道主义应急工作密切结合，融入国际发展的总体框架之中，而非像过去的“全民教育目标”或“千年发展目标”那样相对独立运行。这种整合方式有助于资源优化配置，并避免目标割裂。在可持续发展目标 4 中，重新定义的教育议程是一个全面、综合且具有普遍适用性的框架。它倡导通过教育改变个人、社区和社会，坚持“不放弃任何人”的核心理念。新的教育议程不仅致力于完成“全民教育目标”和“千年发展目标”的未竟事业，还针对当今全球和各国面临的教育挑战提出了切实可行的应对方案。它以权利为基础，吸取了人文主义教育观和发展观的核心思想，强调尊重人权与尊严、社会正义、和平与包容，以及对文化、语言和民族多样性的保护，同时注重共同责任和义务。《仁川宣言》[①]基于国际发展的总体框架，明确了这一重新定义的教育目标。新议程聚焦教育的包容性和公平性，力求为每个人提供平等的机会，特别加大力度支持边缘化和弱势群体。这标志着国际社会对教育公平进一步的承诺，同时提醒各国政府和相关组织，必须在政策设计和资源分配上优先考虑最需要帮助的人群，从而确保全球教育目标得以全面实现。

（二）提供优质教育以提升教育质量

“教育 2030”目标的完整表述是“确保全纳公平的优质教育，促进全民终身学习”[②]，其中“优质教育”是核心关键词。与2000年“千年发展目标”中提出的“实现普及初等教育”相比，“教育 2030”更加突出质量在教育目标中的重要性，并强调“获得高质量教育是改善人民生活和实现可持续发展的基

① 联合国教科文组织 . 仁川宣言：2030 年教育：实现包容、公平的全民优质教育和终身学习[R]. 巴黎：UNESCO，2015.

② 参见① .

础”。在“优质教育”概念中，目标的关键在“优”，而破解问题的核心则是如何界定和实现“质”。[①] 过去十余年，联合国教科文组织以及联合国儿童基金会、联合国开发计划署和世界银行等重要国际组织陆续发布了一系列与教育质量相关的文件和报告。

近年来，国际话语体系对教育发展的关注点逐渐从数量转向质量，这一变化也体现在各国的教育改革实践中。各国在教育质量政策方面的指导理念与实际情况各不相同，但大致有以下四个特点。[②] 第一，提升教育系统整体绩效的诉求日益凸显。在全球化深入发展的背景下，受过良好教育的劳动者与公民被广泛认为是推动国家经济发展与社会进步的关键要素。因此，提升教育质量的核心目标之一，是增强教育与培训体系的运行效能和社会适应性，更有效地服务于国家战略发展需要。第二，提高教育资源配置与利用效率的需求持续增强。优质教育资源的公平分配与高效使用，成为满足不同群体教育需求的重要前提。这不仅关系到学习者及其家庭等多元主体的合理期望，也直接影响教育体系服务社会与国家发展的能力。第三，实现教育公平的压力持续加大。教育质量提升不仅应聚焦教学水平本身，也应致力于解决教育机会不均等问题，如校际资源配置差异、区域发展不平衡、性别与社会阶层所带来的学习结果分化等。推动教育公平是建设包容性社会与实现社会正义的重要基础。第四，应对复杂社会变迁与文化多样性挑战的要求日益迫切。伴随人口迁移、城市化和文化全球化进程的不断加快，信息与知识的传播路径不断多元化，教育系统亟须提升其应对复杂社会问题的能力。教育质量的提升应体现在正式教育体系对于多元需求的回应能力与结构性适应能力上。

（三）将可持续发展理念融入教育体系

可持续发展教育（Education for Sustainable Development，ESD）是适应可

① 吴凡．面向 2030 的教育质量：核心理念与保障模式：基于联合国教科文组织等政策报告的文本分析 [J]. 教育研究，2018（1）：132–141.

② TAWIL S, AKKARI A, MACEDO B. Beyond the conceptual maze: the notion of quality in education [EB/OL].（2016–11–26）[2024–10–31]. http://unesdoc.unesco.org/images/0021/002175/217519e.pdf.

持续发展时代需求而产生的教育理念与战略。它将可持续发展的理念、目标和实践深度融入教育与学习体系，旨在帮助学习者在认知、社会情感和行为等方面实现全面发展，同时培养其在推动可持续发展中不可或缺的跨学科综合能力。[①] 因而，在推动教育促进可持续发展的同时，要特别注重引导学习者形成正确的认知，并转变态度和价值观。将教育和学习转变到符合可持续发展的方向上，将可持续发展目标融入现有的教育和学习体系尤为重要。《联合国可持续发展教育十年（2005—2014 年）国际实施计划》亚太地区战略研究报告明确指出，可持续发展教育基本上是关于价值观的教育，以尊重为核心，主张尊重他人（包括当代人和后代人）、尊重差异性与多样性、尊重环境、尊重我们居住的地球上的资源。其目的是为人们提供机会，让他们接受这种价值观念，并掌握知识和技能，以促使他们从当地或全球角度做出个体和团体的决策。[②] 因而，可持续发展的教育可以被理解为以可持续发展价值观为核心的教育，其目标是帮助受教育者形成可持续发展所需的科学知识、学习能力、价值观念与行为方式，进而促进经济、社会、环境和文化的可持续发展。[③]

对可持续发展教育的内涵和目标可以从三个维度进行解读。一是强调人的可持续发展。教育需要注重人的可持续性和人的全面发展，实现人的可持续教育和终身学习。[④] 通过科学知识、科学思想教育与训练，使受教育者具备可持续发展理念、知识与能力。[⑤] 二是注重教育自身的可持续性。强调教育体系自身在目标设定、资源配置、制度运行和教学实践中的持续改进能力。它要求教育在适应未来不确定性与复杂变化的过程中，建立起灵活、包容且具有自我更新能力的机制，从而实现教育供给的长期稳定与质量保障。三是强

---

① 联合国教科文组织 . 教育促进可持续发展：路线图 [M]. 巴黎：联合国教科文组织，2014.

② 李兴洲，耿悦 . 从生存到可持续发展：终身学习理念嬗变研究：基于联合国教科文组织的报告 [J]. 清华大学教育研究，2017（1）：94–100.

③ 王巧玲 . 可持续发展教育十年：别国经验与中国模式 [J]. 中国德育，2015（17）：18–23.

④ 王珅，房文红 . 基于《地球宪章》的可持续发展教育价值观研究 [J]. 教育学报，2013（4）：55–60.

⑤ 关成华，陈超凡，沈欣忆 . 可持续发展教育的时代价值、实践绩效与未来展望 [J]. 教育经济评论，2023（1）：3–22.

调教育作为推动可持续发展的关键手段。可持续发展教育不仅是协调人口、资源、环境、经济和社会发展的重要组成部分，更是实现可持续发展战略的重要动力。这意味着对现行教育的重新定位与创新，以使教育履行在促进可持续发展中的使命。[①]

（四）在教育系统中倡导终身学习理念

培养可持续的终身学习能力是当前教育转型的核心任务。未来学家阿尔文・托夫勒曾指出，“21 世纪的文盲不是那些不会读写的人，而是那些不会学习、不会摒弃旧知识、不会再次学习的人”[②]。展望未来，知识更新速度的加快和劳动力市场对技能需求的不断提升，使终身学习成为教育系统改革与发展的重要方向。在教育系统中倡导终身学习，不仅要求重视学习内容的更新，还需要培养学习者“学会学习”的能力，即能够自主调控学习过程、整合多种信息渠道、在不同情境中灵活应用知识与技能，并具备批判性思维和创造性解决问题的能力。[③]终身学习理念的核心在于让学习成为一种贯穿个人全生命周期的能力和习惯。为实现这一目标，教育系统需通过教学设计的创新将终身学习理念深度融入其中。例如，探究式学习以问题解决和项目驱动为核心，为学生提供自主掌控学习的机会，有助于培养自我导向的学习能力。同时，教育评价体系也应由单纯的知识掌握转向关注学生的学习意愿与能力，评估其是否具备持续学习的动力与潜力。在倡导终身学习理念的过程中，教育系统还需突破传统课堂的限制，充分利用技术手段和社会资源，为学习者创造随时随地学习的可能性。然而，终身学习的实现不仅依赖于教育技术与资源的支持，还需要学校、社区和社会整体营造出支持终身学习的文化氛围，使学习者在教育系统的引导下，真正具备不断学习和适应变化的能力，为个人发展和社会进步提供持续动力。

---

① 史根东 . 可持续发展教育的理论研究与实践探索 [J]. 教育研究，2003（12）：44–50.

② JOLLS T，THOMAN E. Literacy for the 21st century：an overview and orientation guide to media literacy education[R]. 2nd ed. Los Angeles：Center for Media Literacy，2005：8.

③ 邓莉，彭正梅 . 全球学习战略 2030 与中国教育的回应 [J]. 开放教育研究，2017（3）：18–28.

（五）利用创新与技术融合推进教育发展

2022 年联合国教育变革峰会传递了一个重要信号：为有效应对当今和未来的挑战，全球教育系统必须改变传统运作模式，并通过数字化变革重新构想学校和教师的教学方式。在关于未来教育发展的重要议题中，峰会明确指出未来的教育必须充分利用数字革命的潜力，通过将优质数字教育确立为一项公共产品，为所有学习者提供获取高质量、情境适切且与课程紧密相关的学习资源的机会。这一议题特别强调了对最边缘化和弱势群体的支持，包括贫困人口、残障人士、女童和妇女、偏远地区的教师，以及难民和流动人口。针对数字教育的发展方向，峰会明确了三大核心策略，以全面释放数字教学与学习的潜能：一是优质内容（content），依托数字学习平台，为学习者、教师和家庭提供与课程相关的高质量数字教学和学习资源，从而实现教育资源的公平分配；二是能力建设（capacity），加强教育利益相关者在数字技术应用中的能力培养，确保教师和学习者具备数字技能与知识，通过循证方式有效利用数字工具改善教学与学习成效；三是数字联通（connectivity），推进全球学校的互联网覆盖，保障所有学校和学习者能够接入优质互联网，以充分发挥技术赋能教育的潜力。

峰会强调，在技术与教育的深度融合过程中，各国不仅应关注技术工具在教学中的应用，更需关注技术驱动下的教育系统转型，助力实现全民优质公共教育和终身学习的目标。这一倡议为未来教育发展提供了清晰的方向，凸显了创新与技术在推进教育公平与质量提升中的战略地位。

三、数字革新与教育变革新趋势

在当前全球教育面临众多挑战和学习危机的背景下，如何实现教育的可持续发展目标，已成为全球教育领域的核心议题。面对教育资源分配不均、教育质量差异大以及社会需求日益复杂等情况，传统的教育体系和方法已难以有效应对这些挑战。推动教育的深刻变革与创新成为必然选择。联合国教科文组织于 2021 年 11 月发布了《一起重新构想我们的未来：为教育打造新的社会契约》（Reimagining Our Futures Together：A New Social Contract for Education）。该报告旨在回应全球教育变革面临的关键问题，提出从社会契约的视角重新审视教育系统的组织与发展路径，并强调教育变革应以共同愿景为基础，建立根本性组织原则，探讨构建、维护和完善教育系统所需要的多元化努力。报告呼吁全球教育领域深刻反思如何应对关乎人类共同未来的危机，并明确指出，如果继续沿袭现有路径，将面临教育不平等加剧、环境恶化等严峻挑战。面对这些问题，全球教育必须“彻底改变路线”，以“集体行动”推动变革。其核心内容体现在四大关键方面：重新构想未来的必要性、采取切实行动和达成全球集体共识的紧迫性、革新时代所需的教育理念的重要性以及充分发挥数字技术潜力的必要性。

（一）重新构想未来的教育愿景

我们亟须一起重新构想我们的未来。教育的未来愿景不应由少数决策者单独制定，也不应完全依赖各国政府规划宏伟蓝图。报告指出，教育的未来需要依靠广泛参与与集体责任。所有国家、政府、国际组织、高校等利益相关者都需要共同面对和回答一个根本性的问题：我们追求的未来应具备怎样的特质？又应为谁造福？这种全球范围内的共同参与体现了一个重要理念：教育变革不是某些主体的专属任务，而是全人类的共同责任。每个个体都应积极投身于重新构想教育愿景和探索实现路径的实践之中。报告标题中“未来”（futures）一词的复数形式蕴含了深刻的含义。它不仅传达出每个国家、每个个体都有责任为应对自身的教育危机和推动教育发展设定独特的愿景，同时也强调了全球协同的重要性。教育的未来是多元的、动态的，是在不同文化和价值观的交汇与互动中共同塑造的结果。这种多样性既呼应了个体与地区差异化的需求，也为全球教育的系统性变革提供了丰富的可能性。教育的全球重构不仅是为了应对当下的挑战，更是为了给后代创造更加包容、公平和创新的教育机会。报告进一步提出，这一愿景的实现需要在全球层面形成合力，将教育的发展与人类的共同利益紧密结合，为建设一个可持续、和谐与繁荣的未来奠定基础。

（二）推进国际合作与集体行动

与描绘“未来愿景”相比，切实的行动更为关键。报告指出，如果缺乏从课堂到学校，再到国家、区域和全球层面的团结协作与集体行动，当前提出的“雄心勃勃的愿景”将难以实现。教育变革不仅是理论层面的构想，更需要在各级、各层面通过务实的行动予以推进。报告倡议，各教育利益相关者必须通力合作，寻求切实可行的解决方案，并以集体行动推动教育体系的全面变革。“教育的未来”国际委员会认识到，形成共识、建立契约并履行共同承诺，是实现教育变革的核心要素。基于这一认识，报告提出了构建新的社会契约的倡议，旨在通过凝聚全球力量，推动教育领域的深刻变革。这一倡议不仅要求教师、大学、青年群体、企业、政府部门、国际组织和非政府组织等各方广泛参与，还强调多层次对话与协作的重要性。报告进一步指出，充分发挥“全政府”多部门协作的机制优势，并调动教育利益相关者的能动性，是实现教育变革的关键路径。在这一框架下，全球范围内已展现出积极行动的势头。在教育变革峰会后，135 个国家的政府已向联合国秘书长提交了《国家承诺声明》，明确其在变革教育、推动教育可持续发展以及共塑未来方面的决心。① 这一集体行动不仅彰显了全球各国在教育变革中携手共进的意愿，也表明信守承诺是实现共同利益的基础，而达成共同目标则有赖于持续的国际合作与集体行动。

（三）革新时代所需的教育理念

教育的核心目标在于培养学习者适应快速变化的世界的能力，即“学会生存”。这要求教育体系不仅帮助学习者养成解决问题与创新的能力，更注重在理解人与自然、人与社会关系的基础上，促进学习者共同创造可持续的未

① UNESCO. Dashboard of country commitments and actions to transform education[EB/OL]. [2024-12-21]. https://www.unesco.org/sdg4education2030/en/knowledge-hub/dashboard.

来。为实现这一目标，教育体系需要重构和创新教育理念，具体包括创新根植于团结合作的教学方法、设计和建构旨在推动知识共享的课程以及将教师视为知识的生产者。

1. 创新根植于团结合作的教学方法

创新根植于团结合作的教学方法的核心在于将师生关系建构为一个求知者与知识建构者共同参与的学习共同体。这个共同体既以人类知识的共享与积累为基础，又通过合作为知识的发展注入新的动力。其基本理念是，教师与学生应共同参与知识的探索与创造，使学习的目标超越对现有知识的记忆与重复，致力于培养学生成为能够与他人协作发现与创造知识的能动者。这一教学方法强调，教学过程不能局限于单向的学科知识传递，还应兼顾学科知识、过程性知识和元认知知识的学习，因为这些知识在解决人类共同问题中具有不可或缺的价值。实现这一目标的关键在于问题导向的协作性学习。通过问题驱动，学生能够在真实的社会与自然情境中开展协作性探索，打破课堂与学校的边界，培养与他人共处的能力，超越文化隔阂，理解多元文化的价值，释放多样化的潜能。此外，问题导向的协作性学习还能够帮助学生深化对科学知识与真实世界联系的理解，增强他们的社区服务意识与全球责任感。通过这种根植于团结合作的教学方法，教育不仅能提升个体的认知与实践能力，更能塑造具有合作精神和社会责任感的全球公民，为解决复杂而多元的社会问题提供有效的人才支持。

2. 设计和建构旨在推动知识共享的课程

在课程设计领域，知识应被视为全人类共同的伟大成就，其核心内容来源于人类丰富的公共知识体系。因此，课程教学应被视为一个知识分享的过程，其中知识学习可以被理解为学习者与人类先辈之间的代际对话。这一过程不仅是对人类文化遗产的传承，也为学习者和教育者提供了审视与更新知识的空间，激发创新思维与批判性认知能力。报告强调，课程设计不应受制于传统偏见或学科等级体系的束缚。课程从来不应被理解为“完整知识”的静态呈现，也不应用一成不变的标准划分学科。相反，课程设计需要聚焦世界的复杂性与多样性，将环境生态、科学探究、信息技术、人权关怀、性别平等、多元文化与和谐共生等议题有机融入学校课程，[①] 从而超越将既有学科知识简单填充进课表的陈旧观念，为应对人类未来的共同挑战提供深远支撑。

课程教学的根本目的不仅是帮助学生获得知识，更重要的是引导他们参与知识的生产与应用，培养其批判性分析和解决问题的能力。课程教学应在以下方面拓展学生的能力与视野：一是提升读写能力和多语言能力，为学生创造一个多语言文化交融的未来；二是强化计算能力，将数学知识应用于解决个人、社会及全球性问题；三是借助人文学科，培养学生理解多维经验、探讨历史证据的能力，激发同理心与道德感，使其具备“未来素养”；四是深化科学理解与探究能力，使学生超越记忆科学符号、公式与定理，掌握观察、质疑、验证、挑战与完善知识的科学方法，从而体现人类精神的核心价值。

与此同时，课程设计需注重强化学生的数字素养。随着信息技术的快速发展，课程应帮助学习者掌握有效使用技术的能力，识别与遏制错误信息的传播，并培养对技术发展的积极影响力。此外，艺术教育课程也在学生的全面发展中扮演重要角色，通过促进社会情感学习与非语言表达，培养学生的移情能力与复杂技能，进一步拓展其作为社会个体与创造性主体的潜力。通过设计和构建旨在推动知识共享的课程，学校能够引导学生超越传统学科的界限，在理解、传承与创新中实现对知识的深度参与，从而为构建面向未来的教育体系奠定基础。

3. 将教师视为知识的生产者

教师不仅是知识的传授者，更是知识的生产者，承担着推动教育变革的核心使命。教学是一项复杂的“协作性专业”，教师必须处于教育变革的中心地位。作为教育体系的关键主体，教师需要具备同情心、专业知识、教学能力，以及坚定的道德责任感。这些条件使教师能够全面支持学生在认知、社会与情感方面的发展。传统教师培养依赖于“标准化的学校结构、课程设计和规范化的日常实践”。然而，随着教育规模的扩大和社会需求的转型，这种模式已无法满足当前教育体系的复杂需求。报告指出，大学与中小学无法单

① 张民选. 面对世界危机、教育危机和不确定的未来，我们怎么办？ [EB/OL]. [2024-07-24]. http://www.jyb.cn/rmtzcg/xwy/wzxw/202212/t20221222_2110984477.html.

独承担教师职前教育的责任，因此需要构建类似高科技工业园区的教育发展空间，汇聚各方利益相关者，共同设计教师职前教育与终身职业发展的路径和内容。现代教育要求教师不再孤立于教室内单独施教，而是融入更广泛的协作网络中。教师的工作不再局限于单一的课堂教学，而是扩展到公共空间、社会生活及共同利益的建设。教学需要教师与同事、专家、家长及社区紧密合作，开展团队教学，及时了解学生需求，并为学生提供多维度支持。教师不仅是实践的反思者，更是知识的创造者。在面对多样且动态的教学情境时，教师通过应对复杂教育问题推动知识生产，这一过程不仅能帮助学生建立与知识的深刻联系，还能推动教育知识体系的扩展。

教育知识体系的扩展是改革教育政策、实践与环境的基础。这要求社会为教师创造支持性的环境，促进其知识生产与协作，赋予其更多的专业自主权，同时邀请教师深度参与教育政策制定、课程改革及教育过程的设计与优化。这种多方协作与支持机制，不仅能够为教师提供更广阔的成长空间，也将推动教育体系的全面发展，助力实现教育公平与可持续发展的目标。

（四）充分发挥数字技术的潜力

在加速实现教育可持续发展愿景的过程中，传统教育体系和方法的局限性逐渐显现，尤其是在应对快速变化的社会需求和复杂的全球教育挑战时。数字技术被视为推动教育创新和变革的核心动力之一。数字化转型不仅是应对当前教育危机的有效手段，更是实现教育可持续发展的关键途径。随着数字技术的不断发展，它已从独立项目演变为由工具和程序构成的复杂网络，连接了全球的人和事务，有助于应对个人和全球性挑战。[①] 数字创新已经展现出完善、丰富和改变教育的巨大潜力，并可能加速实现可持续发展目标 4 的进程，进而改变提供普及学习机会的模式，有助于提高学习的质量和实用性，加强包容性，并改善教育管理和治理。

尽管数字技术在教育中展现出了巨大的潜力，但其在推广和应用过程中，

① 联合国教科文组织 . 数字化学习和教育转型 [EB/OL]. [2024-12-21]. https://www.unesco.org/zh/digital-education.

仍然面临着诸多挑战和障碍，这些挑战和障碍制约了其在教育领域的全面发展和深入应用。其一，当前教育数字化转型往往存在“重硬件、轻软件”的倾向，过度关注硬件设施的建设和技术设备的提供，而忽视了高质量的数字内容、良好的教学实践以及数字能力的培养。这种局限性使得数字学习的有效干预受到限制，无法真正提升教育质量和学习效果。其二，数字教育的相关课程设计常常未能充分考虑到边缘化群体的需求，特别是那些经济、地理或文化上处于劣势的学习者和社群，导致数字化学习资源未能惠及最需要帮助的群体，进一步加剧了现有的教育差距和不平等。其三，基础设施的缺失也是数字化教育面临的一个重要问题。电力不足、设备不齐全以及互联网连通性差，成为许多地区，尤其是发展中国家和偏远地区，推动数字教育的巨大障碍。这些基础设施问题使得数字学习举措无法实现普遍覆盖，导致不同地区、不同社会阶层的学生接受数字化教育的机会差距日益加大。其四，亟待解决的挑战是数字教学法的缺乏。目前，数字学习工具和平台的设计与应用还未完全满足教师和学习者的多样化需求，尤其是教师缺乏有效使用这些工具的知识、技能和资源。为了确保数字化学习的成功，必须为教师提供系统的培训和持续的专业支持，帮助他们在教学实践中有效融入数字技术，提升教学效果。其五，数据安全与隐私保护问题也不容忽视。随着数字化教育的普及，大量的学习数据和个人信息被收集与存储，这引发了数据安全和隐私风险。教育信息不是市场消费品，更应被视为人权和公共产品，必须采取有效措施保护学习者的隐私和个人数据，确保数据的安全性和合规性。这要求在数字教育的设计和实施中，建立健全法律和技术框架，以保护学习者的基本权利，防止数据滥用。

四、教育数字化转型的国家战略

当前教育领域面临多种数字技术挑战，包括全球范围内的连通性差距、数字技能不足、高质量数字内容匮乏以及数据隐私和伦理问题等。这些挑战限制了技术在教育中的公平应用，尤其是在弱势群体中的推广，也让教育的系统化变革面临巨大困难。为应对这些问题，推动教育数字化转型已成为必然选择。

我国传统教育与数字技术的结合在经历教育信息化起步与应用两个阶段的建设之后，正处于融合与创新并存的时期。[①]2012 年，教育部为推进落实《国家中长期教育改革和发展规划纲要（2010—2020 年）》关于教育信息化的总体部署，组织编制了《教育信息化十年发展规划（2011—2020 年）》，提出实施“中国数字教育 2020 行动计划”。2022 年在全国教育工作会议上正式启动国家教育数字化战略行动，吹响了教育数字化全面转型的号角。党的二十大首次将“推进教育数字化”写进报告，提出“推进教育数字化，建设全民终身学习的学习型社会、学习型大国”。从“十三五”规划纲要正式将“数字中国”上升为国家战略开始，数字技术逐渐被全面应用于各领域的建设。教育领域的数字化改革逐渐加速，《“十四五”数字经济发展规划》强调推进教育新型基础设施建设，推动“互联网 + 教育”持续健康发展，《“十四五”国家信息化规划》提出实施全民数字素养与技能提升行动。教育部党组书记、部长怀进鹏在 2022 年全国教育工作会议等多个场合提出，实施教育数字化战略行动，推动实现教育数字化转型。教育数字化转型的战略意义与数字中国、数字经济同脉，即教育主动适应新一轮科技革命趋势，从数字社会角度重新思考人才培养规格，优化和升级数字化学习环境，变革教学和评价模式，推动体制和机制创新，建立适应智能时代的包容、公平、绿色、高质量和可持续的智慧教育体系，完善时时能学、处处可学、人人皆学的终身持续学习体系。

（一）教育数字化转型内涵

从国际视野看，数字化转型是在数字化转换、数字化升级的基础上，在战略层面进行系统规划，全面推动数字化意识、数字化思维和数字化能力发展的过程。[②] 数字化转换（digitization）是将模拟格式转换为数字格

① 黄荣怀，杨俊锋. 教育数字化转型的内涵与实施路径 [N]. 中国教育报，2022-04-06（4）.

② SAVIC D. From digitization，through digitalization，to digital transformation[EB/OL]. [2024-10-25]. https://www.infotoday.com/OnlineSearcher/Articles/Features/From-Digitization-Through-Digitalization-to-Digital-Transformation-129664.shtml?PageNum=1.

式，如将纸质文档扫描转为电子文档，重点是数据形式的转换。数字化升级（digitalization）旨在优化现有业务运营和流程，重点是信息处理，关注数据标准、数据打通、数据分析、数据应用及数据安全伦理等，从而实现一定程度的流程自动化，例如完全电子化的注册流程。转型一般指的是事物的价值观念、结构形态、运转模型和运行方式等发生根本性转变的过程。[①]数字化转型（digital transformation）是一种全面系统的高层次变革，强调文化、工作和思维方式的转变，例如从注册到内容交付的彻底性电子化。

教育数字化转型作为教育信息化的特殊阶段，要实现从起步、应用和融合数字技术，到形成数字化意识和思维、培养数字化能力和方法、构建智慧教育发展生态、形成数字治理体系和机制。从数字化转型视角看教育信息化，存在三个具有显著特征的发展阶段，即从信息化设备与教学应用，到信息化支撑与教育赋能，再到信息化引领与教育变革。我们目前正处在教育系统变革阶段（见图 1–1）。第一，信息化设备与教学应用。该阶段注重网络环境建设与技术应用探索，强调电子设备、数字资源、信息平台等数字化工具的运用，以及设计和开发数字化资源，以丰富学习内容和学习者的适应性选择。第二，信息化支撑与教育赋能。该阶段侧重技术平台支撑与创新应用，普遍关注学习环境的泛在互联、教育数据资源化、教育平台云化等方面的建设，旨在利用数字工具、互联环境与信息平台优化和变革教育教学过程，改善学习者的体验和绩效。第三，信息化引领与教育变革。该阶段侧重进行数字生态建设与教育形态重塑，着力探索学习环境的智联融通、教育数字孪生系统的有序演进等，强调对数据价值的深度挖掘，利用数据资源和可信算法来提升教育决策的效果与效率，进而形成个性化、情境化和数据支持的教育新生态。

---

① 黄荣怀 . 数字技术赋能当前教育变革的内在逻辑：从环境、资源到数字教学法 [J]. 中国基础教育，2024（1）：10–17.

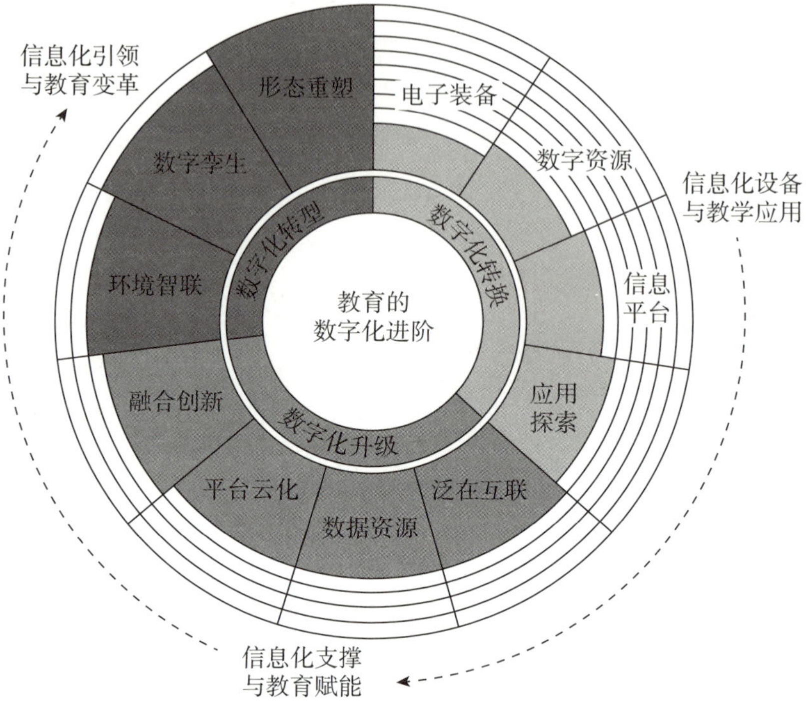

图1–1　教育信息化的发展阶段

教育数字化转型是持续利用数字化、网络化和智能化技术及手段，变革教育系统的过程。教育数字化转型的内涵包括四个基本方面：一，战略层面，根本任务是价值观优化、创新和重构，以形成组织和机构的数字化意识与数字化思维为目标；二，系统性变革，是教育全要素、全流程、全业务和全领域的数字化转型，要推动智慧教育生态的形成和发展；三，核心路径，即数字能力建设，既包括学生和教师的数字能力建设，也包括教育管理人员的数字能力建设；四，教育数字化转型的关键驱动要素是数据，易用、可用、好用的数字教学平台和工具的广泛采纳是数据采集的基础，平台的互操作性是基本保证。

可持续发展的数字化转型需要在教育系统中实施全要素、全流程、全业务和全领域的数字化进程（见图 1–2）。[①] 首先，全要素涉及教与学过程中的

① 黄荣怀，杨俊锋．教育数字化转型的内涵与实施路径 [N]. 中国教育报，2022–04–06（4）.

各个要素，包括培养目标、教育内容、教学模式、评价方式、教师能力和学习环境等，各要素都需要在数字化的演进过程中作出适应性调整，从而实现协同发展。其次，全流程是人才培养的全过程，包括招生与选拔、教学与课程、研究与管理、升学与毕业等环节，要充分发挥数据在整个流程中的作用，在各个环节中无缝衔接与流动。再次，全业务涉及教育管理过程中的各个方面，包括发展规划、课程教材、教师发展、学生成长、科技支撑、教育装备、国际合作、教育督导、教育研究等，全业务的数字化进程需要确保数据及信息链共享、业务链互通，支持智能化服务。最后，全领域涵盖基础教育、高等教育、职业教育、成人与继续教育以及社会培训等领域，同时也要兼顾城市和农村等地域教育的均衡与公平。数字化转型意味着利用云计算、大数据、物联网、区块链和人工智能等新一代信息技术撬动各领域教育改革的迭代升级，进而塑造并形成教育新格局。教育数字化转型有四个重要目标：一是充分应用数字化技术，改变传统的工作思路和流程，树立数字化意识，实现数字思维引领的价值转型；二是教师、学生及教育管理者的数字化能力的培养，这是数字化转型的基本能力；三是构建智慧教育发展新生态，涉及数字战略与体系规划、新型基础设施建设、技术支持的教学法变革、技术赋能的创新评价等；四是形成数字化治理体系和机制，对教育治理的体制机制、方式流程、手段工具进行全方位系统性重塑。

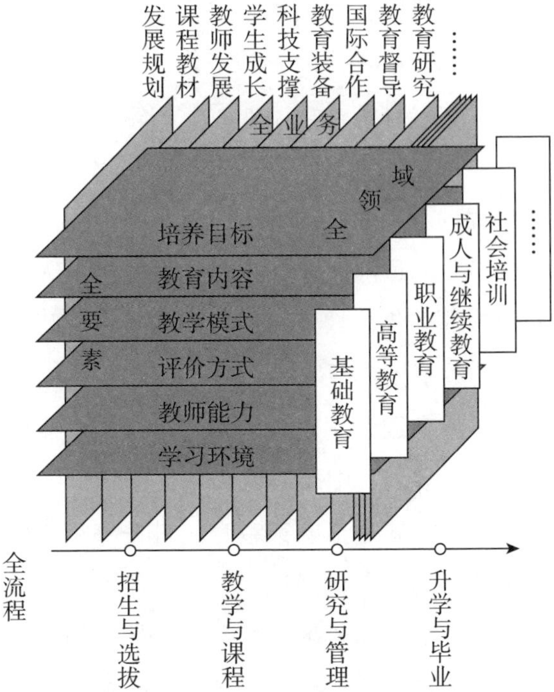

图1–2　教育数字化转型的框架

（二）教育数字化转型实施路径

虽然我国教育信息化取得了阶段性的成就，但当前数字技术与教育的融合仍存在着诸多挑战。数字化学习环境之间缺乏沟通，学习过程并非数据全覆盖；学习设备系统不兼容、网络卡顿等问题，导致学生无法顺畅地进行数字化学习；教学工作者缺少相应知识和技能保障数字化教学等。特别是信息社会背景下人才培养已成为各行各业数字化转型的关键推力，教育需要培养出能够主动适应未来数字化社会发展的人才。面对社会全要素、全流程和全领域的数字化，教育数字化转型迫在眉睫。教育数字化转型将助力实现整个社会的数字化转型发展，提升国家的竞争优势。

在教育数字化转型的实施过程中，需要从宏观、中观、微观三个层面来推进顶层规划、中层部署和基层创新（见图 1–3），设定教育数字化转型的目标。顶层规划是指国家教育、科技等相关部门制定数字战略与体系规划，增强全社会的数字化意识、数字化能力，以数字化思维引领价值转型。中层部署是指省市层面要聚焦数字治理体系的形成和智慧教育生态的构建，从体制机制、方式流程、手段工具等方面对教育进行全方位系统性重塑。基层创新

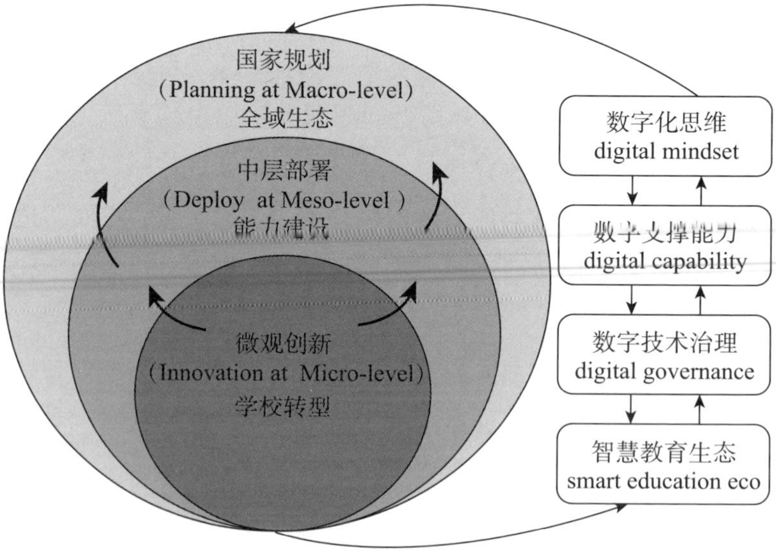

图1–3 教育数字化转型路径

是指引导和帮助学校夯实信息化基础设施，强化优质数字资源的创新应用，全面提升师生数字素养与技能，构建数字化课堂教学新模式，创新数字化评价技术与手段，建构线上线下融合的协同教研网络等。

1. 加强新型基础设施建设

从区域和学校角度，推动5G（第五代通信技术）、大数据、云计算、人工智能等新一代信息技术的应用，持续建设信息网络、平台系统、数字资源、智慧校园、创新应用等可信安全的新型基础设施。打造智慧教育公共服务平台，统筹学习、教学和管理过程中的大数据，建立教育大数据库，促进教育数据的贯通共享，组建教育大脑，统筹推进数据融合融通，面向学生、教师和学校建立数据应用和分析模式。

2. 推进课堂教学过程数字化

教育改革的阵地在课堂，课堂教学是数字化转型的核心，但是当前多模态数据的分析与应用类技术和产品还不成熟，基于传统要素的教学数字化还存在瓶颈和障碍。应探索基于各种生态的课堂教学过程数字化方式，从教学内容、学习资源、教学过程等方面进行数据采集、分析和应用，实现教学过程的数字化。既可以借助传统纸质课本和练习本，也可以借助电子教材等数字资源，还可以应用智能化教学工具，让课堂教学过程的数据可用、好用，真正实现服务学生新型能力的培养。

3. 培养以数字能力为基础的新型能力

为了适应社会的数字化改革，更好地应对快速变化的世界，创新人才培养模式、以数字能力为核心的新型学生能力培养是关键。要加大人力资源投入，更新教师观念，提高数字化教学能力，落实面向未来的新型能力培养目标，创新技术增强的教学模式；要促进数字化领导力与治理能力的提升，增强数字化意识，培养数字化思维，推动教育治理的体制机制、组织架构、方式流程、手段工具全方位系统性重塑。

4. 数字技术赋能创新教育评价

学习的评价方式很大程度上影响了教与学的方式。利用数字技术，对教育系统的评价方式进行改革，制定数据采集标准，促进数据的互操作性，推进学生综合素质数据全方位采集，制定综合素质评价体系和标准，推进学生新型能力建设。优化组合基于数据的评价方式，促进评价过程与学习过程的紧密结合，在学习过程中完成评价。

5. 形成可持续发展文化和多部门协同机制

教育数字化转型是全要素、全流程、全业务和全领域的数字化过程，要形成可持续改进的文化，统筹规划建设与维护更新的关系，建立持续关注和投入的机制，同时推动组织和学校树立可持续改进的意识。数字化转型要求形成多部门协同工作的机制，从政策上推进合作伙伴关系的建立，充分发挥利益相关者的积极性和主动性，协力参与数字化建设，共同推进高性能数字化教育系统的建设。

（三）学校推进数字化转型的方式

教育数字化转型需重视地区差异和城乡差异，充分考虑数字鸿沟和数字使用鸿沟的问题，形成包容和公平的文化，考虑每一个学生的发展。学校在转变教育教学理念、深入理解教育数字化转型的内涵与意义的同时，要积极探索、规划明晰的实施路径。围绕立德树人的根本任务和教育高质量发展的目标，学校可以从以下六个方面推进数字化转型。

1. 夯实学校信息化基础设施

当前，学校教育教学环境持续改善，“三通两平台”目标任务已全面完成。但是，学校普遍还需对现有设施进行改造升级，特别是乡村与少数民族地区学校还面临一些现实困境，比如由于经费不足，有些学校网络信号不稳定、网络带宽无法满足需求造成网络卡顿、掉线，无法有效支持网络教学和学生在线学习。因此，各级政府应加大教育投入，学校要妥善利用各类资源和条件，进一步强化教育新基建，优化和升级基本设施、硬件设备、网络条件、智能工具、学习平台等。要为“三个课堂”提供更好的技术保障，做到网络通畅、视频清晰、语音流畅、设备布局合理，支持师生有效互动，通过互联网共享优质教育资源，使乡村薄弱学校开齐、开好国家课程。有条件的学校要大力推进线上线下融合的智慧校园 OMO（Online Merge Offline）建设，在

5G、Wi-Fi 6（第六代无线网络技术）、人工智能物联网（AIoT）等超高速多网融合支持下，实现媒体、技术、平台、资源、数据、人和物的智能互联。①

2. 强化优质数字资源的创新应用

据 2022 年数据，国家中小学智慧教育平台已集纳资源 3.4 万条，不仅扩大了优质数字资源的共享，也为学校落实“双减”政策、在疫情中开展“停课不停学”提供了有力支撑。优质资源和支持服务能力不足一直是制约农村和边远地区教育信息化发展的瓶颈。学校应不断优化校内外数字教育资源供给渠道，充分利用国家和区域提供的数字教育资源，同时积极开发校本资源，将具有地方特色的教育资源分享到更多区域，满足多元化的教育需求。此外，学校还应关注数字资源的创新应用。例如，通过研发、应用数字教材，撬动课堂教学数字化转型。数字教材即以数字形态存在、可装载于数字终端阅读、可动态更新内容、可及时记录交互轨迹的新型学习材料。数字化教材能够加强师生交互，减轻学生负担，提高教学效率，更好地服务学生新型能力的培养。学校还可以通过研发覆盖各学科知识单元、知识点的知识图谱，促进以知识图谱为基础的内容与资源建设，助力数字教材的开发。

3. 全面提升师生数字素养与技能

师生数字素养和数字应用能力是实现教育数字化转型的关键。教育信息化 2.0 行动计划和“智慧教育示范区”创建工作把师生素养的提升作为重要目标和任务。《义务教育信息科技课程标准（2022 年版）》也明确提出，要培养学生信息意识、计算思维、数字化学习与创新、信息社会责任等核心素养。为了使教师更好地适应未来人机协同的教学环境，师范生数字素养发展受到重视，部分师范院校在课程中结合了信息化教学方法，已有学校将“数字化教师”作为师范生培养的新方向。②学校一方面要引导学生正确应用数字技术，从短视频浏览、网页内容复制、拍照搜题等被动性使用，转向学会编程、进行作品创作、与专家互动等主动性使用；另一方面要开展教师培训，使教师

---

① 王运武，庄榕霞，陈祎雯，等 . 5G 时代的新一代智慧校园建设 [J]. 中国医学教育技术，2021（2）：143-149.

② 夏立新 . 未来数字化教师是师范生培养的新方向 [N]. 中国教育报，2020-10-19（5）.

正确使用各种信息化教学设备，学会制作微课，能够利用网络追踪领域知识和学科知识，获取教学资源，具备多场域促学能力和创新应用能力。

4. 构建数字化课堂教学新模式

课堂教学作为学校教育的主阵地，是学校教育的核心内容。[①] 因此，需要将教育数字化转型的最终落脚点放到课堂教学上，并在此基础上构建数字化课堂教学新模式。可见的学习（visible learning）观点认为，当教师成为自己教学的学习者，学生成为自己学习的教师时，对学生的学习产生的效应最大。[②] 数字化课堂教学模式区别于传统课堂教学模式最显著的不同就是，使教学和学习更加"可见"。

学校在构建数字化课堂教学新模式时，要特别关注以下几点。一是基于证据的教学过程。这里的证据既包括教师课前的备课笔记、教学设计，课中的语言、表情、行为，课后的反思等，也包括学生的笔记、课后作业等，这些"痕迹"被记录下来就是课堂教学交互行为的数据。二是师生之间的契约。师生之间基于某种约定和共识达成相互理解，在包容开放的教学氛围中，学生可以犯错，也可以建立自己的规则，开展自我评价，参与教学决策，从而发挥学生学习的主体性。三是促进学生的深度学习。教师要对课堂教学进行有效设计，通过相关活动或支架引发学生主动思考，使学生参与到问题解决的过程中来，最终实现知识的迁移贯通，建立属于自己的知识网络。四是数据采集。即在数字化课堂中精准收集和分析教学过程数据，为设定更科学和个性化的学习目标、规划学习路线提供依据。

5. 创新数字化评价技术与手段

2020年，中共中央、国务院印发《深化新时代教育评价改革总体方案》，强调利用人工智能、大数据等现代信息技术，探索开展学生各年级学习情况全过程纵向评价、德智体美劳全要素横向评价。《义务教育信息科技课程标准

① 何克抗．智慧教室＋课堂教学结构变革：实现教育信息化宏伟目标的根本途径 [J]. 教育研究，2015（11）：76–81，90.

② HATTIE J. Visible learning for teachers：maximizing impact on learning[M]. London：Routledge，2012：70.

（2022 年版）》也提出，要加强情境真实、主体多元、方式多样、内容全面、反馈具有指导性的过程性评价，并完善以学业水平考试为主的终结性评价。学校可以基于各类数据挖掘及学习分析技术对学生的知识掌握情况、能力水平差异、行为特征、性格特点等进行有效诊断和分析反馈。例如，利用可穿戴技术辅助获取学生的生理行为数据；利用自然语言处理、语音语义识别和眼球追踪等技术，对学生学习行为的过程性数据进行挖掘，获取深层次的情感状态、学习注意力等数据，为学生综合测评提供全方位支持；利用人工智能、大数据技术构建知识图谱，形成学生的深度知识能力画像，进而实现面向学科潜能与专业兴趣的双核测评。未来面向信息化的教育测评与教学改革的研究将有助于实现规模化教育与个性化培养的有机结合，使我国教育改革向更科学和更公平的方向发展。①

6. 建构线上线下融合的协同教研网络

为了弥补学校优质师资的不足，提升教师教学能力，帮助教师备课，解决教学中的难点问题，可以建构线上线下融合的协同教研网络，形成以中小学教师、教研员、教育研究者、教师研修管理者等为核心成员的研究共同体，将教研理论与实践，学科素养与信息素养，跨校、跨区域协同教研与校本教研相融合。通过线上线下混合式教研，教师能够打破时空界限，与本校教师、教研员、课程社区、名师工作室、高校虚拟教研室的同侪、名师和专家形成多种方式的互动，进行教学研讨、资源分享、晒课评课、课题研究等教研活动。② 乡村学校在空间上较为分散，校际交流不畅，学校教师数量较少，教学水平有限，内部教研也很难满足教师需要，因此线上线下结合的在线协同教研对乡村学校，特别是偏远地区学校尤为重要。学校应搭建支持在线教研的技术环境，形成定期协同教研的制度；借助在线社交平台、论坛、在线会议、线上线下混合式会议开展多种形式的教研活动；充分利用名师工作室提供的各类资源，使教师在名师教研、名师课堂、名师评课等过程中提升职业能力；

---

① 黄荣怀 . 教育测评的信息化发展 [J]. 中国考试，2021（2）：19–20.

② 吴磊，吴砥，徐晶晶，等 . 网络学习空间支持下中小学教师协同教研的影响因素研究 [J]. 现代远距离教育，2018（2）：53–61.

为教师提供便利条件，鼓励其广泛参与不同学段、不同学科、不同主题的社区研讨和网络研修活动，通过交流与分享，改进教学方式、优化教学内容。

（四）以教育数字化构建学习型社会基座

当前，推进面向全民终身学习的学习型社会和学习型大国建设，教育数字化转型是关键手段，而数字化教育则是学习型社会和学习型大国的核心组成部分。学习型社会的建设是一项复杂而艰巨的系统工程，既需以数字化为杠杆撬动学校教育的变革和转型，又要辐射和带动家庭教育与社会教育系统的重构，是涉及全民全社会教育的数字化转型。

与传统学习型社会的内涵不同，数字时代学习型社会最突出的特点是学习对象全覆盖、学段全覆盖，支持多样化的学习模式，坚守对学习个体的包容性与学习机会的公平性，并实现跨学习空间的智联融通，对于多元化学习需求表现出很强的适应性。教育数字化转型需持续利用数字化、网络化和智能化的技术及手段来变革教育系统，是一种学习和教育领域全要素、全流程、全业务和全领域的数字化过程，可以着实扩大“人人皆学”的覆盖范围、拓宽“处处能学”的空间广度、延展“时时可学”的时间尺度，从而构建满足全民终身学习需求、开放灵活、可持续发展的学习型社会。有效推进数字时代的学习型社会建设，关键在于培育教育系统的数字化思维、夯实数字化支撑能力、健全面向全民的数字化学习公共服务、构建数字化学习的内容质量及服务的规范和标准。

1. 培育数字化思维，塑造智能时代教育转型的灵魂

从技术视角来看，教育数字化转型涉及三个方面：一是研发和共享数字化教育资源，丰富学习内容和学习者的适应性选择；二是部署和有效使用数字工具、互联环境和信息平台，优化和变革教育教学过程，改善学习者的体验和成效；三是利用数据资源和可信算法，提升教育决策的效果和效率，改变传统的工作思路和流程。面对以人工智能为代表的新一代信息技术和数以亿计学习者的数字化学习变革诉求，学习型社会建设的数字化思维尤为重要。学校及区域推动教育改革，需改变课堂教学中数字设备及教学资源的机械性

应用模式和教育教学管理中数字技术简单叠加式应用的工具性思维，超越当前的“表象式”改革诉求，系统谋划和引领数字时代学校的改革与发展。数字技术的应用只是手段，数字化思维才是教育转型的灵魂。只有在科学的数字化思维引领下，组织和协同各利益关联方对教育系统进行系统性、整体性、协同性的变革，提升教育数据智能化汇聚、共享和服务能力，才能为建设全民终身学习的学习型社会、学习型大国提供新动能。

2. 夯实数字化能力，筑牢学习型大国的数字底座

与教育相关的数字化能力，主要包括数字化学习环境支撑能力和学习者及相关从业人员的数字素养与技能。前者为学习型社会提供空间支持，后者是人们适应数字时代学习与生活的必要前提。一是持续优化学习环境的数字技术支撑能力。利用数字技术搭建智联融通的学习环境，旨在创设虚拟现实与真实情境、学校—家庭—社会、正式教育与非正式教育有机融合的学习空间，为学习者提供跨场域连通和具有情境性的学习体验。聚焦学校数字化学习环境的优化，持续建设和更新智慧校园、智慧教室，推进场景式、体验式、沉浸式教学，提高教学服务供给与学习需求的匹配度；组织和协同社区及相关产业支持和服务家庭数字化学习环境的构建，建立数字化家庭教育平台，健全智慧、协同、常态的家庭教育服务体系与家校共育机制；统筹社会数字学习环境建设，核心在于实现公共场所、场馆、农村、社区、工作场所等跨学习空间学习资源的无缝流转与数据有序安全共享，促进数字学习环境的协同联动与适应性学习服务。二是着力提升全民的数字素养与技能。数字素养与技能作为必备的素质与能力，是发挥学习型社会效能的保障，包括数字资源获取、制作、使用等。对此，需优化数字素养与技能的培育机制，如在各学科教学中渗透相关内容，将数字素养的培养贯穿各个学段；尽快建立数字素养与技能测评监测体系，研发智能化评测工具，基于试点开展监测；面向公众推出更多优质数字化科普内容，利用数字技术增强科普场馆和科普活动的吸引力，促进全民科学素养的提升。此外，还需面向老年人、残疾人、低收入者等特殊群体提供常态化的数字技能帮扶。

3. 健全数字化服务，确保有包容性的全民终身学习机会

数字化学习公共服务是由公共部门提供并面向不同地域大规模学习者的数字化、包容性和高质量的学习支持服务，包括多样态数字学习资源供给、多元化数字学习空间融通和多维度数字技术应用支持等。目前，国家有关部门已建立了面向不同领域的教育资源数字化中心和服务平台，旨在实现教育资源的共建共享。地方各级政府应倡导和规划所在辖区内的数字化学习服务体系，分层分类建设面向不同学习者群体的数字化学习平台、机制和能力。同时，继续推进国家、省级数字化服务平台的贯通协同，进一步推进信息技术与教育教学的融合应用，提升教育的包容性和均衡性，为学生自主学习、教师改进教学、农村共享优质教育资源、家校社协同育人等提供重要支撑，进而成为建设全民终身学习的学习型社会、学习型大国的重要驱动力量。

4. 完善数字化标准，引领学习型社会的高质量发展

完善可量化、可监督、可比较的数字化学习资源、技术、服务及质量标准或规范，是在学习型社会建设过程中有效配置资源、提高效率、推进数字技术及教育治理体系和治理能力现代化的必然要求。目前，教育信息技术、数字校园环境、教育装备、师生信息素养等相关标准已得到初步建立，有力支撑了我国教育信息化及教育的改革与发展，接下来还需针对智能化时代学习型社会建设的诉求，研究和建构数字教育视角下的标准体系。面向全社会和全民数字化学习的标准体系主要涉及三个方面。一是技术标准体系。技术标准具有明显的基础性、通用性和先导性特征，包括平台架构、访问入口、信息安全、数据交换、知识图谱、产权管理等。二是质量标准体系。质量标准体系应能够直接衡量数字化应用的价值、效率、效益等，包括数字教材、在线课程、学习交互、学习评估、项目评价、质量管理等。三是服务标准体系。服务标准体系的范围应包括学习环境、学习支持、技术服务、内容确权、知识付费、培训认证等方面。建立健全教育数字化标准体系，既可以为我国教育数字化的健康发展保驾护航，也可以在新的历史窗口为我国教育、科技领域赢得国际话语权，这是建设全民终身学习的学习型社会、学习型大国的重要抓手。

第二章　新科技革命与智能时代的教育

近年来，随着新一代科技革命的推进，人工智能作为智能技术的代表，不仅对人类的工作和生活产生了深远影响，也成为推动教育变革的重要引擎。人工智能从最初的概念提出到技术突破，再到深度应用的发展历史，也是与教育领域深度融合的过程。人工智能的潜力引发了全球学术界和教育界的广泛关注，被认为是教育改革的“关键变量”。教育作为人类社会实践活动的重要组成部分，其发展历程始终与生产力和社会形态的演变密切相关。新一轮科技革命带来了智能技术的广泛应用，推动了教育内容、教学方式、学习环境及人才培养模式的变革，促使教育从传统模式向智能化模式转型。教育变革不仅是科技赋能的结果，更是社会转型需求的体现。正如习近平总书记在党的二十大报告中指出，当今世界百年未有之大变局加速演进，新一轮科技革命和产业变革深入发展。国际竞争加剧，社会转型加快，科技革命加速，教育变革加深，科技与教育逐渐呈现出深度融合的新格局。在此背景下，科技与教育的深度融合逐渐形成全领域、全要素、全链条的系统性变革。智能技术的引入不仅改变了教育教学的实践模式，还推动了教育理论与体系的重塑。通过智能化的教育技术与工具，传统的教学流程被优化，教育场景更加灵活多样，个性化、精准化的教育模式得以实现，为学生全面发展和终身学习提供了全新支持。然而，这种变革也带来了新的挑战，包括如何平衡教育公平与质量、如何应对智能技术带来的伦理与治理问题等。

当前是科技革命与教育变革的历史交汇点，教育与智能技术的深度融合愈加紧密。本章从以下四个方面展开探讨：第一，科技革命如何推动教育转型；第二，智能技术如何融入教育教学并实现价值创新；第三，智能时代教育教学的基本理论；第四，智能时代全域教学变革的基本路径。通过系统研判科技革命的基本走势和教育改革的核心需求，全面剖析科技赋能教育的路径与实践，进而构建符合智能时代要求的教育体系。

一、科技革命加速推动教育转型

（一）新一轮科技革命推动智能化社会转型

工业 4.0 时代，高科技的发展与应用正加速生产力的提升，推动智能时代的到来。以人工智能、大数据和物联网为代表的智能技术，已在制造、医疗、农业等领域实现了深度应用。例如，工业互联网通过数据驱动和实时反馈优化制造流程，大幅提升了生产效率；医疗行业利用人工智能进行疾病诊断和个性化治疗；农业领域则通过物联网设备实现了精准灌溉和智能监控。智能技术在各领域的深度应用正推动社会从自动化逐步向智能化转型。第四次工业革命不仅重塑了生产组织的模式，使其呈现去中心化、虚拟化、实时化和服务导向等特点，[①] 还通过数字化和智能化的深度融合，改变了传统社会的运行逻辑。例如，数据驱动的决策逐渐成为主流，生产活动的透明化和实时化使得工作更加高效、社会协作方式更加灵活。这些特征标志着智能技术的应用已从试探阶段走向深度渗透阶段，并成为社会转型的核心动力。

与此同时，人类社会正在经历由“二元空间”（人类社会空间与物理世界）向“三元空间”（社会空间、物理空间、信息空间）的转变。[②] 信息空间的加入，不仅改变了人类的生存环境和认知方式，还为理解和改造世界提供了全新的路径。例如，通过信息技术，复杂系统的运行逻辑可以被动态模拟和精准预测，为解决社会重大问题提供了新的工具。这种三元空间的格局为智慧社会的形成奠定了基础。党的十九大报告提出了“智慧社会”的概念，同年《新

① HERMANN M，PENTEK T，OTTO B. Design principles for industrie 4.0 scenarios[C]// 2016 49th Hawaii International Conference on System Sciences（HICSS）. Washington：IEEE Computer Society，2016.

② 潘云鹤 . 人类世界正由两元空间变成三元空间 [N]. 中国信息化周报，2019-11-11（7）.

一代人工智能发展规划》又进一步明确了智能经济的发展目标即“数据驱动、人机协同、跨界融合、共创分享”，推动人类社会加速向智慧社会转型。智慧社会以智能技术为支撑，通过社会各领域的网络化、数字化和智能化，推动社会组织机构功能的优化和社会成员能力的提升。例如，在公共服务领域，智慧城市项目通过传感网络和大数据分析提升了交通管理效率和资源配置能力；在社会治理领域，人工智能技术使突发事件的预测和应对更加高效。虽然当前在社会不同层面都出现了智慧社会的端倪，但整体而言，人类社会依然处于多种形态并存的转型期。在这一阶段，社会生活越发复杂，呈现出一些独有的特征，如真实的、复杂的、不确切的、快节奏的、颠覆性的、长周期效应的、边界模糊的、高风险的、非协调的、突发的。[①] 这些变化不仅对社会的运行方式提出了全新要求，也对教育领域产生了深刻影响。在社会转型的复杂背景下，教育如何变革以应对随之而来的挑战并把握未来的趋势显得至关重要。

教育作为社会的重要支柱，既需要适应智能时代的转型需求，又需主动引领未来的发展方向。智能化社会的复杂背景对教育提出了一系列重大挑战：如何通过技术手段提升教育系统的适应能力？如何在应对突发事件的同时保证教育系统的稳健性和公平性？如何确保信息与通信技术融入教育的有效性，并建设健康的教育生态？智慧教育作为回应智能化社会需求的重要方向，正在推动教育内容、教学方法和评价机制的全面变革。例如，基于大数据分析的个性化学习平台，能够动态调整学习路径，提高学生的学习效率；智能校园通过物联网和人工智能技术，实现了教学、管理和安全的智能化提升。与此同时，这种变革也伴随着技术伦理、隐私安全和资源公平等挑战，亟须从教育理论和实践层面作出系统性应对。面对社会转型的复杂背景和教育改革的紧迫性，只有变革传统的教育理念与方法，构建适应智能时代需求的新型教育体系，才能回应这些重大挑战并把握未来的教育发展趋势。

---

① 郑杭生，杨敏. 社会实践结构性巨变的若干新趋势：一种社会学分析的新视角 [J]. 社会科学，2006（10）：109-115.

（二）科技革命与教育变革的历史交汇点

以人工智能为代表的新兴颠覆性技术正在全球范围内迅猛发展，掀起新一轮科技革命，推动人类社会迈向智能时代，给人类生产、生活与思维方式带来根本性、基础性、彻底性影响。无论是在经济领域还是社会结构中，科技革命都在重塑规则，为人类提供新的发展路径。科技革命总是能够深刻改变世界发展格局，面对科技创新发展趋势，世界主要国家都在寻找科技创新的突破口，引领时代潮流与人类前进方向。

在生产领域，新一轮科技革命正在改变传统的生产方式和产业结构。信息技术的广泛应用使得经济发展模式从以物质生产为主转向以信息生产和服务为主。工业互联网通过大数据分析和实时反馈优化了智能化生产流程，制造业的柔性化生产和个性化定制成为新趋势；在农业领域，物联网传感器帮助农民实现精准种植，自动驾驶机械逐渐取代了传统劳动力。这些变革不仅提高了生产效率，也对劳动力提出了新的要求，使教育需求从传统知识传授转向数字化、技术化技能培训。与此同时，科技进步正深刻改变人类的生活方式与生存状态。新业态和新模式层出不穷，共享经济、远程办公、智能家居等新现象不断涌现，拓展了人类的生活空间，并催生了数据驱动的生活模式。以智能家居为例，互联设备提高了家庭生活的便利性，也塑造了全新的生活逻辑。在这样的背景下，教育的场景化、个性化和终身化需求日益显著。智能教育平台通过大数据分析，为学习者提供个性化建议和动态调整的学习路径，推动教育从单向知识传授向灵活、自适应学习转型。全球创新版图也在科技革命的推动下重构。世界主要国家纷纷将科技创新视为未来竞争的关键突破口，如中国的人工智能 2.0 发展战略、欧盟的数字教育行动计划和美国的国家人工智能研发战略计划。这种全球创新竞赛加速了教育资源的全球化流动，并深化了国际教育协作。在线教育平台如 Coursera 和 EdX，打破了传统教育的地域限制，为学习者提供了更加开放、平等的学习机会。

人类在应对每一轮科技革命时，总是以改进教育作为回应。[①] 回顾历史，每一轮科技革命都伴随着教育的深刻变革。在蒸汽时代，英国通过《工厂法》为普及初等教育创造条件，为工业化社会培养了大批工人；电气时代，德国和法国建立职业教育体系，推动了中等教育的发展，培养了大批技术人才；[②] 信息时代，美国和日本率先实现高等教育大众化，为科技产业输送了大量专业人才。这些例子均表明，教育的转型与升级既是对科技革命的回应，也是推动社会发展的核心动力。当前，以人工智能、大数据和物联网为代表的新一代信息技术正在重构教育的模式与逻辑。从智能课堂到虚拟实验室，从个性化学习系统到智慧校园，技术驱动的教育变革正在深刻影响教学与学习的方式。未来，混合现实教学、脑机接口技术将进一步扩展教育的边界，为教育的智能化和个性化提供更多可能性。正是在这一科技革命与教育变革交汇的历史节点，教育需要更好地应对技术进步带来的机遇与挑战。这不仅包括通过技术创新推动教育生态的健康发展，还需要以教育为抓手引领未来社会的建设。在这一关键时刻，教育如何实现转型，如何在技术与社会需求之间找到平衡，如何通过创新培养适应智能时代需求的人才，将是影响深远的命题。

（三）社会转型中科技与教育的融合性特征

纵观人类历史，在一代人的生命历程中，其生产生活方式不会发生颠覆性变革。在过去几次科技革命中，传统科技与教育的关系呈现出相对清晰的二元互动关系：教育为科技创新提供必要条件和智力支持，科技进步引发人才培养目标与人才结构的变化，又进一步驱动着教育的顺应与调整。新一轮科技革命与过往科技革命的不同之处在于其指数级加速，当下的新技术正集群式、持续性、全方位地渗透进生产生活，其影响已在一定程度上超出了人类预期，超过了社会、经济与政治等领域的适应能力，甚至可能会超出人类

---

① 全球智慧教育大会 . 推动科技与教育系统性融合，构建智慧教育新生态：2022 全球智慧教育大会在京开幕 [EB/OL].（2022–08–19）[2024–08–25]. https://gse.bnu.edu.cn/202208/4066.

② 孟凡华，王斯迪 . 推进科教融汇：新视野、新领域、新赛道 [J]. 职业技术教育，2022（33）：30–34.

直觉的感知预测范围[①]。因此，科技与教育的关系呈现出空前的复杂性与模糊性，科技革命与教育变革的发展不再是过去简单的关联，而是联动推进、交融共生，呈现出前所未有的融合性特征。

科技与教育的融合性特征主要体现在科技与教育两大领域都在以主动的姿态向对方渗透，且呈现出深度融合的发展趋势。从国家科技战略来看，《国务院关于积极推进“互联网 +”行动的指导意见》《国务院关于印发促进大数据发展行动纲要的通知》《国务院关于印发新一代人工智能发展规划的通知》等一系列文件均涵盖科技融入教育的内容。从国家教育战略来看，《中国教育现代化 2035》将“加快信息化时代教育变革”作为十大战略任务之一。信息技术对教育发展具有革命性影响，是教育改革与发展的制高点和突破口，[②] 教育信息化适应、支撑、引领着经济社会发展。[③] 从个体核心素养来看，社会转型中，提升全民数字素养和技能已成为科技与教育融合的重要表征。这不仅是适应数字时代的战略任务，也是提升国民素质和促进人的全面发展的关键。通过技术赋能教育，个体的学习方式更加灵活高效，教育体系也更能适应数字经济对人才培养的需求。

二、智能技术融入教育教学

（一）智能技术融入教育的核心价值

1. 教育信息化的历史进程已表明科技赋能的价值存在

教育信息化是指在教育中普遍运用现代信息技术开发教育资源，优化教

---

① 洪志生，秦佩恒，周城雄．第四次工业革命背景下科技强国建设人才需求分析 [J]. 中国科学院院刊，2019（5）：522–531.

② 何克抗．论现代教育技术与教育深化改革（上）：关于 ME 命题的论证 [J]. 电化教育研究，1999（1）：3–10.

③ 教育部．国家教育行政学院举行 2022 年春季开学典礼 [EB/OL].（2022–02–28）[2024–03–20].http://www.moe.gov.cn/jyb_xwfb/gzdt_gzdt/moe_1485/202202/t20220228_603155.html.

育过程，以培养和提高学生的信息素养，促进教育现代化的过程。[①] 回溯教育信息化的历史进程，大致可分为三个阶段。[②] 第一阶段是从 1978 年至 2000 年的前教育信息化阶段，信息技术教育主要应用于计算机教学启蒙、教学实验、辅助教学和计算机教育推广等。第二阶段是 2000 年至 2018 年的信息化环境建设阶段，即教育信息化 1.0 阶段，聚焦于基础设施部署、校园信息装备和应用能力建设等方面。第三阶段是 2018 年以来的教育信息化 2.0 阶段，强调应用技术支撑教改、赋能创新和促进变革。综上所述，我国教育信息化遵循“自下而上”式的底层发展逻辑，经历了工具辅助、整合应用和融合创新三个发展阶段。[③] 教育信息化可以被广义地理解为科技赋能教育。纵观教育信息化的历史进程，其核心价值在于创新与变革。赋能指激发主体自身的能力实现既定目标，形成新方法、新手段和新路径。随着新一代信息技术的链式突破，科技赋能被认为是实现行业系统性升级和变革的关键变量。[④] 教育信息化可以被广义地理解为科技通过赋能这一核心机制，促进学习方式、教学模式和教学组织形式等发生全方位、多层次、成体系的变革。[⑤] 在教育信息化相关政策的推动下，我国教育信息化工作取得了阶段性突破。研究表明，信息技术已在学习空间、教与学的方式、学习内容等方面发挥作用。在变革学习空间方面，全国中小学互联网接入率已达 100%，且形成了远程专递课堂、网络空间教室和异地同步教学等；在变革教与学方式方面，形成了翻转教学、双主教学和移动学习等；在变革学习内容方面，形成了在线课程、数字化教材等。这些都充分彰显了科技重塑未来教育生态系统的巨大潜能。

---

① 南国农 . 教育信息化建设的几个理论和实际问题（上）[J]. 电化教育研究，2002（11）：3–6.

② 王运武，黄荣怀，杨萍，等 . 改革开放 40 年：教育信息化从 1.0 到 2.0 的嬗变与超越 [J]. 中国医学教育技术，2019（1）：1–7.

③ 胡钦太 . 回顾与展望：中国教育信息化发展的历程与未来 [J]. 电化教育研究，2019（12）：5–13.

④ 关婷，薛澜，赵静 . 技术赋能的治理创新：基于中国环境领域的实践案例 [J]. 中国行政管理，2019（4）：58–65.

⑤ 万昆，任友群 . 技术赋能：教育信息化 2.0 时代基础教育信息化转型发展方向 [J]. 电化教育研究，2020（6）：98–104.

2. 价值认知偏差源于对技术即时作用的高估与长期效应的低估

在科技融入教育的进程中，存在高估人工智能即时作用与低估长期效应的价值认知偏差现象。近期人工智能的迅速发展主要得力于算力提升、算法创新和特定场景的规模化有效应用。一个特定场景中的人工智能就是要实现这个场景中的事务及流程自动化的处理，自动化的实现要以数字化为基础，在特定的环节或部分实现，并进一步模拟、延伸或拓展人的智能来处理关键事务或流程。从数字化到智能化，需要经历机器自动化、自动化平台、认知计算和真人工智能等阶段，其演进的历程通常是业务过程形态从“触发机制”迈向支持“自然语言交互”，信息组织形态从能处理“结构化信息”进化至能处理“非结构化信息”（见图2–1）。

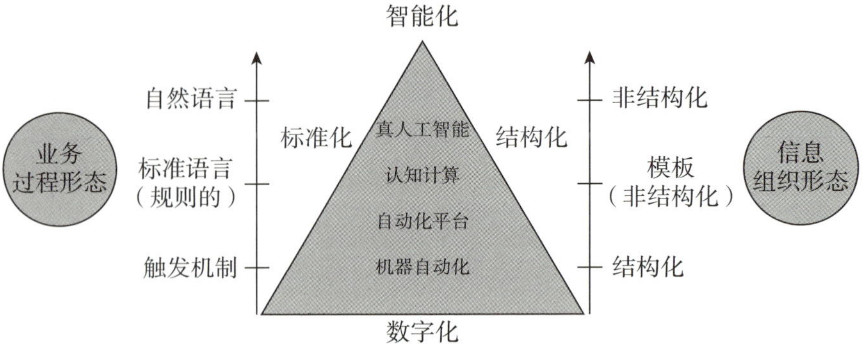

图2–1　智能化领域中业务与信息的形态变迁

鉴于人们在教育教学中使用数字化工具的经验和困境，与“教育软件生产力悖论”①和“非显著性差异现象”②一样，关于人工智能进入学校的作用存在两种典型观点：一是期待人工智能的潜力迅速发挥，而这往往会高估人工智能的即时作用；二是认为无论人工智能发展到何种程度，仍仅是工具，其成效只取决于教师与学生本身，这一观点又可能会低估人工智能的长期效应。尽管从人工智能本身的发展来看，从人类适应机器到机器真正服务人类尚存

① 新浪网 . 教育软件遭遇生产力悖论 [EB/OL].（2007–07–30）[2024–06–29]. https://tech.sina.com.cn/roll/2007-07-30/1500375277.shtml.

② 杨浩，郑旭东，朱莎 . 技术扩散视角下信息技术与学校教育融合的若干思考 [J]. 中国电化教育，2015（4）：1–6，19.

在一定距离；但因技术创新队伍的扩大、资本的持续加持和各类场景的大规模尝试等，智能技术正持续迭代和加速发展，再加上当前人工智能的研究不再仅以研究机器智能为主，脑科学和人类心智的研究也正并行发展与相互支撑。因此，需要正确认识人工智能等科技对教育变革的作用，在持续关注相关伦理与安全问题的前提下广泛实践并深入研究其特征、机理、场景和途径。

3. 学生成长、教师发展和环境升级是科技赋能教育的三个核心领域

随着智能技术生态的持续升级，科技对学生成长、教师发展和学习环境升级等方面的赋能将释放出巨大潜能。① 一是服务于学生的适应性成长。智能技术能够通过拓展学习资源形态、按需配置资源、支持个性化推荐、增强互动体验、引导社会性参与和开展智能学习测评等途径促进学生发展。二是助力教师发展。一方面，智能技术可以支持差异化教学、精准教学和人机协同教学等新型教学形式；另一方面，可以服务教师自身专业发展，更新教学观念、提升综合素养。例如，利用智能技术促进教师职前职后有效衔接，缩短职前培养与教学场景、教学体验之间的距离，贯通师范生个性化培养和教师专业发展的途径，并实现教师发展数据全程流动。三是支持学习环境的智能升级。利用智能技术搭建智联融通的学习环境，创设虚拟现实与真实情境、学校—家庭—社会、正式教育与非正式教育有机融合的学习空间，为学生提供跨场域的连通性和情境性学习体验。在科技赋能下，教育正在逐渐形成线上线下融合、智能互联、人机共融、无边界的未来新样态。

（二）识别技术融入教育的变革场景

1. 变革场景模糊源于教育变革外驱力持续加强与教育改革内生动力不足

教育内外环境已发生深刻变化，需要跳出教育看教育、立足全局看教育、放眼长远看教育。转型期的社会格局主要包括以下三个方面的形塑。一是人工智能驱动的科技进步。人工智能作为新一轮科技革命的核心驱动力，会进一步释放历次科技革命与产业变革积蓄的能量，通过生产、分配、交换和消

① 黄荣怀，李敏，刘嘉豪 . 教育现代化的人工智能价值分析 [J]. 国家教育行政学院学报，2021（9）：8–15，66.

费等各环节的数字转型与智能升级，实现社会生产力的整体跃升。二是互联网驱动的社会结构改变。互联网推动形成人类社会空间、物理空间和信息空间交叉融合的三元空间，形成以资源共享化、信息众筹化、行为数据化、时空灵活化和关系网络化等为特征的新型社会格局。① 三是国际竞争与文化冲突的加剧。新兴领域竞争激烈、地缘政治争夺严重、文化冲突较量不断、气候变化危害加重和粮食危机加剧等全球性挑战叠加共振，国际政治经济秩序受到全方位影响。充满复杂性、不确定性、易变性、模糊性的社会转型期对教育产生巨大外推力，教育实践开始与社会巨系统深度嵌合。②

教育改革内生动力与持续强化的社会转型外推力尚不协调。长期以来，教育、社会与科技的发展存在一个相对的闭环，可称之为“内驱轮”（见图 2–2），即“教育”领域培养的人才输出到社会中，优秀人才构成的社会孕育着科技的发展，科技进步又为教育领域提供优质教师队伍，充实教育系统并优化教育教学行为，在“内驱轮”运转下进行着螺旋式迭代发展。新一轮科技革命正推动社会快速转型，社会转型后的全新社会发展格局产生了新的人才需求，并催动教育教学环境与教育系统行为的重塑。由此，从科技革命、社会转型到教育变革形成了另一反向闭环，可称之为“外驱轮”。从国际教育信息化发展现状来看，均存在科技革命的加速与教育改革内生动力不足的现象，“教育—社会—科技”的“内驱轮”似乎与“科技—社会—教育”的“外驱轮”的耦合机制不协调。加强教育改革内生动力的关键是需求的洞察与挖掘，因此在社会转型过程中探寻与定义教育需求尤为重要。

① 陈丽，逯行，郑勤华 .“互联网 + 教育”的知识观：知识回归与知识进化 [J]. 中国远程教育，2019（7）：10–18，92.

② 逯行，黄荣怀 . 智能时代的教育改革：教育社会实验的演化及其价值回应 [J]. 清华大学教育研究，2022（1）：42–54.

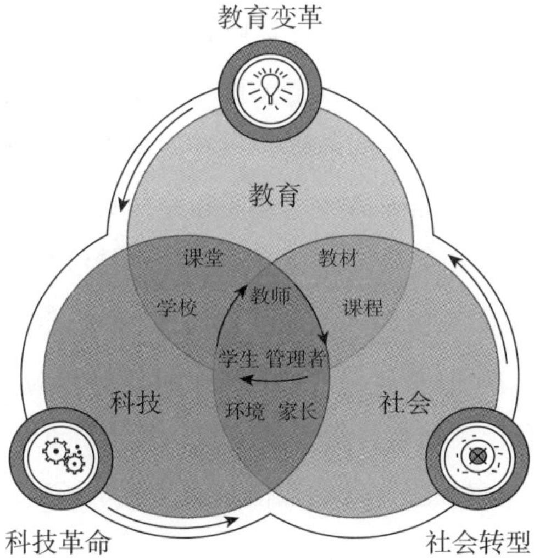

图2-2　教育、社会与科技的双轮“互动—阻尼”关系图

2. 应用场景泛化是信息技术教学应用与教育变革的瓶颈

重硬件、轻软件，重平台、轻内容，重采购、轻应用，这些都是教育信息化发展过程中的积弊。[①] 以往的信息技术教育应用容易出现简单的“加法”思维，[②] 即叠加式地引入新技术作为教育领域的解决方案，而没有区分区域、学校与班级之间的差异，也没有区分学习者与学习环境的差异，在尊重学生发展规律方面也不尽如人意。在教育研究与技术产品开发方面，缺乏对社会转型深刻影响的认识，也欠缺对教育改革与发展过程中真实问题与需求的关注，普遍出现了应用场景泛化的现象，即技术提供方或技术开发者对技术与产品的潜在应用场景不确定、不明确，甚至无限扩大的现象。这是当前教育教学一线反映技术与产品不满足实践需求、学术界反映信息技术对教育教学的作用不显著、社会各界反映教育信息化投入大但效果不明显的重要原因之一，也俨然已经成为信息技术促进教育变革的瓶颈。为突破教育变革的瓶颈，我们需要认识到挖掘需求与定义场景是系统性变革的主要动力来源，技术应

① 吕森林. 教育时评：教育信息化何时迎来应用为王时代 [N]. 中国教育报，2016-12-23（8）.

② 杨宗凯. 以信息化全面推动教育现代化：教育技术学专业的历史担当 [J]. 电化教育研究，2018（1）：5-11，35.

用场景的谋划、设计、开发和效果评估就是一个技术变革的过程，场景对于理解、探究与预测相关主体的行为至关重要。在教育信息化进程中，识别具体的场景是洞悉教育变革需求的前提，只有根据教育主体、教学环境和信息化基础设施的现实情况，准确描述、表征和建构具体的应用场景，切实发挥新一代信息技术的特点和优势，并在应用过程中持续优化、有序迭代，才能促进教育系统变革。在工信部等 12 部门联合发布的 5G 规模化应用“扬帆”行动计划中，“5G+ 数字教育”项目就是一个具体的实例。该项目针对实验和培训的高成本、高危险、难操作等实施痛点，打造“5G+VR/AR（虚拟现实 / 增强现实）”、“5G+ 全息投影”等虚拟仿真实验教学场景，以提升学习者的沉浸式、实景式学习体验。

3. 场景识别与新场景生成的循环迭代助力定义教育新需求

场景识别注重理解人类深层次需求，强调以“人”为中心的精准化技术服务。[①] 场景识别是落实应用效果的前提，加强应用场景探索，强化技术与教育融合创新，以满足学习方式、教学方式和治理方式的多样化需求。教育领域中的场景识别存在描绘场景、需求洞悉、技术适配和迭代生成四个基本环节。第一，描绘场景。场景是特定时间、空间、人物和事件等要素构成的统一体，是各要素的综合描述及关联性整合。[②] 教育场景要素可进一步分解：按时间划分，可分为课前、课中和课后等；按空间划分，可分为社会、学校、家庭和虚拟空间等；按角色划分，可分为学生、教师、家长、教育管理者和教育研究者等；按事件划分，仅就学习活动而言，可分为集体听讲、小组研讨和个体自学等。对这些分解后的要素进行排列组合，可以与教、学、考、评、管等环节中的某一具体场面相映射，进而清晰地刻画出全覆盖的场景图谱。第二，洞悉需求。社会需求是技术促进教育变革的逻辑起点，[③] 有待进一

① 武法提，黄石华，殷宝媛 . 场景化：学习服务设计的新思路 [J]. 电化教育研究，2018（12）：63–69.

② 刘铭，武法提 . 场景化学习服务模式构建研究 [J]. 电化教育研究，2021（1）：87–92，114.

③ 王珠珠，费龙 . 信息技术促进教育变革的内涵及其难点探析 [J]. 中国电化教育，2015（7）：1–5.

步挖掘、分析和推导。在理解真实场景的基础上，洞悉需求是提供适配服务的前提，应符合四个基本条件：一是需求信息具有可信性与可靠性，即真实度；二是需求信息具有清晰性与具体性，即准确度；三是需求信息满足相关主体的多样化需求，即全面度；四是需求信息随现实变化进行适应性更迭，即及时度。[①] 第三，适配技术。技术服务是需求识别的落脚点，应在需求的牵引下找到适切的技术解决方案。技术服务有序地消融于教育生态是一个缓慢而复杂的过程，除了技术本身的成熟度与对场景的适配度之外，根据技术接受模型，仍需考虑相关主体对其的主观评价，包含感知易用性和感知有用性。第四，迭代生成。当为真实教育需求配备了相应的技术服务之后，随着技术在场景中的应用，既可能产生积极作用，也可能产生负面效应，甚至可能是颠覆性变化，场景的要素就会随之改变，从最初的场景变为叠加技术方案后的场景。在新场景中，各个相关主体又会产生新的需求，继而要求新的解决方案。因此，在描绘场景、洞悉需求与适配技术后，根据各主体的反馈与评估，需要进行新一轮的“场景识别”，迈入下一轮科技赋能、变革推演和技术治理的过程。

（三）人工智能技术融入教育新需求

1. 计算智能与认知规律匹配的新需求

数据、算力和算法是人工智能的三要素。智能终端的迅速普及使得数据感知智能在教育场所中越来越常态化，“东数西算工程”的实施推动了算力网络的规模化发展，算法也正引起各界越来越多的关注。然而，教育领域在计算智能发展中需满足与学习者认知规律匹配的根本性需求。当前已显现的问题包括学生成长数据无序扩散、算力网络与教学平台对接尚需磨合，以及智能算法设计存在惰化学生思维的现象。智能时代学习者认知规律的新特点需要大规模、长时间的基础数据研究支撑，才能充分揭示不同学科、不同学段和不同区域逐步显现的多元化特征，其非短期观测或小样本调研所能承载。[②]

① 容志．大数据背景下公共服务需求精准识别机制创新 [J]. 上海行政学院学报，2019（4）：44–53.

② 童莉莉，张晨，黄荣怀，等．教育社会实验：人工智能融入教育的研究新探索 [J]. 中国电化教育，2022（3）：62–68.

为促进计算智能与认知规律的良好匹配，人工智能教育应用的研究主体需要通过实验手段更加紧密地连接应用场景与技术开发主体，以实现技术与教育的协同创新。[①]

2. 学习活动时间与空间灵活设计的新需求

新冠疫情期间“停课不停学”政策推动了大规模居家学习的实施，有效缓解了公共突发事件下学校主阵地暂时关闭的困境，同时也让社会意识到灵活学习活动设计的重要性。“双减”政策实施以来，学校主动寻求与少年宫、科技场馆等进行多元化资源共享，通过课后服务和社会资源的引入，丰富青少年的课余时间。这种跨场景的教育资源整合，不仅优化了青少年的学习体验，还对在时间和空间上更加灵活地组织学习活动提出了新的要求。这些实践与联合国教科文组织《一起重新构想我们的未来：为教育打造新的社会契约》报告中的呼吁高度契合，即发挥更广泛的行动者作用，通过重新设计教育生态推动教育体系的重新构想。从支持研究和科学进步，到成为社区与全球其他教育机构和项目的贡献伙伴，那些富有创造力、创新精神，并致力于推动教育作为公共利益的大学，在未来教育的构建中将成为核心力量。面对更加多样化的学习者群体，更灵活的学习时间和空间设计已成为教育创新的关键需求。学习活动的组织需要突破传统课堂的局限，支持线上线下相结合、跨时空学习资源整合的方式，实现更高效、更个性化的学习。更高质量的学习产出不仅依赖于内容和形式的创新，也需要在人工智能等技术的支持下，构建动态适应学习者需求的教育体系。为此，人工智能教育应用的研究主体需要更多关注多学科、宽领域的协作实验，以开放性设计和灵活性支持探索更适合未来学习场景的解决方案，推动教育从固定模式向动态、开放模式的转型，满足学习者对灵活学习时空的迫切需求。

3. 技术发展性与教育安全性协同的新需求

智能技术的更新迭代日益加快，但教育作为育人和塑造社会价值的关键环节，必须坚守安全性原则，确保技术的使用符合教育伦理和社会期待。在

① HARRISON G W，LIST J A. Field experiments[J]. Journal of Economic Literature，2004，42（4）：1009–1055.

全球各国加快人工智能教育应用的背景下，如何在技术发展的同时保障教育安全性，已成为当前教育领域的重要议题。这不仅需要技术开发与教育实践的协同创新，还需要通过科学的方法和系统的研究，揭示技术应用对教育模式、教学伦理和学习体验的深层次影响。推动技术发展性与教育安全性协同的关键在于，在人工智能快速发展的同时，通过多维度、多场景的实验研究，平衡技术应用的创新价值与伦理边界。教育领域需充分利用社会实验的科学优势，探索技术如何在发展性与安全性之间找到最佳平衡点，实现从技术工具向教育服务的转型。通过这种协同推进的方式，才能更好地满足智能时代教育的新需求，确保智能技术在教育中的应用不仅具备先进性，更体现出安全性和可持续性。

三、智能时代教育教学的基本理论

（一）学习数字化变革的机理

为有效促进技术在教育中的应用成效，需要明确一个最基本的原则，即技术的教育应用逻辑是由技术背后的应用原理决定的，即教育需要技术解决什么问题以及如何解决问题。[①] 由此可见，技术在教育中的应用要能真正起到效果，需要在研究教育教学基本规律与原则的基础上，合理运用技术。技术促进学习（technology enhanced learning）融合了教育学、计算机科学、心理学、认知科学、人机交互等学科的理论和实践的交叉研究领域，主要指使用数字技术全面支持学生学习，包括评估、辅导和指导，并涵盖基于网络和计算机的学习、虚拟课堂和学习环境以及数字协作。[②] 随着数字技术的迅猛发展，更多的技术应用场景如在线开放课程、移动学习、混合学习等得到开发，技

---

① 陈晓珊，戚万学．“技术”何以重塑教育 [J]. 教育研究，2021（10）：45–61.

② RONGHUAI HUANG，KINSHUK CHEN，NIAN–SHING. The new development of technology enhanced learning：concept，research and best practices[M]. Heidelberg: Springer，2014.

术增强的学习环境赋予了学习新的可能性。学习是指学习者因经验增长而引起的行为、能力和心理倾向的比较持久的变化。[①] 技术的合理使用之所以能够有效实现学习，也是因为引发了学习者经验的变化，从而引起了知识、行为和能力结构的变化。技术促进学习强调的是技术对主体开展学习活动的介导与支持作用，作为学习主体的学习者，是如何在与技术的交互过程中学习的呢？学习者经由技术的助力，其能力、认知与思维会发生怎样的变化？为解答这些问题，需要深入探讨技术促进学习的发生机制。按照司托克斯在《基础科学与技术创新：巴斯德象限》一书中关于基础研究和应用研究的划分，技术促进学习的发生机制研究属于基于实践应用的基础性研究。[②] 这包含了两个方面的内涵：一方面，真实的教育场域和具体的情境构成了技术研究的逻辑起点；另一方面，需要深入探讨技术促进学习的内部机理，透过现象挖掘本质。由此可见，探究技术促进学习的发生机制，离不开对真实情境、场域、技术与人的关系的系统考察。

人在与技术的交互过程中，会产生四种互动关系：具身关系、诠释关系、它异关系和背景关系。[③] 所谓具身关系，指的是“我以一种特殊的方式将技术融入到我的经验中，我是借助这些技术来感知的，并且由此转化了我的知觉的和身体的感觉”[④]。技术在这种关系中具有了最大程度的“透明性”，技术就好像融入人自身的知觉之中，成为身体的一部分。在诠释关系中，技术与世界被整合为一个整体，人通过认识技术展现出来的世界而了解世界。例如，人们通过观看旅行纪录片，能够了解那些地方的真实情况。在它异关系中，技术意味着与人完全不同的客体，人在与技术的相遇中，需要有意识地去对待技术。在背景关系中，人类被无处不在的技术包围着，好像生活在一个“技术茧”之中，[⑤]“技术茧”所催生的是人与技术的高度协同，技术在学习

---

① 施良方．学习论 [M]. 2 版．北京：人民教育出版社，2001：5.

② 司托克斯．基础科学与技术创新：巴斯德象限 [M]. 北京：科学出版社，1999：3.

③ 伊德．技术与生活世界：从伊甸园到尘世 [M]. 韩连庆，译．北京：北京大学出版社，2012：77–117.

④ 同③ 78.

⑤ 曹继东．现象学的技术哲学 [D]. 秦皇岛：东北大学，2005.

中无处不在，而身处其中的人对技术本身“熟视无睹”，“背景技术转化了人的经验的格式塔结构，而且恰恰因为背景技术是不在场的显现，它们可能对经验世界的方式产生更微妙的间接的影响”①。伊德就人与技术关系的分类和论述可以为研究和分析技术促进学习的发生机制提供重要的参考和借鉴。根据不同的技术类型在融入学习的过程中与学习者发生的互动关系不同，技术产生的影响和发挥的价值也就不同。如图 2–3 所示，可以将技术促进学习的发生机制划分为三个层次，即技术应用、机能延展和人机共存。

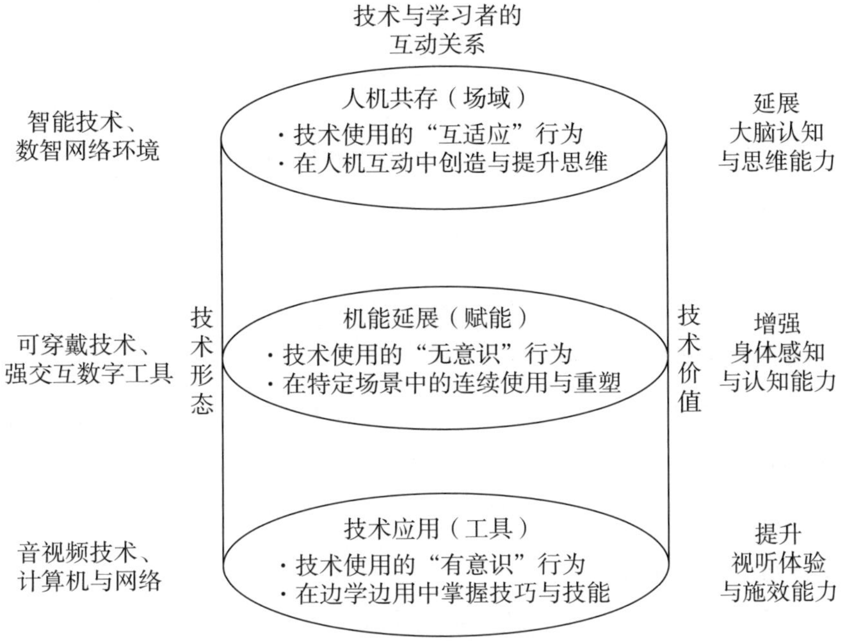

图2–3　技术促进学习的发生机制

一是技术应用，指的是技术主要作为外在引入的工具和手段来辅助并促进学习者的学习。这一类型的技术包括传统的音视频技术、计算机与网络技术等。在这一类技术与学习者产生的互动关系中，技术的使用是一种“有意识”的行为，需要学习者去刻意学习、摸索才能有效使用，学习者在边学边用的过程中不断适应并掌握使用技术工具的技巧与技能，而技术工具的使用

① 伊德．技术与生活世界：从伊甸园到尘世 [M]．韩连庆，译．北京：北京大学出版社，2012：117.

则提升了学习者的视听体验与施效能力。

二是机能延展，指的是通过技术的使用和赋能，来增强或扩展学习者的身体机能和能力，从而使其能够完成原本无法完成的任务或提高完成任务的效率和效果。这种延展可以包括提高信息处理能力、增强记忆、提升感官体验、优化沟通和协作能力等。这一类型的技术涉及可穿戴技术以及各种强交互的数字工具，例如 VR/AR 工具、智能手环、交互式学习和教学平台等。在这一类技术与学习者产生的互动关系中，技术的使用是一种“无意识”的行为，这种“无意识”体现在技术因为充分融入并赋能学习者而处于一种“隐退”的状态，技术不再是主体关注的对象。学习者在无意识状况下，借助技术来感知，并由此转化了身体的知觉。需要强调的是，这种技术使用的“无意识”行为是需要学习者在特定的场景中连续使用和重塑才能产生的。随着“技术抽身离去”，高质量的学习活动得以发生。[①] 在这个过程中，技术工具的使用增强了学习者的身体感知与认知能力。

三是人机共存，指的是技术已经成为生活中无处不在的背景，它悄无声息地渗透到日常活动中，塑造了一个全新的技术化场域。这一类型的技术主要涉及智能技术和数智网络环境等。在这一类技术与学习者产生的互动关系中，技术本身也是一个重要的主体，它不仅是人和内容的连通中介，而且营造了人和内容发生连接的整个生态环境。技术使用是一种“互适应”行为，即学习者与技术相互适应，呈现出一种协同关系，技术成为学习者共同学习的伙伴，在人机协同中共同创造并提升思维。在这个过程中，技术的使用延展了学习者的大脑认知与思维能力。

在探讨了技术促进学习的发生机制后，可以更加明确地意识到技术在促进学习过程中的重要意义和影响，而随着数字技术、智能技术在教育中应用的不断深化，技术也必将对教育观念产生重要影响和改变。技术带来的观念改变涉及众创共享的知识观、智联建构的学习观、融通开放的课程观与人机

① 陈文新，赵婧．信息化学习的发生机制研究：基于唐・伊德技术现象学的思考 [J]. 华东师范大学学报（教育科学版），2022（10）：100–107.

协同的教学观。[①] 然而，反观当下的教育方式，其在很大程度上还保留着工业时代的特征，教育体系依旧受到标准化考试和统一教学大纲的束缚，教师在课堂上仍占主导地位，学生的数字技能、主动学习能力、创新能力等核心素养尚未得到充分培养。因此，在明确了技术在教育中运用的核心目标就是帮助学习者更加有效地促进学习的生成，并且分析了技术促进学习的发生机制后，接下来就需要进一步思考如何通过技术服务于有效教学。

（二）教学数字化转型的内核

教育工作者的重要任务是通过使用各种有效的教学方法，促进学习者发生变化。[②] 面向数字时代的教学，需要将核心关切聚焦于教学全面数字化转型过程中技术如何融入并服务有效教学的发生。教学数字化转型需要对教学的全要素，包括培养目标、教育内容、教学模式、评价方式、教师能力、学习环境等进行数字化的转变与升级。技术在教学数字化转型过程中扮演着关键角色，其应用推动新的教育理念和实践发展，提供了智能化、数字化的学习环境，拓展了传统教与学的边界，为教与学方式带来了新的可能性。正如学习数字化变革需要遵循学习的相关规律和发生机制一样，教学数字化转型能否有效落地的关键在于技术的融入是否遵循了教学的根本原则并对其关键要素产生了根本性的积极影响。

1. 教学的本质是教与学的双边活动

教师和学生作为教学活动中的两大主体，在教学中应该处于何种位置，一直是教育史上争论激烈的问题，由此出现了“以教师为中心”和“以学生为中心”两派截然不同的教育理念。“教师中心论”以赫尔巴特、凯洛夫等人为代表。这一教育理念的秉承者认为教师的作用犹如舵手，学生的心智成长主要依赖于教师精心设计的教学和具体的指导，十分重视教师的权威，强调发挥教师对教学过程的支配作用。“学生中心论”以夸美纽斯、卢梭、杜威等

---

① 黄荣怀 . 人工智能正加速教育变革：现实挑战与应对举措 [J]. 中国教育学刊，2023（6）：26–33.

② 梅耶 . 应用学习科学：心理学大师给教师的建议 [M]. 盛群力，丁旭，钟丽佳，译 . 北京：中国轻工业出版社，2016：2.

人为代表。这一理念的秉承者把学生的发展视为一种自然的主动过程，教师的作用在于引导学生的学习兴趣，满足学生的个人需要，而不是直接干预学生的学习。

事实上，教学应被视为师生互动的双向过程，而非仅仅以教师或学生为中心的单向传递。在教学过程中，学生的活动——学，与教师的活动——教，构成了教学赖以进行的两个并行且统一的活动体系。① 人类个体成长的规律决定了儿童必须掌握前人积累起来的认识成果，而这种掌握离不开已知者的指导和帮助以及学习者主动积极的学习。教育需要建立在儿童经验的基础上，但教师作为教育者，是“重要的个人体验”的设计者，是集体活动领导者的角色。② 因此，任何教学都不能将教师的教和学生的学割裂开来，在教学的语境中，“教”与“学”各自独立又高度统一，在共同活动中承担着相互支撑的义务：“学是教主导下的学，教是为学服务的。”③ 因此，教学的本质必须且永远是教与学相统一的双边活动。

2. 技术的角色是有效赋能教与学

教学是教师教和学生学的双边活动，它们是相互作用的。教和学之间相互作用的方式不同，产生了不同形式的教学活动。由于任何教学活动都包括教学目的和任务、教学内容、教学方法、教学手段、教学组织形式等关键因素，这些因素本身的不同以及彼此间不同的结构和联系，都会造成教学的不同。④ 在现代教学系统中，教师、学生、教学媒体和教学内容构成了教学的基本要素，各要素之间相互组合形成一个有机的整体，从而使这个整体具有了稳定的结构形式，这就是教学结构。⑤ 由于教学结构处于较为宏观的层次，用于反映一定教育教学理论下教学的核心要素之间较稳定的作用关系，不依赖具体的教学内容与教学对象，因此，可以将其作为稳定教学形式的分析框架。

---

① 李秉德 . 教学论 [M]. 北京：人民教育出版社，1991：109.

② DEWEY J. Experience and education[M]. New York：Kappa Delta Pi，1938：160.

③ 郭华 .“教与学永远统一”再认识：教学认识论的视角 [J]. 四川师范大学学报（社会科学版），2017（1）：75–83.

④ 王策三 . 教学论稿 [M]. 2 版 . 北京：人民教育出版社，2005：86.

⑤ 何克抗 . 信息技术与课程深层次整合理论 [M]. 北京：北京师范大学出版社，2008：69–70.

在明确了教学的本质是“教与学的双边活动”这一基本的教育理念之后，本文所探讨的数字化教学便可以被归纳为一种在“教师—学生”双主体的教学结构下的教学形式。

在教学数字化转型的过程中，技术扮演着为教与学实施有效赋能的关键角色。从教师教的层面来说，技术提供了更多的教学资源和工具，使其能够更加灵活地设计课程和教学活动，并且能够通过技术平台反馈的学生学习数据来及时调整教学。从学生学的层面来说，技术的赋能使得他们能够更加主动地参与学习过程。通过在线学习平台和资源，学习者可以根据自己的兴趣和能力进行自主学习，借助在线协同和社交工具，学习者与同伴、教师之间可以更加方便地进行交流，从而能够更好地培养学生对学习的自我管理能力和问题解决能力。

随着新兴技术在教学中广泛且充分的应用，经由技术对教与学的有效赋能，教学理念、学习环境、学生学习方式和教师教学方式都产生了深刻的改变。一是教学理念，数字时代的教学理念尤其需要突出培养学生积极主动学习、深度学习的能力，以及对未来社会的适应能力和基本素养，强调学生的创新精神、知识迁移能力及与真实世界互动和解决问题的能力。二是学习环境，数字时代的学习环境充分智慧化，能够通过记录过程、识别情景、联接社群、感知环境等促进学习者轻松、投入和有效地学习，[①] 通过感知记录学习者在知识获取、课堂互动、小组协作等教学全过程的真实表现，为精准评价学习效果提供了重要依据。三是学生学习方式，数字时代的学习强调关注学生的本能和能力的发展，关注高阶的认知目标和深度学习的发生。强调学生的有效学习方式与自身认知发展规律、兴趣和本能等的自由发展密不可分。四是教师教学方式，强调教师充分运用技术，设计灵活多变的教学方法来增加学生的参与度、体验感，强化知识与知识之间的关联程度；更加注重活动设计，强调在小组合作、探究和问题解决中促进学生问题解决能力的提高和高阶思维的生成。

---

① 黄荣怀，杨俊锋，胡永斌 . 从数字学习环境到智慧学习环境：学习环境的变革与趋势[J]. 开放教育研究，2012（1）：75-84.

在教学数字化转型过程中，技术对教学的有效赋能使得教学的基本要素从根本上发生了转变，并形成了一种全新的、数字化的、“教师—学生”双主体的稳定的教学形式。这一新的教学结构形式涉及理念、教师、学生和环境四大维度，涵盖了教学理念、教学内容、课堂组织、学习活动、学习策略、学习空间以及教学媒体和数字工具七大要素，因而这一新型教学结构可以作为一个技术赋能教学的分析框架（见图 2–4）。基于这一分析框架，可以评判数字技术在教学中的使用是否使得有效教学的要素的表现形式发生了根本变化，并且产生了与传统教学法不一样的教学法——数字教学法，以此来判断教学是否真正发生了数字化的转型。

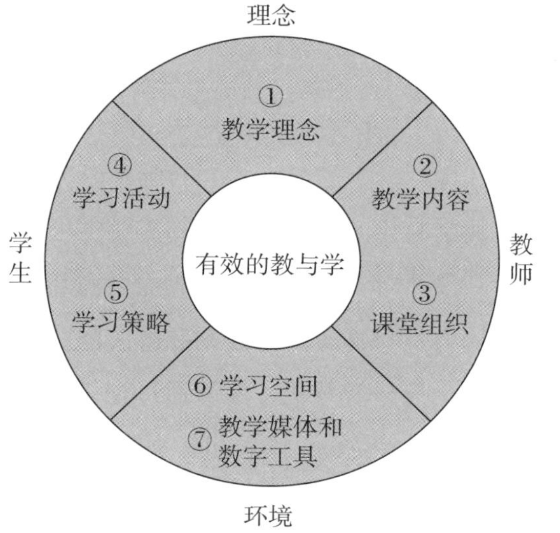

图2–4　技术赋能教学的分析框架

3. 数字化教学的根源在于数字教学法

教学数字化是教育数字化转型深入推进并落实到课堂教学中的重要标志。教学数字化转型并非简单地从传统教学向使用数字技术的教学转变，而是体现了从工具应用到深入教育理念、教学环境、教与学方式上的深层变革。由此可知，教学数字化转型的根源在于形成了稳定的数字教学法。结合上文提出的技术赋能教学的分析框架，可以对传统技术与工具应用语境中的教学法和教学数字化转型视域下的数字教学法进行对比分析（见表 2–1），以进一步提炼数字时代理想的有效教学的基本样态——数字教学法。

表 2-1 技术与工具应用语境中的教学法与数字教学法

有效教学要素	技术与工具应用语境中的教学法	数字教学法
教学理念	①教师是知识的中心，掌控学生的学习 ②学生被动地接受知识	①教师主导与学生主体相结合，教师主导教学过程，学生发挥学习的主体性。 ②教学由学生的兴趣本能和能力驱动，学习者主动学习，并以自己的方式理解信息和经验。
教学内容	①固定的教材 ②以文本、图片或音视频形式呈现	①情境化、个性化。 ② VR/AR 学习资源，虚拟实验资源。 ③基于知识图谱的、可二次编辑加工的新型教材。
课堂组织	① 学生按照年龄和知识层次分班，在固定时间地点组织教学 ②以讲授为主，包括讲课、演示、提问、布置作业等基本环节	①小组合作、分组教学等课堂组织形式。 ②线上线下融合教学，同步在线、异步在线教学等。 ③教师运用教学的过程性数据作为证据来优化课堂教学组织。
学习活动	①教师对教室及其活动保持完全的控制权 ②学生通常从考试或总结性评价中得到反馈 ③面对面的活动和交流	①学习活动需要促进学生交流、建构、探究和表达等本能的自由发展。 ②为学生量身定制学习计划；基于数据和证据的反馈，小组合作、自主探究等。
学习策略	①学生依靠重复阅读、重复背诵、重复的自我测试来学习 ②学生之间通常缺乏合作，独立完成任务	①借助思维可视化工具梳理知识，通过自我监控来进行学习。 ②运用数字技术进行学习资源、学习时间的管理。 ③项目式学习、探究学习、协作学习等。
学习空间	①固定的教室，摆放固定的桌椅 ②空间中技术设备的功能单一，缺乏互动性、灵活性	①智能学习环境，灵活组合教学空间，自动调节合适的温度、光线等。 ②技术增强，如虚拟或混合教室。

续表

有效教学要素	技术与工具应用语境中的教学法	数字教学法
教学媒体和数字工具	①文字、图形、音视频、幻灯片等 ②基于网络的应用程序	①智能设备：平板电脑、机器人、可穿戴设备等。 ②可信资源：各类数字网站、AIGC（人工智能生成内容）资源。 ③技术参与：人机之间的协同。 ④支持学生交流、建构、表达和创造的技术工具和资源。 ⑤能够动态更新内容、及时记录互动轨迹的数字化教材。

（1）以学生发展为中心的教学理念

教学理念是对教学概念的价值化陈述，是对教学和学习活动内在规律认识的集中体现。[①] 面向数字时代的教学理念关注如何借助技术更好地促进学生的发展。为此，教师需要对学生的认知发展规律有所认识，需要遵循学生的本能和能力，遵循儿童的基本的认知发展规律去实施教学。正如杜威所说："儿童自己的本能和能力为一切教育提供了素材，并指出了起点。""教育必须从心理学上探索儿童的能量、兴趣和习惯开始。"[②] 随着科技的发展和社会变化日益加快，学会快速掌握大量的知识和技能，发展多方面的能力并积极参与社会生活成了学习者必备的品质，因此，数字时代的教学需要更加重视学生学习的主动性，学生学得积极主动才能使教学发挥更有效的作用[③]。此外，需要着重培养学习者深度学习的能力，以及对未来社会的适应能力和基本素养，强调创新精神、知识迁移能力及与真实世界的互动和解决问题的能力。

① 孙亚玲，傅淳．教学理念辨析 [J]. 云南师范大学学报（哲学社会科学版），2004（4）：133–136.

② 杜威．学校与社会・明日之学校 [M]. 2 版．赵祥麟，任钟印，吴志宏，译．北京：人民教育出版社，2005：3–5.

③ 李秉德．教学论 [M]. 北京：人民教育出版社，1991：119.

（2）学习活动和学习策略

学生学习的关键要素涉及学习活动和学习策略两个方面。学习活动的设计需要充分考虑学生的兴趣、动机和本能。学习者身心发展水平、已有的知识结构、个性特点、能力倾向和学习前的准备情况等与活动的契合程度，都会影响学习活动的有效性。杜威认为，判断一个活动好坏的标准在于它是统一的活动还是分裂的活动。当学生感到其学习活动只是一项被迫完成的任务时，一旦这一外部的压力中止，学习就会终止；与压力和强迫不同的另一个极端则是不断地求助于兴趣原理，从外部刺激儿童而终致过度娱乐化，这将导致学生注意力缺失，在虚构的兴趣中消磨了意志和专注力。这样的活动均是“分裂的活动”，是对学习者天赋和学习力的浪费。[①] 真正好的活动应该是所学习的事实或行动与正在成长的学习者自我之间保持一致，是生长所迫切需要的发展本能。[②] 杜威将儿童的本能描述为交流、建构、探究和艺术表现这四大类，因此，有效的学习活动需要关注学习者交流、建构、探究和表达等本能的自由发展，教师需要综合运用各类数字技术来支持这些学习活动的开展。

学习策略是学习者为了提高学习的效果和效率、有目的有意识地制订的有关学习过程的复杂方案。[③] 学习策略是有效学习所需的。有助于学生更加有效学习的策略包括四个方面。一是认知学习方面的策略：为学生提供一个可以将所学概念置于其中的框架，借助概念图、思维导图等工具的梳理，帮助学习者更好地建立知识、概念之间的联结。清晰完整的反馈能更好地促进学习效果，学生如果能够清楚知道自己为什么对、为什么错，将更有助于学习，[④] 因为他们可利用即时反馈工具和评估工具，及时了解学习成效并作出调整。二是元认知方面的策略：引导学生通过自我监控来进行学习，包括目标的确立、方法的选择、策略的思考、认知活动监督和控制、反馈调节、行为动机的管理等，对学习有促进作用。三是资源、时间管理方面的策略：利用

---

① 杜威．学校与社会·明日之学校 [M]. 2 版．赵祥麟，任钟印，吴志宏，译．北京：人民教育出版社，2005：165.

② 同① 167.

③ 刘儒德．论学习策略的实质 [J]. 心理科学，1997（2）：179–181.

④ 施良方．学习论 [M]. 北京：人民教育出版社，2001：431–432.

时间管理工具制订合理的学习计划，高效利用状态最佳的时间，有效利用数字化工具和资源开展协作学习，在交流合作解决问题中达到共赢。四是促进知识迁移方面的策略：创建问题探究情境，鼓励学生把在某一门学科中学到的知识运用到其他学科中，引导学生在解决问题的过程中培养迁移能力。①

（3）教学内容和课堂组织

教师教学的关键要素涉及教学内容的选取和课堂的组织两个方面，教师需要通过恰当的教学内容和课堂组织方式来促进学生的学习。教学内容指的是一定的知识、能力、思想与情感等组成的结构或体系。② 在教学的数字化转型过程中，教学内容有了新的表现形式，视频、音频、VR 游戏、虚拟实验等多种形式的教学材料均可以作为教学内容的载体。此外，基于知识图谱的新型教材，通过知识抓取，形成各学科知识融合、联通的知识图谱组织体系，提供对内容资源的重新整合和二次加工，③ 能够为支持教师、学生的多场景、混合式教学，支持基于大数据的学习行为分析，实现精准化教学、个性化学习等提供重要支撑。

教学组织是指教师以什么形式把学生组织起来，并通过什么形式与其发生联系，需要考虑教学活动如何安排、教学时间如何分配等。④ 在传统的教学中，最典型的教学组织形式是班级授课制，即把学生按照年龄和知识水平编成固定的班级，在固定的时间教授固定的教学内容，这使得学生的主体地位和独立性受到限制，不利于学生积极主动的学习和创造性思维的养成。在教学的数字化转型过程中，教学的组织形式更加多样化，如在线下课堂教学中实施的小组合作、分组教学等，线上线下融合教学、同步在线课堂教学、异步在线课堂教学等。此外，随着人工智能、大数据等在教育中的深度应用，基于证据的教学逐渐成为趋势，教师需要学会运用数据来为教学的组织实施

① 施良方 . 学习论 [M]. 北京：人民教育出版社，2001：447–448.

② 赵文辉 . 对完善课堂教学质量评价体系的思考 [J]. 当代教育论坛（下半月刊），2009（1）：24–26.

③ 郭文革，黄荣怀，王宏宇，等 . 教育数字化战略行动枢纽工程：基于知识图谱的新型教材建设 [J]. 中国远程教育，2022（4）：1–9，76.

④ 王策三 . 教学论稿 [M]. 2 版 . 北京：人民教育出版社，2005：267.

提供证据基础。

（4）数字化学习环境

数字化学习环境包括学习空间与教学媒体和数字工具。新的科学研究表明，学生的学习成绩在很大程度上取决于学习空间的功能，[①]学习空间的不同会对学生处理学科内容的方式产生不同影响。在传统学习空间中，学生更倾向于使用倾听、记忆的方式，学习是聆听教师指令，重复定义与公式、记忆理论和定期演练主题的过程；而在智能化的、灵活组合的、技术增强的学习空间中，学生会更多地参与联系、建构、创造思维和小组讨论，更倾向于寻找不同部分之间的联系和融合新想法的协作过程。[②]因此，数字时代的学习空间建设需要满足沉浸式学习体验和个性化学习的需求，空间不但能够进行灵活的调整和变化，能够支持合作、探究和问题解决等多样化的学习方式，还能为户外移动学习和泛在学习方式提供必要的支持。

为有效地学习而设计的教学可以运用各种媒体来进行传输。媒体作为各种事物或其系统的组合，用来把交流或其他教学刺激传输给学习者。[③]在教学的数字化转型过程中，教学媒体和数字工具的使用为教学提供了更多的可能性，技术革命重新定义了教育体验的本质，学生学习不再受时间和地点的限制。各类智能设备、可穿戴技术为学生的学习提供了丰富的感知与体验的机会；可信的学习资源、网站和技术工具的使用充分支持了学生交流、建构、表达和创造的本能发展；教师、学生与人工智能之间的人机协同，重塑了师生的角色，为教学带来了新的可能性。

---

① MAHAT M，DOLLINGER M. Mind the gap：co-created learning spaces in higher education[M]//FISHER K. The translational design of universities an evidence-based approach. Leiden：Brill，2019：221-235.

② YU J. Exploring the relationships between learning space and student learning in higher education：a comparative case study in China[M]//IMMS W，KVAN T. Teacher transition into innovative learning environments：a global perspective. Singapore: Springer,2020：215-225.

③ 加涅 . 学习的条件和教学论 [M]. 上海：华东师范大学出版社，1999：285.

四、智能时代全域教学变革的基本路径

教学法是研究和实施教学所应遵循的基本原则、方法，是为了满足特定环境下社会对人才的需要而逐渐形成的一套“教学实践体系”[①]。数字化教学的根源在于数字教学法，随着教学数字化转型的持续深入，发展数字教学法成为促进全域教学变革的基本路径，需要予以高度关注和持续研究。基于数字时代的基本教育理念、学习环境、教学方式和学习方式的发展趋势，发展数字教学法的基本观点是，数字教学法应锚定有效教学与深度学习，以数字环境优化为基础，以数字资源与新技术应用为手段，以学与教的有效实践为目的。具体而言，包含四个维度：一是技术赋能的深度学习，引导学习者有效利用数字资源和工具提升学习效果；二是绿色稳健[②]的数字学习环境，以可信、智联、融通为特征，优化学与教的体验；三是循证导向的教学实践，以可解释性证据基线来践行学习者中心的理念；四是人机互信的协同教育，促进教学中人机合作互动的效能叠加释放（见图2–5）。

（一）技术赋能的深度学习

深度学习强调学生在学习过程中利用分析技能、交叉参照、想象重建和独立思考来关注课程材料和经验的潜在意义。[③]与深度学习相比，表层学习更多地强调对课程内容的简单描述。[④]深度学习关注高阶思维的发展，指向学生核心素养的形成，尤其是提升学习能力和思维品质的学习发展及其迁移应

---

① 郭文革，杨璐，唐秀忠，等. 数字教学法：一种数字时代的教学法及一种教学法的数字教材[J]. 中国电化教育，2022（8）：83–91.

② Green robustness，通常用于描述在环境友好性与系统稳定性之间取得平衡的特性。

③ WARBURTON K. Deep learning and education for sustainability[J]. International Journal of Sustainability in Higher Education，2003，4（1）：44–56.

④ UNESCO IIEP. The role of digital technologies in 21st century learning[EB/OL]. [2023–10–25]. https://unesdoc.unesco.org/ark:/48223/pf0000386981_eng.

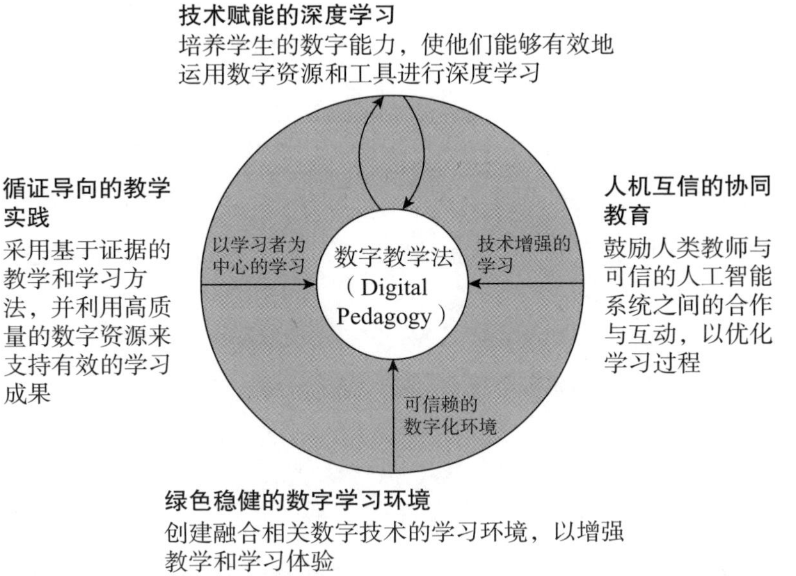

图2–5　数字教学法概念模型

用。[①] 深度学习的生成要求教师在深度理解知识的基础上，合理地安排教学内容，设计教学活动；也强调学习者在学习过程中必须亲身去实践、体验和探究，以此来完善认知结构，培养问题解决能力。随着数字化和智能化的学习环境不断优化升级，教师能够运用数字技术，设计更加真实、有吸引力的学习情境来激发学习者的动力和兴趣，强调学生在真实情境中的问题解决、协作探究、深度思考等能力的发展，为学习者实现深度学习提供了有利条件。教师在教学中要积极采用数字赋能的教与学模式来支持学生的自主学习、小组探究与协作学习等，充分运用各类数字化工具和资源来设计有利于学生交流、表达、建构和创造的学习活动。

为有效地实现技术赋能的深度学习，需要关注三个方面。一是师生的人机协同教学。数字化环境下，教学实践中的人机共存、人机协同成为可能，要求人类教师和机器在数字化学习环境下作为整体交互并共同发挥效用，以

① HATTIE J A C，DONOGHUE M G. Learning strategies：a synthesis and conceptual model[J]. npj Science of Learning，2016，1（1）：16013.

实现共同目标、增强教学效果。[①] 二是教师的数字教学。要求教师充分利用数字技术和数字资源做好教学准备，选择适当的教学策略和方法，利用数字技术辅助课堂，增强课堂教学，并根据实时教学数据做好教学评估，及时调整教学计划。[②] 三是学生的数字学习。要求学生能积极主动应用数字技术进行协作学习和自主学习，通过与他人进行沟通协作、经验交流分享等完成知识的深度建构，并使用数字技术计划、监控、反思和评估自己的学习进程，使数字化赋能自主学习与发展。

（二）绿色稳健的数字学习环境

新一代智能数字技术在教育中不断渗透融合，在使教育更加便捷的同时，也产生了数据伦理风险、“算法黑箱”等一系列问题。[③] 在实施数字化教学的过程中，安全可靠的数字学习环境对于教师的教和学生的学都至关重要，因此需要构建绿色稳健的数字学习环境，以优化教学和学习体验。首先，数字学习环境强调安全且符合教育伦理和法规。在数字教学过程中，学生和教师使用各种在线平台、应用程序和数字教育资源进行学习和教学活动，因此首先必须要建立稳定的网络基础设施，保证提供高速、稳定的互联网连接，并确保网络设备和服务器的正常运行。其次，要采用安全措施和隐私保护机制。加强数据加密、用户身份验证、访问控制和内容过滤等安全措施，保护学生和教师的个人信息和学习数据隐私安全。最后，要强化数字学习环境的稳定、可靠性和可扩展性。数字教学依赖于各种技术设备和网络基础设施，如电脑、平板电脑、互联网连接等，为了确保教学的顺利进行，应确保设备具备高度的稳定性和可靠性，能够承受大量用户同时访问和使用；数字学习环境还应具备良好的扩展性，以适应不断增长的用户需求和日益发展的技术需求。

---

① 黄荣怀，刘德建，提利利，等．人机协同教学：基于虚拟化身、数字孪生和教育机器人场景的路径设计 [J]. 开放教育研究，2023（6）：4–14.

② 罗生全，郑欣蕊．教师数字能力研究的现实图景与未来展望 [J]. 现代教育管理，2023（8）：19–30.

③ 罗生全，谭爱丽，钟奕军．人工智能教育应用中的伦理风险及其规避 [J]. 中国教育科学，2023（2）：79–88.

（三）循证导向的教学实践

循证是一种利用证据追求实践科学化和专业化的价值观，也是一种重视证据指导实践的理念和运用证据解决实践问题的思维。[①] 近年来，能够记录学生学习过程数据的学习管理系统、适应性学习平台、学习分析技术和数据分析等数字技术、平台、工具在教学中应用的不断深化，使教师基于经验的、主观的教学向基于过程性学习数据、痕迹证据支持的教学转变成为可能，从而实现循证导向的教学实践。主要表现为教师利用学习证据，精准识别并解决教学关键问题，创新性地应用资源以提升学生学习成效，并实现教学的持续创新与改进。循证导向的教学实践涉及以证据为基础的学习分析和以证据为基础的教学组织两大层面。以证据为基础的学习分析，要求利用数据收集、测量、分析和可视化等工具，系统地对教学过程产生的大量数据提取具有潜在价值的规律信息，在教学中寻找"最佳"及最适合的证据。实时获取和分析学生学习的各类多模态数据，洞察学生真实的学业表现，也实时获取和分析教师教学的各类课堂行为数据，了解教师自身的教学表现，以促进教师的教和学生的学。以证据为基础的教学组织，要求教师根据学习分析的结果，设计与证据所支持的最佳实践一致的教学策略和学习活动，并根据教学活动组织实施，做好效果评估，帮助学生实现学习目标，扩大学习成果，同时帮助教师不断优化和提升自己的教学实践，助力教学提质增效。

（四）人机互信的协同教学

随着智能时代的来临，教师将与人工智能协同工作，利用精准、适时、个性化的学习资源，充分发挥学生主体地位，帮助培养学生的数字智能、可持续发展能力、自我认同与自我整合能力，重点提升思维能力和价值观念。在开展人机协同教学的过程中，教师角色将发生革命性的改变，从知识的传授者变为学习情境的建构者、学习的组织者和引导者，更多地专注于更具创

---

① 朱旭东，朱志勇．构建循证教育体系推动教育决策和实践科学化专业化 [N]. 光明日报，2020-09-01（3）.

新性和启发性的教学活动中，将教学中心更多地放在与学生进行情感交流和个性化的支持服务和学习促进上来。人工智能则可以更多地承担内容呈现、人机互动、学习指导等可替代的程序性工作。[①] 在人机协同教学中，需要考虑学生的身心健康、认知发展规律、教师职业发展需要等，确保协同教学的可靠可控、透明性、可解释性与包容公正，以此促进人工智能在教育领域中应用的高质量发展与高水平互动。[②] 需要注意的是，在人机协同教学中会涉及师生的大量隐私数据和敏感信息，在收集、使用和传播过程中容易出现数据安全问题。[③] 为确保合理合规性，必须遵守相关的隐私法律和规定，建立数据合规标准体系和工作流程，保护师生的数据隐私和安全。在技术伦理问题方面，为保障人机协同教学的技术伦理，设计者在开发智能体的过程中，要注重以人为本，多方面考虑不同的需求、观点和目标，使用多样化和有代表性的训练数据集，避免歧视和偏见，以确保智能体公平、有效地服务于教学系统。

在新一轮科技革命的浪潮中，数字技术的迅猛发展对人类社会的思维方式和运作模式产生了颠覆性的影响。在全球教育面临经济危机和学习危机的双重挑战之际，质量、公平和相关性的问题日益凸显，基于数字技术重新设计有效的学习环境和教学策略，以及实施学习创新、提升学习成效，是当前教育数字化转型的关键议题。在教育中运用技术的核心目标是更加有效地促进学习的生成，因而厘清技术促进学习的发生机制，有助于探讨技术如何进一步促进有效教学的实施。技术促进学习的发生机制包含技术应用、技能延展和人机共存三个层次，体现了技术与学习者互动关系的逐步升级，从“有意识”使用技术到“无意识”使用技术再到与技术的“互适应”。当技术作为应用工具时，学习者需要刻意学习、摸索才能达成有效使用，并提升自身视听体验和施效能力；当技术作为学习者的机能延展存在时，能够增强其身体

① 黄荣怀. 人工智能正加速教育变革：现实挑战与应对举措 [J]. 中国教育学刊，2023（6）：26–33.

② 苗逢春. 教育人工智能伦理的解析与治理：《人工智能伦理问题建议书》的教育解读 [J]. 中国电化教育，2022（6）：22–36.

③ 黄荣怀，刘德建，提利利，等. 人机协同教学：基于虚拟化身、数字孪生和教育机器人场景的路径设计 [J]. 开放教育研究，2023（6）：4–14.

感知与认知能力，提升任务完成效果与效率；当技术与人类共存，渗透到日常活动中时，技术塑造了全新的场域，与学习者呈现出协同关系，能够延展其大脑认知与思维能力。由此可知，当数字技术融入教学系统各要素中时，能够最大化提升教学成效，促进学习者的认知能力与思维能力提升。

技术对于教学的有效赋能有赖于教学的基本要素实现全面数字化转变。教学的本质是教与学的双边活动，是包含了教师、学生、理念和环境的整体性结构。有效教学遵循上述结构，涵盖教学理念、教学内容、课堂组织、学习活动、学习策略、学习空间以及教学媒体和数字工具七大要素。当有效教学过程中的各要素在数字技术的赋能下发生转变，则会形成有别于传统信息化环境下的教学，即数字教学法，也意味着教学的数字化转型过程完成。教学数字化转型并非简单地从传统教学向使用数字技术的教学转变，而是将数字技术深层次地渗透于教育理念、教学环境和教与学的方式。数字教学法不同于传统技术与工具语境中的“教学法”，它锚定有效教学与深度学习，以数字环境优化为基础，以数字资源与新技术应用为手段，以学与教的有效实践为目的，体现为技术赋能的深度学习、绿色稳健的数字学习环境、循证导向的教学实践和人机互信的协同教育。数字教学法是面向智能时代人才培养的方法论体系，能够有效推动教学的数字化转型，促进教育形态的革新，建设以人为本、高效且富有韧性的数字教育生态。

第三章　数字化转型的终极目标与智慧教育

随着新一轮科技革命和产业变革深入发展，数字技术越发成为驱动人类社会思维方式、组织架构和运作模式发生根本性变革、全方位重塑的引领力量，为我们创新路径、重塑形态、推动发展提供了新的重大机遇，也带来了新的挑战，“教育何为、教育应该往何处去”也成为世界各国共同思考的命题。① 现行教育体系是工业社会的产物，随着数字时代的到来，教育系统的变革面临着多重挑战与张力。为应对这些挑战，需打破固化的传统教育形态，构建与数字时代发展相适应的智慧教育体系。推进教育数字化转型、发展智慧教育是应对时代之变、社会之变的战略选择。② 智慧教育作为适应新科技革命、契合数字时代发展的新型教育形态，代表了未来教育发展的目标导向，也是数字时代教育发展的理想形态。它体现为教育理念、体系、模式、内容和治理的深层次变革与整体性重构，旨在创新学习环境、变革教学模式、构建现代教育制度，这既是数字时代教育变革的必然结果，也是推动教育高质量发展的关键路径。③

智慧教育作为教育信息化发展的高端形态，契合教育数字化转型的发展方向，已经成为各个国家教育发展的目标和全社会共同关注的话题。面对教育政策制定者、广大教师、教育行政人员、家长以及社会各界人士对智慧教

① 怀进鹏 . 数字变革与教育未来：在世界数字教育大会上的主旨演讲 [EB/OL].（2023-02-13）[2024-06-20]. http://www.moe.gov.cn/jyb_xwfb/moe_176/202302/t20230213_1044377.html.

② 新华网 . 世界数字教育大会“智慧教育发展评价平行论坛”在京举办 [EB/OL].（2023-02-15）[2024-06-20]. http://www.xinhuanet.com/edu/20230215/977846cbd41b449fb8ce0c6d99b48a2c/c.html.

③ 教育部“智慧教育示范区”创建项目专家组副组长黄荣怀：以智慧教育促进教育的系统性变革 [EB/OL]. [2023-06-23]. https://cit.bnu.edu.cn/ai4edu/zjgd/80157.html.

育内涵理解和期待的巨大差异，不同领域、不同知识背景、不同发展阶段的利益关联者在解读智慧教育概念以及组织并参与教育数字化转型的过程中存在不同的立场、观点和解决方案。因此，需要对智慧教育的内涵、本质特征以及特征界定原则进行深度剖析，以响应国家政策制定及教育教学实践领域的核心关切。

一、教育信息化发展历程与智慧教育兴起

（一）教育信息化的发展历程

教育信息化概念的历史可以追溯到20世纪90年代，世界各国开始进行教育信息化建设以及对教育信息化概念和本质的探讨。中共中央、国务院《关于深化教育改革全面推进素质教育的决定》在国家政府文件中首次提出教育信息化和信息技术教育，此后，教育信息化这个词开始被广泛应用。它指在教育领域全面深入地运用现代化信息技术来促进教育改革和教育发展的过程。迄今为止，教育信息化发展经历了前教育信息化阶段（1978—2000年）和教育信息化1.0阶段（2000—2018年）以及教育信息化2.0阶段（2018年以后）（见图3-1）。

前教育信息化阶段重点关注实践探索，开展了计算机教学实验和计算机辅助教学。教育信息化1.0阶段重点关注物的建设，加强部署了信息化基础设施和配套设备，实践了应用驱动，促进了信息化与教育融合发展。教育信息化2.0阶段重点关注人的发展，促进教育信息化从“量变”到“质变”，推动教育系统变革，实现教育信息化融合创新与发展，产生技术与教育的融合效应。

1. 前教育信息化阶段（1978—2000年）

前教育信息化阶段以“信息技术教育”为主要特征，重点关注计算机教学实验和计算机辅助教学。前教育信息化阶段又划分为计算机教学起步阶段（1978—1990年）、计算机教育发展阶段（1991—1999年）。在前教育信息化阶段，教育信息化的概念尚未被普遍认可，仅有少数专家学者对教育信息化进行

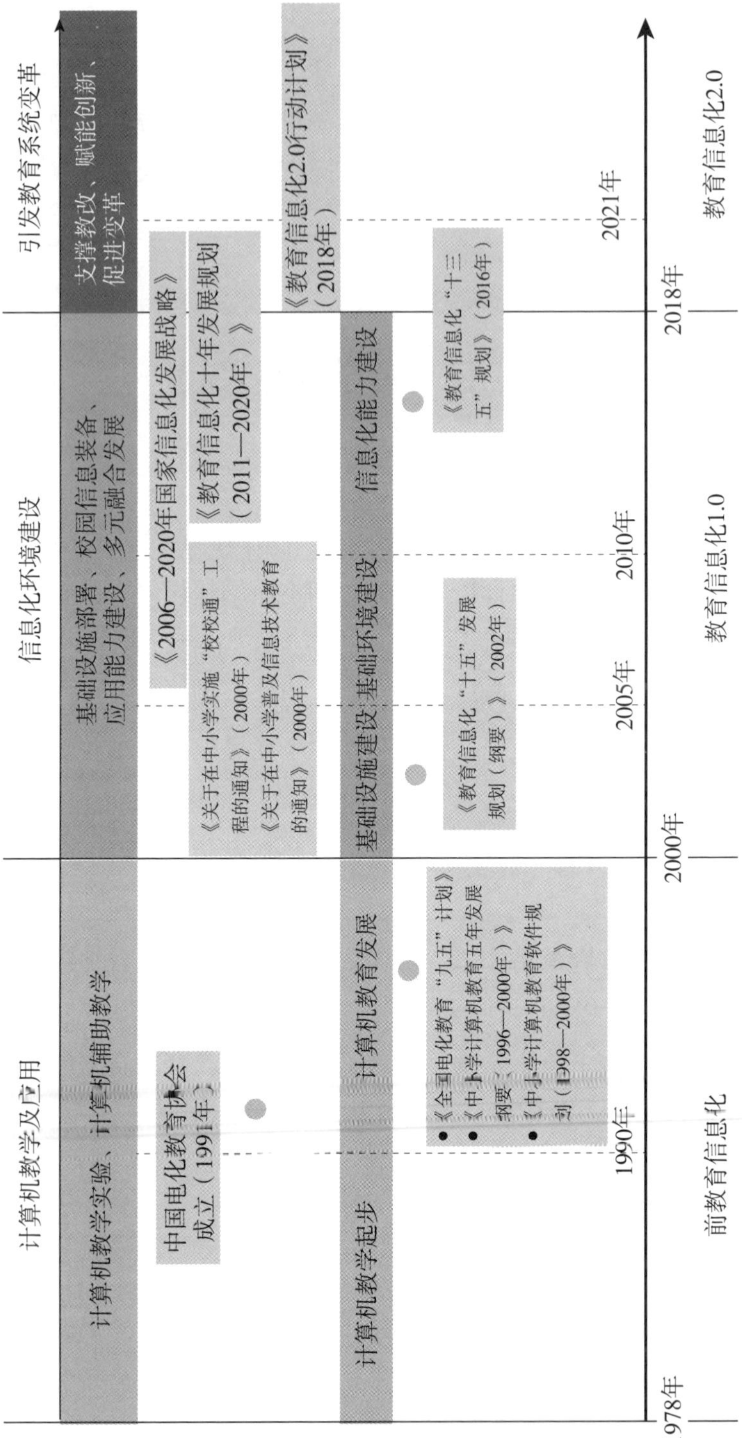

图3-1　教育信息化的里程碑事件

了探讨。1986 年，有学者在《外国教育研究》发表论文《日本社会的信息化与教育信息化》[①]，首次阐述了“教育信息化”的概念，并提出“教育信息化与教育的国际化相并列，正成为日本面向 21 世纪教育的重要发展趋势之一”。此后，教育信息化的概念逐步被认可和推广，并成为新兴和热点研究内容。

在计算机教学起步阶段，教育信息化的主要任务是贯彻落实“三个面向”和“计算机的普及要从娃娃抓起”的教育方针。然而，由于经济条件限制，仅有少数学校能够开展计算机教学实验，这在一定程度上限制了计算机人才的培养。与此同时，电化教育领导机构逐步建立，计算机辅助教学逐步得到推广。在计算机教育发展阶段，教育信息化的核心任务进一步聚焦于“振兴教育”“推进素质教育”“推动教育产业化”“培养大批教育信息化专业人才”等。教育信息化初步在教育改革和发展中发挥积极作用。国家开始重视少数民族和民族地区电化教育事业发展，同时加强中小学计算机教育软件的研发和推广，推动中小学计算机课程的普及。以信息化手段开展师资培训、开设计算机课程和大力发展教育技术学，成为推进电化教育事业发展的重要手段。1994 年，国家启动了中国教育和科研计算机网（CERNET）的建设，为校园通网络奠定了重要基础。经济实力较强的学校开始建设计算机机房，尝试开展计算机辅助教学（CAI）和计算机辅助管理（CAM），信息化逐步推动了教育管理的垂直化。随着建构主义教学理念的引入和广泛应用，信息技术与课程逐渐呈现出整合态势。

2. 教育信息化 1.0 阶段（2001—2018 年）

教育信息化 1.0 阶段以“教学环境变革”为主要特征，聚焦于教育信息化引发的量变，强调以应用驱动和融合发展为核心。教育信息化 1.0 阶段可进一步划分为三个阶段：基础设施建设大发展阶段（2001—2005 年）、教育信息化应用水平大力提升阶段（2006—2010 年）以及特色教育信息化发展阶段（2011—2018 年）。

在基础设施建设大发展阶段，教育信息化亟待落实科学发展观，从关注教育权到关注学习权，适应教育公共政策变化，加快信息化基础设施建设，

① 吕可红 . 日本社会的信息化与教育信息化 [J]. 外国教育研究，1986（3）：9-14.

缩小城乡教育差距，等等。普遍开设信息技术课程、启动“校校通”工程成为推进教育信息化的重要措施。网络教育学院、网络课程、精品课程等迅速发展，激发了远程教育活力，远程教育学逐渐凸显学科属性。

在教育信息化应用水平大力提升阶段，教育信息化亟待增强师生的教育技术能力，显著提升师生的信息素养，以信息化手段促进教育均衡发展，以教育信息化推动实现教育现代化，等等。开展教师教育技术能力培训、实施现代远程教育工程、提升学校办学水平等成为推动教育信息化发展的重要手段。校园逐渐实现了从现实校园、校园网到校园信息化、数字校园的过渡。

在特色教育信息化发展阶段，教育信息化亟待使教育助力“一带一路”倡议，显著提升教师专业化水平，促进优质资源共享，实现教育精准扶贫，传承优秀文化，彰显中国教育信息化特色，等等。提升教师教育信息化水平，建设精品课程、开放课程、优质资源共享课，教育信息化促进精准扶贫，实施“互联网 + 教育”战略等成为推动教育信息化发展的重要措施。学习空间人人通，拉近了师生和互联网的距离，使优质资源触手可及。“互联网 + 教育”成为教育新常态，宁夏作为首个“互联网 + 教育”示范区开启了中小学“新征程”。教育信息化应用水平达到前所未有的新高度，教育信息化彰显价值和效益成为新追求，政策驱动、目标驱动、应用驱动、创新驱动成为教育信息化发展新常态，教育治理新模式、教育信息化与教育的创新融合发展逐渐备受关注。教育战略和政策研究逐渐成熟，教育信息化智库发挥着重要的作用，教育信息化协同创新引领教育信息化创新发展新路径。

3. 教育信息化 2.0 阶段（2018 年以后）

教育信息化 2.0 阶段以 2018 年 4 月教育部发布的《教育信息化 2.0 行动计划》为重要标志，突出“教育系统变革”的核心特征。该阶段聚焦教育信息化所引发的质变，强调其在教育发展中的创新引领作用，并通过信息化手段推动教育生态系统的全面变革。教育信息化 2.0 的核心任务是助力实现“中国教育梦”，通过创新引领中国教育高质量发展，促进知识创造，培养大批满足时代需求的创新型人才。创客教育、STEAM（科学、技术、工程、艺术、数学）教育、人工智能教育和机器人教育等新型教育形式的兴起，以及创新文化的逐步形成，为教育信息化发展提供了有力支撑。同时，以促进知识创新为目标的智慧学习环境，逐渐成为学习空间建设的新方向。三维资源、全息资源和仿真资源等智慧学习资源，凭借沉浸性、交互性、智能化和高体验感，为学习者提供了前所未有的学习体验，进一步推动了教育信息化向更深层次发展。

从前教育信息化阶段到教育信息化 1.0 阶段，再到教育信息化 2.0 阶段，是教育信息化从萌芽到发展再到发达的过程。这一过程体现了教育信息化从关注“实验探索”到关注“物”再到关注“人”的转变，即从探索教育信息化的概念、内涵和作用，到推动教育信息化基础设施建设，再到聚焦教育信息化功能和价值的深度发挥。教育信息化 1.0 阶段以“物”为核心，通过硬件设施的完善推动信息技术的普及；教育信息化 2.0 阶段实现了从“物”向“人”的跃迁，形成了“以人为本”的教育信息化建设和发展模式，从“量变”向“质变”演进，激发教育系统变革，实现教育信息化的融合、创新与发展，产生技术与教育的融合效应。教育信息化 2.0 呈现出体验、开放、融合、数据、连接、服务、创新、引领、变革、智慧十大特征。其发展过程不仅是协同建设和共享价值的过程，更是每个人作为享受者、参与者、实践者、推动者和创造者共同协作的过程。

纵览教育信息化的发展历程，其概念的内涵和外延不断变迁，各个阶段承担着不同的历史任务，并采用与之相适应的推进策略。然而，教育信息化的本质始终未变，即通过信息化促进人的发展，延伸人的本质力量。教育信息化的根本目的是实现信息化教育，构建智慧育人环境，通过信息化的方法与工具促进知识的传播、传承与创新。

（二）教育数字化转型与智慧教育内涵

随着社会的不断发展，新一轮科技革命和产业变革推动了数字化时代的到来，社会各行各业正经历深刻的数字化转型。作为社会系统的重要组成部分，教育也面临着依托数字技术实现系统变革的迫切需求。同时，民众对教育的需求不断升级，更加注重高质量教育对个性发展的促进作用。这种需求促使教育模式从以往的标准化、规模化转向更加灵活、多样化的方向。在全球数字革命的浪潮中，我国结合国情，顺应时代发展提出了“教育数字化转型”战略。教育数字化转型通过推动信息技术、网络技术和智能技术的深度应用，促进教育系统从资源供给到教育治理、从教学模式到学习方式的全面变革。其核心目标在于提升教育的公平性、质量和效率，为解决传统教育的瓶颈问题提供强有力的技术支撑。然而，新兴技术在为全球教育发展提供重大机遇的同时，也引发了重构教育体系的挑战。如何在这场变革中重新定义教育的功能与方向，成为急需思考的命题。现行教育体系作为工业社会的产物，在数字时代的发展中面临着多重挑战与张力。应对这些挑战的关键在于打破固化的传统教育形态，构建与数字时代发展相适应的智慧教育体系。智慧教育作为教育数字化转型的终极目标，是应对时代之变、社会之变的战略选择，推动着教育改革朝着更加创新、包容和高效的方向发展。

“智慧教育”概念可以追溯到钱学森提出的“大成智慧学”。钱学森在其培养科技创新人才的教育构想中提及“集大成、得智慧”的理念，并提出四种具体构想：用现代科学技术体系结构培养和教育学生，让大学生懂得系统科学，让科学和艺术“联姻”，改革数学课程。① 钱学森对智慧教育的系统理解可以被归纳为“大成智慧学”。他认为，纵观近当代的教育发展史：我们从西方文艺复兴时期的全才伟人，走到19世纪中叶的理、工、文、艺分家的专家教育，再走到20世纪40年代的理工结合加文、艺的教育体制，再走到今天的理工文（理、工和社科）结合的萌芽。21世纪我们又回到像西方文艺复兴时期的全才了；但有一点不同的是，21世纪的全才并不否定专家，只是这位全才大约只需一个星期的学习和锻炼就可以从一个专业转入另一个不同的专业。② 这种“大成智慧学”的构想，可能与钱学森当时所处的时代背景和使命密切相关。作为我国原子弹研制项目的主持者，钱学森需要协调不同学科领域的专家通力合作，将理、工、文、艺结合起来，共同推动这一复杂工程。因此，他提出的“大成智慧学”强调在面对复杂多变的环境时，能够迅速做

---

① 杨桂青，张树伟．集大成 得智慧：钱学森关于培养科技创新人才的教育构想 [N]. 中国教育报，2009-12-21（3）.

② 钱学敏．钱学森的“大成智慧学”[N]. 北京日报，2004-04-12.

出科学、准确而又灵活、明智的判断与决策，同时不断创新与发现。这一理论为智慧教育的理念奠定了重要基础，说明了复杂时代中教育系统应如何培养综合性创新人才。

在计算机领域，从理解和语境两个维度，“智慧”一词经历了从数据到信息，再到知识和智慧的过程。过去人们更多关注数据和信息，强调对经验的理解；未来人们将更多关注知识和智慧，重视对新奇事物的探究。从理解的维度来看，研究、吸收、操作、互动和反思是人类认识知识的五个阶段和过程，也可以简单理解为数据挖掘的过程。从语境的维度来看，数据强调对某些部分的收集，信息强调若干部分的联结，知识强调一个整体的形成，智慧则强调多个整体之间的联结（见图 3–2）。智慧教育可被理解为一种系统，其定义为：智慧教育（系统）是一种由学校、区域或国家提供的高学习体验、高内容适配性和高教学效率的教育行为（系统），它能利用现代科学技术为学生、教师和家长等提供一系列差异化的支持和按需服务，能全面采集并利用参与者群体的状态数据和教育教学过程数据来促进公平、持续改进绩效并孕育教育的卓越。这一定义将教育技术学领域关心的问题和目前教育学领域关心的问题有机关联到了一起，并尝试从教育方针、政策、信息化的角度来解决教育公平的问题，但更多的是为了解决教育的卓越问题，即我们下一代培养的人是否卓越的问题。

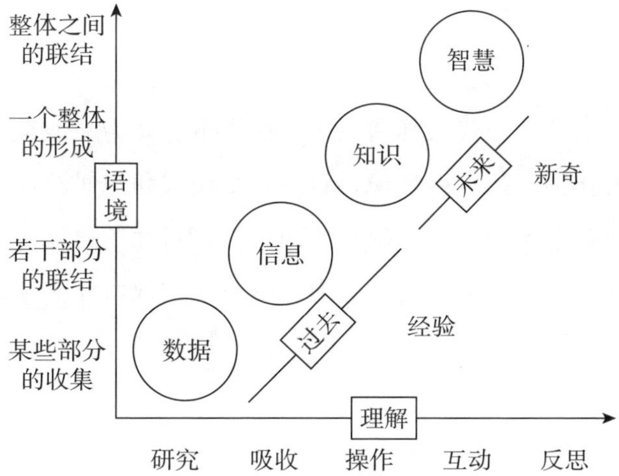

图3–2　“智慧”一词在语境和理解维度上的关系

从现代教育系统的构成要素来看，智慧教育系统包括现代教育制度、现代教师、数字一代学生、智慧学习环境和教学模式五大要素，其中，教学模式是智慧教育系统的核心要素（见图 3–3）。从教育教学的角度来看，现代教育系统更关心国家层面的人才培养目标，而国家人才培养目标又是通过国家的知识生产能力体现出来的。我国当前为世界贡献的真正的、能引领世界发展的学术思想并不多，其根源就在于我们今天的教育体制与教育目标并不适配。这种知识生产能力可以被进一步细化为效果、效率和效益的问题。这就是智慧教育所关心的问题。

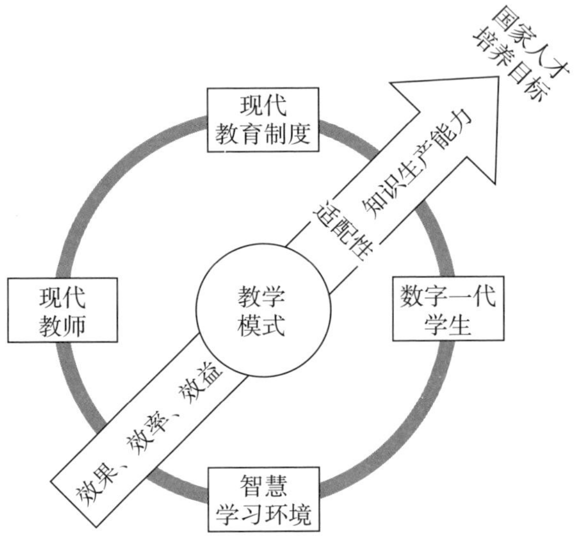

图3–3 智慧教育系统的构成要素

如果将教学模式、现代教师和数字一代学生合并为新型教学模式，则智慧教育系统可转化为智慧学习环境、新型教学模式和现代教育制度三方面内容，而且智慧教育系统通过寻求教育体制与教育目标的适配，从效果、效率和效益三个方面不断提升知识生产能力，以最终实现培养卓越的国家人才的教育目标，这就是智慧教育系统的三重境界（见图 3–4）。

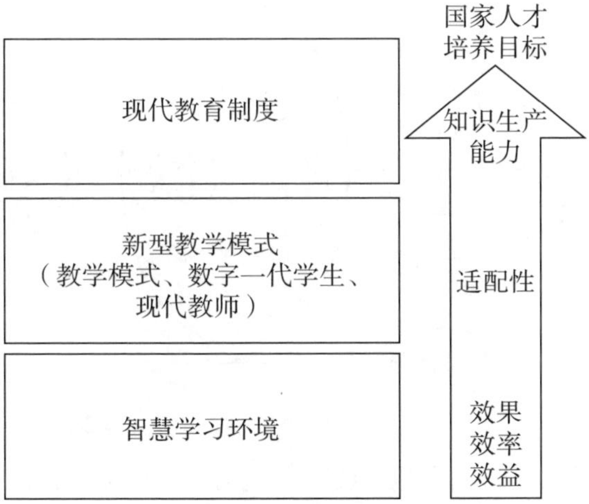

图3–4　智慧教育系统的三重境界

二、智慧教育系统的三重境界

（一）智慧教育系统第一境界：智慧学习环境

智慧学习环境是从智慧地球、智慧城市、智能楼宇的概念中迁移过来的。所谓智慧学习环境，是指一种能感知学习情境、识别学习者特征、提供合适的学习资源与便利的互动工具、自动记录学习过程和评测学习成果，以促进学习者有效学习的场所或活动空间。智慧学习环境能够实现物理环境与虚拟环境的融合，更好地提供适应学习者个性特征的学习支持和服务。智慧学习环境的技术特征主要体现在记录过程、识别情境、联接社群、感知环境这四个方面，其目的是促进学习者轻松、投入和有效地学习。智慧学习环境主要由学习资源、智能工具、学习社群和教学社群四大要素构成，而且学习社群与教学社群之间是相互关联的，同时智慧学习环境要考虑学习者的学习方式和教师（设计者）的教学方式。换言之，智慧学习环境的构成应与具体的教学方式和学习方式相关联，不存在统一的、笼统的智慧学习环境。智慧学习环境的技术支撑与组成要素的关系如图 3–5 所示。

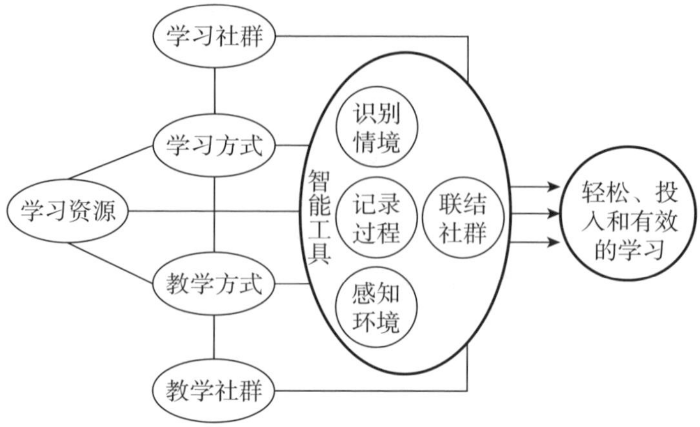

图3–5 智慧学习环境的技术支撑与组成要素的关系

从图 3–5 可以看出，智能工具在智慧学习环境中的技术支撑作用集中体现在识别情境、记录过程、感知环境、联结社群四个方面，这也正是智慧学习环境的四个主要特性。智慧环境的智能学习助手（intelligent learning assistant）应能懂得学习者的喜好，发现学习者关心的事物，知晓周围的事物，感知有用的内容，过滤无关的信息，并与学习者的社群建立联结。目前支持智慧学习环境的各类技术层出不穷且日渐成熟，如支持识别情境的技术有认知建模、情感计算、认知工程等；支持记录过程的技术有学习分析技术、评测技术、编码技术等；支持感知环境的技术有物联网技术、传感器技术、全球定位系统（GPS）技术等；支持联结社群的技术有社会网络、移动互联网技术等。另外，还有许多技术能同时支持智慧学习环境的这四种功能，如云计算技术。目前这些技术主要面临如何集成和如何设计的问题，这也是未来学习环境设计和评价过程中需要重点考虑的问题。

（二）智慧教育系统第二境界：新型教学模式

传统的教学模式较为忽视学生的个性发展，学生的创新思维受到抑制，因而难以适应科技和社会发展对人才的需要。随着信息技术的引入，教学模式正以全新的形态出现，并影响着教育实践。教学模式的分析框架主要包括三个层面（见图 3–6）：一是宏观层面，包括教学理念、教学环境和学习需求三个要素；二是中观层面，包括教学、学习和课堂三个要素；三是微观层面，包括教师、学生和教材三个要素。在信息时代，随着技术逐步融入课堂教学中，传统的教室环境发生了较大的变化，因此催生出学习新方式、教学新方式和课堂新形态。

图3–6 教学模式分析框架

教学模式变革的核心原因在于学生群体的显著变化。当今的大部分学习者被称为“数字土著”（digital native）或“数字一代”，其认知方式、态度和行为习惯深受信息技术的影响。在数字时代，个性化学习成为主流，这要求我们首先了解学习者的类型，并通过技术手段为不同类型的学习者提供适配的学习内容。当前的学习者类型更加多样化，除了“数字土著”，还包括“数字移民”（digital immigrant）和“数字恐龙”（digital dinosaur）。曾有人形象地描述：20 岁以下的是数字土著；20 岁以上的无论技术掌握得如何，都是数字移民；而 40 岁以上拒绝使用技术的则是数字恐龙。这一划分揭示了教育面临的关键问题——教师可能不了解学生，家长可能无法理解子女，由此导致教育效果难以达到预期。数字土著与数字移民在学习偏好上存在显著差异。例如，数字土著倾向于从多源头快速接收信息，习惯多任务并行处理，偏爱图片、音频、视频等超链接资源，喜欢实时互动和用户生成内容，更注重学习的即时性、关联性和趣味性。而数字移民则更倾向于从有效来源获取可控信息，习惯单任务处理，偏好文字信息，强调隐私和反思空间，接受线性、逻辑性的内容呈现。[①] 这些差异表明，数字时代的学习需求已发生深刻变化，是

① PRENSKY M. Digital natives，digital immigrants part 1[J]. On the Horizon，2001，9（5）：1–6.

传统的教与学方法难以满足的。教学模式亟须变革与创新，以更好地适应不同学习者的需求，实现教育效果的最大化。

教学模式演进的历史经历了从传统面对面教学逐步发展为数字技术支持的多元模式。尽管在不同模式下，技术的作用和功能并不相同，但是这些不同的教学模式并不是彼此排斥、彼此替代的，而是互相共存、共同促进的。传统的面对面学习多以知识精加工型学习为主，强调统一规格、统一步调、统一检测，学习者的学习路径是同质的和线性的，学习方法单一且相对僵化，因此不利于学生创新能力的培养。而随着时代的发展，数字一代学生的学习方式将以知识贯通型学习为主。这种学习方式强调构建规格多型、路径多样、评价多元的教学生态。学习者的学习路径是差异化的，既有线性的路径，又有从点到面或从整体到局部的学习路径。以此构建的新型教学模式可能会更加倾向于任意时间（anytime）、任意地点（anywhere）、任意方式（anyway）、任意步调（any pace）的“4A”模式。在这种教学模式下，信息化学习方式让学生的多样性以及个体差异性得到重视，使“以人为本”的教育理念得以实现。因此，信息化学习方式呈现出三个基本特征。一是有效的学习（effective learning），这是信息化学习的目标，信息化教学应该以促进学生的有效学习为目标。二是投入的学习（engaged learning），这是有效学习的前提，学生只有真正投入学习，才能达到有效学习的目标。三是轻松的学习（easy learning），这是投入学习的前提条件，信息化教学应尽量使学生的学习变得轻松愉快。

新型教学模式已突破了学校教育提供的正式学习，而走向正式学习和非正式学习的融合。这两类学习的主要区别在于：正式学习是由学校控制教学目标和教学进度，而非正式学习则是学习者自己控制学习目标和学习进度。如果再考虑学习者的意愿，那么其学习就会表现出四种特征：一是学习者容易偏离规定的学习目标，二是学习者能够按照学校要求完成既定的学习目标，三是学习者能找到其需要的学习，四是学习者容易偏离其意向的学习目标（见图 3–7）。这样，学习者学习意愿与学习目标的偏离或实现就构成了数字时代学习者的突出特征。

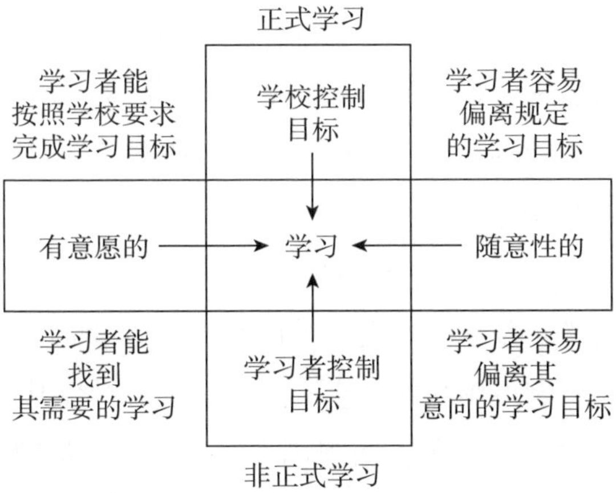

图3–7　学习及学习方式分析维度

（三）智慧教育系统第三境界：现代教育制度

在现代社会中，建立能充分发挥各类教育机构整体功能的教育制度是培养卓越人才的基础。顾明远在《教育大辞典》中给出的教育制度的定义是：一个国家各种教育机构的体系，包括学校教育制度和管理学校的教育行政机构体系。[①]可见，教育制度是指一个国家各级教育机构的系统和管理规则，包括两个组成部分：一是各级各类教育机构的系统，二是教育机构系统赖以存在和运行的一整套规则（如义务教育制度、高等教育的学校教育制度、职业教育制度、成人教育制度、招生与考试制度、学业证书制度、教育督导制度、学校及其他教育机构的教育评估制度等）。其中，学校教育制度是教育制度的核心部分，也是一个国家教育制度的代表。我国现行的学校教育制度是贯穿学前教育、小学、初中（普通初中和职业初中）、高中（普通高中和中等职业教育）、本科（含高等职业教育）、硕士、博士的教育结构体系。改革开放以来，人民群众对教育的需求经历了从基本教育需求到优质教育需求的演变过程，这一变化的动因是人们对教育的更平等、更普及、高质量、高标准的追求。然而，由于我国正处于转型阶段，行政色彩浓厚的教育市场化、民营化

① 教育大辞典编纂委员会 . 教育大辞典：第一卷 [M]. 上海：上海教育出版社，1990：68.

改革给教育带来了许多显而易见的负面影响，而这种负面影响无疑使我国距离现代教育制度及理念越来越远。① 因此，在当前世界各国都在倡导终身教育和终身学习的大背景下，现代教育制度是一种更加重视把基本公共教育和终身学习作为公民法定权利、更加重视有制度保障和质量保证的教育公平、更加重视创新型人才培养的教育制度。

我国现行教育制度与现代教育制度主要存在 10 个方面的差距。第一，在时间长度上，现行教育制度基本上限制在人生的某一阶段接受教育，如青少年时期；而现代教育制度则贯穿一生。第二，在知识范围上，现行教育制度更注重单一的抽象知识的学习；而现代教育制度还包括理智、情感、审美、职业、政治、身体等多方面的教育。第三，在各类教育的联系上，现行教育制度中职业教育与普通教育、正规教育与非正规教育、校内教育与校外教育、文化活动与教育活动相对分离；而现代教育制度注重人格的全面和谐发展，谋求各种教育之间的一体化。第四，在知识的基础上，现行教育制度重视已知的信息和知识的学习；而现代教育制度则重视辩证观点的形成。第五，在文化价值观上，现行教育制度因强调内部限制和外部强制，使学习者接受既有的文化价值观；而现代教育制度尊重人的个性和独立选择，强调自我发展。第六，在教育的定义上，现行教育制度更多地将教育视为向学习者传播文化遗产的过程；而现代教育制度将教育定义为学习者个人持续发展的过程。第七，在筛选功能上，现行教育制度很大程度上仍然发挥着筛选功能；而现代教育制度认为未成熟期的一次选择是无益的，应充分发挥人的内在潜质。第八，在学习空间上，现行教育制度中的学习主要限定在学校；而现代教育制度将教育扩展到家庭、社群、职业岗位等各种环境。第九，在预设性上，现行教育制度为教育媒体和训练设置了特定的阶梯；而现代教育制度允许自主选择教育机会，强调适配性。第十，在施教者上，现行教育制度中教育多由社会中的特定人群（教师）进行；而现代教育制度认为施教者可以根据时间和情境由社会整体提供。因此，智慧教育从国家教育制度的层面更加重视教

① 傅乃芹．中国离现代教育制度有多远 [J]. 领导之友，2008（6）：50–51.

育实践中存在的问题，能够放眼世界，汲取和借鉴国际经验，通过制定科学合理的教育制度来提升人才培养质量，促进教育创新与变革，孕育人类智慧，促进世界和谐发展。

三、智慧教育系统的智慧特征图谱

通过对智慧教育在三个层面的智慧特征进行分析，可以得出智慧教育的本质特征是学习环境的感知性、学习内容的适配性、教育者对学生的尊重和关爱、受教育群体之间的教育公平性、教育系统要素的有机整合及其和谐关系（见图 3–8）。具体而言，首先，学习环境的感知性和学习内容的适配性属于智慧学习环境的范畴，而智慧学习环境的主要功能是传递教育系统的智慧。其次，在新型教学模式中，学生的差异和多样性特征得到尊重，从而促进学生轻松、投入和有效地学习，其核心是启迪学生的智慧。最后，应用大数据来分析和动态模拟学校布局、教育财政、就业渠道、招生选拔等教育子系统及其关系的演变过程，为国家教育制度、学校管理制度及教学制度提供改革方案和决策依据，全面创新人才培养制度，同时促进和管理区域之间、城乡之间和学校之间的教育公平，其根本目的是形成现代教育制度，以孕育人类智慧。

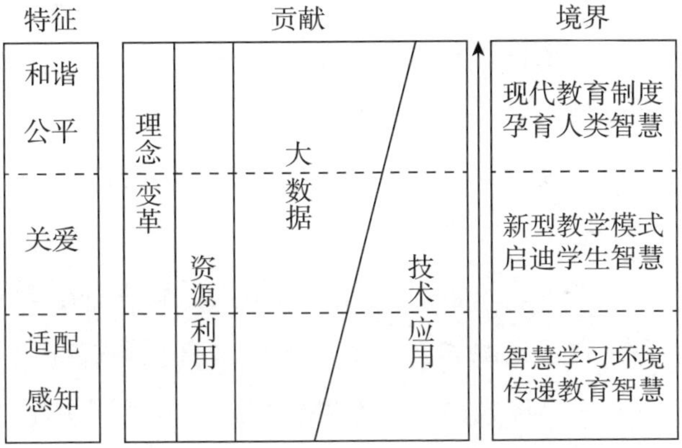

图3–8　智慧教育系统的智慧特征图谱

（一）智慧教育的本质特征

感知（sensible）。感知是指采用各种技术、各类传感器（如感知温度、湿度、二氧化碳、光照等）以及各种量表（如学习评测量表、学习态度量表等）来感知外在的学习环境与人的内在学习状态。具体包括：实时检测室内的噪声、光线、温度、气味等参数，根据预设的理想参数，自动调节门窗、灯具、空调、新风系统等相关设备，将教室内噪声、光线、温度、气味调节到适宜学生身心健康的状态；收集学生学习活动、学习场所、认知风格、知识背景等方面的信息，为按需推送提供基础。

适配（adaptable）。适配是为达成因材施教的美好愿望，让教育资源能够根据学生个性化的需求而得到获取和使用，使教与学可以按需开展。具体包括：按需推送资源，根据用户的学习偏好和需求，个性化推送学习资源或信息；按需推送活动，根据用户的现有基础、学习偏好以及学习目的，适应性地推送学习活动；按需推送服务，根据用户当时的学习状态和需求，适时推送学习服务（如解决疑问、提供指导等）；按需推送工具，根据用户的学习过程记录，适应性地推送用户学习所需的各种认知工具；按需推送人际资源，根据用户的兴趣、偏好、学习的内容等，适应性地推送学伴、教师、学科专家等人际资源。

关爱（caring）。关爱是一种尊重学生的态度，一般是指教师通过共情、关注、可依性、尊重、肯定等行为，在与学生互动过程中与之建立并维持信任和支持关系。具体包括：关爱学生的学习，充分考虑学生的个体差异，因材施教；关爱学生的生活，尊重学生的个性、特长和爱好；关爱学生的成长，为学生提供未来的必要规划。

公平（equitable）。公平是指受教育者在受教育过程中在教育权利、教育机会、教育资源和教育质量方面享有平等权利。追求更大程度和更高水平的教育公平已经成为当前世界教育改革的共同主题。具体包括：入学机会公平，人人享有平等的受教育权利；教育过程公平，人人平等地享有公共教育资源；教育结果公平，人人具有同等的取得学业成就和就业前景的机会。

和谐（orchestrating）。和谐是指教育系统有序运行以及内部各要素有序配置的状态，是人对教育的主观追求和美好理想，也是构建和谐社会的深厚动力。具体包括：城乡之间、地区之间、学校之间的和谐发展；教育系统内各级各类教育的和谐发展；教育经费、设备、校舍等硬指标的和谐；学生与教师自身的和谐发展；学生德智体美劳的全面发展等。[①]

（二）智慧教育系统的智慧三境界

智慧教育系统的三个境界在智慧显现度、过程稳定性、涉及范围等方面具有明显的层级关系。三个境界的智慧显现度具有明显差异。智慧学习环境的潜在“用户体验”来自智能楼宇、智慧城市、智慧地球等，学习者和教育者都能看见和感受到这些实实在在的环境。新型教学模式来自数字一代学生的基本需求，在信息化环境中具有创新意识的教师能感知和驾驭这种新型教学模式，而相当一部分教师还看不到这种变化。现代教育制度来自教育的系统性变革，因此需要教育进行综合改革，而这种改革需要通盘考虑教育的各系统要素，需要数据的支持和推演，普通的教师和家长难以识别背后的决策依据并预见其动态变化过程。因此，智慧教育系统的三个境界从环境、模式到制度，呈现出从显性到隐性的特征。

三个境界的智慧生成过程存在明显差异。学习环境的变化高度依赖于学习活动的需求和技术的应用，随着学习活动越来越灵活，设备更新越来越快，技术越来越进步，学习环境处于差异化和动态变化的过程中。受制于传统教学思维惯性和固化的班级教学组织形式，大部分教师还难以设计和组织新型教学方式。现代教育制度受制于广大家长对其子女成才的传统思维惯性，同时也受制于教育与经济、文化、社会等不同领域之间的矛盾，其形成过程是渐变的和相对稳定的。因此，智慧教育系统的三个境界从环境、模式到制度，呈现出从动态到稳定的特征。

三个境界的智慧涉及范围存在明显差异。智慧学习环境主要包括物理环境、在线学习环境和学习氛围等。新型教学模式主要涉及班级教学、学校教学管理，以及区域教研制度和教师评价制度等。现代教育制度主要涉及学校管理制度、地区的学校布局和资源配置，以及国家的教育制度等。因此，智

① 袁振国.缩小教育差距促进教育和谐发展[J].教育研究，2005（7）：3-11.

慧教育系统的三个境界从环境、模式到制度，还呈现出从微观到宏观的特征。目前，智慧学习环境的关注重点包括智慧课本 / 电子书包、智慧教室 / 校园、学科创新实验室、和谐校园文化、校园安全系统、畅通家校联系等。新型教学模式的构建主要涉及学习方式、教学方式、课堂形态、数字资源、领导力、学习能力、教研方式、校本课程等。现代教育制度的关注重点涉及学校制度、学校布局、教育财政、就业渠道、招生选拔、学业资格、教师制度、教育目标、课程体系、质量标准等诸多方面。

四、智慧教育特征的界定原则

纵观人类的发展历史，从农业教育、工业文明教育到如今的数字化教育，每个时期都有特定的历史背景，也有其追求的教育智慧。① 时代的发展与科技的进步推动着人才培养目标与人才结构的变化，驱动着教育的顺应与调整。② 随着新一代信息技术的发展，智慧教育成为教育信息化的重点和未来发展方向，是教育在信息时代的新升华，也是教育数字化推动教育变革的最高追求。③ 智慧教育已经成为各个国家教育期待发展的目标和全社会共同关注的话题。面对教育政策制定者、广大教师、教育行政人员、家长以及社会各界人士对智慧教育内涵理解和期待的巨大差异，不同领域、不同知识背景、不同发展阶段的利益关联者在解读智慧教育概念以及组织并参与教育数字化转型的过程中存在不同的立场、观点和解决方案的诉求。因而需要对作为发展目标的智慧教育和作为实践取径的智慧教育进行区分和深度剖析，以响应国家政策制定及教育教学实践领域的核心关切。

以智慧教育三境界的内涵为核心，区分智慧教育的发展目标和实践取径。

---

① 雷朝滋 . 抓住数字转型机遇 构建智慧教育新生态 [J]. 中国远程教育，2022（11）：1–5，74.

② 黄荣怀 . 论科技与教育的系统性融合 [J]. 中国远程教育，2022（7）：4–12，78.

③ 雷朝滋：坚持应用为王，推进教育数字化 [EB/OL].（2022–11–24）[2024–12–09]. https://www.edu.cn/xxh/focus/li_lun_yi/202211/t20221125_2257833.shtml.

《教育 2030 行动框架》和《中国教育现代化 2035》定义了智慧教育生态的价值，《北京共识——人工智能与教育》与国家教育数字化战略行动等作为智慧教育的实践取径明晰了构建智慧教育生态的路径。由此，可以界定出一个国家或区域智慧教育生态的表现性特征和智慧教育系统的建构性特征，二者也分别是智慧教育的关键特征和辅助特征（见图 3–9）。

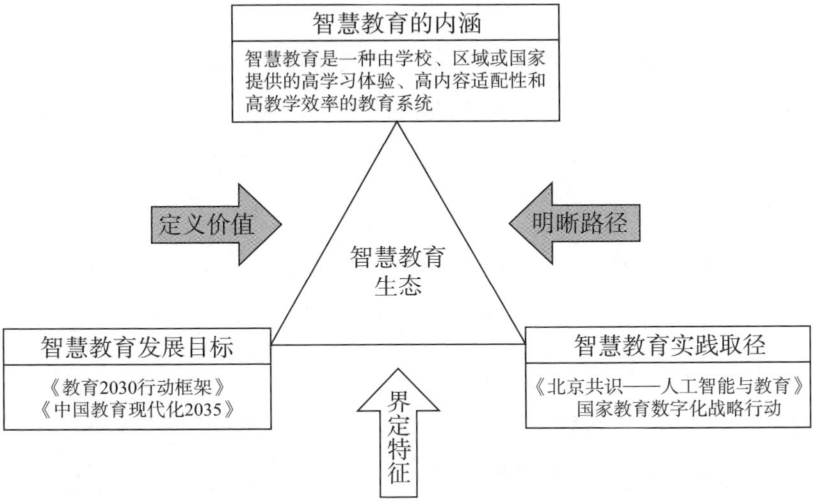

图3–9　智慧教育的内涵、发展目标及实践取径

（一）智慧教育表现性特征的界定原则

联合国秘书长古特雷斯在 2022 年 9 月召开的教育变革峰会上发表的愿景声明中提到，教育是一项基本人权，是个人尊严和赋权的源泉，[①] 要实现此项权利，需扩大教育机会，确保人人都能获得包容与公平的优质教育和学习。[②] 教育也是一项公益事业，是共同的社会努力，包含具有包容精神的公共政策制定和执行的过程。[③] 与此同时，教育可以从社会契约的角度得到审视，所谓

① Transforming education：an urgent political imperative for our collective future[EB/OL].（2022–09–19）[2024–12–24]. https://www.un.org/en/transforming–education–summit/sg–vision–statement.

② 联合国教科文组织 . 仁川宣言：2030 年教育：实现包容和公平的全民优质教育和终身学习 [R]. 巴黎：UNESCO，2015.

③ 联合国教科文组织 . 2030 年教育：仁川宣言和行动框架 实现可持续发展目标 4：确保包容和公平的优质教育，让全民终身享有学习机会 [R]. 巴黎：UNESCO，2015.

社会契约，是社会成员为谋求共同利益而合作的一种默会协议。[①] 这一契约包含构建面向未来的教育新生态的根本性原则，也包含建立、维护和完善教育系统的相关工作。达成共识的教育才能够整合教育力量，[②] 智慧教育作为教育发展的新形态，涉及各地区、各层次主体的不同利益，首先应符合教育的共识性原则，即对教育包容与公平的坚守，保障每个人平等接受优质教育的权利。

2015 年，联合国教科文组织发布的《教育 2030 行动框架》总体目标是“确保全纳、公平的优质教育，使人人可以获得终身学习的机会”，为全球教育发展指明了方向。[③]2019 年，中共中央、国务院印发的《中国教育现代化 2035》为教育变革和教育现代化的发展进行了顶层设计。《中国教育现代化 2035》认同《教育 2030 行动框架》中公平、包容与终身学习的价值观，强调面向人人、因材施教和终身学习的基本理念，努力提供公平、优质、包容的教育，面向学习者个性化、多样化的学习和发展需求以完善教育体系，加快发展陪伴每个人一生的教育，努力为每个人在人生不同时期提供丰富多样的学习机会、开放优质的学习资源、灵活便捷的学习方式、绿色友好的学习环境，形成网络化、数字化、个性化、终身化的教育体系，建成人人皆学、处处能学、时时可学的学习型社会。智慧教育需以此为发展方向，将以学生为中心的理念落实到教学的全过程，以多元的学习评估方式促进学习者的全面发展，建立泛在的智慧学习环境以满足学习者处处能学、时时可学的学习需求。

借鉴顾明远先生关于学校文化的定义，[④] 教育文化是经过长期发展沉淀而形成的教育实践活动方式及其所创造的成果的总和，是由各种事件和实际存在物相互联结、相互作用、相互结合而形成的有机整体，永远处于创造和进化的过程中。文化的形成与发展主要依靠积累、凝结与积淀，越是成熟的文

① 联合国教科文组织 . 一起重新构想我们的未来：为教育打造新的社会契约 [M]. 北京：教育科学出版社，2022：2.

② 李冉冉，马和民 . 重建教育共识：应对现代社会人生问题的必由之路 [J]. 贵州师范大学学报（社会科学版），2019（1）：58–64.

③ 顾明远，滕珺 .《中国教育现代化 2035》与全球可持续发展教育目标实现 [J]. 比较教育研究，2019（5）：3–9，35.

④ 顾明远 . 论学校文化建设 [J]. 西南师范大学学报（人文社会科学版），2006（5）：67–70.

化，越具有较高的稳定性。面对时代的更迭与社会的发展，文化兼具规律性和可变性，因而以一种稳定而灵活的方式不断积累和推进，教育文化也处于稳定且持续改进的发展进程。

综上所述，教育包容与公平、成熟的教育文化、泛在的学习环境、学生中心论和学习评估改革等，是国际组织和国际社会普遍关注、“面向教育 2030 议程”和我国教育现代化发展目标，需要全社会经过漫长时间的共同努力才能达成的关键，具备共识性、指向性和稳定性的特征。

（二）智慧教育建构性特征的界定原则

作为复杂巨系统的教育改革和发展是一个缓慢而渐进的过程，智慧教育既是教育数字化转型的目标，也是人们对其形成和建构过程的价值期待。若从教育发展规划和教育教学实践等角度来描述智慧教育的建构性特征，需要坚守操作性、阶段性、多样性原则。操作性原则指的是智慧教育的建构过程应符合智能时代教育系统的变革方向，在教育数字化转型的战略背景下，将教育变革落到实处。阶段性原则指的是智慧教育的建构样态应满足教育改革与发展新阶段的要求，并持续解决不同阶段中的教育问题。多样性原则指的是智慧教育系统应尊重学校与学生的多样性，并提供适应性的支持与服务。

在教育部启动实施国家教育数字化战略行动的背景下，教育系统正全方位、系统性地进行数字化转型。从国际视野看，数字化转型是在数字化转换、数字化升级的基础上，在战略层面进行系统规划，全面推进数字化意识、数字化思维和数字化能力的过程。[①] 而教育的数字化转型则是指持续利用数字化、网络化和智能化的技术及手段来变革教育系统的过程，[②] 在该过程中的技术应用应当合乎科技伦理。可持续发展的数字化转型需要在教育系统中实施全要素、全流程、全业务和全领域的数字化进程，区域间与部门间的高效联动对

---

① SAVIĆ D. From digitization，through digitalization，to digital transformation[EB/OL]. [2024-08-09]. https://www.infotoday.com/OnlineSearcher/Articles/Features/From-Digitization-Through-Digitalization-to-Digital-Transformation-129664.shtmlPageNum=1.

② 黄荣怀 . 加快教育数字化转型 推动学校高质量发展 [J]. 人民教育，2022（Z3）：28-32.

于教育数字化转型的落实将起到关键作用。

经过教育信息化 1.0 和 2.0 的建设，我国数字技术与教育经历了起步、应用、融合、创新四个阶段，目前正处于融合与创新并存的时期。在此之前，我国教育信息化以应用驱动为重要抓手，聚焦于基础设施部署、校园信息装备和应用能力建设等。而在新的阶段，更强调信息技术与教育教学的全方位深层次融合，①强调应用技术支撑教改、赋能创新和促进变革。数字技术在教育领域中的应用依旧具有巨大潜力，引领性的教育改革规划有助于推进技术应用以解决不同阶段的教育问题。

教育系统中不同层次、不同类型、不同条件的学校存在着巨大的差异，学生的民族、文化、性别或其他因素也各有不同。尽管教育理念具有普适性，但由于学校办学规模、功能使命、内部结构、外部关系的不同，在实现方式和表现形式上必然呈现出多样性。②信息时代背景下，学生的学习空间和社交空间被拓宽，学习社群不局限于传统的学校和班级伙伴，还包括以网络形式连接的多种类型的学习社群，来自不同文化背景的学习者有机会产生交集并产生思想碰撞。学生的多样性是丰富学习过程、推动教育创新的机会，可作为教育资源被加以开发利用。面对学生的多样性，教育教学过程的差异化显得尤为重要，教师对学生的知识水平、认知风格与学习风格等要进行持续的诊断，以适时根据学生的需求变化调整教学，③这对教师的基本素养和能力提出了更高要求，有效落实教师发展计划以提升教师教学能力成为必然。

综合上述分析，符合伦理的技术应用、区域间与部门间的高效联动、引领性的改革规划、多样的学生社交社群和教师能力提升计划等符合人们的教育期许，契合教育数字化转型方向，是需要在国家规划、中层部署和微观创新中逐一落实才能达成的辅助特征，具备操作性、阶段性和多样性的原则。

---

① 陈琳，刘雪飞，冯熳，等 . 教育信息化转段升级：动因、特征方向与本质内涵 [J]. 电化教育研究，2018（8）：15–20，33.

② 钟秉林，赵应生，洪煜 . 中国特色现代大学制度建设：目标、特征、内容及推进策略 [J]. 北京师范大学学报（社会科学版），2011（4）：5–12.

③ 白颖颖，马云鹏 . 如何从教师的教入手照顾学生多样性：对四位加拿大小学教师数学教学实践的研究 [J]. 全球教育展望，2021（5）：114–128.

（三）智慧教育的表现性特征与建构性特征

定义价值及明晰路径是智慧教育生态构建的必要条件。智慧教育既是教育数字化转型的目标形态，又是社会各界对未来教育的共同期待。当前，研究主体、实践主体及技术主体等利益关联者对智慧教育内涵的理解存在差异，对其价值认知及实践方向的把握持有不同的立场，突出表现为对构建智慧教育生态目的和手段的认知模糊，因而需要对作为发展目标的智慧教育和作为实践取径的智慧教育进行剖析（见图 3–10）。

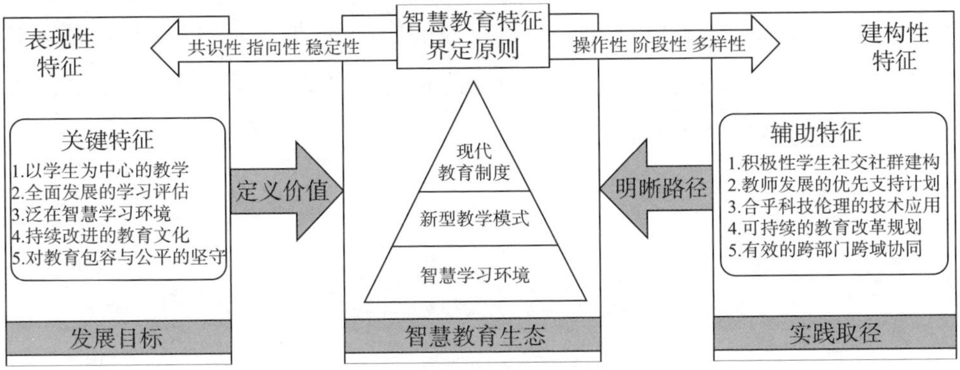

图3–10　智慧教育的特征界定

表现性特征反映了人们对智慧教育作为发展目标的共同愿景（vision），应符合共识性、指向性与稳定性原则。以学生为中心的教学既反映人文主义教育的价值内涵，也外化体现于促进学习者能动性的课堂教学结构。全面发展的学习评估是实现规模化教育与个性化培养相结合的具象表征。泛在智慧学习环境为学习者跨场域联通的学习提供了空间与支持。持续改进的教育文化为教育变革与发展的有序性提供了保障。坚守学习的包容性与学习机会的公平性是国际教育界共同践行的理念。智慧教育的表现性特征层层递进、相互关联，立体化、全景式地描绘了智慧教育生态的应然图景。

建构性特征反映了智慧教育实践取径的任务与使命（mission），应符合操作性、阶段性与多样性原则。全球化背景下，学生的数字公民身份凸显，其社交范围由传统校园拓宽到全球社区，积极性的社交社群建构越发重要。为适应社会的数字化转型，由政府主导和资助的教师发展计划是提高教师素养有效的保障措施。合乎科技伦理的技术应用能使智能技术的教育效益最大化，规避对师生的负面影响。可持续的教育改革规划从可持续发展的共识性愿景出发，引领了教育系统的有序变革，保障了教育系统的复杂适应性。有效的跨部门跨域协同强调相关利益主体的广泛参与，为智慧教育发展提供智力支持与机制保障。智慧教育的建构性特征与教育数字化转型同频共振，系统性、具象化地指明了智慧教育建设的实践方向。

教育系统具有复杂性和不确定性，其改革与发展是缓慢且渐进的。不论国家、区域还是学校，智慧教育生态的构建都是持续的、生成的和变革的过程，需要顶层设计的前瞻性布局、各主体的协同联动、技术供给和教育场景需求的持续互动与演进、科技与教育系统性融合的效能转换等，以形成以人为本、具有韧性和弹性的未来教育格局。

第二篇

智慧教育的表现性特征

智慧教育的核心表现性特征承载了教育未来发展的共同愿景，符合共识性、指向性与稳定性原则。这些特征不仅勾勒出智慧教育作为发展目标的理想图景，也为教育研究提供了具有普适价值的框架。本篇通过对五个关键维度的系统探讨，全面呈现智慧教育的核心内涵与实践意义。

第一，“以学生为中心的教学观”强调教育主体性的回归，突破以教师为主导的传统教学模式，倡导通过技术赋能实现个性化、多样化的学习路径，分析智能时代引发的教育观改变，探索如何在智能时代满足学生自主发展的需求。第二，“智能时代学习评估的重塑”深刻剖析了评估理念的转型，凝聚智能时代国家、社会及学校的育人成才观念，聚焦如何利用大数据、人工智能等技术构建基于精准测评的全方位学习评估、针对教学优化的全覆盖学习评估以及面向自主学习的全要素学习评估，以全面提升学习质量的评估科学性与决策指导性。第三，“泛在智慧学习环境”致力于描绘学习空间的重构，以物联网、人工智能和云计算等技术为支撑，构建具有泛在网络接入、适宜学习空间、可信学习工具、适应性学习资源、可靠数字终端和安全网络环境的学习生态。第四，“技术变革教育的文化改进”深入探讨智能时代学校教育发展面临的新挑战，从教育文化改进的角度分析技术如何推动学校教育的更新迭代，关注学校决策、技术应用、教师发展，助力形成包容、创新、协同的教育文化体系。第五，“信息化支撑下的教育包容与公平”从社会责任的视角出发，探讨信息技术如何助力教育包容与公平的建设，促进学习者的机会公平、尊重多样性和均衡区域间教育，以实现教育的可持续发展与社会公平的深度联结。

通过对以上五个维度的深入阐述，本篇力图揭示智慧教育的理论特质和实践意义，为构建教育未来的蓝图提供坚实的学术基础与可行的行动框架。

第四章 以学生为中心的教学观

如何实施有效教学和改进教学质量是教学理论和实践研究领域的核心议题。教师和学生作为教学活动开展的基础，决定了教学的方向与成效。要开展有效教学或改善教学质量，需要站在适切的立场，明确学习的“中心”所在。多年来，以学生为中心的教学观已经成为全球教育改革的重要方向。2018年，教育部《关于加快建设高水平本科教育全面提高人才培养能力的意见》明确提出要坚持立德树人、德育为先，坚持学生中心、全面发展等基本原则。以学生为中心的教学观强调尊重学生的主体地位，将学习的主导权从教师转向学生，倡导教学服务于学生的个性化需求和全面发展。近年来，这一理念在理论研究和教育实践中不断深化，逐渐成为提升教育质量和实现教育公平的重要手段。

以学生为中心的教学观源自杜威、皮亚杰等教育学家和心理学家的思想，也得益于技术变革的推动。随着智能技术的全面普及，教学环境和学习行为方式正在发生深刻变化。智能技术赋能的学习环境不仅为个性化培养和精准化教学提供了支撑，也为学生的深度学习创造了更优条件。通过动态调整教学内容与策略，鼓励学生主动思考和探究，教师能够更有针对性地引导学生实现深层次的知识内化与能力提升，从而在知识掌握与能力培养上取得更显著的成效。技术与教育的融合推动了教学模式、教育理念和学习方式的全方位创新。在这一背景下，以学生为中心的教学理念被赋予了更丰富的内涵，成为教育数字化转型和智慧教育的重要基础。本章节围绕以学生为中心的教学理念展开，追溯其思想起源与演进脉络，阐释系统化教学法在理念革新与技术变迁中的协同演化逻辑，并进一步探讨智能技术如何深度重构教育观念与学习行为模式，从而推动教学实践的全面变革。

一、以学生为中心理念的发展

以学生为中心的教育思想源远流长，但与之相匹配的课堂实践却历史短暂。事实上，“以学生为中心”这一术语虽在20世纪中期才被广泛使用，但其核心理念早已在教育发展历程中以不同形式贯穿于各时期的教育理论与实践中。回顾以学生为中心教学的历史演进，对于深入理解其核心思想具有重要意义[①]。

（一）以学生为中心理念的思想起源

在西方文化语境下，“以学生为中心”的教育理念可追溯至古希腊哲学传统。苏格拉底提出，教师的职责并非单纯传授知识，而应扮演“知识助产者”的角色，通过发问与对话，引导学生自主发现与表达内在认知与能力。[②]其“产婆术”的精髓在于激发学习者的精神成长，前提是承认学生已有的知识基础与潜能，并强调其在学习过程中的主导地位。柏拉图在此基础上进一步深化了这一理念。他认为认知源于反思与沉思，反对强制灌输式教学，主张通过问答激发思维。其教学方法着重于提出问题、揭示矛盾，引导学生分析、归纳与判断，从而得出认知结论。[③]此种基于问题的教学逻辑，体现出对学习者主体表达与思辨能力的尊重，可被视为“以学生为中心”理念的早期形态。[④]亚里士多德延续并发展了柏拉图的教育观，首次提出教育应根据个体发展的阶段进行调整。他将青少年成长划分为“植物灵魂”“动物灵魂”“理性灵魂”三个阶段，强调教育应顺应人的自然成长规律。[⑤]这一思想对后来的发展性教

---

① 雷浩．为学而教：学习中心教学的研究 [D]. 上海：华东师范大学，2017.

② 田本娜．外国教育思想史 [M]. 2 版．北京：人民教育出版社，2001：20.

③ 邹爱明，张厚吉．柏拉图的教学方法及其对现代外语教育的启示 [J]. 当代教育科学，2007（19）：59–60.

④ DARLING J. Child–centred education and its critics [M]. London: Paul Chapman,1994.

⑤ 刘黎明．论亚里士多德的自然教育思想 [J]. 河南大学学报（社会科学版），2008（4）：142–150.

学理论具有深远影响。至 18 世纪，卢梭对学生中心理念作出了系统化理论表述。他强调儿童发展具有自然节奏，教育应尊重并适应这一节奏，关注个体差异，并将发展水平作为教学设计的核心依据。① 此种尊重个体差异的教育观，成为现代学习中心理论的重要基石。福禄贝尔则进一步推进这一思想，认为教育应围绕儿童本位展开，通过激发其天赋潜能来实现全面发展。② 至此，"以学生为中心"的教育理念逐步形成了以发展性、差异性与主体性为核心的理论框架。

我国以学生为中心的教育思想同样有着悠久的历史，其起源可以追溯到春秋战国时期的儒家学派。③ 儒家思想的创始人孔子是我国最早系统阐述以学习者为中心的教育理念的教育家。孔子强调"因材施教"，主张根据学生的个性和能力差异制定不同的教学方法，充分体现了对学生个体差异的尊重。儒家另一位代表性人物孟子进一步深化了这一思想。他提出教学的核心并非简单传授外在知识，而是通过"反求诸己"来恢复人本有的良知与能力。孟子强调，教育的任务是引导学生反思，通过自我觉悟促进内在成长，这是一种对学生主体性的高度肯定。唐代的韩愈在《师说》中提出"弟子不必不如师，师不必贤于弟子"，主张学生与教师之间的平等关系，强调教师对学生的尊重。宋代的朱熹则在教学中强调学生的自觉性，鼓励学生通过自主学习和实践获取知识，并将教师的角色定位为"引路人"。明清时期，以学生为中心的教育思想进一步发展。明代的王阳明认识到激发学生学习兴趣的重要性，认为兴趣是推动学生自主学习的关键。他通过引导学生找到学习乐趣，提升他们的主动性。

从历史发展看，中西方教育传统虽背景不同，但在强调"以学习者为中心"的核心理念上高度契合。在诸多研究中，这一理念主要体现为以下几点：第一，强调教学设计应立足于学生已有的知识基础与能力状态，依据其个性

---

① DARLING-HAMMOND L. The right to learn: a blueprint for creating schools that work[M]. San Francisco：Jossey-Bass, 1997.

② CHUNG S，WALSH D. Unpacking child-centredness: a history of meanings[J]. Journal of Curriculum Studies，2000，32（2）：215-234.

③ 雷浩 . 为学而教：学习中心教学的研究 [D]. 上海：华东师范大学，2017.

化需求因材施教，以支持多样化发展；第二，注重学生的自主学习能力培养，强调学习的主动性与自我调节意识；第三，教学活动应遵循学习规律，契合学生的认知特点与发展阶段；第四，倡导以实践性学习促进知识的内化与能力的发展。这些理念为当代教育改革提供了坚实的理论支撑，也为“以学生为中心”教育范式的深化与实践创新指明了方向。

（二）以学生为中心的理念的逐步确立

以学生为中心的教学伴随着19世纪美国进步主义教育思潮的兴起逐渐萌芽。这一教育思潮的兴起与美国当时的社会转型密切相关。19世纪末，美国进入了一个重要的社会变革时期。在政治上，通过南北战争实现了国家的统一；在经济上，自由资本主义向垄断资本主义过渡，生产力水平得到显著提升。[①] 然而，这种转型使美国社会矛盾加剧，尤其是因人口增长和南北矛盾深化而导致的社会冲突，促使社会急需转型。社会转型的迫切需求不仅推动了经济与政治的变革，也对教育提出了革新的要求。

传统教育以教师为中心，注重知识和技能的传授。然而，面对快速变化的社会，传统教育模式因其忽视学生个性化需求、缺乏实践性、无法适应社会转型需求而显得越发不合时宜。首先，随着工业化和生产力的提升，社会需要能够适应复杂环境、具备创新能力的复合型人才，而单一知识灌输的教育方式难以满足这一需求。其次，教育目标从精英教育转向大众教育，强调公平与普惠性，这与传统以权威为核心的教育理念存在根本矛盾。这一背景促使教育者和改革者重新思考教育的核心理念，并推动了进步教育的兴起。为了改变19世纪末以前以教师为中心、强调知识、技能传授的教育状况，[②] 不少学者提出进步教育，以反对传统“以教师为中心”的教育模式，开始重视儿童在学习过程中的重要性。福禄培尔、帕克和杜威等教育家通过比较传统教育与新兴教育模式的差异，提出了“儿童中心”的新教育理念。这一理念

---

① 雷浩．为学而教：学习中心教学的研究 [D]. 上海：华东师范大学，2017.

② 丁笑炯．关于以学生为中心的教学理论与实践的反思：来自西方的经验 [J]. 全球教育展望，2005（11）：39–44.

不仅成为新教育的基本特征，还对现代教育理论的发展产生了深远影响。

作为“进步主义教育之父”，帕克提出了一系列以儿童为中心的教育理念，对进步主义教育的发展产生了深远影响。他主张学习应从儿童的兴趣和需要出发，认为最佳的课程是基于活动设计的课程。[①] 帕克强调，学校应以儿童为中心，而非以知识为中心；教育应顺应儿童的发展规律，而非强迫儿童适应教育的要求。在课程设计上，帕克提出，课程应根据儿童的兴趣、需要和能力，为儿童创造丰富的游戏、活动和工作的机会，并提供必要的指导，使他们在多样化的体验中获得发展。他认为课程不应由多个互不关联的学科知识堆积而成，而应具有整体性和有机性，以促进儿童的全面成长。此外，帕克对教师角色的界定同样具有重要意义。他指出，教师的任务不是控制或训练儿童，而是基于对儿童的尊重，为其提供适宜的环境和支持，帮助儿童在自由探索中实现自身的发展。这一理念体现了他对儿童主体性的高度重视，也为以学生为中心的现代教学理念奠定了理论基础。

在继承进步教育思想的基础上，杜威批判了传统以教师为中心和以内容为中心的教学模式，指出其忽视了儿童与社会生活之间的关系，不利于学生真正的学习。他提出“教育即生长”的理念，认为每个儿童的发展都是心理和社会两个维度共同作用的结果。这一观点具体体现在他的“教育即生长”和“教育即社会”的论述中。杜威的“教育即生长”主张将儿童从被动、受压抑的状态中解放出来，强调教育必须尊重儿童的发展规律，依据学生的能力、兴趣和习惯来设计教学活动，认为儿童必须在社会情境中发展他们的能力，以促进个性发展和在社会中的成功。杜威提出“学校即社会的缩影”，并将“教育即生活”作为核心理念之一，主张教育不仅是为未来生活做准备，更是当前生活的重要组成部分。[②] 与进步主义教育思想相呼应，同一时期的欧美地区开展了以新教育运动为代表的教育改革实践。新教育运动以倡导“学习中心”教学为重要特征，强调应以学生为核心，而非传统的权威主导模式。

---

① 韦布 . 美国教育史：一场伟大的美国实验 [M]. 陈露茜，李朝阳，译 . 合肥：安徽教育出版社，2010：263–264.

② DEWEY J. Experience and education [M]. New York：Macmillan，1997.

英国著名教育学家 A. S. 尼尔（A. S. Neill）作为欧洲新教育运动的代表性人物，极力推崇学习中心的教育理念，其所创办的学校以“让学校适应学生，而不是让学生适应学校”[①] 为基本理念，充分体现了新教育运动对学生个性和自主性的重视。

这一阶段的理论普遍聚焦于如何通过经验丰富学生的学习过程，却较少涉及如何通过科学的教学设计优化学生的学习效率。这种重“过程”轻“结果”的倾向，使得教学理论在指导实践时缺乏系统性与操作性。因此，尽管以学生为中心的教学理念在理论上具有革新意义，但其在实践中的局限性表明，教学需要在尊重学生主体性的同时，兼顾教师的引导作用与教学内容的系统设计，以实现理论与实践的有机统一。

（三）以学生为中心的理论的深化发展

以学生为中心的教学理论的发展主要体现在对进步主义教育思想的继承与深化上，尤其是通过对学生个体差异的关注，进一步融合了建构主义和人本主义的核心理论，逐步推动了该理论体系的系统化建构与教学实践的拓展。进步主义教育强调学生的主体地位和学习的经验性，这为后续理论提供了重要的思想基础；建构主义则从认知发展的视角出发，强调知识的主动建构与社会互动对学习的影响；而人本主义注重学生的情感需求和自我实现，扩展了以学生为中心的教学的内涵。这些理论的综合发展，不仅奠定了以学生为中心的教学的理论框架，也为其在实践中的应用提供了更加科学的依据和方法。

1. 认知建构主义

认知建构主义是以学生为中心的教学理论的重要基础之一，该理论主张学习者通过将新信息整合到先前的经验中，主动建构对知识的理解。认知建构主义的核心在于强调学习的主动性和个体性，认为知识并非简单地由教师传授，而是学习者在已有的认知结构基础上，通过经验与新信息的交互过程

---

① 尼尔 . 夏山学校 [M]. 王克难，译 . 北京：新星出版社，2016：3.

主动建构而成。其最早的代表人物是教育学家皮亚杰，他将研究重点放在个体的认知发展过程上，并提出学生的学习过程包括同化和顺应两个关键机制：同化是指将新的经验纳入已有的认知结构，从而对其进行理解；而顺应则是当新经验无法被纳入现有认知结构时，个体通过调整或重组认知结构，以形成新的理解。①

布鲁纳在继承并发展皮亚杰认知建构主义思想的基础上，进一步强调学习过程中的认知结构调整与优化。他认为，学习的核心在于通过同化和顺应，对个体的认知结构进行调整和改进，从而实现对知识的深层理解。在布鲁纳看来，知识的结构性及其内在联系，是教育中需要重点关注的内容。他指出，知识的结构及其观念之间的推论与引申关系，赋予了学习内容以意义，使个体能够开拓新的经验领域。②若学习内容本身具备明确的逻辑体系，将有助于学习者在获取知识的过程中建构合理的认知框架。布鲁纳提出并极力倡导"发现学习"这一教学方法，主张通过让儿童主动参与学习过程，培养其探究性思维能力。他认为，与单纯的知识传授相比，教育更重要的目标是促进学生智力的发展，帮助学生具备广博的心智能力和克服困难的能力，这是教育能够给予儿童的最重要工具。按照这一观点，教学不仅仅是让学生学习现成的知识，更重要的是教会学生如何学习，即通过发现学习培养学生的自主学习能力和探究性思维。③布鲁纳认为，在这一过程中，假设的形成和验证是促进学生学会学习的重要策略。布鲁纳进一步将认知结构理论与发现学习结合，提出通过向学生提供学科的基本结构，可以引导学生形成独立发现的能力。他强调，发现学习不仅有助于学生更好地把握学科知识的内在结构，也能促使其对学科内容形成更深层次的理解与认知。从现代视角来看，发现学习通过强调学生的主动性与探究性，体现了以学生为中心的教学的核心理念，是这一教学模式的重要表现形式之一。

---

① 张大均. 教育心理学 [M]. 2 版 . 北京：人民教育出版社，2011：44.

② 张小平. 从杜威到布鲁纳：看美国教学论思想的发展 [J]. 华东师范大学学报（教育科学版），1983（1）：67–74，66.

③ 雷浩 . 为学而教：学习中心教学的研究 [D]. 上海：华东师范大学，2017.

2. 人本主义

相较于认知建构主义侧重从认知发展的角度探讨以学生为中心的教学，人本主义心理学则强调在教育教学过程中关注学生情感因素的作用，认为情感在学生的学习与成长中扮演着重要角色。罗杰斯（Carl Ransom Rogers）作为人本主义心理学的重要代表，提出了以学生为中心的教学观，并创建了"非指导性教学"理论，这一理论以促进学生认知素质、情感素质的全面发展以及实现自我价值为核心教学目标。罗杰斯通过其以人为中心的心理治疗理论奠定了人本主义教育理念的基础。他认为，优秀的心理治疗者应具备真诚互信、无条件积极关注和移情理解这三大核心条件。[①]

在教育教学领域，他将这一理论转化为以学生为中心的教学理念，认为学生应是教育的中心，真正有效的教育需要帮助学生发展积极的自我意识，促进学习和个人潜力的充分发挥，学校是为学生服务的，教师则应以服务于学生的学习需求为职责。他的这一主张延续了杜威对传统以传授事实性知识为主的教学的批判，进一步明确了学生在教学过程中的主体地位。基于上述理念，罗杰斯提出了非指导性教学模式。这种模式以学生的自发学习为核心特征，强调创造宽松自由的环境以促进学生交流，让学生自己决定学习内容。人本主义认为，个体生来具有学习的潜能，非指导性教学的目标即帮助学生实现自我价值，鼓励学生自主学习和个性发展。其教学过程并非固定结构，而是通过营造自由、安全和无批判的环境，赋予学生充分的学习选择权利。非指导性教学摒弃了传统教学中的总结与考试，以创设情境、由个人或小组选择学习目标为主要步骤。[②]由此可见，人本主义教育理论不仅关注学生的认知发展，还特别强调情感因素的重要性。这些理念从情感的角度构建了以学生为中心的教学理论，为现代教学模式的情感教育维度提供了重要启示。

---

① 曾德琪．罗杰斯的人本主义教育思想探索 [J]. 四川师范大学学报（社会科学版），2003（1）：43–48.

② 张熙. 罗杰斯的"非指导性"教学模式和主导主体思想 [J]. 教育研究，1996（2）：63–66，74.

3. 社会建构主义

20世纪末，美国正经历从电气时代向信息技术时代发展的重大转型。这一时期，信息技术的飞速发展带来了巨大的社会变革，就业市场竞争空前激烈。面对这种变化，美国逐渐暴露出教育体系与社会需求不匹配的矛盾。一方面，为保持在全球科技革命中的领先地位，美国开始担忧教育未能跟上科技发展的步伐；另一方面，用人单位普遍反映，尽管高等教育的普及度不断提高，毕业生的实际能力和岗位适应性仍然不足。这种教育与社会需求的错位在信息技术和高新制造业等领域表现尤其明显，促使社会各界对传统教育模式提出质疑，并推动教育体系逐步向以技能与实践为导向的改革方向发展。在此背景下，社会建构主义教育理论得到了广泛关注。社会建构主义主张，学习不仅是个体内部认知的过程，更是嵌入特定社会情境中的活动，知识的生成离不开社会互动与环境的支持。这一理论的兴起促使教学开始将学生的学习与发展置于一个开放性、生态化的系统中进行综合考虑。教学不再仅仅关注学生个体的认知发展，而是强调学习与外界环境之间的动态互动。在此影响下，为情境认知而教的教学趋势逐渐显现，推动了教育理论从关注个体发展向重视社会情境的方向转变。①

这一教学趋势以心理学家维果茨基的社会建构主义理论为基础，强调社会互动在学习过程中的重要性。维果茨基在研究儿童互动的过程中发现，在小组合作解决问题时，儿童通过讨论问题、相互帮助和共同解决的方式进行学习，相较于个体独立学习，其效果更为显著。这种协作方式被维果茨基称为"协调意义"。② 维果茨基主张通过合作学习促进小组成员间的协作，小组成员共同努力帮助彼此理解和获得成功。这种以社会互动为核心的学习方式，与传统以教师为中心、以竞争为导向的教育形成鲜明对比。在这种学习中心的课堂中，学生不再是被动接受知识的对象，而是通过问题导向的方式主动

---

① 陈柏华. 从认知到情境认知：课程教学观的重要转向 [J]. 教育发展研究，2011（20）：75–78.

② HENSON K T. Foundations for learner-centered education：a knowledge base[J]. Education，2003，124（1）：5–12.

参与学习，知识的生成依赖于合作与互动。社会建构主义认为知识具有暂时性，学习是个体在社会情境中建构知识的过程。这一时期以学生为中心的教学研究聚焦于学生的社会互动，强调通过协作和问题解决实现学习目标，为后续教学理论的发展提供了重要方向。

（四）以学生为中心的全面兴起

20 世纪末，联合国教科文组织通过一系列重要报告和会议，将以学习者为中心的教育理念推向国际舞台，引领全球教育改革的方向。1972 年，联合国教科文组织发表了具有里程碑意义的报告《学会生存——教育世界的今天和明天》，首次明确提出“终身教育”的理念，强调未来社会的快速发展需要培养终身学习者，倡导建设“学习型社会”。[①] 报告将“学会学习”作为核心议题，对欧美国家教育改革产生了重要的催化作用。

1976 年，联合国教科文组织发布《教与学：高等教育新方法和新资源导引》，指出高等教育的快速扩张对传统大学教学模式和方法提出了严峻挑战，传统模式存在忽视学生个体特点和多样化需求的弊端。报告明确建议各国高校改革传统教学方法，更多关注学生的特点、学习过程和学习效果，并提出用以学生为中心的教学模式取代传统的以教师为中心的方法。[②]1996 年，21 世纪教育委员会向联合国教科文组织提交了《教育——财富蕴藏其中》报告，进一步巩固了以学习者为中心的教育理念。报告全程聚焦“学习”而非“教”，强调“学习者”而非“教师”，突出以学习为本的教育理念。[③]1998 年，联合国教科文组织在巴黎召开世界高等教育大会，以“21 世纪的高等教育：展望与行动”为主题，发布了同名大会宣言及文件《高等教育改革与发展的优先行动框架》。宣言明确指出，高等教育需要采用以学生为中心的新视角和

---

① 联合国教科文组织国际教育发展委员会 . 学会生存：教育世界的今天和明天 [M]. 华东师范大学比较教育研究所，译 . 北京：教育科学出版社，1996.

② 赵炬明 . 论新三中心：概念与历史：美国 SC 本科教学改革研究之一 [J]. 高等工程教育研究，2016（3）：35–56.

③ 联合国教科文组织 . 教育：财富蕴藏其中 [M]. 联合国教科文组织总部中文科，译 . 北京：教育科学出版社，2014.

新模式，要求各国和高校将学生及其需求置于教育决策的核心位置，并将学生视为教育改革的重要参与者，赋予其在课程、评估及教育政策制定中的积极参与权。这是以学生为中心的理念首次以权威术语的形式出现在联合国教科文组织的正式文件中，自此逐渐成为全球教育界的共识。2000 年，联合国教科文组织发布的《达喀尔纲领》重新强调主动学习的教学法应成为国际教育改革的共识。2015 年，《仁川宣言》进一步提出，教育机构应为学习者提供充足而公平的资源，包括高质量的教师和教育工作者，并采用以学习者为中心的积极合作式教学方法。通过这些关键报告和政策框架，联合国教科文组织不仅为以学习者为中心的教学理念的推广提供了重要的理论基础，也通过国际教育议程将这一理念确立为全球教育改革的共同目标，为构建公平、包容和高质量的教育体系指明了方向。

从 20 世纪 80 年代开始，美国政府及相关社会机构相继发布多项研究报告，反思教育实践中存在的问题，并倡导推动系统性教育改革。1984 年，美国国家教育研究所发表《投入学习》报告指出，教育心理学研究和教学实践的成果表明，学生学习投入度越高，其学习效果越显著，而学习投入程度与学习动机密切相关。因此，报告提出，提高教学质量的关键在于激发学生的学习动机，增加学生的学习投入。这份报告将学生的学习和发展置于学校教育的核心地位，明确提出通过提高学习投入来改进教学质量的路径。[①]1993 年，美国心理学会发布了基于学科研究证据的学习者和学习心理学原则。这一里程碑式的工作标志着以实证为依据的以学生为中心的教学阶段的到来。[②]1998 年，美国国家研究理事会发布了研究报告《人是如何学习的：大脑、心理、经验及学校》，首次将脑科学、心理学、教学经验和学校教育四个领域综合起来，系统探讨“人是如何学习的”这一基本问题。报告的出版推动了教育研

① ASTIN A W. Student involvement：a developmental theory for higher education[J].Journal of College Student Development，1999，40（5）：518-529.

② American Psychological Association. Learner-centered psychological principles：guidelines for school redesign and reform[M]. Washington DC：American Psychological Association，1993.

究的跨学科发展，并为以学生为中心的教学理论提供了科学依据。[①]

20 世纪 80 年代，欧洲学者开始对以学生为中心的学习进行系统研究并提出相关概念。[②]1986 年，伯兰德斯（Donna Brandes）和金尼斯（Panl Ginnis）出版了《以学生为中心的学习指导》一书，提出“以学生为中心的学习”这一概念，并强调这一理念要求学生对课程计划负责，或至少参与课程选择的过程。同时，他们指出，以学生为中心的学习要求学生对其行为、参与及学习成果负有全部责任。[③]1999 年《博洛尼亚宣言》的发布对这一概念的推广和深化起到了重要推动作用。《博洛尼亚宣言》是欧洲国家的教育部部长在意大利博洛尼亚签署的一项教育合作文件，旨在通过高等教育改革，构建统一的欧洲高等教育区。宣言特别指出，以学生为中心的学习是一种新的教育模式，要求革新教学方法、关注学生需求、建立有效的学习支持体系，从而实现基于学习成果的课程改革。学界在“以学生为中心”的理念基础上不断拓展其内涵，并深化对该学习范式的理解与应用。其中，麦克赫默（Mechemer）认为，以学生为中心的学习是一种以学生为主体的教学与学习方法，强调将学生置于教育过程的核心位置。[④]2009 年的鲁汶会议发布的《鲁汶公报》明确指出，推进基于学习成果的课程改革、革新教与学方法，以及满足学生需求，是高等教育发展的关键。以学生为中心的学习要求赋予学生充分的学习自由，革新教学方法，建立有效的学习支持与指导体系，并在课程设计中充分关注学生需求。

经过长期的研究、发展和推广，以学生为中心的教学理念已从最初的教育革新设想演变为一种具有系统性和多样化的教育实践方式。它不是一种单一的教学方法，而是涵盖多种教学模式的综合体，包括合作学习、探究学习、

---

① 布兰斯福特，布朗，科金，等. 人是如何学习的：大脑、心理、经验及学校（扩展版）[M]. 程可拉，孙亚玲，王旭娜，译. 上海：华东师范大学出版社，2012.

② 刘海燕. “以学生为中心的学习”：欧洲高等教育教学改革的核心命题 [J]. 教育研究，2017（12）：119-128.

③ BRANDES D，GINNIS P. A guide to student centred learning[M]. Oxford：Blackwell，1986.

④ MECHEMER P L，CRAWFORD P. Student perceptions of active learning in a large cross-disciplinary classroom[J]. Active Learning in Higher Education，2007，8（1）：9-30.

个性化学习和项目式学习等，体现了对学生个体需求和学习差异的高度重视。这一教学理念逐渐明晰化，其核心在于强调学生对自身学习过程的责任感与主动性，同时承认教师在学习过程中的指导和支持作用，主张在教学中实现师生权力之间的动态平衡。其最终目标是培养学生的自主学习能力、批判性思维和合作精神，为适应复杂多变的社会发展必要的技能与素养。这种以学生为中心的教育理念已经成为全球教育改革的方向，并为教学实践提供了重要的理论指导和实践策略。

二、以学生为中心教学的内涵与原则

（一）以学生为中心教学的内涵

在当前教育改革的背景下，以学生为中心的教学理念成为了教育实践中的重要方向。国内关于这一理念的核心观念，主要体现在三种代表性教育观念中，即以学生为中心的教学、以生为本的教学以及生本教学这三种理论体系。这些教育理念在国内教育实践中得到了广泛的研究与应用。它们虽然在具体表述和实施路径上有所差异，但均强调学生在教学过程中的主体地位，致力于通过优化教学组织与方法，促进学生的自主学习、个性化发展以及全面素质的提升。以学生为中心的教学实质就是以学生的发展为核心，满足学生全面、自由的发展需要，让学生拥有学习的快乐和自由，引领学生追求个人价值实现与人生境界的完善。[①] 以生为本的教学则强调在教师支持下，通过激发、强化和优化学生的自主学习过程，帮助学生实现自主学习的有效性。[②] 生本教学更进一步，将教学视为创造性条件触发学生悟感、促进学生感悟的探索活动，通过学生在生命体验中的自悟自得，引导其在悟性认识中实现生

① 王嘉毅，马维林．再论“以学生为中心”的教学意蕴与实践样态 [J]. 中国教育学刊，2015（8）：66–72.

② 郭思乐．以生为本的教学观：教皈依学 [J]. 课程·教材·教法，2005（12）：11–22.

命的内在发展。[①]

从学理层面看，国内学者从受教育者的法理学、学生观、教育过程和教育目的四个方面对以学生为中心的教学理念进行了系统阐释。[②]在受教育者的法理学层面，以学生为中心的理念体现了《中华人民共和国教育法》与《中华人民共和国义务教育法》等法律法规的核心精神，强调教育应为每个学生提供发展保障，确保学生享有平等的受教育权利和同等的权益保护，要求教育公平与机会均等。这种权利保障不仅是社会各方的共同责任，更是学校教育的核心义务。从学生观层面看，以学生为中心的理念强调学生既是教育的主体与学习的主人，也是需要关怀、培养与尊重的个体。学生不仅享有依法接受教育的权利，同时作为自我发展的主体，具备内在的自觉性、能动性与创造性，教育应当尊重并激发学生的个性与潜力。在教育过程层面，以学生为中心倡导教育不应仅仅局限于学科知识的传授或以管理制度与考试成绩为核心的教学模式。教育的真正目标应是激发学生的理想与兴趣，使学习过程成为一种具有内在意义和价值的活动。通过学科的交融与跨学科的学习，帮助学生在全面发展的过程中提升生命的价值感与自我认知。从教育目的层面看，这一理念主张树立学生个体发展优先的价值观，确立以学生全面发展为目标的素质教育观以及多元化人才质量评价体系。这一目标的实现不仅能促进学生的全面成长，还推动教育体系向更加灵活、多样化的人才培养模式转型。

从拆分教学要素的视角出发，可以从学生、教师、教学设计、评估、学习环境、物理环境以及管理制度等多个维度深入理解以学生为中心的教学理念。[③]学生在学习过程中处于核心地位，应积极承担学习责任，成长为具有主动性和自觉性的学习者。教师的职责也由传统的知识传递者逐步转型为学习过程的设计者、引导者、支持者、辅导者与协同者。教师需基于学生的个性特征与学习需求科学安排教学流程，并努力营造有助于学习的环境氛围。在

① 齐军 . 生本教学内涵与过程的再思考：基于悟性认识的视角 [J]. 教育发展研究，2013（10）：56–59，82.

② 吴亚林 . 以学生为中心的教育理念解读 [J]. 教育评论，2005（4）：21–23.

③ 赵炬明 . 论新三中心：概念与历史：美国 SC 本科教学改革研究之一 [J]. 高等工程教育研究，2016（3）：35–56.

教学组织中，应重视倾听学生对课程内容的反馈，尊重其个体差异与多样化的学习方式，赋予其在学习内容、路径、进度与方法上的选择权，以实现个性化的学习体验。评估部分则侧重于对过程与成果的双重监测，通过对学习成效的测量与及时反馈，帮助学生优化学习策略，持续改进学习表现。学习环境的优化也至关重要。现代学习空间不仅需承担知识传递功能，还应同时具备反馈生成与合作交流的作用，进而激发学生的责任感与主体意识，引导其形成自我驱动的学习能力。在学习条件支持方面，应提供充足的技术工具和灵活多元的学习空间，以促进学生的自主学习与学习效率的提升。此外，学校在管理机制上也需进行相应调整，构建与“以学生为中心”理念相匹配的现代化管理制度。该制度应以学生发展为核心，强化教学与学生实际需求的深度衔接，实现治理体系与教学理念的协调统一。

国外学者对以学生为中心的教学进行了系统化的概念阐释，主要从主动参与①、教学设计符合需求②、学生主动性③、权力平衡④和形成性评估⑤五个方面展开。主动参与强调学习者在学习过程中的积极性，通过与教师的互动主动参与到学习活动中。教学设计符合需求，要充分考虑学习者的先前知识、技能和经验，确保学习计划灵活且能够满足个体需求和偏好，并且相关技能的培养要求教学内容具有现实意义，与学习者的实际生活相联系，同时帮助学习者发展 21 世纪的核心技能，如分析能力、批判性思维、创造力和终身学习能力。学习者在学习过程中主动承担责任，不仅掌握学习内容，还发展终身受益的学习技能，从而实现学习的自主构建。权力平衡则通过师生

① HATTIE J. Visible learning：a synthesis of over 800 meta-analyses relating to achievement [M]. London：Routledge，2009.

② WEIMER M. Learner-centered teaching：five key changes to practice [M]. 2nd ed. Hoboken：Jossey-Bass，2013.

③ FREEMAN S，EDDY S，MC DONDUGH M，et al. Active learning increases student performance in science，engineering，and mathematics [J]. Proceedings of the National Academy of Sciences，2014，111（23）：8410-8415.

④ BIGGS J，TANG C. Teaching for quality learning at university [M]. 4th ed. Maidenhead，UK：Open University Press，2011.

⑤ BOUD D，FALCHIKOV N. Rethinking assessment in higher education：learning for the longer term [M]. London：Routledge，2007.

间的对话和协商，缩小传统教学中师生之间的权力距离，强调教学过程中的多元视角和共同决策。形成性评估则将学习视为一个动态的持续过程，通过自我评估和同伴评估等方式提供反馈，促进学习的进一步发展。由美国KnowledgeWorks 基金会发起的“Students at the Center Hub”项目进一步深化了这一理念，[①] 提出以学生为中心的教学应包括个性化学习、突出学生的主体地位、基于能力的教育以及帮助学生建立与真实世界的联系。这种教学模式强调通过满足个体化需求、增强现实关联性和突出学生主体性，为学生提供更加灵活、高效且富有意义的学习体验。

欧洲博洛尼亚进程（Bologna Process）对以学生为中心这一概念进行了多维度的诠释，包括从以教师为中心向以学生为中心的转变、教师作为促进者、学习者参与学习内容的选择、注重学习产出而非输入、采用形成性评价并提供持续反馈等。然而，这些解释在实践中尚未获得广泛共识。2010 年，欧洲学生联合会对以学生为中心的学习进行了定义：“以学生为中心的学习通过创新性的教学方法促进学生学习，在教师与学生的交流和互动中，强调学生作为学习过程的积极参与者的地位，并着重培养学生的问题解决能力、批判性思维、反思能力等可迁移能力。”[②] 从整体上看，以学生为中心的学习是一种以学生在教学过程中的主体地位为核心、以可迁移能力培养为导向、以激发学生学习兴趣和能动性为目标的教育教学范式。[③] 这一理念重视学习效果，强调学习者在教育过程中的能动性，与传统的以教师为中心的传授范式形成鲜明对比，为当代教育改革提供了重要的理论基础和实践框架。

（二）以学生为中心教学的原则

以学生为中心的教学不仅仅是一种具体的教学方法，更是一种贯穿于多

---

① 参见 https://studentsatthecenterhub.org/framework/.

② European Student Union. Overview on student-centered learning in higher education in Europe [EB/OL].（2015-11-05）[2024-10-20]. https://esu-online.org/publications/overview-on-student-centred-learning-in-higher-education-in-europe/.

③ 刘海燕 .“以学生为中心的学习”：欧洲高等教育教学改革的核心命题 [J]. 教育研究，2017（12）：119-128.

种教学实施方式的上位教学理念。有学者指出，目前这一理念在教育实践中往往被视为一种“万金油”式的解决方案，即只要涉及学生中心的概念或实践便被认为能够提升教学效果。然而，这种泛化的理解导致对以学生为中心的定义过于宽泛，许多教育工作者在实践中难以准确把握其内涵与原则。为此，明确以学生为中心教学的基本原则，对于规范教学实践、提升教学效果至关重要。有国外学者提出，通过设定以学生为中心教学的最低实施标准，可以有效界定符合这一理念的教学实践范围。[①] 这种有意义的标准不仅能够帮助教育工作者理解和实施以学生为中心的核心理念，还能够在不同文化背景下建立适应性的框架，从而为促进高质量教学提供理论支持和实践指导。这种标准化的理解为进一步优化教学实践、实现文化适配性和教学效果的提升奠定了重要基础。

第一，课程设计需要吸引学生并激发他们的学习动机。学习者的动机和认知参与度被视为学习体验的核心组成部分。尽管某些动机因素在不同文化背景下可能具有一定的共性，但这些因素并非普遍适用。学习动机不仅源自课堂内的教学活动，还受到文化背景和对教育及教师的文化期望和尊重的深刻影响。教育心理学中的动机理论、建构主义传统文献以及实证研究均一致强调动机在学习中的核心作用。因此，任何关于高质量教育的讨论都必须将学习动机视为重要组成部分。动机为个体学习者提供了良性互动的积极反馈循环，因为成功的学习经验本身就是一种强大的激励。然而，动机在不同的教学环境中有其特定的表现形式，在一种环境中具有激励作用的因素可能在另一种环境中无效，这进一步突出了具体教学对动机的深刻依赖性。

第二，教师与学生之间的相互尊重，以及建立重视社区氛围和人际关系的教学环境。实证研究表明，当学习者感到安全、行为规范透明且公正时，学习效果更佳。然而，不同文化背景中的师生关系可能存在显著差异。例如，在某些文化中，师生关系可能更正式或更疏离，教师可能对学习者的回答或个人进步表现出更少的坦诚，这些反馈可能在课堂上表现为更隐含或更公开

① SCHWEISFURTH M. Learner-centred education in international perspective[J]. Journal of International and Comparative Education，2013，2（1）：1-8.

的形式。学习者通常能够适应并预期这种反馈方式，但无论形式如何，反馈的有效性都要求其内容具体且表达方式尊重学习者。因此，直接且具体的反馈被认为是有效促进学习的关键，同时需要与学习者的文化背景和心理期望保持一致。

第三，教学内容需要建立在学习者现有的知识和技能的基础上。最有效和最具激励性的学习挑战是那些有发展性且在学习者能力范围内的挑战。教学应根据学生的背景进行调整，而不必严格按照课程规定的内容顺序实施。在注重结果导向的教育体系中，无论学习者在规定时间内取得多大的进步，如果这些进步未达到预设学习目标的基准，教师和学习者的努力往往难以获得认可。这种评价方式可能导致学习者和教师在未能达到目标时失去动力，尽管他们已尽力而为。

第四，对话式教学的重要性。这种教学方式不仅保障了学习者表达意见和参与的权利，还得到了认知发展研究的支持，是互动主义学习观的实践体现。高质量的课堂对话（区别于简单的口头互动）能够培养学习者的能动性和参与性，同时为教师提供持续的个体和群体进步反馈。在低收入国家，由于班级规模过大、教学资源有限，有效实施对话式教学需要教师和学习者之间开展多种形式的创造性互动。然而，对话教学的微妙技巧和评估其效果的复杂性，使其成为当前教育研究中难以精确捕捉的实践目标。

第五，教学内容应与学习者当下和未来的生活密切相关。强调教育的现实意义与实践导向，其核心在于通过将学习内容与学生的个人生活、社会背景及未来需求相结合，使学生能够在学习过程中建立对所学知识的情感和认知联结。这种教学设计不仅提升了学生学习的实用性和参与度，还促使学生将课堂所学运用于实际情境，从而增强学习的内在动力。这种关联性要求课程内容能反映学习者的日常经验和社会环境，同时帮助学生为未来的个人发展和职业生涯做好准备。具体而言，教学内容应具备针对性和灵活性，以适应学生的不同背景和兴趣；通过引入真实世界的问题和案例，帮助学生理解学习内容的实际应用价值；并引导学生在面对复杂社会问题时，运用所学知识解决实际挑战。此外，教学内容的相关性还意味着尊重学习者的多样性和文化背景，确保内容设计具有包容性。这种以学习者为中心的课程模式，不仅关注学生现阶段的需求，还致力于培养他们的未来核心能力，包括批判性思维、问题解决能力和创造力，从而使教学过程真正服务于学习者的全面发展和长远利益。

第六，课程和教学方法需要涵盖知识的获取、技能的发展和态度的培养。边做边学的方式充分利用了课堂多样性，并被证明对激发学习者兴趣具有显著作用。有些技能和态度，如批判性思维和创造性思维，被视为教育目标的重要组成部分。近年来，对全球公民身份、各类福祉以及其他综合教育目标的关注逐步增加，例如学习指标工作的相关倡议与这一目标保持一致。对在多种背景下的研究进行的元分析表明，以学习者为中心的教学关系与技术在培养学习者自主性和批判性思维等方面具有显著的有效性。这表明，以学生为中心的教学理念不仅推动了知识的传授，更促进了技能与态度的综合发展，为学习者的全面成长提供了支持。

三、系统化教学法的发展与技术变革

在教育发展史上，理念的革新与教学方法的变迁从来都是相互交织、彼此促进的过程。以学生为中心的理念虽源于教育思想的突破，但其广泛实践与推广的关键在于教学组织形式和技术手段的不断演进与革新。从 17 世纪夸美纽斯提出班级授课制，初步确立了现代学校教育的基本框架，到 19 世纪的赫尔巴特和 20 世纪的杜威、凯洛夫等构建的系统化教学法，使教学过程更具条理性，再到 20 世纪后期多媒体技术融入课堂，为教学内容的呈现方式带来了革命性变化，教学方法逐步从单一的知识传授走向多元化与交互化。这一过程不仅反映了教育技术的进步，更体现出教学方法在促进教育观念转型中的基础性作用。技术的引入和教学方法的演变，表面上看是形式与手段的更新，但其本质在于对学习过程与知识构建方式的重新思考和塑造。

（一）系统化教学法的发展脉络

班级授课制的产生，是适应资本主义工业大生产与民众教育需求急剧增长的时代背景下的必然。作为这一制度的重要奠基者，17 世纪捷克教育家夸美纽斯在理论层面进行了系统论证，为班级授课制的大规模推广提供了坚实的理论基础。不同于简单地演绎自然原则或哲学概念，夸美纽斯的论述立足于教学工作的内在规律，并采用引证自然的方法寻求理论依据。他指出，自然界中普遍存在秩序，而教育作为培养人的重要手段，应以自然界及其普遍法则为依据，以揭示教育的内在规律。在此基础上，他进一步指出"学校改良的基础应当是一切事物里面的恰切的秩序"①，并明确班级教学应遵循严谨的秩序。在夸美纽斯看来，教育应如同一座精妙组合的钟，具有自身的内在逻辑与精确的运作机制，唯有以自然为借鉴，才能实现教学过程的自然、有序与高效。②夸美纽斯通过将教师比作均匀照亮所有学生的太阳，生动地论证了班级授课制的可行性，在这一模式下，一个教师完全可以同时为全班学生授课。他提出："教学艺术所需要的也不是别的，只不过是要把时间、科目和方法巧妙地加以安排而已。"③为保障班级授课制的顺利实施，他将班级设定为教学工作的基本单位，并制定了学年、学季、学日与学时的工作计划，详细阐述了班级授课制的具体操作方法，使学校的教学组织更加规范、有序。

夸美纽斯通过班级授课制奠定了教学组织形式的基础，使课堂教学在近代教育中更加规范与高效。然而，随着教育内容的扩展与教育目标的提升，单纯依靠班级授课制的组织形式已无法完全满足教学过程的需求。如何在规范的教学组织基础上进一步提高教学的系统性与有效性，成为新的教育发展方向。在此背景下，19 世纪德国教育家赫尔巴特提出了著名的"四段教学法"，通过明了、联想、系统与方法四个环节，使教学过程更加符合学生的心

---

① 夸美纽斯 . 大教学论 [M]. 傅任敢，译 . 新 1 版 . 北京：人民教育出版社，1979：70.

② 胡成霞，李丹 . 班级授课制在我国沿用不衰的原因探析 [J]. 教学与管理，2006（36）：53–54.

③ 夸美纽斯 . 大教学论 [M]. 傅任敢，译 . 新 2 版 . 北京：人民教育出版社，1984：78.

理发展规律。[①]其中，明了指的是教师在教学过程中，首先要使学生对新的学习内容形成清晰、明确的感知。联想指的是教师要引导学生将新知识与已有知识进行关联，从而在学生的头脑中形成知识网络。这一阶段强调知识间的内在联系，帮助学生加深对新知识的理解。系统指的是将新知识与旧知识进一步归纳整理，在学生的头脑中形成一个完整的知识结构。这一阶段强调的是知识的条理性与逻辑性，是学生由感性认知向理性理解过渡的关键。方法指的是引导学生在实际情境中应用所学知识，培养学生解决实际问题的能力。这一阶段强调知识的迁移与应用，是四段教学法的最终目的。赫尔巴特的四段教学法体现了教学过程的循序渐进与系统性原则，既关注知识的呈现与理解，又强调知识的系统化与应用性。

杜威在批判赫尔巴特教学观点的基础上，提出了以“教育即经验的改组与改造”为核心理念的教学理论。相较于赫尔巴特强调教师主导与知识系统传授的教学法，杜威更关注学生的实际经验与探究能力的培养，认为教学应从学生在真实情境中的问题出发，鼓励学生主动思考与探索。在此基础上，他构建了五步教学法，包括困难、问题、假设、验证、结论五个环节。[②]困难是教学过程的起点，指学生在特定情境中遇到某种认知上的障碍或困惑，无法凭借已有知识和经验加以解决，这种困境会激发学生的思考兴趣与探究动机。在经历了困难之后，学生需要进一步明确困难背后的核心问题，清楚地界定需要解决的具体问题。这一步至关重要，因为只有明确问题，才能有效地制订解决方案。假设是指学生根据已有的知识和经验，提出可能的解决思路或方案。这一步强调学生的创造性思维，是探究活动的重要环节。验证指学生通过实验、调查、分析等手段检验假设是否成立。这一环节强调实践操作与逻辑推理，是将理论付诸实践的关键步骤。结论是探究的最终结果，指学生在验证后得出的知识或规律。这一阶段还包括将所得结论应用于新的问题或情境中，以巩固知识、迁移能力。不同于以教师为中心、线性推进的教

① 熊川武．论教学论基本问题 [J]. 华东师范大学学报（教育科学版），2010（1）：9–15.

② 吕达，刘立德，邹海燕．杜威教育文集：第 5 卷 [M]. 北京：人民教育出版社，2008：100–204.

学模式，杜威的五步教学法强调通过创设疑难情境，引导学生在观察与回忆先前知识的基础上提出假设，并通过探究与验证逐步解决问题。在这一过程中，学生通过不断尝试和推论，实现从已知到未知的飞跃，主动建构知识体系，从而体现出从教师主导到学生主体的教学模式转变。这种转变不仅提升了学生的学习积极性与批判性思维能力，也为现代探究式学习与项目式学习奠定了理论基础。

20 世纪 40 年代，苏联教育家凯洛夫继承并发展了赫尔巴特的系统化教学思想，将教学过程细化为组织教学、复习旧课、讲授新课、复习巩固、布置作业五个阶段，形成了具有明确流程和规范的五段教学法。[①] 这一高度系统化、条理化的教学模式在大规模基础教育中表现出显著优势，有助于确保教学活动的标准化与一致性。凯洛夫的五段教学法强调知识的重复与巩固，尤其是在复习旧知识与巩固新知识过程中，通过不断强化学生对知识的理解和记忆，确保教学效果。这种模式更适合知识的系统传授，以及基础知识的掌握，因此在基础教育中有较高的适用性与推广性。此外，凯洛夫的五段教学法尤为适用于知识型课程的教学，如数学、科学和语言等需要系统传授和反复练习的学科。它强调知识的逻辑顺序与系统性，注重新旧知识的联系与过渡，从而确保学生对知识的深刻理解与牢固掌握。由于这一教学法注重知识的系统性、复习与巩固以及效果检查，它在应试教育环境中表现出较强的适应性。通过有效的知识传授与强化训练，凯洛夫的五段教学法能够帮助学生在考试中取得更好的成绩，因此在实行应试教育的国家和地区被广泛采用。

（二）技术发展推动多媒体教学兴起

随着计算机技术的不断发展，计算机辅助教学逐渐兴起，微型计算机的普及为教学软件在课堂中的广泛应用提供了技术支持。借助幻灯机、扫描仪和投影仪等设备，教学软件的操作与演示进一步丰富了教学内容的呈现形式，也推动教学手段从单一的口头讲授向多媒体化转变。在这一背景下，加涅、

---

① 黄济，王晓燕 . 历史经验与教学改革：兼评凯洛夫《教育学》的教学论 [J]. 教育研究，2011（4）：3–9.

乔纳森和梅耶等学者提出了一系列以多媒体教学为核心的理论，分别从学习条件、信息加工和认知负荷的角度，对多媒体教学的设计与实践进行了系统化的阐释。

20 世纪 50 年代，教育心理学家加涅在行为主义和认知心理学的基础上发展了系统化的教学设计理论，提出了关于学习过程的九大教学事件，为计算机辅助教学的早期理论框架奠定了基础。他认为，教学可以通过一系列有序的步骤（事件）来促进学习，这些步骤包括引起注意、告知目标、刺激回忆先前习得技能、呈现刺激材料、提供学习指导、引发行为表现、提供反馈、评估表现和提供迁移机会。这一理论反映了当时教学以教师为中心的显著特点，教师在教学过程中主导设计、规划与指导，而学生更多是被动接受知识。20 世纪 80 年代，随着多媒体技术的快速发展，建构主义学习理论的代表人物乔纳森将建构主义思想引入多媒体教学，并提出多媒体技术的多模态特性（文本、图像、音频、视频等整合）能够为学生提供丰富的学习资源，从而促进深层次学习。乔纳森强调多媒体教学应结合问题驱动学习和情境学习，[①] 将学生置于真实问题情境中，通过主动探究解决实际问题，促进知识的内化与迁移。这一理论尤为注重以学生为中心，学生在学习中开始扮演更为主动的角色，而教师的作用则逐渐转向学习环境的设计与支持。20 世纪 90 年代，认知心理学家梅耶提出了著名的多媒体学习认知理论，进一步揭示了多媒体教学过程中的认知规律。[②] 他认为，多媒体学习是一个认知加工过程，涉及选择、组织和整合信息三个关键环节，需要充分考虑学习者的认知能力和工作记忆的局限性。梅耶提出三个假设：双重编码假设，即人类大脑同时处理视觉信息和听觉信息，但两者有不同的认知通道；有限容量假设，即工作记忆的容量是有限的，过多的信息会导致认知超载；主动学习假设，即学习者需要主动选择、组织和整合信息，才能将知识从工作记忆转移到长期记忆。梅耶的理论兼具教师主导的设计优化和学生主动认知加工的特点，体现了教师中心

---

① JONASSEN D H，GRABOWSKI B L. Handbook of individual differences，learning，and instruction[M]. Hillsdale，NJ：Erlbaum，1993.

② 迈耶 . 多媒体学习 [M]. 牛勇，邱香，译 . 北京：商务印书馆，2006.

与学生中心的融合。在这一框架下，教师通过科学设计优化多媒体资源，而学生通过主动学习过程实现知识的内化。

（三）技术环境中的新型建构主义教学

多媒体技术的兴起在提升教学效率和丰富呈现方式方面发挥了积极作用，但因其应用往往局限于内容传递而非教学理念的深度革新，传统灌输式教学模式在技术化形式下得以延续。这种现象在一定程度上反映出教学设计中过度工具化的局限、学生学习主体性弱化以及教学结构适配性不足等问题。从历史经验来看，20 世纪 90 年代以前，我国教学结构基本上都是以教师为中心，教师是知识的传授者，是主动的施教者，是教学过程的绝对权威，并监控整个教学活动的进程；学生是知识传授对象，是外部刺激的被动接受者；教学媒体是辅助教师教学的演示工具、直观教具；教材是学生唯一的学习内容，是学生知识的主要来源。[①] 这种结构虽然确保了教学内容的规范性和知识的系统传授，但也存在严重弊病：完全由教师主导的课堂忽视了学生在学习过程中的主体地位，不利于批判性思维和创新能力的培养，限制了创新型人才的发展。尽管多媒体技术的引入为教学内容的呈现带来了形式上的丰富，但如果教学理念无法及时更新，教学实践仍可能停留于“人灌”到“机灌”的表层变革。这种转变虽然提高了教学效率，但容易进一步弱化学生的学习主体性，造成师生互动和情感交流的缺失，甚至将学习过程机械化。建构主义学习理论作为认知学习理论的重要分支，强调通过情境创设、协作学习和意义建构促进学生的深度学习，与多媒体和互联网技术的功能特点高度契合。随着多媒体技术和互联网在教育中的普及，建构主义学习理论逐渐受到广泛关注，其应用范围不断扩大。[②] 多媒体技术以图文声像丰富的形式为学生提供多感官综合刺激，网络技术则构建了开放、交互的学习环境，这些特点在一定程度上为学习者认知结构的形成与意义建构提供了技术支持。

建构主义学习理论强调以学生为中心，主张学生从外部刺激的被动接受

① 何克抗 . 教学结构理论与教学深化改革：上 [J]. 电化教育研究，2007（7）：5-10.
② 何克抗 . 建构主义：革新传统教学的理论基础：中 [J]. 电化教育研究，1997（4）：25-27.

者和知识的灌输对象转变为信息加工的主体和知识意义的主动建构者。建构主义教学理论要求教师从知识的传授者、灌输者转变为学生自主建构意义的帮助者、促进者。然而，完全以学生为中心的教学模式在实践中往往存在忽视教师主导作用、缺乏情感交流以及自由度过大以致偏离教学目标的问题。同样，传统的教师中心模式也因过于强调知识传授而忽视了学生的主体地位。为此，我国教育学者何克抗教授提出一种综合两者优势的教学结构，即“主导—主体教学结构”。这种结构既注重教师在教学过程中的主导作用，又强调学生在学习中的主体地位，旨在充分调动师生双方的积极性，优化教学效果，从而培养出适应21世纪需求的创新型人才。需要指出的是，这里的“主导—主体”概念不同于“双主体”结构，“主导—主体”明确学习主体只有学生，教师的作用在于主导和促进学习，而“双主体”则将教师与学生都视为学习过程的主体，两者在理念上存在显著差异。通过这种平衡与融合的教学设计，可以更有效地实现建构主义理论在教学实践中的价值。

“主导—主体教学结构”特别适用于信息化环境下的课堂教学、多媒体辅助教学课件的设计与开发以及网络课程的规划与实施，其理论基础科学而全面，特点主要体现在以下方面。第一，教师既是主动的施教者和教学过程的组织者、指导者，又是学生自主建构意义的帮助者、促进者和学生良好情操的培育者，并且要注意监控整个教学活动的进程；第二，学生既是信息加工的主体、知识意义的主动建构者，又是情感体验与培育的主体；第三，教学媒体既是辅助教师突破重点、难点的形象化教学工具，又是促进学生自主学习、自主探究、自主发现的认知工具与协作交流工具；第四，教材不是学生唯一的学习内容和知识来源，通过教师指导、自主学习与协作交流，学生可以从多种学习对象（教师、同学、社会专家等）和多种教学资源（学科专题网站、资源库、图书馆等）中学习与教材相关但比教材丰富得多的内容，并获取远远超出教师讲授范围的大量知识。

四、智能技术全面引发教育观的改变

在技术环境推动教育不断变革的过程中，以学生为中心的教学理念日益明确，其核心原则和实践已经在教育领域得到广泛认可和应用。然而，随着智能技术的迅猛发展，传统教育理念与模式正面临更深层次的变革。智能技术不仅为以学生为中心的教学提供了更高效的工具和支持，还深刻改变了知识的生产与传播方式，催生了一系列全新的教育观念。这种变革的核心在于，智能技术推动教学与学习从以内容为中心转向以能力为核心，从固定化的教学流程转向动态化和个性化的学习路径。人工智能技术的快速迭代进一步加剧了这一转型，人工智能被认为在未来 5 到 10 年内，将最终兑现彻底改变教学和学习方式的承诺。① 面对智能技术的持续迭代，在推进教育数字化转型的过程中，我们应审慎对待人工智能技术的新发展，超越当前对人工智能技术应用于教育的认知偏差，思考如何将其作为有效的教育教学工具，促进学校教育的高质量发展。新一代人工智能技术正在加速社会的智能化转型。作为社会最复杂的子系统之一，教育也正在经历全方位的结构性重组和流程再造，教育观也随之而变，呈现出一系列新特征，包括众创共享的知识观、智联建构的学习观、融通开放的课程观与人机协同的教学观等。

（一）众创共享的知识观

知识观是指我们怎样理解知识、对知识抱有怎样的态度，即人们关于知识问题的总体认识和基本观点，包括知识的本质、分类、特征、生产与传播等。知识观不是知识本身，而是对知识的反思。

从知识的本质看，智能时代的知识是人和人工智能通过与所处环境的交互而获得的信息或进行的生成性意义建构。由于人工智能可以模拟人的思维

① GATES B. The age of AI has begun[EB/OL].（2023-03-22）[2023-05-01]. https://www.gatesnotes.com/The-Age-of-AI-Has-Begun-Chapter-00.

产生新知识，所以人不再是知识生产的唯一主体，大量的知识由人机协同方式生产出来，甚至有些知识还难以被人类了解和把控，故被称为“暗知识”。[①]从知识的分类看，智能时代的知识可以被分为事实性知识、过程性知识和元认知知识，即“是什么”的知识、“怎么做”的知识和“如何理解知识”的知识。事实性知识的获取将越来越容易，而过程性知识的习得将越发重要，元认知知识则有助于学习者高效地完成知识学习、提升学习效果。从知识的特征看，知识由一种纯客观的、静态的、固化的、实体性存在变为主观的、动态的、生成性的意义生产，体现出显著的群智性、开放性、碎片化和模糊性等特点。从知识的形成看，知识的形成不再是一个个单独事件，而是个体依托由内在神经网络、社会网络和概念网络构成的知识网络进行的联通学习，是与个体的身体和所处的环境密切关联的具身认知，以及结合了深度学习和强化学习的机器学习。从知识的生产方式与传播方式看，知识的生产方式是基于互联网平台的大规模用户协作，知识传播是基于智能算法推荐的人机协同和多向交互。未来，人与人、人与机将共同进行知识的生产与传播，进行决策并解决问题。

（二）智联建构的学习观

学习是指主体在认识和行动等方面稳定而持久的改变。智能时代的学习是在人工智能技术营造的智慧学习环境下进行的支持个性发展、特色发展、全面发展、终身发展、内驱发展和创新发展的学习。[②]

从学习的发生机制看，智能时代的学习是学习者在由智能工具、互联网、物联网和智联网构成的智能环境中，通过与同伴、教师等人类参与者以及互联智能体的协同建构活动获取知识、技能和态度的过程。人工智能并不能改变学习过程，但是能够打破输入系统、加工系统、输出系统和反馈系统的单

① 王竹立．论智能时代的人—机合作式学习 [J]. 电化教育研究，2019（9）：18–25，33.
② 陈琳，王蔚，李冰冰，等．智慧学习内涵及其智慧学习方式 [J]. 中国电化教育，2016（12）：31–37.

一形态，提供多样化的方式来选择学习内容、设计学习路径等。[①] 人机智能不仅可以满足个性化的学习需求，还能提供实时的个性化评估。从学习的目的看，学习者将更多地从自身生存与发展的需要出发，从外在服从转向内在激发，从维持生活转向全面发展和精彩生存。学习者还应肩负起社会责任，将个人的理想与人类发展紧密结合，为推动世界文明进步贡献力量。从学习分类看，智能时代的学习可以分为事实性知识的学习、程序性知识的学习和元认知知识的学习。从学习方式看，智能技术为各种学习情境的创生提供了无限可能。[②] 智能时代将更加注重个性化学习与体验式学习，要求学习者能够通过自主学习来规划和管理学习过程。未来，人机协作学习与智能技术调节的合作学习将更加盛行，依赖于人独特的自然属性的具身认知学习将成为人类区别于智能机器的独特的学习方式。

（三）融通开放的课程观

课程即学习进程，是实现学校教育目标的基本保证，是运用特定媒介促进学习者全面发展的重要中介。智能时代的课程将呈现一系列新特征，表现为课程目的、课程内涵、课程形态和课程资源等要素的变革。

从课程目的看，过去知识本位的课程将转变为以促进人的全面发展和树立正确价值观为基本目标、以立德树人为根本任务的“以人为本位”的课程。智能时代的课程将更加关注人的智慧发展以及运用智慧解决问题的能力，使人的智慧在教育场域中得以充分绽放。[③] 从课程内涵看，智能时代的课程不再是知识的单方面呈现或传输，而是师生通过对话、会谈、研究、共享、批判等多维度的互动所进行的知识建构过程。智能技术作为辅助工具将有效促进教师、学生、学习内容、技术等不同要素间的交互，使学习内容由单纯的知识导向转向科学认知、技术体验、社会参与、文化觉醒和生命体悟的有机结

① 郭炯，郝建江 . 人工智能环境下的学习发生机制 [J]. 现代远程教育研究，2019（5）：32–38.

② 黄荣怀，陈庚，张进宝，等 . 关于技术促进学习的五定律 [J]. 开放教育研究，2010（1）：11–19.

③ 李子运 . 关于“智慧教育”的追问与理性思考 [J]. 电化教育研究，2016（8）：5–10.

合。从课程形态看，智能时代的课程将由封闭走向开放，由碎片化走向网络状、结构化，从分科课程走向融合式、情境化的课程。课程不再是完全预设、僵化的固有存在，而是在教师、学生、媒体以及环境的多维互动中始终处于动态的生成过程之中。利用智能技术构建知识图谱、描绘学习者数字肖像，将真正实现“一人一张课程表”，根据每个学生的天赋、潜能、个性、兴趣来定制课程，标准化的群体课程将被定制化的个体课程取代。课程不再是孤立的，围绕学科大概念开发综合课程将形成一种更加综合、衔接、融通的课程体系，促进学生跨时空、跨文化、跨情境的知识迁移和深度理解。人工智能与虚拟现实、增强现实和混合现实相结合，创设有意义的学习环境，满足学习者多样化的学习需要，提升学习体验，促进学习者的深度学习和有意义的学习。从课程资源看，在智能化学习空间和教育环境中，资源服务将更加精准、适时和个性化，[①]可以为学习者提供有针对性的学习路径导航和资源推送。课程的来源将更加丰富，跨国、跨区域、跨时空的课程将成为常态，课程资源在更大范围的共享将使不同国家和地区、不同社会和生活背景的人都能够享有接受优质教育的机会，从而增强教育的包容性和公平性。

（四）人机协同的教学观

教学观是指教师对教学中根本问题的总体看法和概括性认识，它反映了教师相信教学应该是什么样的，以及它对学生和社会的发展能起什么作用。[②]智能时代，教师将以人机协同的形态，在虚实融合的智慧学习环境中，利用多元学习资源开展教学。

从教学理念看，智能时代的教学将是在智能技术充分赋能的教育环境下，利用精准、适时、个性化的学习资源，充分发挥学生主体地位，促进全面发展，重点提升思维能力和价值观念的活动。从教学目标看，智能时代的教学将围绕适应智能时代的核心素养，在学习知识技能的基础上，培养学生的数

---

① 余亮，魏华燕，弓潇然．论人工智能时代学习方式及其学习资源特征 [J]. 电化教育研究，2020（4）：28–34.

② 罗祖兵．教学思维方式：含义、构成与作用 [J]. 教育科学研究，2008（Z1）：72–75.

字素养、可持续发展能力、自我认同与自我整合能力。从教师角色看，智能时代的教师主要以育人为主，人工智能将补充、增强和延伸人类教师的能力。人类教师将从知识的传授者变为学习情境的建构者、学习的组织者和引导者，更多承担学习设计、督促、激励、陪伴的工作，更多地与学生进行情感交流，[①] 成为学生的学习伙伴和人生导师。从教学模式看，智能时代的教学是综合多种知识形式、多种教学媒介、多时空、多场景要素的创造性活动。智能时代的教学模式具有多场景融合、强连接与互动的特点，生生、师生间多维度的交流以及人机互动能帮助学习者有效提升对知识的理解水平和学习效果。

五、技术赋能环境下的课堂教学行为

随着各类信息技术在教育中的广泛应用，技术丰富环境下的课堂也呈现出更加丰富的样貌。从早期的多媒体技术到现代计算机、信息技术，再到现在的 5G 网络、大数据、区块链、教育机器人、虚拟现实、人工智能等，技术在教育发展中发挥着越来越重要的作用。[②] 这些技术的使用所创造的教学环境也深刻地改变着课堂的形态和师生的课堂教学。在信息化教学环境下，信息技术的使用为教师和学生提供了新的教学的可能性和新的学习方式，使得 21 世纪的教与学成为可能。[③] 信息技术被用来优化教学的过程，包括对教育者和学习者及教育的任务、内容、手段、方法、效果及其相互关系的整体优化。信息技术作为教学中一个不可忽视的要素，在教学过程当中与教师和学生都会产生丰富的交互活动，[④] 即教师和学生由于创造性地综合使用技术工具而表

---

① 余胜泉，王琦．“AI+ 教师”的协作路径发展分析 [J]. 电化教育研究，2019（4）：14–22，29.

② 黄荣怀，王运武，焦艳丽．面向智能时代的教育变革：关于科技与教育双向赋能的命题 [J]. 中国电化教育，2021（7）：22–29.

③ REIMANN P，BULL S，KICKMEIER–RUST M，et al. Measuring and visualizing learning in the information–rich classroom[M]. New York：Routledge，2015.

④ 顾小清，王炜．支持教师专业发展的课堂分析技术新探索 [J]. 中国电化教育，2004（7）：18–21.

现出与传统课堂教学迥然不同的行为特征。

（一）技术工具使用视角下的教学行为

技术的教育应用的逻辑不是由技术工具决定的，而是由技术背后的原理决定的。决定技术教育应用的不是技术能做什么，而是教育需要技术解决什么问题以及如何解决这些问题。①在信息化教学过程中，教师和学生之所以要灵活使用不同的技术工具，其背后的动因正是需要借助这些工具的使用行为来实现某种教学功能，从而更好地促进教学的发生。因此，在技术赋能的教学过程中，教师和学生对不同信息技术工具的使用行为便与其所能实现的教师教的行为和学生学的行为产生了联系，同时这些信息技术工具的使用行为被计算机记录了下来，成为数字痕迹数据，即“以数字化方式记录与存储的人类及类似人类行为的痕迹”②，师生对信息技术工具的使用行为生成了海量的数字痕迹数据。众所周知，大数据技术具有从海量数据中寻找有意义关联、挖掘事物变化规律、准确预测事物发展趋势的能力。其作为一种思维方式，可以让数据成为人类思考问题、做出行为决策的基本出发点（见图 4-1）。③

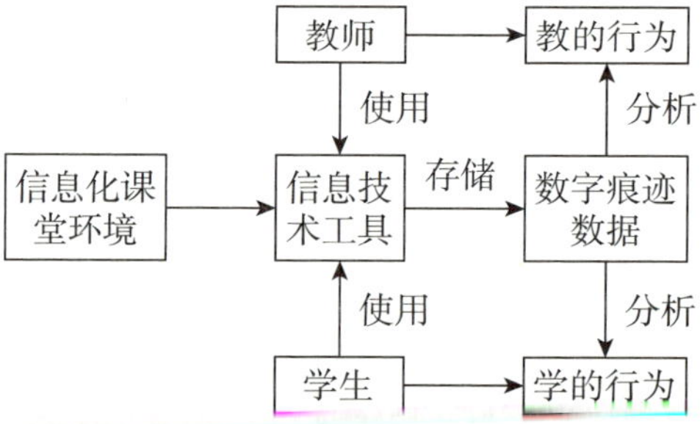

图4-1　技术工具使用视角下的教学行为

在信息时代，人们生活在技术和创新驱动的知识社会中，④无时无刻不在

---

① 陈晓珊，戚万学．“技术”何以重塑教育 [J]. 教育研究，2021（10）：45-61.

② FREELON D. On the interpretation of digital trace data in communication and social computing research[J]. Journal of Broadcasting & Electronic Media，2014，58（1）：59-75.

③ 杨现民，唐斯斯，李冀红．发展教育大数据：内涵、价值和挑战 [J]. 现代远程教育研究，2016（1）：50-61.

④ 联合国教科文组织．从信息社会迈向知识社会 [EB/OL]. [2024-11-13]．https://unesdoc.unesco.org/ark:/48223/pf0000141843_chi.

感受着知识的多样性和共享性，知识不再神秘，教师也不再拥有知识上的绝对优势。正如韦斯特伍德所言，“目前几乎没有一位教师能仅依赖他的经验和文化背景，而期望学生自然承认他的优势性”[①]。伴随着信息技术与教学的深度融合，信息化教学环境可以更好地支持师生开展真实情境创设、启发思考、信息获取、资源共享、多重交互、自主探究、协作学习等多种教学形式，一种既能充分发挥教师主导作用，又能突出体现学生认知主体地位的，并且以自主、探究、合作为特征的教与学方式得以实现。

教学是教师与学生通过交流与互动促进学生发展的特殊社会实践活动。在教学活动的整个进程中，教师教学行为的合理选择与实践是取得良好教学效果的关键因素。施良方等人将传统课堂中的教师行为分为了主教行为、助教行为和课堂管理行为三大类（见表 4–1）。主教行为是以课堂教学的目标与内容为定向的，需要教师具备必要的专业知识与技能；助教行为以课堂教学中的学生和情景为定向，需要教师具备一定的课堂经验和个性素养；课堂管理行为的作用是为课堂教学的顺利进行创造条件，也需要教师具有一定的课堂经验与必需的技能。[②]

表 4–1　教师课堂教学实施行为

教学行为				课堂管理行为
主教行为			助教行为	
呈示行为	对话行为	指导行为		
语言呈示	问答	阅读指导	动机的培养与激发	课堂规则
文字呈示	讨论	练习指导	有效的课堂交流	行为问题管理
声像呈示		活动指导	课堂强化技术	课堂管理模式
动作呈示			积极的教师期望	课堂时间管理

① WESTWOOD L J. The role of the teacher: I[J]. Educational Research，1967，9（2）：122–134.

② 施良方，崔允漷 . 教学理论：课堂教学的原理、策略与研究 [M]. 上海：华东师范大学出版社，1999：149–152.

（二）信息化课堂教学行为框架

在技术赋能的教学过程中，信息技术与教学呈现出一种深度融合、水乳交融的状态。教师在教学的全过程中综合运用信息技术来创造性地进行课程内容展示，增加师生之间的互动交流，为学生的学习提供脚手架式的支持与帮助，高效灵活组织教学活动，随时随地获取资源。在施良方等人对教师课堂教学行为的分类基础上，结合信息化课堂这一具体的教学环境所特有的“技术促进教学”的情境，将教师的行为由施良方所提出的主教行为、助教行为、课堂管理行为拓展为内容展示、师生互动、课堂导学、学习促进、活动组织、资源获取六大类行为（见表 4–2）。

表 4–2　教师信息化教学行为分析框架

教学行为	含义
内容展示	描述课堂教学中与呈现知识和演示技能相关的行为。为了清晰和有效呈现教学内容和资源，教师和学生综合运用声音、图片、视频、动画等多媒体素材和相关突出工具进行内容展示。
师生互动	描述课堂上师生、生生、人机之间的互动交流行为。包括教师和学生运用相关交互、在线协同工具开展的师、生、技术三者之间多角度、多方位、多层次的交互活动。
课堂导学	教师在课堂教学中采取的相关辅导或指导学生进行学习的行为。包括运用人工智能助教、学科资源包、工具箱、作业自动讲评系统等来对学生进行阅读指导、练习指导、活动指导等。
学习促进	教师在课堂上借助信息化工具或手段来促进学生学习的行为。包括运用技术手段创造真实的问题情境，开展小游戏、团体竞赛、学习跟拍等活动来激发学生的学习动力、促进课堂交流、强化学生学习等。
活动组织	教师为了课堂教学的顺利进行而采取的一系列组织和管理行为。教师用信息技术和各类数字化资源，在教学活动中采取一系列组织管理和调节控制措施，不断集中学生的注意力，引导学生学习，以达到预定课堂目标，如利用相关技术手段进行课堂管理、时间管理、学生学习行为管理等。
资源获取	师生利用课前准备的、即时检索的以及课堂上动态生成的数字资源的行为。包括课前收集、整理的资源，教学过程中通过搜索引擎即时检索的资源，以及课堂上师生根据教学需要进行活动跟拍、直播等动态生成的资源。

杜威作为以学生为中心教学理念的代表人物，强调主动的、能动性的活动在儿童发展中的作用，并将儿童的本能、兴趣和冲动归纳为四类行为：一是表现为交谈或交流的社交本能，二是制作或建造的本能，三是探究或发现的本能，四是艺术表现的本能。事实上，杜威所描绘的交流、建构、探究和艺术表现不仅仅是儿童的本能，也是人类共同的需求。对于任何阶段的学习来说，交流都“是一切教育资源中重要的、也许是最重要的资源”；制作和建构使学习者获得参与感，获得关于真实世界的体验；探究的本能在建造性的冲动与交谈的冲动相结合中产生，是赋予学习以意义和价值的所在，是对追求本质和真理的渴望；而表现的艺术性本能使学习得到了美的、艺术性的升华，“它是交流的本能和建造性本能的精髓和完满的表现”。① 总结来说，学生的有效学习离不开交流、建构、探究和表达等学习行为的自由发展。

对于生长于数字时代的学生而言，在学习中学会使用技术是其适应未来社会必备的技能，也成为实现学习者成长（能力的拓展）的不可或缺的部分。在信息技术支持下的信息化课堂中，学生可以更加方便快捷地运用信息技术工具来实现自主学习和探究，并按照杜威所说的交流、建构、探究和表达的本能冲动和兴趣爱好去拓展学习的边界，同时能够更加自主地管理自己的学习行为。因此，从学生使用技术促进自身课堂学习行为的视角来看，可以将学生体验到的技术分为探究技术、沟通技术、建构技术、表达技术、管理技术和综合六个维度（见表 4–3）。

表 4–3 学生学习中使用技术的分类框架

技术分类	含义
探究技术	技术作为思考的媒介，用于知识获取、理论建构、数据获取、数据分析等。
沟通技术	与他人进行沟通的平台、工具、手段等，用于交流、协作、引起注意、鼓励参与等。
建构技术	用技术手段来建构及生成新的、可以物化的人工制品或思维的产物。
表达技术	用于构思、表征和呈现的技术，如计算机软件支持的绘画、音乐创作、交互视频、学习记录等。

① 约翰・杜威 . 学校与社会・明日之学校 [M]. 赵祥麟，任钟印，吴志宏，译 . 北京：人民教育出版社，2005：44–48.

续表

技术分类	含义
管理技术	运用软件平台、日历工具及其他信息化手段进行相关管理工作，例如，任务管理、时间管理、同伴管理、冲突管理等。
综合	其他综合类的技术工具。

在技术赋能教学的过程中，技术的应用主要表现在教师和学生的行为上。技术的应用对教师教的行为和学生学的行为产生了重要影响，并使教师的教和学生的学呈现出一种全新的状态。在这种状态下，教师的信息素养不断提升，并能运用技术灵活开展课堂教学活动，促进学生有效学习；学生则运用技术发展探究、交流、建构、表达和自我管理的能力，从而更加适应未来社会对探究型、合作型、创新型人才的需求。

在信息化课堂教学中，要实现更加有效的教学，教师应突破内容展示和单一互动行为的局限，充分综合运用信息技术创设真实的问题情境，激发学生的学习动机，并为学生提供多维度的学习支持和促进服务，帮助学生克服自主学习和探究过程中可能面临的困难和障碍。现代教育的目标已从单纯的知识传授转向培养学生的高阶能力，特别是可迁移能力。教育不仅仅是传授知识的过程，更是教会学生如何独立思考、如何将所学知识灵活运用于实际问题解决的过程。因此，在当前的学习中，学生应具备利用技术促进学习的能力。简单的技术操作和交流功能已不能满足这一需求，学生需要学会将技术作为支持深度学习的媒介，通过技术辅助提升探究能力，生成和建构新的知识成果，以及灵活运用技术进行任务管理、时间规划和学习资源的整合等。教育不应仅被视作为未来生活做准备的手段，还应作为一种满足现实生活需要的持续性活动，使个体在不断的自我更新中，能够有效应对与环境互动所带来的复杂问题。随着智能时代的到来，信息技术已逐步融入学习与生活的方方面面，成为学生发展不可或缺的一部分。因此，教育工作者应以更加积极、开放的心态正视技术在教育教学中的重要作用，通过优化教学设计和实践运用，充分发挥技术对教学质量提升和学生全面发展的支持作用。这不仅是应对教育现代化挑战的需要，更是推动未来教育变革的重要路径。

第五章　智能时代学习评估的重塑

科技革命的加速推进使全球围绕科技创新的竞争日益激烈，而人才作为科技创新发展的第一资源，已成为决定国际竞争格局的关键性战略资源。人才培养不仅是建设教育强国的核心议题，也是实现民族振兴的根本任务，同时更是抢占国际竞争主动权的战略性问题。在社会转型的时代背景下，人才需求的变化促使培养目标紧随时代发展进行适应性调整。如何系统性地认识和研究当前的培养目标及其实践路径，凝聚学生成长的社会共识，并以教育评价改革为契机，重塑学习评估体系，以回应智能时代的人才需求，已成为当代教育人才观亟待解决的核心问题。

本章在探讨数字技术推动学习评估理念革新的基础上，借助评估三角形框架，明确智能时代学习评估的重塑应从认知、观察和解释三个层面展开，即学生成长的社会共识、学习评估方式及评估数据的价值与应用。基于国家意志与主体行为对培养目标的影响，智能时代学生成长的社会共识可被归纳为认知发展与创新意识、学习能力与数字素养、人机协同与社会责任，并据此构建智能时代的学习评估框架，从基于精准评测的全方位学习评估、针对教学优化的全覆盖学习评估、面向自主学习的全要素学习评估三个方面优化评估体系，以支持学生的多维能力发展、教学质量提升及个性化与终身学习能力培养。通过对智能时代学习评估理念、方式与数据应用的系统性分析，本章旨在为学习评估体系的重塑提供理论支撑，并探索如何更好地发挥评估在人才培养中的导向作用。

一、数字技术促进学习评估理念革新

随着人工智能、大数据、云计算等新一代信息技术的快速发展，教育评价理念和方式正在经历深刻变革。2020 年，《深化新时代教育评价改革总体方案》明确提出，充分利用信息技术，提高教育评价的科学性、专业性、客观性。作为教育评价体系的重要组成部分，学习评估不仅是衡量学生学习成效的工具，更是发展素质教育、促进学生全面发展的关键支撑，在推动教育评价改革中发挥着重要作用。回顾历史，学习评估理念的发展经历了从测量到反思，再到探究的演进过程。[①] 最初，评估以测试为核心，强调通过标准化考试对学生进行静态测量；随后，评估理念向反思发展，更加关注基于学习过程的数据反馈和个性化支持；近年来，评估进一步迈向探究，强调通过开放性任务激发深度学习与创新能力。尽管评估理念不断进步，传统评估模式在实际应用中仍然面临诸多局限，如存在结果导向过强、忽视学习过程、难以适应个性化学习需求等问题。

在智能时代背景下，学生对学习评估的需求已超越传统的鉴别、反馈和改进，更加关注其在学习发展、个性成长和核心素养塑造方面的作用。与此同时，社会对人才培养的要求发生深刻变化，传统教学评价机制已难以满足新时代的教育需求，亟须依托智能技术实现创新。[②] 作为教学评价的核心环节，学习评估必须顺应这一变革趋势，借助智能技术进行重塑，以促进学生学习方式的转型、优化教学评价体系，并推动教育评价改革的深入发展。数字技术的赋能为学习评估的创新提供了重要机遇。人工智能与学习分析技术正推动评估方式从静态走向动态，从终结性走向过程性，从统一化走向个性化。智能时代的学习评估不仅要测量学生的知识掌握情况，更要关注其创新思维、

① 曾文婕，周子仪 . 走向“智能型学习为本评估”：技术赋能学习评估的历史嬗变与未来展望 [J]. 课程・教材・教法，2022（6）：72–80.

② 杨宗凯 . 利用信息技术促进教育教学评价改革创新 [J]. 人民教育，2020（21）：30–32.

批判性思维、跨学科能力及社会责任感。在此背景下，如何突破传统评估的局限，构建更加科学、灵活、面向未来的学习评估体系，成为教育评价改革的重要议题。

（一）学习评估的价值及其实践困境

在人才培育过程中，教育评价是衡量人才培养质量的重要方法，完善的教育评价体系是提升人才培养质量的重要手段。学习评估作为教育评价的重要组成部分，在提升学习质量、促进师生共同发展和提升学生自主学习能力方面发挥了重要作用。具体而言，学习评估的价值主要体现在三个层面。一是学习评估作为学生学习成果的一种认定方式。评估既是衡量学生学习成效的重要依据，也反映了学生培养质量的具体价值导向。其根本目标并非仅依据分数、排名对学生进行划分，而是通过多维度、多层次的评估方式全面收集学习成果信息，为学生的个性化成长提供有针对性的改进依据。二是学习评估作为保障学生学习质量的工具。学习质量不仅体现在学习结果上，还体现在学习过程中。因此，评估不仅关注学生的学习成果，也应关注学习过程的质量，充分发挥学习过程质量评估对学生学习质量的解释力。[①] 过程性评估能够帮助教师深入了解学生的学习进展，识别个体差异，并据此调整教学策略，优化教学设计，提高教学质量。三是学习评估作为促进学生自主学习的手段。学习评估的支持者认为，学习评估能够帮助学习者建立自信，激发学习动力，养成自我调节学习能力，促进自主学习。[②] 在具体的学习评估活动中，学生应积极参与评估活动的各个要素环节，主动反思和发现自身的不足，不断进行自我计划、自我监控、自我评估和自我调整，如此循环往复地学习、评估、反馈和改进，实现从被动接受学习到主动构建知识的转变，从而发展成为高效的自主学习者。

---

① 伍远岳，周妍．必要与可能：中小学生学习过程质量监测：来自国际大规模教育评价的启示 [J]. 教育科学研究，2018（11）：62–67.

② 杨志红，强海燕．从竞争性评估到自比性评估：学习评估的转向 [J]. 教育学术月刊，2021（9）：20–27.

根据评估的目的和应用方式，学习评估可分为关于学习的评估（assessment of learning）、为了学习的评估（assessment for learning）和作为学习的评估（assessment as learning）。① 一般而言，关于学习的评估是指使用评估来测量学习情况，② 主要用于衡量学生的学习成果，通常以标准化考试、排名和分数作为评估依据。这种评估方式以结果导向为主，强调终结性评估，常见于大型考试或课程总结性测评。③ 为了学习的评估是指通过评估来改进学习情况，④ 是教师在教育教学活动过程中所进行的一部分正式或非正式的评估程序，所获得的信息被教师和学生用于调整和增强对学习的理解，强调评估的目的是对学生学习进步的评价和对教学实践的改进，是一种形成性评估。作为学习的评估是指学生在评估和学习中的积极参与，⑤ 强调让学生成为评估活动的主体，对学习活动展开自我评估和同伴互评，以实现自我调节学习。三种评估类型在理念上形成了从筛选与鉴别向反思与改进的转变，但在实际应用中，终结性评估仍然占据主导地位，学习评估的创新发展面临现实困境。

一是学习评估主体重单一轻多元。尽管当前评估改革强调多元主体协同参与，但在实践层面，学习评估仍然主要由学校和教师主导，家长、学生及社会组织的参与度有限。虽强调“学生主导评估”和“自我调节学习能力培养”，但在实际落地时，仍以教师评分、学校排名为核心，学生和家长的评估权力仍然较弱。这种单一主体评估模式限制了学生自主学习能力的发展，并可能导致评估结果的片面性。

二是学习评估产出重知识轻能力。全面综合考查评估对象特质是管窥评

---

① EARL L M. Assessment as learning：using classroom assessment to maximize student learning[M]. 2nd ed. Oaks：Thousand Corwin Press，2013.

② SADEGHI K，RAHMATI T. Integrating assessment as，for，and of learning in a large-scale exam preparation course[J]. Assessing Writing，2017，34：50-61.

③ EARL K，GILES D. An-other look at assessment：assessment in learning[J]. New Zealand Journal of Teachers’ Work，2011，8（1）：11-20.

④ BIRENBAUM M，DELUCA C，EARL L，et al. International trends in the implementation of assessment for learning：implications for policy and practice[J]. Policy Futures in Education，2015，13（1）：117-140.

⑤ BERRY R.The assessment as learning（AaL）framework for teaching and learning：the AaL wheel[J]. Assessment and Learning，2013，2：51-70.

估对象全貌、把握评估对象本质的前提。[①] 目前，在评估学生学习产出上，存在着倡导全面多维度评估与实际单一重知识评估的矛盾，这一矛盾在具体的评估实践中频繁可见，特别是在应试教育的大环境下，学校和教师还是更注重学生的知识学习，在评估学习产出时也将分数和成绩作为重要的考量指标，将此作为学生升学和考试的重要依据，而能力的培养和评估则容易被忽略。

三是学习评估方式重结果轻过程。尽管形成性评估在理论和政策层面得到广泛认可，并在部分地区和学校开始实践，但终结性评估仍然是当前主要的评估方式。这主要受到以下因素的影响：高考及升学体系的压力，在应试性较强的教育体系中，终结性评估仍然决定着学生的学业前景，形成性评估的应用空间受限；教师负担与资源限制，形成性评估要求教师进行个性化反馈、过程性数据分析等，但在生师比过高、教学资源有限的情况下，教师往往更倾向于采用更易操作的终结性评估；教育评价体系的惯性，许多教育系统的绩效考核、教学评估仍然依赖考试成绩，而非学生的学习过程。这种评估文化难以在短时间内发生根本性变革。

四是学习评估结果重结论轻价值。评估的最终目的是以评促学、以评促教，但现实中，评估结果往往被简单地用于成绩排序、升学决策或教师绩效考核，而未能充分发挥其诊断和改进功能。在许多教育体系中，评估数据主要被用于形成成绩报告，而不是作为提升个体学习体验的工具。这种倾向容易导致学生关注分数，而非学习改进，评估的诊断性功能被削弱；教师难以基于评估数据调整教学，于是只能形成“考核型教学”，即教学内容围绕考试展开，而非围绕学生发展展开；数据价值未被充分挖掘，当前大量的评估数据未能转化为个性化学习路径优化、智能教学推荐、动态反馈调整等实质性教育改进措施。

综上所述，传统学习评估在实践层面仍面临多重困境，难以有效支撑新时代的人才培养需求。评估主体的单一性限制了多元协同作用，评估内容的知识导向削弱了对学生综合能力的考察，评估方式的结果导向固化了学习与

① 张旸，杨正宇，陈凡．中西部基础教育评价改革：困境与突破 [J]. 中国考试，2022（9）：39–46.

教学模式，而对评估数据价值的低估阻碍了基于证据的教学优化。这些问题不仅影响了评估的科学性和公平性，也使其难以满足个性化学习需求，更无法有效促进学生的核心素养发展。面对这一挑战，学习评估模式亟须重塑，以适应新时代的人才培养需求。随着人工智能、大数据、学习分析等数字技术的发展，教育评估正在从静态、终结性、统一化的传统模式向动态、过程性、个性化的智能化评估模式演进。

（二）数字技术驱动学习评估变革

随着数字技术的不断发展，技术对于学习评估的影响已不仅局限于评估内容、方式、时间、地点和目的的调整，而逐步向更深层次的变革性应用演进。现有的多个理论模型探讨了技术在教育环境中的不同应用方式，包括技术整合的一般模型，① 以及针对教学、学习和评估的具体研究。尽管不同理论模型侧重不同领域，但其核心思想保持一致，即技术是否具有变革性，取决于其在教学与评估中的融入方式。在更具变革性的应用场景下，技术可以催生新的学习与评估模式，为学习者提供交互式工具与多样化的学习支持，从而促进其认知与元认知能力的发展。② 相较之下，变革性较低的技术应用则往往表现为对现有教学、学习或评估模式的功能性改进，其主要目标是提升传统评估活动的便捷性与效率，而非实现范式转换。

技术在教育评估中的应用并非新概念，但其潜力尚未被充分开发。在过去二十年里，技术支持的大规模评估已在可及性、试题开发与整合、测评实施、个性化适配、自适应测试、自动评分及评估报告生成等方面取得了重要进展。③ 计算机辅助测评提高了试题设计与编制的效率，简化了考试的组织与

---

① PUENTEDURAR. SAMR and TPCK：an introduction[EB/OL]. [2024-10-24]. http://www.hippasus.com/rrpweblog/archives/2013/03/28/SAMRandTPCK_AnIntroduction.pdf.

② MHLONGO S，DLAMINI R，KHOZA S. A conceptual view of ICT in a socio-constructivist classroom[EB/OL]. [2024-05-21]. https://www.researchgate.net/publication/322203195.

③ BENNETT E R. The changing nature of educational assessment[J]. Review of Research in Education，2015，39（1）：370-407.

实施流程，使评估更加便捷和自动化；自适应测试的进步使得测评系统能够根据学生的答题情况动态调整题目难度，从而提高测试的效度与效率。此外，自动评分系统的应用大幅减少了对评分人员培训的需求，加强了测评工作的可扩展性。然而，在大多数情况下，技术的应用仍然主要集中在计算机化测评的实施、评估流程的自动化以及评分机制的优化上。[①] 换言之，尽管技术提高了评估的操作效率，但整体评估模式依然停留在传统的测评框架内，并未显著改变评估提供的信息类型或提升学生的测评体验。数字技术仍然主要集中在对传统评估模式的复制与优化、提升测试的便捷性和效率，而如何利用数字技术拓展评估内容、深入理解学习者的表现，并重塑评估与学习之间的关系仍需要进一步探索。

尽管技术增强评估（technology-enhanced assessment，TEA）能够支持更加创新的评估实践，但并非所有技术应用于评估都具有变革性。技术增强评估可被大致分为两种不同的范式，[②] 其差异不仅取决于技术的应用方式，也受到评估目标的影响。在第一类范式中，技术主要被用于提升测试任务的交互性，如利用多媒体元素和交互式答题模式来优化测评的精准度和体验感。然而，尽管这些技术优化了测试的呈现方式和测量效果，整体评估模式仍未发生根本性改变，对学习者而言，依然是传统的考试情境，测试的核心形式和目的并未有实质性突破。相比之下，更具变革性的技术增强评估范式通过嵌入式评估将评估与学习过程深度融合，使技术成为构建更丰富、沉浸式、交互式评估环境的核心工具。在这一模式下，评估不再是独立于学习之外的测试环节，而是融入学习过程，通过交互式活动自然生成测评数据，并根据学习者的行为和决策动态调整评估内容。嵌入式评估（亦称隐形评估）通过将测评嵌入精心设计的学习任务和游戏，在不干扰学习体验的情况下持续收集

---

① QUELLMALZ E S，TIMMS M J，BUCKLEY B C，et al. 21st century dynamic assessment[EB/OL]. [2024-08-23]. http://www.simscientists.org/downloads/Chapter_2012_Quellmalz.pdf.

② MHLONGO S，DLAMINI R，KHOZA S. A conceptual view of ICT in a socio-constructivist classroom[EB/OL]. [2024-05-21]. https://www.researchgate.net/publication/322203195.

数据，并基于学习者的表现推断其能力水平。这种评估方式能够缩小教学与评估之间的距离，使评估过程更加实时化、个性化，更具适应性，从而为学习者提供与传统测试截然不同的测评体验。[①] 随着技术的不断进步，评估方式正从静态、独立的测试模式向动态、嵌入式的智能测评体系演进。传统评估侧重于测量学习结果，而智能时代的评估更加强调学习过程的实时监测、个性化反馈和持续优化。在这一背景下，实现评估与学习的深度融合、构建数据驱动的智能评估系统，不仅是技术发展的必然趋势，也是当前教育测评领域的重要研究方向。

（三）智能时代学习评估的基本理念

21 世纪社会经济的快速发展，使得教育目标逐步从知识传授转向核心素养和复杂能力的培养，要求学习评估不仅关注学生的学科知识掌握情况，还要衡量其创造性思维、批判性思维、全球胜任力等综合能力。与此同时，人工智能、大数据等技术的发展推动了教育数字化进程，使得基于技术的智能评估成为可能。但是如何充分发挥技术的赋能作用以实现在评估体系中科学衡量学生的复杂能力，仍然是一项极具挑战性的任务。在这一背景下，要实现智能时代学习评估的重塑，必须将技术嵌入评估流程中，使评估从传统的静态测量转向动态、个性化的智能测评体系。然而，在构建智能化评估体系之前，首先需要明确学习评估的基本理念，即评估的核心目标、理论基础及其科学性支撑。

经济合作与发展组织在大规模学生评估测试中针对全球能力与创造性思维的研究发现，复杂能力的评估面临诸多困难，未来的学习评估需要进行深度变革，形成以复杂能力培养为导向，并借助技术赋能的创新评估模式。从理论上来看，教育评估是一个基于证据推理的过程，其核心目标是通过观察

① REDECKER C，JOHANNESSEN Ø. Changing assessment–towards a new assessment paradigm using ICT digital competence view project the future of learning view project[J]. European Journal of Education：Research，Development and Policy，2013，48（1）：79–96.

学生的学习行为，利用数据和工具对其已掌握的知识和能力做出合理推断。为此，经合组织认为应使用评估三角形（assessment triangle）的理论框架（见图 5–1）作为评估体系设计的理论基础，包括认知、观察和解释三个核心要素。[①] 每个要素相互关联，共同决定评估的科学性和有效性。认知，是指学生如何在特定知识领域构建理解、表达知识和发展能力，即评估的内容；观察，指评估任务的设计与实施方式，决定了评估所能获取的数据类型，评估任务的合理性和多样性直接影响评估的全面性和有效性，即评估的方式；解释，指用于推理和分析学生表现的方法与工具，确保从观察数据中归纳出的结论具有科学依据，同时保证评估的信度和效度，即评估的效应。

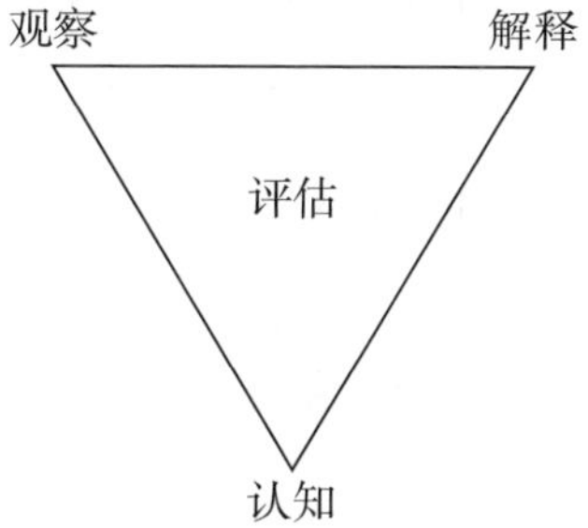

图5–1　评估三角形

在智能时代，评估三角形不仅是评估体系设计的基础框架，更应成为指导学习评估变革的核心支撑。该模型的三个要素——认知、观察、解释——不仅各自具有清晰的理论基础，还必须在评估过程中相互关联、协同作用，以确保评估体系的有效性，并为教育决策提供可靠的依据。随着人工智能、大数据、学习分析等技术深度融入教育，传统评估框架的内涵需要进一步拓展，以适应教育数字化和智能化的发展需求。未来的评估体系应在此基础上，结合智能技术，推动评估方式的创新，使其更加科学、精准、动态，进而更全面地衡量和促进学生复杂能力的发展。

首先，认知层面不应仅限于学生的学科知识掌握情况，而应上升为对智能时代学生发展能力的评估。现代教育越来越强调核心素养、创新能力、全

① FOSTER N，PIACENTINI M. Innovating assessments to measure and support complex skills[M]. Paris：OECD Publishing，2023.

球胜任力和跨学科能力，评估体系的建立必须基于多元主体对学生成长能力的共识，确保评估标准与未来人才需求相匹配。其次，观察层面不再局限于传统标准化的评估方式，而是需要探索智能时代的新型评估方式。应结合人工智能、大数据和智能学习分析工具，推动测评从静态测试转向动态、个性化和情境化的评估方式。最后，解释层面不仅关注测评数据的解读，更要拓展评估数据的价值与应用。将评估数据应用于教育决策优化、个性化学习推荐、教学模式改进和终身学习体系构建。借助智能技术，评估体系可以通过大规模数据分析，发现学习模式、预测学习发展趋势，甚至为教师和教育管理者提供精准的决策支持。因此，在智能时代的背景下，评估三角形需要从测评体系的技术框架上升为智能时代学习评估体系建立的指导原则。通过在认知层面构建共识、在观察层面革新评估方式、在解释层面拓展数据价值，教育评估从传统的知识测量转向促进学习的智能系统，推动教育的精准化、个性化和公平化发展。

1. 认知层面：形成智能时代学生成长的共识

认知层面强调评估目标的明确性，即测评应当衡量什么。在传统评估中，测评主要关注学生对学科知识和技能的掌握情况；而在智能时代，评估的核心不再局限于知识，而是拓展至学生的核心素养，包括批判性思维、创造力、跨学科整合能力、数字素养、全球胜任力等。然而，不同主体（政府、学校、企业、社会）对学生成长目标的期待各不相同。例如，政府侧重学生的社会适应能力，企业侧重创新与实践能力，学校侧重学术能力，社会则更强调公民责任。因此，智能时代的评估必须促进跨主体共识的形成，构建科学的核心素养框架，确保评估体系既符合教育规律，也能匹配社会需求。为此，政策制定者、教育机构和技术提供方需协同制定科学的评估标准，确保学习评估真正契合新时代人才培养目标。

2. 观察层面：构建智能时代的新型评估方式

观察层面指评估任务与测评方式的设计，决定了如何衡量学习者的表现。在智能时代，评估方式应基于关于学习的评估、为了学习的评估和作为学习的评估三大理念，实现评估方式的深度变革。从传统的标准化测试转向动态、个性化、过程性测评，从而更全面地反映学生的学习过程和能力发展。结合三种评估理念，利用数字技术实现精准测评、个性化反馈和学习者自主调节的深度融合，从而让评估不仅仅是衡量学习成果的工具，也是促进学习的有效手段。

3. 解释层面：拓展评估数据的价值与应用

解释层面涉及如何基于评估数据推理得出有效结论，以指导学习与教学改进。在传统评估中，评估数据主要用于生成考试成绩，而在智能时代，数据价值的挖掘应进一步深化，以推动评估与教学的深度融合。这意味着评估不仅要为学生提供结果反馈，更应基于学习过程数据，精准识别学习模式，优化教学策略，为教师、学习者及教育管理者提供可操作的决策支持。

二、智能时代学生成长的社会共识

（一）智能时代学生成长共识的生成困境

共识是不同阶层、民族、国家和不同利益群体对社会事物及其相互关系的一致看法或共同认识，[①] 其形成是一个复杂而长期的过程，需要多方力量共同的参与和努力。不可否认，“寻求社会共识，不是否认人们的偏好和观念差异，而是强调社会成员之间也有着共同的价值追求，这些共同的价值追求是社会交往得以实现、社会生活得以协调的价值基础”[②]。当前，人工智能、大数据、云计算等新一代信息技术在各行各业深度赋能，深刻改变着人们的思维、生产、生活和学习方式，同时对智能时代的人才培养提出了新要求与新挑战。纵观历史，各个历史阶段的人才培养都与时代演进和发展需求紧密相连。如工业时代教育体系的培养特点和突出优势是包容性、大容量和批量化。[③] 随着

① 赵建国 . 论共识传播 [J]. 现代传播（中国传媒大学学报），2019（5）：36–41.

② 周光辉 . 推进国家治理现代化需要寻求和凝聚社会共识 [J]. 法制与社会发展，2014（5）：11–13.

③ 高书国 . 教育强国视域下中国教育的变革之道：从工业教育时代步入智能教育时代的系统跃升 [J]. 中国教育学刊，2024（1）：6–12.

科技进步和时代发展，人类社会正在经历从工业时代向智能时代的转型关键期。在社会转型时期，面向人类未来和复杂不确定性的社会，不同主体在未来社会和现实社会应该培养什么样的人的问题上存在不同的价值追求和利益矛盾。智能时代培养目标的社会共识来源于其利益相关主体——国家、学校、社会、教师、家长及学生的共同认知，但利益相关方众多、社会现实复杂加固了群体间的共识藩篱。

一是党和国家新时代人才培养新要求。党的十八大以来，党和国家高度重视人才工作，深入实施新时代人才强国战略，指出新时代人才培养方向。2021 年 5 月 28 日，习近平总书记在两院院士大会和中国科学技术协会第十次全国代表大会上指出，努力造就一批具有世界影响力的顶尖科技人才，稳定支持一批创新团队，培养更多高素质技术技能人才、能工巧匠、大国工匠。2022 年，教育部部长怀进鹏在教育变革峰会预备会议及 2030 年教育高级别指导委员会领导小组会议提出，要着力帮助学习者提升思想道德、科学与人文素养、身心健康水平与创新创业创造能力。[①] 此外，一系列相关政策和文件也指明了新时代人才培养方向，具体表述见表 5–1。

表 5–1　政策文件对人才培养目标的表述

年份	文件	人才培养目标
2019	《中国教育现代化 2035》	意志品质、思维能力、创新精神等综合素质。
2019	《加快推进教育现代化实施方案（2018—2022 年）》	思想品德、基本素质、基础知识、基本能力；社会责任感和实践能力。
2019	《关于深化教育教学改革全面提高义务教育质量的意见》	坚定理想信念、厚植爱国主义情怀、加强品德修养、增长知识见识、培养奋斗精神、增强综合素质；培养认知能力，促进思维发展，激发创新意识；品德发展、学业发展、身心健康、兴趣特长和劳动实践等。

① 中华人民共和国教育部. 怀进鹏出席教育变革峰会预备会议及 2030 年教育高级别指导委员会领导小组会议 [EB/OL]. [2023–10–01]. http://www.moe.gov.cn/jyb_xwfb/gzdt_gzdt/moe_1485/202206/t20220629_641937.html.

续表

年份	文件	人才培养目标
2021	《中华人民共和国国民经济和社会发展第十四个五年规划和 2035 年远景目标纲要》	文明素养、社会责任意识、实践本领，德智体美劳全面发展。
2021	《提升全民数字素养与技能行动纲要》	数字意识、计算思维、终身学习能力和社会责任感。

二是主体行为，利益相关方对智能时代人才培养的诉求。政策文件对新时代人才培养方向的表述指向综合素养、全面发展。然而，在具体的社会实践中，由于全社会范围内仍然普遍将升学率、优秀率作为主要的评价标准，社会层面主要利益关涉主体——实践者（学校、教师、家长及学生）仍较为看重学校的排名和知名度，更多关注学生的考试成绩，“唯分数”与“唯升学”倾向仍然严重。因此，教育实践者受到社会现实压力，偏离培养方向。此外，学术界关于智能时代学生培养的目标也尚未达成共识，存在多元化观点和争议。不同研究机构发布的报告对智能时代人才培养目标的相关表述见表 5–2。

表 5–2　研究机构对人才培养目标的表述

年份	机构	报告 / 来源	人才培养目标
2016	北京师范大学核心素养研究课题组	《中国学生发展核心素养》	人文底蕴、科学精神、学会学习、健康生活、责任担当、实践创新。
2018	北京师范大学中国教育创新研究院	《21 世纪核心素养 5C 模型研究报告（中文版）》	文化理解与传承（culture competency）、审辩思维（critical thinking）、创新（creativity）、沟通（communication）、合作（collaboration）。
2019	经济合作与发展组织	《学习罗盘 2030》	知识、技能、态度和价值观。
2022	联合国教科文组织	《一起重新构想我们的未来：为教育打造新的社会契约》	智力、社会交往能力和合乎道德的行动能力，批判和应用知识的能力。

三是社会共识，回应智能时代人才培养新需求。在面向未来社会和现实社会的人才培养目标上，政策制定者、教育实践者和学术界基于各自的价值观念和利益诉求，既展现出对立冲突的一面，也存在一定的共识。社会共识的形成应充分考虑相关利益诉求人的参与及其所持态度，根据群体实际利益进行调整，最终达成一致。智能时代的人才培养目标应以党和国家的政策文件为指导，充分考虑相关利益主体的现实社会压力和价值诉求，凝聚社会共识，并推动社会范围内的评价体系变革，在人才培养共识和评价改革行动的合力作用下，应对智能时代的人才需求。

（二）多元主体视域下的学生成长共识

在智能时代背景下，学生成长的社会共识从各方价值诉求出发，结合人机协同、跨界融合、共创共享的智能时代[①]特征，将学生成长的社会共识归纳为认知发展与创新意识、学习能力与数字素养、人机协同与社会责任。

一是认知发展与创新意识。智能时代的知识是人和人工智能通过与所处环境的交互而获得的信息或进行的生成性意义建构，包括“是什么”的事实性知识、“怎么做”的程序性知识和“如何理解知识”的元认知知识。面对知识日益增强的复杂性和不确定性，培养学生要从过去的知识传授转变为对认知发展和创新能力的培养。学生不仅是知识的接受者，更是知识的重新建构者和传播者。因此，必须注重利用智能技术构筑一个开放安全、互动沉浸、舒适便捷的学习环境，以增强学生的学习体验，激发他们的学习兴趣和创造意识，推动有效学习和深度学习的实现。只有持续发展和提升学生的认知水平与创新思维能力，才能使学生从容应对不断更新迭代的知识和社会。

二是学习能力与数字素养。智能时代的社会充满了复杂性和不确定性，其海量信息的无序性、娱乐信息的刺激性、对记忆和决策外包的依赖性等都影响着学生的成长。为促进学生适应社会转型期的复杂性与不确定性，要着

① 新华社 . 习近平向国际人工智能与教育大会致贺信 [EB/OL].（2019-05-16）[2023-10-01]. https://www.xinhuanet.com/politics/2019-05/16/c_1124502111.htm.

重提升学生的数字素养与技能，培养智能时代的学习能力。[①] 要把学生培养成“会学习”的人，既能主动学习，又会自主学习。智能时代下人机协同、共同参与建构的学习已成必然，学生要在智慧学习环境下，通过与智能系统的互动协作，设置学习目标、安排学习计划、监控学习进度、评估学习成就，并注重个性化学习与体验式学习，不断提升学习能力，以增强社会适应力与生存力，快速学习和掌握不断更新、高度复杂的知识与技能。

三是人机协同与社会责任。随着智能技术的迭代更新及与教育的深度融合，人机协同的学习与生活已成必然，也将带来相应的社会责任问题。智能时代的人机协同学习的本质在于人与技术建立协作关系，[②]通过技术的主体性功能延展学习者的学习能力或分担学习者的部分学习任务，辅助学习者获得较好的学习体验，以促进学习者能够更好地获得成熟的智慧思维、健全的人格品质和实用的应用技能。[③] 人机融合程度的不断加深，势必带来社会公德和伦理规范、数据安全和隐私保护等一系列社会责任问题。因此，为实现人机协同学习的可持续性发展，学生要严格遵守相关的法律法规和道德准则，遵循相关伦理规范和信息保护条例，合理、规范地使用技术获取个性化的智能学习服务。

三、智能时代的学习评估方式

智能技术时代到来，使各行各业产生智能化变革，教育领域的学习评估亦然。以人工智能、大数据为代表的智能技术不断被应用于教育领域，时代的诉求、技术的进步使得传统的学习评估越来越无法满足学习需求。为此，

---

① 黄荣怀 . 人工智能正加速教育变革：现实挑战与应对举措 [J]. 中国教育学刊，2023（6）：26–33.

② 郝祥军，顾小清，张天琦，等 . 人机协同学习：实践模式与发展路向 [J]. 开放教育研究，2022（4）：31–41.

③ 何文涛，路璐，周跃良，等 . 智能时代人机协同学习的本质特征与一般过程 [J]. 中国远程教育，2023（3）：12–20.

要充分利用智能技术重塑学习评估，发挥智能技术的放大、叠加与倍增作用。智能时代的学习评估要确保评估主体、评估内容、评估工具、评估方式、评估结果等全方位的数字化、智能化；确保教与学评估过程中多场域、多平台、多场景、多模态等全覆盖的数据挖掘；确保完整参与设立评估目标、评估产出、设立评估标准、评估反馈等全要素评估活动，促进自主学习，全方位、立体式推动智能时代学习评估重塑。

（一）基于精准评测的全方位学习评估

智能技术的快速发展，促使技术赋能的全方位评估逐步实现从单一主体到多元主体参与评估，从浅层走向多维深度的评估，从传统的纸笔考试测评走向智能便捷的评估，从总结性评估走向过程与结果相结合的评估，从单一的分数评估走向丰富多样的可视化评估。

一是多元主体参与。人工智能、大数据等技术的发展使多元主体参与评估活动成为可能。教师可以根据学生的表现数据做出全面准确的评估，实施个性化教学；学生可以了解自身的学习情况，客观认识自身的学习成就；家长也可以通过家校互动平台等综合了解孩子的成长；同伴还可以借助专门的评价工具或应用程序，对同伴在小组中的贡献、互动、合作能力等进行评估。二是多维深度评估。智能技术在教育评估中的应用，使评估内容不再停留在知识技能维度，而是可以通过数据挖掘、学习分析等技术发掘隐藏的信息规律，实现对学生知识、情感、态度、思维和素养等多维的深度评估。有研究者将情感计算与大数据分析相结合，探索基于多模态数据融合的学生学习情感识别与智能评估，并为学生情绪干预提供有针对性的反馈机制和技术支持。[①] 三是便捷评测工具。我国学生的评估工具主要还是纸笔，往往难以考察学生的交流协作、创新精神等，[②] 也难以精准测量学生的知识水平，所以亟须开发形式多样的评测工具，多方面考察学生的综合素质。智能技术的发展

---

① CAO R. A data and knowledge-jointly driven multimodal intelligent system for enterprise culture assessment[J]. Alexandria Engineering Journal，2023，83（6）：140–147.

② 黄荣怀，等 . 人工智能与未来教育发展 [M]. 北京：科学出版社，2023：211–237.

为科学评测工具的设计与开发注入了新活力，有研究者综合采用大数据挖掘、自然语言处理、多通道人机交互等人工智能技术，以初中数学的勾股定理知识点为例，编程设计了一个数学智能测评和辅导系统，以帮助学生进行个性化测试并辅导学习。[①] 四是全程综合评估。在智能时代，既要关注过程评估，综合采用量化与质性评价方法，尤其是应用实验操作、作品分析、口头表达等表现性评估，采集分析过程性数据，[②] 还要重视总结性评估，如建立电子信息平台存储大规模学生数据，为学生的总结性评估提供全面、动态的数据支撑，以更加准确、科学地评估学生。[③] 五是有效运用结果。在人工智能、大数据等智能技术的支持下，将数据驱动的精准化学习评估结果转变为人们易于理解的图表、图像、仪表盘、认知地图等，即将知识、思维、数据等可视化呈现，有效解读和运用评价结果促进学生的个人成长。有研究者利用学习分析仪表盘探究其对学生学习动机、元认知和学业成就的影响，结果表明仪表盘的运用可以有效地增强学生的外在动机，使其产生更高的学业成就。[④]

（二）针对教学优化的全覆盖学习评估

在智能时代，要充分利用学习分析技术全程追踪、伴随式采集多场域、多平台、多场景、多模态的教与学数据，挖掘提取出具有潜在价值的、隐含的、涉及教与学的各种信息、知识、模式与机制等，以促进教师的“教”和学生的“学”。

一是面向精准教学的真实学业表现考察。在学习过程中，利用学习分析技术可以采集连续性数据，深入分析各类各项数据，洞察学生的真实学业表现，进而给学生提供个性化的学习支持服务，促进学生的学习。如针对学校、

---

① 贾积有，乐惠骁，张誉月，等．基于大数据挖掘的智能评测和辅导系统设计 [J]. 中国电化教育，2023（3）：112–119.

② 辛涛．深化教育评价改革的四个关键环节 [J]. 中国考试，2023（10）：1–8.

③ 辛涛．推进中国式教育考试现代化的初步思考 [J]. 中国考试，2023（1）：1–5.

④ FLEUR D S，VAN DEN BOS W，BREDEWEG B. Social comparison in learning analytics dashboard supporting motivation and academic achievement[J]. Computers and Education Open，2023，4：100130.

家庭、社区、科技馆等正式与非正式的学习场域，伴随式采集学生全流程活动数据，包括文本、音频、视频、图像以及生理信号等多模态数据，[①] 全面了解学生的活动过程机制，洞察学生的认知发展、思维变化和能力提升，了解学生真实的学习水平。针对在线协作平台、学习管理系统、在线课程学习平台等各类平台系统，可以根据学生的资源浏览、点击、下载、参与活动讨论、课堂出勤、作业提交率、测试完成度、小组合作等数据，评估学生的学习情况。此外，还可以采集学生在学校课堂、实验室操作和其他学习场景中的数据，了解学生的注意力、投入度、参与度等内部学习状态，形成学生个人的综合学习分析仪表盘，及时反馈给学生，有效提高学生的参与度。[②]

二是面向能力提升的教师自我表现透视。在教学过程中，借助学习分析技术可以采集教师关于教学计划制订、学习资源制作、教学过程安排、学生评估活动设计等方面的数据，帮助教师完善学习资源、优化教学设计，为学生提供个性化的教学支持与服务。此外，还可以采集教师在课堂中的言语数据和行为数据，以及教师对学生评估活动的实施数据等，帮助教师透视自身的教学表现，改进教学中的不足，提升个人教学能力。有研究表明，教师在课堂中的语言和行为表现都会影响学生的有效学习，如教师在课堂中利用间接语言对学生进行表扬、提问及接受学生的想法等能促进课堂互动质量提升和学生高效学习，[③] 教师积极的情绪有助于提高学生的课堂投入度和专注度，[④] 教师的手势使用也可以引导学生的注意分配 [⑤]。为此，要充分利用学习分析技术采集教师在课堂上的语音情感、面部表情、手势行为、头部姿态、位置变

---

① 郑勤华，陈丽，郭利明，等. 理论与技术双向驱动的学生综合素养评价新范式 [J]. 中国电化教育，2022（4）：56–63.

② SAFSOUF Y，MANSOURI K，POIRIER F. Experimental design of learning analysis dashboards for teachers and learners[C]//Proceedings of the Eighth ACM Conference on Learners. Germany：ACM，2021：347–350.

③ 赵云建，汪洋，陈玲，等. 教师间接语言助力课堂“提质增效”：基于优质课堂教师话语的数量结构与教学意义分析 [J]. 电化教育研究，2023（7）：88–95.

④ 鲁圆圆，陈增照，陈荣，等. 智能技术助推教师课堂教学行为评价的应用框架研究 [J]. 现代教育技术，2022（12）：76–84.

⑤ 杨九民，章仪，李丽，等. 教师引导行为与学习者先前知识水平对视频学习的交互影响 [J]. 中国电化教育，2019（7）：74–81.

化等多维数据进行分析解释，促进智能优教，进而提升教学质量。

（三）面向自主学习的全要素学习评估

在智能时代要充分利用各种智能技术为学生提供更多参与评估、主动反思和发现自身不足的机会，促进学生自主学习，激发学习动机，从而使学生成长为优秀的自我评估者，促进学生综合发展。在具体的学习评估活动中，学生应积极参与评价的各个要素、环节，如评估目标、评估产出、评估标准和评估反馈，[①] 这能让学生在实践中更好地发挥自我评估对学习的促进作用。

一是自我感知学习目标。学习目标的确定是评估活动的起点，设置一个清晰明确、有意义的、合适的、还具有一定挑战性的学习目标，不仅能激发学生的学习动机，还能促进学生的有效学习。在智能时代，可以借助智能技术根据学生以往的学习表现，诊断分析其真实的学习水平、学习习惯和学习需求等，量身定制个性化的学习目标，并根据阶段性的学习状态和数据分析，帮助学生自我监控当前学习水平和目标水平之间的差距，并为下一步的学习计划设置更合适的目标。二是自我评估学习产出。学生对自我学习产出评估的准确性是非常重要的，如果学生的自我评估产出集中在自身的优势，会使学生骄傲自大；如果学生的自我评估产出总是紧盯自身的短板，则容易产生低落消极的负面情感，削弱学生学习动机，对学习产生不利影响。因此，要充分发挥智能技术和工具的优势，帮助学生既要对关键概念和知识技能进行评估，还要对自身素养、态度、价值观等方面进行评估，以正确认识自身的进步和不足。三是自我选择评估工具。适当的评估工具可以帮助学生了解在其他学习群体中自身的学习水平，还可以帮助学生在深度理解评估标准的基础上进行正确的自我评估。如在语言学习过程中，可以选用语音识别评估工具对比分析学习者的发音与标准发音之间的差异，判断学习者发音的准确性，给出正确的发音技巧和评分建议；也可以选用语法语义理解评估工具判断作文的语法、词汇运用、句子结构等是否符合语法规则和语义逻辑，并给出正

① 李静. 学生学习自我评价的取向演进与趋势研究 [J]. 全球教育展望，2023（5）：81–91.

确的修改建议和评分反馈。四是自我监测学习过程。在自我评估活动中，学生是积极的反馈需求者，他们要根据自身的学习行为表现，判断自身真实的学习水平，并积极参与到自我监控和调节的学习进程中去，适度认知学习结果，不过高估计自己的学习成绩，也不低估自身的学习成就，从而产生有效的内部评估反馈，不断激发学习动机，促进自我学习。在智能时代，学生在智能技术的支持下深入参与到自我监测的进程中，根据智能系统反馈的即时性评价报告、推荐的个性化学习路径和制订的适当学习策略等，调节学习进度，改进学习方法，不断反思改进自己的行为表现，逐步达成自己的学习目标，以促进个人的综合发展。

四、拓展学习评估数据的价值与应用

在传统能力评估体系中，评估数据的价值与应用存在显著局限。一方面，评估结果往往侧重于数据的横向比较，服务于排名与筛选，而忽视了对学习过程与个体发展的纵向追踪与动态分析。另一方面，传统评估高度依赖标准化测试，强调技术理性，导致评估结果更多体现为静态表现，而无法全面揭示学习者的认知发展与能力变化轨迹。事实上，学习科学、教育测量与心理测量等研究领域的丰富证据已表明，单纯依赖终结性测评难以满足复杂能力评估的多元需求。传统评估数据的单一使用，不仅削弱了评估在促进学习优化与个性成长方面的功能，也制约了评估结果在教学改进与教育决策中的价值释放。因此，面向智能时代的复杂能力评估，应着力加强对评估数据的价值挖掘与结果解释，通过构建更具适应性、公平性与发展性的评估框架，拓展评估数据在支持个性化学习、优化教学实践与辅助教育治理等方面的功能。

（一）构建多源数据融合的学习者画像

传统评估手段主要依赖于有限的单一数据来源，如考试成绩和标准化测评结果，这类数据通常侧重于学生的学科知识掌握情况，且因其局限性，无法全面、深刻地反映学生在认知、情感、动机及社会互动等多方面的综合学习状况。随着智能时代的到来，教育评估体系逐渐突破了传统的局限，不再仅依赖课堂内的测试结果，而是扩展至整个教与学的动态过程。新的评估框架融入了学校、家庭、社区等多个学习场域，收集了与学习资源使用、学习行为轨迹、协作互动及学习成果等多源数据相关的信息。这些数据的整合与跨领域分析，不仅丰富了学习者画像的维度，也为多模态、全场域、跨平台的学习者画像提供了理论与技术支持。在这一过程中，学习分析与数据挖掘技术的应用成为关键，它们不仅能提供对学习者认知特征、学习习惯、行为模式及发展潜力的深度剖析，还能推动学习过程的个性化评估与精准干预。通过对多维数据的融合与挖掘，可以揭示学生的潜在学习路径和知识构建方式，为教育决策者提供科学依据。该技术驱动的评估框架，不仅符合现代教育改革的需求，也为教育公平、个性化学习与终身学习体系的构建奠定了坚实的数据基础和理论支撑。

（二）基于过程数据的学习行为追踪

在传统教育评估中，评估结果往往仅依赖于学生的静态表现，这种方式无法充分反映学习者在学习过程中的认知变化和能力提升，也无法支持对学习进程的动态调整。因此，传统评估无法适应学习者个体差异和教育环境日益复杂的需求，难以提供实时、精准的干预和反馈。然而，在智能时代，评估体系逐步转向依托学习过程数据的持续采集与动态跟踪。这一转变使得对学习行为的追踪成为可能，能够实时监控学习者的行为特征与学习状态，进而动态推理其学习模式、发展轨迹及潜在问题。基于过程数据的评估方式，结合人工智能与学习分析技术，不仅能够揭示学习者当前的学习状态，还能够预测其未来的学习趋势。深入分析学习过程中的数据能够揭示学习者在认知、情感、动机等多个维度上的变化，从而为学习目标的调整、个性化资源推荐与学习策略优化提供科学依据。与传统的静态评估相比，这种基于过程数据的动态评估模式赋予了教育者更多关于学生学习轨迹的洞察，真正实现了评估结果对学习过程的动态反馈与持续支持，促进了个性化学习路径的形成，并能够在关键时刻为学习者提供精准的指导与支持。通过这种数据驱动的评估方式，教育者能够对学习者的成长过程进行更加全面和细致的把握，从而提高教育干预的精准度和时效性，推动教育质量的持续提升。

（三）面向多场景的评估结果价值释放

传统教育评估通常聚焦于学生的分流、升学选拔或排名评价，评估结果的使用场景有很强的局限性，主要服务于对学生成绩的单一判断。这种评估方式难以适应个性化、多元化的学习需求，无法充分挖掘评估数据的深层价值。而在智能时代，学习评估的功能已超越了传统的终结性评估，而转向过程性评估，这一转型意味着评估数据的价值可以在多个层面和场景中得到充分释放和应用。智能化的学习评估不仅能够为学生提供个性化学习路径的优化，还能够为教育体系的各个层面提供动态反馈和支持。在教学过程中，教师可依托评估数据进行教学反思，识别教学中的薄弱环节和改进空间，进而进行针对性的课程调整。这不仅有助于提高教学的有效性，还能提升教学设计的灵活性与适应性，确保教学活动能够与学生的需求和反馈紧密对接。此外，评估数据还为学校管理者和教育决策者提供了重要的科学决策依据。通过对全校或系统层面的评估数据进行分析，教育管理者能够实现教育资源的动态配置，优化课程设置，调整师资配置，并促进教育治理能力的持续提升。评估结果的多场景应用，使得教育资源能够更加高效地满足不同学习者的需求，同时增强教育系统的整体适应性和包容性，推动教育治理向更加精准和灵活的方向发展。

人工智能、云计算、大数据等新一代信息技术的迭代演进和逐步渗透，给人们的生活、学习和工作带来革命性影响，同时对智能时代的人才培养提出新要求和新挑战。首先，为帮助学生更好地在未来社会生存和发展，应在当前智能时代学生成长方面达成社会共识。在充分考虑智能时代特征和相关利益方的价值诉求基础上，将学生成长的社会共识归纳为认知发展与创新意识、学习能力与数字素养、人机协同与社会责任。其次，在人才培育过程中，教育评估是衡量人才培养质量的重要手段，而学习评估作为一项复杂的教育评估活动，是学生学习成果的认定方式、学生学习过程的质量保障和学生自主学习的实现手段，构成了关于学生成长的社会共识达成的支撑体系。最后，智能技术赋能的学习评估，在评估主体、评估内容、评估工具、评估方式和评估结果等全方面进行数字化、智能化重塑，在教与学过程中进行多场域、多平台、多场景、多模态等全覆盖的数据分析，在自主学习过程中参与设立评估目标、评估产出、设立评估标准、评估反馈等全要素评估活动。当前，教育学界和实践领域正在积极探索智能技术在学习评估中的应用，并取得了初步成果。未来，将持续推进学习评估创新，借助智能技术全面推进教育评价改革，加快推进教育高质量发展，推动我国创新人才培养。

第六章　泛在智慧学习环境

随着智能时代的到来，教育的数字化转型对学习环境提出了深刻变革的要求，推动学习场域从传统课堂走向更加开放、灵活、个性化的智慧学习环境。学习环境是支持和促进学习的重要场所，学习者可以在其中通过自由探索和自主学习，结合各种工具和信息资源，达成学习目标。[①] 随着科学技术的飞速进步，学习环境不断被更替、重组和优化。大数据、云计算、人工智能等新一代信息技术正在引领新一轮科技革命，不仅推动人类生产和生活的结构重组与流程再造，也深刻改变了教育的组织模式和服务方式，为人类教育迈向智慧教育阶段提供了新的可能。[②] 在科技与教育的深度融合中，学习环境需要进行转型与升级，以支持智慧教育生态的构建。智慧教育以数据驱动、个性化、情境化为主要特征，对学习环境提出了更高要求。[③] 当前，在互联网技术的推动下，学习环境已从传统的封闭式校园逐渐向互联网学习环境过渡，并进一步延展至家庭、社区、社会公共空间等场域。[④]

面对“数字土著”一代，学习环境亟须满足其多样化诉求：随时随地接入网络，获取丰富的个性化学习资源；支持移动学习、户外学习，甚至在特殊场景中实现学习；提供舒适愉悦的学习体验；在社交网络中共享观点，开展沟通与协作；通过灵活的方式探索感兴趣的问题。智慧学习环境能适应人们任意时间、任意地点、任意方式、任意步调的学习诉求，以支持学习者轻

---

① 何克抗．建构主义：革新传统教学的理论基础：上 [J]. 电化教育研究，1997（3）：3–9.

② 黄荣怀．论科技与教育的系统性融合 [J]. 中国远程教育，2022（7）：4–12，78.

③ 黄荣怀，周伟，杜静，等．面向智能教育的三个基本计算问题 [J]. 开放教育研究，2019（5）：11–22.

④ 庄榕霞，方海光，张颖，等．城市典型场域学习环境的发展特征分析 [J]. 电化教育研究，2017（2）：82–90.

松、投入、有效地学习。智慧学习环境能感知学习情景、识别学习者特征、提供合适的学习资源与便利的互动工具、自动记录学习过程和评测学习成果，是促进学习者有效学习的学习场所或活动空间，是普通数字化学习环境的高端形态，是教育技术发展的必然结果。本章基于对智慧学习环境相关研究的回顾，分析其内涵与特征，阐述泛在智慧学习环境的关键要素，并进一步解释智慧学习的过程框架。同时，本章还结合实际应用，剖析面向智慧学习的典型场景，为未来智慧教育环境的设计和实践提供理论支持与参考。

一、智慧学习环境研究回顾

早在20世纪60年代初期，国外便开始了关于学习环境的研究。例如，学者们探讨了学习环境的决策模拟评价、大学新生在新学习环境下的适应策略，以及计算机辅助教学如何促进学习环境的优化等。随着时间推移，关于学习环境的研究逐渐增多，研究主题和内容不断丰富和扩展，包括儿童学习环境创设、建构主义学习环境、沉浸式学习环境、反思性学习环境、在线学习环境、网络学习环境、交互学习环境、数字化学习环境、自适应学习环境、移动学习环境、虚拟现实学习环境、机器学习环境、混合学习环境、社会学习环境、情景学习环境、工作场所学习环境、创新学习环境、智能学习环境和智慧学习环境等。学习环境的研究从理论建构逐步走向实践应用。1997年1月，马来西亚教育部发布了一系列关于智慧学校的政策文件，在全球率先启动了智慧学校建设实践。文件系统阐释了智慧学校的概念模型，包括教与学的指导原则、管理和业务流程与场景、利益相关者的技能与责任、技术支撑要素、政策实施框架以及术语汇编等关键内容，构建了智慧学校建设的理论与实践框架，为全球智慧学校建设提供了重要参考。2001年，马来西亚吉打州实施国家智慧学校计划项目，旨在创造一个让学生在课堂上使用个人电脑和其他创新工具的智慧学习环境，其中使用了“智慧学习环境”（smart learning environment）这个术语。人们对智慧学习环境有了更深刻的认识，如教室更多的是教学环境而不是学习环境，学生需要成为智慧学习者，并拥有一个智慧移动学习环境，新一代网络为创设新的智慧学习环境提供了机会。2018 年，国际标准化组织发布了关于学习环境的标准。① 该标准阐述了学习环境中自动化内容适配的关键组件，这标志着学习环境研究的进一步规范化和国际化。在教育领域，学习环境作为支撑教学创新和学习变革的重要基础，已逐渐成为教育理论与实践研究的核心方向之一。

国际学术界在智慧学习环境领域的研究也有显著进展，其中的典型代表是国际智慧学习环境协会（International Association of Smart Learning Environments，IASLE）的创立和发展。该协会由计算机科学、教育学、环境学、教育技术学等领域的中国专家与国际专家于 2014 年共同发起，旨在为智慧学习环境的各利益相关者提供建设性对话的平台。通过讨论现有学习环境的局限性、改革的必要性、新兴教学方法和技术的创新用途，以及最佳实践的推广与分享，国际智慧学习环境协会积极推动智慧学习环境的发展、设计和实施，帮助利益相关者更好地理解彼此在教育过程中的作用及其相互支持的方式。同年，国际智慧学习环境协会创办了由国际知名出版机构斯普林格（Springer）出版的国际期刊《智慧学习环境》（*Smart Learning Environments*）。该期刊致力于推进现代学习环境向智慧学习环境的转型，广泛涵盖智慧学习环境的理论研究、技术创新及其实践应用。期刊特别关注通过智能技术和教育学的深度融合，对现有学习环境进行优化和教学方式的改革。截至 2024 年，该期刊已出版 12 卷，发表高质量学术论文 300 余篇，并在 2021 年科学期刊排名（SJR）中位列教育领域第 9 位，影响力跻身教育类期刊前 16%（216/1381），成为智慧学习环境领域的重要学术阵地。此外，国际智慧学习环境协会还主办了国际智慧学习环境大会（ICSLE），截至 2024 年该会议已成功举办八届，成为技术与教育学融合、智能技术深入应用的重要学术交流平台。会议关注智慧学习环境的关键议题，包括教育中的数字化转型、人机

---

① 参见 ISO/IEC TR 20821：2018，Information technology–Learning，education and training–Learning environment components for automated contents adaptation（First Edition）.

协作以及智能技术在教育中的创新实践。总体来看，国际智慧学习环境协会的成立、国际期刊的创办以及系列国际会议的成功举办，为智慧学习环境研究开拓了广阔的国际学术视野，极大地推动了该领域的理论深化和实践探索。它不仅为研究者与实践者提供了高水平的学术交流平台，还在全球范围内促进了智慧学习环境研究的跨学科合作与国际化发展，对教育技术的未来创新产生了深远影响。

我国关于智慧学习环境的研究始于2012年，国内智慧学习环境相关学术会议、学术论文和学术期刊相继涌现，标志着这一领域的学术研究逐步形成体系并呈现出显著增长态势。这些学术活动为智慧学习环境研究搭建了重要的国际学术交流平台，推动了跨学科研究的深化与发展。当前，智慧学习环境已成为智慧教育领域的重要前沿研究方向，聚集了一批致力于智慧学习环境设计与建设的研究者和实践者，形成了较为成熟的学术共同体。研究主题涵盖智慧学习环境、智慧学习、智慧教室、电子书包、学习环境及智慧教育等，为智慧教育研究开拓了新的学术视野，并将智慧学习环境的研究推向了更高层次。智慧学习环境的研究正处于快速发展阶段，研究内容已扩展到学校学习环境、家庭学习环境和社会学习环境等多维场域。在国际上，教育数字化转型已成为各国推动教育现代化的共同目标和趋势。在技术与教育深度融合的背景下，智慧学习环境的研究以互联网、人工智能等新兴技术为驱动力，以政策为导向，强调教育在环境建设、教学优化、管理创新和资源共享等全流程中的实践应用与结构性变革。① 数字化转型背景下，学习环境的改革与新型学习环境的构建成为推动教育现代化和学习型社会发展的核心要素之一。新型学习环境不再仅仅是单一的数字化环境，而是更高端的数字化形态，即智慧学习环境。智慧学习环境不仅以其智能化、个性化和交互性的特点提升了学习的效率与效果，更在教学与学习活动中实现了技术与教育的深度融合，成为引领未来教育改革与发展的重要方向。

① 陈丽，张文梅，郑勤华.教育数字化转型的历史方位与推进策略[J].中国电化教育，2023（9）：1–8，17.

二、智慧学习环境的内涵

学习环境随着教学与学习活动的发生而出现，从最初的自然环境到后来的庠序、私塾、书院、太学、国子监等。具有现代意义的学习环境是在夸美纽斯提出班级授课制后出现的。20 世纪 90 年代以来，随着信息技术的发展，多媒体、计算机、互联网等数字化技术逐步进入校园和课堂。1998 年，美国前副总统戈尔发表了题为《数字地球：21 世纪认识我们的地球》的演讲，提出“数字地球”的概念，此后全世界普遍接受了数字化概念，并引出了数字城市、数字校园等概念，学习环境的研究与实践也步入数字化时代。然而，众多在数字化环境中开展的教学活动，并没有改变追求知识传递的传统，而只是简单地把教学内容数字化，仍然要求学习者尽可能被动地接受和积累知识，这只能达到回忆、理解和应用等低阶认知目标。

不同学者从各自角度提出了关于智慧学习环境的构想。钟国祥等认为，提出智能学习环境是从建构主义学习理论、混合学习理论、现代教学理论出发，以学习者学习为中心，由相匹配的设备、工具、技术、媒体、教材、教师、同学等构成的一个智能性、开放式、集成化的数字虚拟现实学习空间，既支持学习者学习的自主建构，又提供适时的学习指导。[①] 马来西亚学者认为，智慧学习环境是一个以信息通信技术应用为基础、以学习者为中心，且具备以下特征的环境：可以适应不同学习者的不同学习风格和学习能力，可以为学习者终身学习提供支持，为学习者的全面发展提供支持。[②] 综合以上观点和

---

① 钟国祥，张小真．一种通用智能学习环境模型的构建 [J]. 计算机科学，2007（1）：170–171，197.

② CHIN K W. Smart learning environment model for secondary schools in Malaysia：an overview[EB/OL].[2014-10-10]. https://www.powershow.com/view/13d931-ZGY4M/Smart_Learning_Environment_Model_For_Secondary_Schools_in_Malaysia_An_Overview_Making_a_difference_powerpoint_ppt_presentation.

对“技术促进学习”发展趋势的分析，智慧学习环境应具有以下特征。其一，智慧学习环境应实现物理环境与虚拟环境的融合。在智慧环境中，对物理环境的感知、监控和调节功能进一步增强，增强现实等技术的应用使虚拟环境与物理环境无缝融合。其二，智慧学习环境应更好地提供适应学习者个性特征的学习支持和服务。智慧学习环境强调对学习者学习的过程记录、个性评估、效果评价和内容推送，根据学习者模型，对其自主学习能力的培养起到计划、监控和评价作用。其三，智慧学习环境既支持校内学习也支持校外学习，既支持正式学习也支持非正式学习。学习者并非只是校内的学习者，而包括在工作中有学习需求的所有人。

综上所述，智慧学习环境是一种能感知学习情景、识别学习者特征、提供合适的学习资源与便利的互动工具、自动记录学习过程和评测学习成果、促进学习者有效学习的学习场所或活动空间。智慧学习环境是普通数字化学习环境的高端形态，是教育技术发展的必然结果。智慧学习环境和普通数字学习环境在学习资源、学习工具、学习社群、教学社群、学习方式和教学方式等方面有着显著差异，见表 6–1。

表 6–1　普通数字学习环境与智慧学习环境的比较

	普通数字学习环境	智慧学习环境
学习资源	倡导资源富媒体化 在线访问成为主流 用户选择资源	鼓励资源独立于设备 无缝链接或自动同步成为趋势 按需推送资源
学习工具	通用型工具，工具系统化 学习者判断技术环境 学习者判断学习情景	专门化工具，工具微型化 自动感知技术环境 自动识别学习情景
学习社群	虚拟社区，侧重在线交流 自我选取圈子 受制于信息技能	结合移动互联的现实社区，可随时随地交流 自动匹配圈子 依赖于媒介素养
教学社群	难以形成社群，高度依赖经验 地域性社群成为可能	自动形成社群，高度关注用户体验 跨域性社群成为时尚

续表

	普通数字学习环境	智慧学习环境
学习方式	侧重个体知识建构 侧重低阶认知目标 统一评价要求 兴趣成为学习方式差异的关键	突出群体协同知识建构 关注高阶认知目标 多样化的评价要求 思维成为学习方式差异的关键
教学方式	重视资源设计，重视讲解 基于学习者行为的终结性评价学习结果 学习行为观察	重视活动设计，重视引导 基于学习者认知特点的适应性评价学习结果 学习活动干预

在新一代智慧学习环境中，学习不再依赖于传统的课本或单一设备，而是被构建于一个智能化、泛在化、个性化的动态的生态之中。基于人工智能、知识图谱与多模态交互技术，学习者可在多终端之间无缝切换，通过智能学习系统获取针对性的知识推送、自适应的学习路径推荐与实时反馈。系统能够感知学习状态，动态生成学习报告，结合教师评价与群体行为数据，实现“教—学—评”一体化闭环。沉浸式虚拟实验室、协同式跨学科学习任务以及生成式人工智能助理的嵌入，进一步打破了空间限制，使得学习真正融入生活的每一个角落，构建起以学习者为中心的智慧生态。

在学校学习中，教师可利用增强现实技术呈现各种真实的学习场景，使学生能够身临其境地体验学习对象，增强学习兴趣和动机；根据系统记录的学生预习结果，重点讲解学生较难理解的知识点；利用系统提供的丰富学习资源，设计各种学习活动；通过集成化的课堂控制系统，灵活地控制学习终端，实时推送相关学习资源；还可根据学习者特征，快速分组，组织课堂协作学习可以利用系统提供的便捷交互工具，与同伴和教师进行互动；还可以利用内置的投票器与教师即时互动，使教师第一时间获得学生的反馈信息，根据反馈信息及时调节教学。智慧学习环境能够提供智能化的教学设计支持，以辅助教师进行课堂教学设计，还能对学生的作业和试卷进行自动批改和自动分析。

在家庭学习中，学生可以在家利用电子教材进行课前预习和完成教师布置的作业。预习时重点已经被标记出来，预习后可尝试完成教师布置的作业；系统自动给出作业结果的反馈，对疑难问题给出提示和解答，按照主要知识点和次要知识点，给出知识点之间关系的结构图。系统能记录学生的作业完成情况，教师可以根据统计，进行有针对性的教学和对学生进行个性化指导。智慧学习系统提供 1 对 1 的辅导功能，方便学生需要学习指导的时候"呼叫"老师。家长可通过电子教材提供的学习记录了解学生在校学习情况，家长的电子签字通过电子教材便利地传输到学校管理系统。

在社会学习中，智慧学习环境能够感知学习者所处的地点，根据地点和学习者的学习风格，主动推送与学习者所处环境相关的学习资源，实现自适应的泛在学习；在某些情况下，能根据学习者的位置进行分组，让处于同一地点的学习者组成一组，满足学生在真实情境中的协作学习需要；能为学习者提供最合适的学习路径和最合适的学习方法。

对于成人及校外学习者，智慧学习环境能把正式学习和非正式学习有机融合，满足人类日益增长的终身学习的内在需求，适应学习者学校学习、家庭学习和社会学习的需要，从而真正实现"无缝学习"（seamless learning）。

三、泛在智慧学习环境的构成要素

智慧学习环境将新一代信息技术真正、有效地融入传统教育中，可有效改变传统教育，支持学习活动回归本真。智慧学习环境帮助学习者沉浸于学习实景，自然、真实和丰富的学习体验促使学习者以更强的学习兴趣和动力投入到学习中，并有利于学习者更好地投入到未来学习和工作情境中，将使用技能的学习纵向贯通学习者的未来生活、横向渗透学习者的现实需求。[①]

智慧学习环境的构建基于学习资源、智能工具、学习社群、教学社群、

① 岳婷燕，郑旭东，杨成. 智慧学习环境下的实景学习活动研究 [J]. 现代教育技术，2016（3）：26–32.

学习方式和教学方式六大核心要素。① 其运行机制依赖于学习者和教师通过学习方式和教学方式与其他四个要素相互关联、相互作用，以共同促进有效学习的发生。学习方式和教学方式不仅是学习者与智慧学习环境互动的桥梁，也是确保该环境真正具备“学习”属性的关键要素。有效学习的发生是个体建构和群体建构相互作用的结果。其中，学习社群强调学习者之间的互动、协作与交流；教学社群是教师共同学习、协同工作、寻求持续专业发展的统一体。学习资源与智能工具作为智慧学习环境的基础支撑，为学习社群和教学社群的高效运作提供必要保障。智慧学习环境的智能化特征不仅依赖于智能工具的创新发展，还得益于学习社群和教学社群在资源优化与工具演进中的主动促进作用。二者在动态交互过程中，共同塑造智慧学习环境的适应性与进化能力，使其能够持续满足学习者与教师的多样化需求，并推动智慧教育的可持续发展。

智慧学习环境的技术特征主要体现在记录过程、识别情景、联接社群、感知环境等方面，其目的是促进学习者轻松、投入和有效地学习。第一，记录学习过程（tracking learning process）。智慧学习环境能通过动作捕获、情感计算、眼动跟踪等感知并记录学习者在知识获取、课堂互动、小组协作等方面的情况，追踪学习过程，分析学习结果，建立学习者模型，这为更加全面、准确地评价学习者的学习效果提供了重要依据。第二，识别学习情景（recognizing learning scenario）。智慧学习环境可根据学习者模型和学习情景为学习者提供个性化资源和工具，以促进有效学习的发生；智慧学习环境能识别学习情景，包括学习时间、学习地点、学习伙伴和学习活动，为教学活动的开展提供支持。第三，感知学习物理环境（awareness of physical environment）。智慧学习环境能利用传感器技术监控空气、温度、光线、声音、气味等物理环境因素，为学习者提供舒适的物理环境。第四，连接学习社群（connecting learning community）。智慧学习环境能够为特定学习情景建立学习社群，为学习者有效连接和利用学习社群进行沟通和交流提供

① 黄荣怀，杨俊锋，胡永斌.从数字学习环境到智慧学习环境：学习环境的变革与趋势[J].开放教育研究，2012（1）：75-84.

支持。第五，促进轻松的、投入和有效的学习（easy，engaged and effective learning）。智慧学习环境的目标是为学习创建可过程记录的、可情境识别的、可环境感知的、可社群联接的条件，促进学习者轻松、投入和有效地学习，既体现了智慧学习环境的技术特征，也反映了学习者的功能需求。

普适计算是信息空间与物理空间的融合，在这个融合的空间中人们可以随时随地、透明地获得数字化服务。① 在教育领域，普适计算技术的深远影响体现为教育的泛在化。技术的广泛应用推动了学习从固定场所向无时无处不在的泛在学习转变。普适计算技术的发展正引领教育形成一个情境感知的泛在学习空间的生态环境，② 每一个学习者都沉浸在现实世界和数字世界交织的信息生态环境之中。通过情境感知的移动设备，学习者能够轻松获取学习对象的详细信息与学习内容。③ 头盔式显示器、穿戴式计算设备或其他终端工具构建了虚拟与现实交织的新型学习空间，同时结合位置跟踪器、数据手套及其他手控输入设备、声音技术等，营造出沉浸式、全身心投入的学习体验。此外，智能网络的广泛部署使学习者能够通过对话交流、参与实践及社会互动等方式，逐步完成知识的社会性建构。这一过程凸显了泛在学习的基本特征，即学习活动发生于无处不在、情境高度融合的动态空间中。学习者依托情境感知技术，与相关的个体或智能知识载体实现信息交换、资源共享，并在此过程中逐步建构个人的认知结构与群体间的社会性知识网络。因此，泛在学习可被理解为一种建立在情境感知基础上的学习方式，它将日常生活环境与学习场景有机结合，强调学习在真实语境中通过自然互动完成知识的生成与内化。泛在智慧学习环境的构成可被归纳为六个关键要素：泛在的网络接入、适宜的学习空间、可信的学习工具、适应性学习资源、可靠的数字

---

① CHAN T-W，ROSCHELLE J，HSI S，et al. One to one technology-enhanced learning：an opportunity for global research collaboration[J]. Research and Practice in Technology Enhanced Learning，2006，1（1）：3-29.

② 余胜泉 . 从知识传递到认知建构、再到情境认知：三代移动学习的发展与展望 [J]. 中国电化教育，2007（6）：7-18.

③ 陈卫东，叶新东，秦嘉悦，等 . 未来课堂：高互动学习空间 [J]. 中国电化教育，2011（8）：6-13.

终端以及安全的网络环境。

（一）泛在的网络接入

随着芯片制造、无线宽带、信息传感及网络业务等信息通信技术的发展，信息网络更加全面深入地融合人与人、人与物乃至物与物之间的现实物理空间与抽象信息空间，并向无所不在的泛在网络（ubiquitous network）方向演进。[①] 泛在网络在兼顾物与物相联的基础上，涵盖了物与人、人与人的通信，是全方位沟通物理世界与信息世界的桥梁。[②] 在这一背景下，泛在计算的目标是使计算和通信能力无处不在，并深度融入物理环境，让用户能够专注于完成任务本身，而非计算设备的操作。例如，通过让计算机的功能隐形化，人们能够在自然的环境中完成计算和通信任务，最终实现计算机与人的无缝融合。在教育领域中，泛在网络接入技术可以为学习者提供更加灵活、高效、便捷的学习体验。学习者可以通过无线连接，实现设备与系统之间的无缝协作，随时随地获取学习资源。在学习过程中，学习进度和学习效果能够通过系统得到实时反馈并进行动态调整。此外，这种网络接入方式能够有效解决学习过程中可能遇到的网络故障或设备损坏等问题，为学习者提供更稳定和可靠的支持。

泛在技术与泛在网络是智慧教育系统实现全面互联互通、无缝访问的核心基础，为用户提供能够在电信网、移动网、互联网、卫星网等多个网络之间自由切换的高质量网络服务，其服务具有无所不在、无所不包、无所不能基本特征，用户在任何时间、地点都能顺畅地通信[③]，都能通过合适的终端设备与网络进行连接，获得个性化的信息服务[④]。在教育领域，泛在图书馆是泛在网络技术应用的典型案例。与传统的数字图书馆不同，泛在图书馆将数字资源、先进的移动技术与泛在网络环境高效整合，为用户提供一个触手可及、

① 陈卫东，叶新东，秦嘉悦，等 . 未来课堂：高互动学习空间 [J]. 中国电化教育，2011（8）：6–13.

② 张平，苗杰，胡铮，等 . 泛在网络研究综述 [J]. 北京邮电大学学报，2010（5）：1–6.

③ 刘志明 . 物联世界 [J]. 商业时代，2012（8）：1.

④ 同② .

易于识别和便捷访问的知识共享环境。[①] 泛在图书馆不仅确保用户在尊重知识产权的前提下通过多种学习终端获取所需资源，还通过泛在网络环境构建了更高效的信息获取模式。[②] 在泛在网络在智慧教育环境的应用中，北京市于2012年启动的“北京数字学校工程”颇具代表性。该项目通过泛在网络技术实现了互联网与有线电视网的融合，市民可以在家中通过高清交互电视访问北京数字学校，从而享受“名师请到家”的高质量教育资源服务。泛在网络技术在智慧教育环境中的应用不仅促进了学习、生活与工作的紧密连接，还推动了学校教育、家庭教育和社会教育的深度融合。同时，手机、平板电脑、个人计算机、学习机、电视等多种终端设备的连接为构建智慧学习环境奠定了技术基础。[③]

（二）适宜的学习空间

任何教学活动都必须在一定的时空条件下进行，这一定的时空条件就是有形的和无形的特定的教学环境。[④] 学习空间（learning space）通常是指学校中支持学生学习活动的整体环境，其研究重点是在技术丰富的背景下，如何通过改造和优化学校环境以更好地满足学生的多样化学习需求。从广义上讲，学习空间可分为正式学习空间、非正式学习空间和虚拟学习空间三种类型。正式学习空间指那些为特定教学活动设计的场所，包括教室、实验室等，其特点是结构化、以教师为中心，并支持特定课程内容的传授。非正式学习空间则是指为学生提供自由探索、协作学习和放松的场所，如休息室、校园户外学习区域等，其设计旨在促进学生之间的自主互动和知识共享。虚拟学习空间则以技术为基础，包括学习管理系统（learning management systems,

---

① 杨现民，余胜泉. 论我国数字化教育的转型升级 [J]. 教育研究，2014（5）：113–120.

② 黄幼菲. 泛在图书馆与图书馆泛在化移动信息服务探析 [J]. 重庆图情研究，2013（1）：48–53.

③ 杨现民，余胜泉. 智慧教育体系架构与关键支撑技术 [J]. 中国电化教育，2015（1）：77–84，130.

④ 李秉德. 对于教学论的回顾与前瞻 [J]. 华东师范大学学报（教育科学版），1989（3）：55–59.

LMS）、社交网络平台以及其他在线学习环境，强调通过技术手段实现远程互动、资源共享和学习过程的数字化支持。[①]

从感知层面来看，适宜的学习空间应能够为学习者提供舒适、健康且动态优化的物理学习环境。这一环境依托于多种智能技术与传感器的协同工作，通过实时监测外在环境与学习者内在状态之间的关系，实现对学习空间的个性化调节和优化。具体而言，各类传感器（感知温度、湿度、二氧化碳浓度、光照强度等）被用于感知学习空间的物理环境参数，而各种量表（如学习评测量表、学习态度量表等）则被用于分析和评估学习者的内在学习状态及其对外部环境的响应。例如，通过实时检测室内的噪声水平、光线强度、温湿度条件和空气质量（如气味、二氧化碳浓度等），学习空间中的智能系统可基于预设的理想环境参数，自动调节门窗、灯具、空调、新风系统等设备，确保学习空间的声、光、温、气等因素始终处于有利于学生身心健康的适宜状态。

从教学法层面来看，学习空间的设计与构建应充分考虑教学法的多样性与需求，灵活地适配不同教学法的特点与目标。学习空间建设的核心在于为学习者创建虚拟与现实无缝融合的环境，使学习者能够在正式和非正式的学习情境中，高效、投入地参与学习活动。这一目标要求学习空间能够支持不同教学方法的实施，并灵活适应各种学习方式，包括课堂听讲、自主学习、探究学习、协作学习，以及户外移动学习和泛在学习。以教室空间为例，其设计应具备动态适应教学法的能力。针对讲授式教学方法，教室内的座位布局可以调整为“秧苗式”，以便学习者集中注意力、倾听教师讲解，并通过清晰的视线分布增强教学效果。而针对探究式和协作式教学方法，教室内的座位布局可以调整为“多组圆桌式”，以支持学生之间的小组讨论和协作研究。这种灵活的空间配置使教学活动能够在形式上从单向传递转向多向互动，从而提高学习者的参与感和主动性。

从需求层面来看，适宜的学习空间需要综合考虑技术的最新发展和学生的个性化需求。[②]当前，随着人工智能、元宇宙、数字孪生、生物识别与情感

① 杨俊锋，黄荣怀，刘斌 . 国外学习空间研究述评 [J]. 中国电化教育，2013（6）：15–20.
② 同① .

计算等前沿技术的快速发展，学习空间正逐步从传统的物理与虚拟分离状态向高度融合的智能化、多维度方向演进。人工智能技术在学习空间中的应用极大提升了个性化学习的可能性。自然语言处理技术，虚拟导师或对话式学习助手能够为学生提供即时反馈与答疑，生成式人工智能还能根据学生的需求动态生成学习资源与个性化内容，显著提升学习效率和适配性。元宇宙技术（metaverse technology）则通过虚拟现实和增强现实的深度融合，构建了高度沉浸式的虚拟学习环境。学生可以通过虚拟化身参与虚拟实验、项目合作或角色扮演，极大扩展了学习空间的广度与深度。此外，元宇宙还结合区块链技术，确保学习数据的安全性与资源共享的透明性。数字孪生技术（digital twin technology）为学习空间提供了虚实结合的创新手段。通过为物理学习空间创建数字孪生模型，教育管理者可以实时监测学习环境的状态，并基于动态反馈优化学习环境。例如，在工程教育和医学教育中，数字孪生技术已被用来模拟复杂设备或系统的运行，为学生提供高精度的仿真学习体验。生物识别与情感计算技术（biometric and affective computing）则进一步推动了学习空间的智能化进程。通过采集学生的多模态数据（如面部表情、语音语调、心率、皮肤电等），学习系统能够动态分析学习者的情绪与注意力状态，进而调整学习内容和教学策略，提升学习效果。

（三）可信的学习工具

学习工具是指有益于学习者查找、获取和处理信息，交流协作，建构知识，以具体的方法组织并表述理解和评价学习效果的中介。[①] 数字化学习工具具备信息化、开放化、网络化和高效率等特点。学习工具整体向开放化、免费化、网络化、社会化、面向学习对象的粒度微型化等趋势发展。[②] 在网络环境下，数字化学习工具的发展趋势是高效率、易使用、低成本、交互强和开

---

① 钟志贤，张琦 . 论学习环境中资源、工具与评价的设计 [J]. 开放教育研究，2005（3）：62–67.

② 钱冬明，郭玮，管珏琪 . 从学习工具的发展及应用看 e–Learning 的发展：基于 Top100 学习工具近五年的排名数据 [J]. 中国电化教育，2012（5）：135–139.

放源代码及二次开发。[①] 学习工具包含两大类：一类是专门设计和开发的用于支持人们学习的各种工具，如 Edmodo、Moodle、雨课堂等基于个人计算机端和移动端的学习管理系统；另一类是并非为支持学习而设计和开发，但其应用能够很好地支持人们某种学习需求的各种工具，如微信、QQ 等社交软件和钉钉、WeLink、ZOOM 等远程办公和会议软件。[②] 近年来，生成式人工智能工具迅速崛起，正成为数字化学习工具体系中的新兴力量。以 Deepseek、ChatGPT 等为代表的智能生成工具，具备自然语言理解、自动内容生成与实时交互等能力，能够辅助学习者进行写作、编程、内容摘要、语言翻译等复杂任务。这类工具拓展了个性化学习与自主探究的边界，也推动学习工具从“知识获取的辅助器”向“认知过程的协同者”演进，成为构建智慧学习生态的重要支撑。

技术发展催生了海量的数字化学习工具，这些工具迅速进入教育市场，在支持学生学习的同时也带来了新的挑战。如何为学生提供安全、可信且高质量的学习工具，已经成为教育技术领域的关键议题。已有的数字化学习工具评价标准提出了八个维度，包括：技术性（technical），可访问性（accessibility），移动设计（mobile design），功能性（functionality），隐私、数据保护与权利（privacy，data protection and rights），社会临场感（social presence），教学临场感（teaching presence），认知临场感（cognitive presence），以对学习工具进行全面评价。[③] 其中，功能性是指学习工具是否提供支持学生学习的核心功能与服务；可访问性强调学习工具是否能够普遍适用于不同人群，包括是否支持残障人士的使用需求；技术性则关注学习工具的技术性能与易用程度，确保用户可以顺畅操作；移动设计评价学习工具在移动设备上的兼容性及其功能发挥效果；隐私保障、数据管理与用户权利是

① 张力 . 数字化学习工具的发展对信息化教学的作用分析 [J]. 电化教育研究，2008（9）：27–30.

② 穆肃，郭鑫 . 学习工具发展的“风向标”：基于对 2012 年 TOP100 学习工具变化趋势分析 [J]. 现代远程教育研究，2014（1）：42–48.

③ ANSTEY L M，WATSON G P L. Rubric for e–learning tool evaluation[EB/OL]. [2023–12–24]. https://teaching.uwo.ca/odf/elearning/Rubric–for–e Learing–Tool–Evaluation.pdf.

评估学习工具的重要维度之一，主要关注工具在数据安全性和个人隐私保护方面的能力与合规性表现。此外，学习工具的社会临场感是其支持学生创建交互环境的能力，包括协作学习和交互式教学的实施；教学临场感则反映学习工具在教学过程中的支持作用，包括是否能够实现对学习行为的个性化分析、干预和管理；认知临场感关注学习工具在支持学生高阶思维训练与能力培养方面的表现。

可信的学习工具评价需要重点关注功能保障和数据安全两个核心维度，其中功能保障主要体现为用户体验，而数据安全则直接关系到学习者隐私保护与数据使用的合法性。首先，从功能保障的角度来看，应用规模是评价学习工具的重要指标，主要体现为工具在功能拓展方面的灵活性，以及其根据具体学习需求动态组建学习小组与实践社群的能力，以支持多样化的教学和学习活动。易用性则关注学习工具是否能够结合学生群体的心理特征和认知特点，提供人机友好的交互设计、美观直观的页面设计，以及简单高效的操作逻辑，确保工具的使用门槛低且用户体验良好。进一步地，可用性较强的学习工具还需支持语音识别、手势识别、眼动追踪等多种用户界面，不仅能提高学习的沉浸感，还能通过多样化和自然的人机交互方式拓展学习的可能性。[①]

其次，可信学习工具的另一个关键维度是数据安全，主要涵盖隐私保护、数据权利和数据管理。隐私保护方面，需要重点考察学习工具对个人信息的隐私保护情况，包括是否存在机构审核和第三方团体收集数据的风险。数据权利则关注学生在使用学习工具过程中产生的学习数据是否能够得到知识产权、资料所有权和版权的有效保护。此外，学习工具是否能够提供便捷的数据管理服务也是评价的重要方面。例如，工具应能够帮助学校、教师、学生和家长及时掌握教学和学习情况，并通过可视化数据反馈支持教学决策与学习优化。[②] 综上所述，可信学习工具需要在功能保障与数据安全两方面取得平

① 赵慧臣，张雨欣，李皖豫，等. 人工智能时代数字化学习工具评价模型的建构与应用建议 [J]. 中国电化教育，2021（8）：85–91，125.

② 同①.

衡。通过提升用户体验与保护隐私，学习工具不仅能够为学生提供高效、安全的学习支持，还能通过灵活的功能设计与多元化的交互方式，满足现代教育中日益复杂的教学与学习需求。

（四）适应性学习资源

学习资源是支持学习发生的核心要素，也是知识习得的重要载体。学习资源的构建与应用需要强调适应性，以满足不同学习者的个性化和学习情境的多样性需求。智慧的培养不仅依赖于开放的学习资源，还要能够根据学习者需求构建按需供给的资源体系。学者们对智慧学习环境中的数字学习资源进行了多维度的探讨。有观点认为，学习资源是在智慧课堂中，教师围绕教学内容组织教学环节或活动时所依赖的一种数字化学习资源，这类资源的设计需要满足两个基本条件：第一，为开展高效的智慧教与学活动服务；第二，以学习者需求为核心进行构建。① 智慧学习资源也被认为是一个动态的资源体系，通过学习者与学习者之间、学习者与专家之间的联通与共享，学习者能够持续获取知识以及知识的发展和更新情况。② 适应性的数字学习资源具有以下显著特点：泛在性，即资源可以随时随地获取；联通与交互性，即通过资源与学习者之间、学习者之间的互动提升学习体验；开放与共享性，即资源在教育社区中的高效共享；进化性，即能够根据学习情境和需求不断更新；个性化，即能够适应不同学习者的需求；智能化，即通过智能技术提供精准的学习支持。③

为了更好地支持学习者的个性化学习，在设计学习资源时不仅需要考虑知识点或知识片段的内在联系，还应结合学习层次、方式以及兴趣特征，提供多样化的支撑资源。这些资源可能包括任务驱动型活动设计、微视频、虚拟实验、实时互动工具以及基于情境的模拟场景等，以供学习者根据自身需

① 郑旭东，杨现民，岳婷燕．智慧环境下的学习资源建设研究 [J]. 现代教育技术，2015（4）：27–32.
② 余胜泉．学习资源建设发展大趋势（下）[J]. 中国教育信息化，2014（3）：3–6，32.
③ 徐刘杰，余胜泉，郭瑞．泛在学习资源进化的动力模型构建 [J]. 电化教育研究，2018（4）：52–58.

求自主选择与组合。此外，学习资源要能动态适应学习者的学习过程。如借助学习分析技术和语义技术，能够根据学习者的实时表现与需求，动态调整学习资源内容与呈现形式，提供更加精准的支持。此外，学习资源在支持学习者知识建构的同时，还应引导学习者反思与整合知识。通过引导式问题、关联知识图谱、使用认知建构工具等方式，帮助学习者从多维视角整合和拓展已有知识结构，推动高阶思维的培养与发展。

（五）可靠的数字终端

数字终端是连接人与数字化世界的重要设备，具备信息交互、网络接入和数字化处理等核心功能，能够支持用户实时获取、传输、处理和反馈信息。数字终端以其便携性、多功能性和智能化的特点，被广泛应用于学习、工作、生活和娱乐等场景，成为数字化时代人与信息交互的核心桥梁。根据接触形式的不同，数字终端可被进一步分为手持式终端、穿戴式终端、桌面式终端和环境嵌入式终端四种类型。手持式终端以便携性为特点，用户通过直接手持设备进行交互，典型设备包括智能手机和平板电脑等。穿戴式终端通过用户佩戴在身体上实现交互，能够形成长时间接触，主要包括智能手表、智能眼镜和 VR/AR 头盔等。桌面式终端通常被固定在桌面或特定位置，用户通过外部设备间接控制，如台式电脑和交互式电子白板。环境嵌入式终端则嵌入日常生活环境中，与用户的生活无缝融合，通常是智能化物联网设备，如智能家居系统、车载控制系统和智能会议设备。

在教学场景中，可靠的数字终端是指能够为师生提供稳定、安全、便捷支持的数字化工具，其核心特征包括高稳定性、数据安全性、操作便捷性和适应性。高稳定性体现在教学过程中设备能够长时间无故障运行，如智能平板、电子白板和教学投影设备在课堂上的持续使用，不会因技术故障中断教学活动。数据安全性要求终端设备能够有效保护教学资源、学生信息及课堂数据的隐私，防止未经授权的访问或信息泄露。操作便捷性体现在设备界面友好，功能设计符合教学需求，便于教师快速开展教学活动和学生高效参与学习。适应性则要求终端能够灵活适应多种教学场景，如课堂授课、自主学习、协作学习以及远程教学等。可靠的教学数字终端还应支持多终端协同，如教师的教学平板与学生的学习终端实时同步，结合无线网络保障流畅的资源共享和互动体验。这些特性确保教学活动顺利开展，为智慧教育环境的构建提供了重要的技术保障。

（六）安全的网络环境

当今，以互联网为代表的信息技术正引领人类进入网络信息时代，网络已成为人们学习、工作、生活的重要空间，同时也日益成为获取公共服务的关键平台。中共十九届五中全会提出了“建设更高水平的平安中国”的总体要求，强调要在坚持总体国家安全观的基础上，加强国家安全体系和能力建设。网络安全作为国家安全的重要组成部分，与社会生活息息相关，教育领域也不例外。教育部办公厅《2019 年教育信息化和网络安全工作要点》明确指出，要使教育系统网络安全保障能力显著增强，加强教育信息化和网络安全统筹部署，研究制定教育部直属机关数据安全管理办法。建立数据分级保障的工作机制，加强数据全生命周期管理。开展数据安全专项整治行动，全面排查个人信息保护存在的安全隐患。在此背景下，安全的网络环境在教育信息化中显得尤为重要。一个安全的网络环境不仅需要提供稳定、高效、可靠的数据传输服务，还必须具备强大的安全防护能力，包括防范网络攻击、数据泄露和恶意入侵等风险。安全的网络环境的核心在于数据加密、身份认证、防火墙保护和网络行为监控等关键机制，确保教育数据在传输和存储过程中安全可靠，从而提供安全、可靠的数字化教育空间。

可信网络与可信装备共同构建了教育领域安全与可靠的技术基础，为智慧学习环境提供全方位的保障。可信网络通过严格的身份认证、权限管理和数据加密技术，确保教学资源与数据在传输过程中的保密性、完整性和可控性，防止未授权操作或信息泄露。它能够在多终端、高负载的教学场景下提供高稳定性和低延迟服务，如智慧课堂中的实时内容共享和在线考试中的数据传输。此外，可信网络通过网络行为的可追溯性保障教学活动的透明性与安全性，确保数据在整个传输链中的可靠性。可信装备作为教学中使用的安全可靠的数字终端，具有高稳定性、数据保护能力和智能适配性，能够满足现代教育对设备的多样化需求。同时，可信装备支持智能化的教学需求，如实时同步教学资源、动态分析学生学习数据以及保障师生的隐私和数据安全。其设计还强调耐用性和适应性，可在课堂教学、在线学习、协作研究等多样化教育场景中长期稳定运行。可信网络与可信装备的深度融合，能够为智慧教育的发展提供更高水平的安全与效率保障。通过可信网络，教学设备能够实现无缝连接与协作，教学数据能够在设备与网络间实现加密传输与权限控制。例如，教师使用智能平板电脑实时推送教学内容，学生通过可信学习终端接入网络，获取个性化学习资源并进行互动，所有数据均在加密和权限控制下完成传输，确保信息的安全性和可靠性。

四、面向智慧学习的典型场景

随着数字技术的快速迭代，信息化设施与装备持续升级，功能日益丰富与智能化，为智慧学习环境的形成奠定了基础。智慧学习环境能够实现物理环境与虚拟环境的融合，提供适应学习者个性特征的学习支持和服务，提高学习效果、办学效率、工具与资源的效能等。智慧学习环境的建设旨在促进智慧学习，实现学习的智能化与高效化。在智慧学习系统中，场所、环境与空间构成了智慧学习的核心（见图 6-1），为学习活动提供了多样化的情境支持与动态化的交互空间。场所强调学习情境的多样化与无边界性，随着在线学习、虚拟现实等技术的发展，学习已突破传统教室等物理空间的限制，扩展至家庭、社区、博物馆等多元场景，形成融合物理与虚拟的学习情境，也体现出智慧学习泛在与无边界的特点，即学习者能够在任何时间、任何地点获得学习资源与支持。环境关注技术支持与资源配置的关键作用，通过智能感知与数据反馈，为学习者提供个性化、动态化的支持，确保学习的适应性与高效性。空间体现出智慧学习中的动态性与社会互动场域的构建，强调学习者之间的协作与知识共建，促进深层次学习与创新能力的发展。

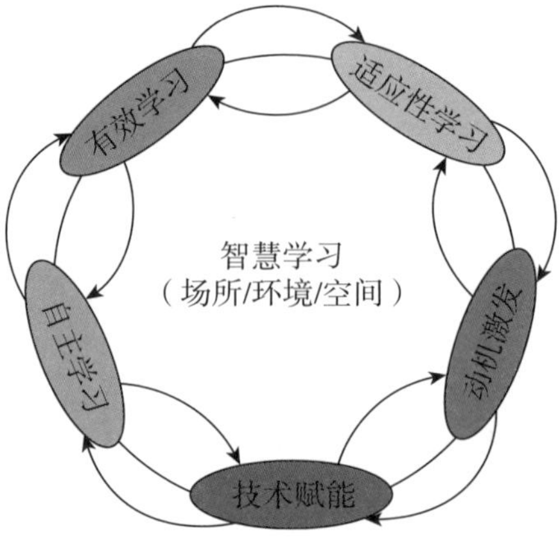

图6–1　智慧学习的过程模型

围绕这一核心内涵，智慧学习由技术赋能、动机激发、适应性学习、有效学习、自主学习五个基本元素组成，这些元素相互关联、相互作用，共同构建出动态的智慧学习过程。第一，技术赋能不仅提供了智慧学习的基础性支撑，而且通过整合创新工具和技术，确保学习环境的灵活性与便利性，助力学习者实现高效学习。第二，动机激发通过目标设定、奖励机制和情境化设计等方式，持续激发并维持学习者的学习兴趣与内在动力，以此强化学习积极性与主动性。第三，适应性学习强调基于个体差异、学习进度和社会环境的动态变化，通过数据驱动的学习策略调整，实现个性化学习。第四，有效学习关注学习策略与方法选择和运用的重要性，涵盖理解性学习、探究式学习、合作学习等多种方式，旨在促进知识的深度掌握与迁移应用，提升学习成效。第五，自主学习作为智慧学习的重要特征，突出个体的自我效能感与主观能动性，通过自我计划、自我决策、自我监控、自我管理、自我评价等一系列行为，主动维持和优化学习状态。整体而言，这五个基本元素在智慧学习过程中彼此促进、相辅相成，形成一种动态循环与螺旋式上升的发展模式。唯有全面关注这些基本元素的联动与协同，智慧学习才能真正实现数字化学习目标，助力学习者的全面成长与能力提升。

整体而言，智慧学习环境的构建离不开对关键要素的系统考虑，正是这些元素的协同作用，使智慧学习能够满足不同学习情景下的多样化需求。然而，随着学习情景的不断变化，学习者对智慧学习环境的要求也随之呈现出多样性和复杂性。学习情景通常被定义为对一个或一系列学习事件或学习活动的综合性描述，这种描述需要综合考虑多个关键要素，包括学习时间、学习地点、学习伙伴以及学习活动的形式和内容。这四个要素共同构成了学习情景的基本框架，为分析和设计智慧学习环境提供了重要依据。典型的学习情景可以分为多种类型，其中具有代表性的五种情景包括个人自学、研讨性学习、在工作中学习、在做中学、课堂学习。这些情景在学习目标、学习过程和学习结果方面各具特点，反映了不同学习模式下的多样化需求。具体而言，学习情景的差异主要可以通过两个关键维度加以考察：一是知识建构方式，即学习者如何通过协作、探究或独立思考等形式主动构建知识体系；二是知识获取方式，即学习者通过直接传递、情景感知或自主搜索等手段获取知识的过程。这两个维度不仅揭示了不同情景下学习活动的内在规律，还为智慧学习环境的设计提供了科学依据。

（一）支持个人自学的智慧学习环境

个人自学是一种以学习者为中心的自主学习行为，可预先设定或由学习者自发进行，通常不依赖教师的直接指导和辅导。这种学习情景具有明确的学习内容、预设的学习目标以及相应的评价方式，因其时间和地点的灵活性而被广泛应用。然而，个人自学也面临一些挑战，例如学习过程中可能产生孤独感、缺乏及时支持，对学习材料的可读性和学习者兴趣的要求较高。因此，适应个人自学情景的智慧学习环境需要具备以下特征，以有效支持学习者的需求。

学习资源。智慧学习环境需提供丰富、多样化的学习资源。在内容上，这些资源应涵盖数字化媒体材料、在线或离线课程等多种形式；在呈现形式上，应结构清晰、形式多样，体现自组织化和富媒体化特征，以增强学习的趣味性和可操作性；在获取方式上，允许学习者根据学习主题的需要随时获取和使用相关资源，实现资源的灵活调用。

智能工具。为帮助学习者实现学习目标，智慧学习环境应集成多种智能化工具。这些工具包括：基于学习者模型的测量工具，用于分析学习者的能力和需求；信息推送工具，用于推送与学习内容高度相关的资源；学习轨迹记录工具，用于追踪学习过程；学习结果评价工具，用于提供及时反馈和评价支持。

学习社群。尽管个人自学倾向于个体知识建构，但学习者的成长同样需要社群的支持。智慧学习环境应注重构建学习社群，鼓励学习者之间的互动与协作。通过社群交流，学习者可以分享经验、探讨问题，从而缓解自学过程中的孤独感，提升学习效果。

教学社群。智慧学习环境还需关注教师的参与，构建教学社群以支持学习者的自学过程。教学社群可促进教师之间的合作，围绕教学内容、学习支持方式、教学策略以及资源与工具的设计展开研究。这不仅有助于教师的专业发展，也为学习者提供了更加有力的支持，从而确保教学目标的顺利实现。

（二）支持研讨性学习的智慧学习环境

研讨性学习是一种学生以小组形式参与的学习模式，讨论是其主要的沟通和知识构建方式。这种学习通常围绕明确的讨论主题展开，参与者规模适中，并由具备较强组织能力和良好人际协调能力的组织者进行引导和管理。在这一过程中，学习者往往因群体互动而保持较高的兴趣和参与度，但成功的研讨性学习依赖于有效的组织和支持体系。适应此类学习情景的智慧学习环境需具备以下特征。

学习资源。研讨性学习对学习资源的规模要求相对较低，但对资源的质量要求较高。智慧学习环境需提供与讨论主题高度相关的资源，允许学习者根据需要随时调用。此外，教师或组织者需提前精心准备讨论主题，以确保研讨活动具有明确的方向和高效的成果。

智能工具。智慧学习环境应配备多种智能工具，以支持研讨性学习目标的实现。这些工具包括：学习者演示工具，用于辅助展示和表达观点；学习者交互分析工具，用于记录和分析群体成员之间的互动过程；学习结果评价工具，用于对研讨活动的效果进行评估和反馈。

学习社群。研讨性学习倾向于群体知识建构，学习社群的建立是其核心支撑。智慧学习环境需为学习者提供一个开放、协作的社群平台，鼓励小组成员之间的深度交流和协作，促进多元视角的碰撞与整合，从而实现知识的共同建构。

教学社群。教学社群在研讨性学习中同样发挥着重要作用。这种社群为相同学科的教师提供了一个交流平台，支持他们围绕研讨主题分享教学经验、共同设计课堂教学活动，并探索创新的教学策略。教学社群的建立不仅推动了学科教学设计的发展，也为教师专业成长提供了支持。

通过智慧学习环境中资源、工具、社群的有机结合，研讨性学习能够在促进知识建构的同时，培养学生的批判性思维、沟通协作能力以及团队合作精神。这种以讨论为核心的学习形式，在智慧学习环境的支持下，将进一步优化群体互动的效果，推动深度学习的实现。

（三）支持在工作中学习的智慧学习环境

在工作中学习是一种基于真实工作环境的体验式学习形式，广泛应用于企业培训和职业发展中。这种学习通常要求学习内容紧密结合实际工作任务，学习活动与工作强度相匹配，并依赖于和谐的工作人际关系和良好的学习氛围。这种方式能够激发学习者在工作中产生学习兴趣，并有效地将学习成果应用于实践。然而，学习者在这一情景中往往面临如何平衡工作与学习关系的挑战，并对所在单位的支持环境以及学习者的个人技能有较高的依赖性。为了适应这一学习情景，智慧学习环境需具备以下关键特征。

学习资源。在工作中学习，学习者往往通过提出实际工作中遇到的问题或任务议题，引发群体的共同讨论。因此，智慧学习环境需提供与议题密切相关的学习资源，包括数字化的媒体材料、在线或离线课程等。这些资源在形式上可能是松散的、非结构化的，但必须与议题高度相关。同时，资源获取应具有高度的灵活性，使学习者能够随时调用资源并将其应用于实际工作场景中。

智能工具。智慧学习环境需配备多种智能工具，以支持工作与学习的有效整合。这些工具包括：学习者模型测量工具，用于评估学习者的能力与需求；信息推送工具，用于提供与工作任务相关的即时资源；学习轨迹记录工具，用于追踪学习过程并分析行为模式；学习成果评价工具，用于衡量学习的效果并为改进提供反馈。

学习社群。在工作中学习的知识建构主要由个体和群体共同完成。智慧学习环境应支持学习社群的建立，以促进学习者之间的沟通与协作。通过学习社群，学习者可以交流经验、分享观点，从而在知识的共同建构中获得更深层次的理解和应用能力。

教学社群。教学社群在这一情景中发挥着支持性作用。智慧学习环境需为教学社群提供平台，帮助教师或培训师为学习者在工作中学习可能面临的挑战和困难提供针对性的指导与帮助。这种支持不仅可以增强学习者的信心和能力，还能够提高学习任务与工作实践的融合效率。

综上所述，在工作中学习强调学习与实际工作的无缝衔接，智慧学习环境通过资源、工具、社群的整合设计，为学习者创造了一个能够将知识应用于实践、促进持续成长的平台。这种学习模式在提升工作绩效的同时，也为职业发展和终身学习提供了有力支持。

（四）支持在做中学的智慧学习环境

做中学是一种将“做”这一实践活动嵌入学校教育或培训工作中的学习形式，通过动手实践来实现知识与技能的深度学习。这要求学习任务与学习目标高度匹配，评价方式与任务紧密衔接，支持服务与学习者需求契合，组织形式与学习环境相适应。在做中学，参与者通常对任务本身保持较高的兴趣，并能获得较好的学习效果。然而，这对工作任务的设计和学习支持服务的依赖性较高，特别是在遇到困难时，学习者可能难以获得及时的帮助。为有效支持做中学，智慧学习环境需具备以下特征。

学习资源。智慧学习环境应提供多样化、针对性的学习资源，包括与“做”活动相关的背景资料、操作指南、数字化媒体材料以及在线答疑和求助工具。在形式上，资源需结构清晰、形式丰富，并体现自组织化、富媒体化和泛在化的特点。这些资源应随调随用，以满足学习者在学习活动中的即时需求，并有效支持其实践探索。

智能工具。为帮助学习者完成预设的学习目标，智慧学习环境需提供一系列智能化工具。这些工具包括：学习者模型测量工具，用于评估学习者的能力与需求；信息推送工具，用于提供与学习任务相关的实时资源；学习轨迹记录工具，用于追踪学习过程并为学习者提供反馈；以及学习成果评价工具，用于评估实践活动的效果并支持后续改进。

学习社群。在做中学，学习者的知识建构通常是个体建构与群体建构相结合的过程。智慧学习环境应支持学习社群的建立，通过促进学习者之间的交流与协作，帮助学习者分享经验、讨论问题，从而在共同学习中深化对知识的理解。

教学社群。教学社群在做中学中起到重要的支持作用。智慧学习环境应为教学社群提供平台，帮助教师和培训者预测学习者可能遇到的困难，并为这些困难提供相应的指导和帮助。这不仅有助于保障学习活动的顺利进行，还能提升学习者在实践过程中的学习效率和问题解决能力。

通过智慧学习环境中资源、工具和社群的协同支持，在做中学能够充分调动学习者的主观能动性，激发学习兴趣，并实现实践与理论的有机结合。其强调在实践中学习的特点，不仅提高了学习效果，还为培养学习者的实际操作能力和解决问题的能力提供了强有力的保障。

（五）支持课堂学习的智慧学习环境

课堂学习是一种以真实教室或类似环境为基础的集体学习形式，通常以班级为单位开展，有固定的授课地点和明确的教学时间安排。教师面对面授课，教学内容和评价要求均经过精心设计和预先准备，主要以知识传递为核心。然而，课堂学习的效果往往依赖于教师的授课能力、学习者的知识基础和兴趣水平，同时也面临缺乏学习者之间深度交流机会的限制。为适应课堂学习情景，智慧学习环境需具备以下特征。

学习资源。课堂学习的智慧学习环境需提供经过教师精心设计且结构良好的媒体资源。这些资源包括教师讲稿、专题网站和专题资源库等，重点支持课堂教学内容的传递和深入理解。资源的获取应以授课主题为核心，严格限制与主题无关的内容，以确保学习的专注性和目标性。

智能工具。智慧学习环境需配备多样化的智能工具，以提升课堂教学的质量和学习者的参与度。常见工具包括：学习者模型测量工具，用于了解学习者的知识背景和需求；信息推送工具，用于提供与课堂相关的实时信息；学习轨迹记录工具，用于跟踪学习过程并为学习者和教师提供反馈；学习成果评价工具，用于对学习效果进行及时评估和改进。

学习社群。尽管课堂学习倾向于个体知识建构，但学习社群的建立能够补充这一不足。智慧学习环境应支持学习者之间的互动，鼓励他们通过小组讨论、协作学习等形式分享观点和经验，从而在群体互动中加深对知识的理解和应用。

教学社群。智慧学习环境还需支持教学社群的建立，为教师提供专业发展的支持平台。教学社群可以帮助教师共同研究课程内容、教学策略、学习支持方式以及资源和工具的设计。这不仅有助于提升教师的专业水平，也为课堂教学的顺利进行提供了保障。

通过智慧学习环境中资源、工具和社群的协同作用，课堂学习可以更好地满足知识传递的需求，同时弥补其在学习者互动和深度参与方面的不足。这种智慧化的课堂教学模式为优化教学实践、提升学习效果提供了新路径，并为传统课堂向现代化教育模式的转型奠定了基础。

第七章　技术变革教育的文化改进

在大数据、人工智能、区块链等创新技术的支撑与驱动下，人类社会正经历深刻而广泛的转型。转型期社会对教育系统提出了全新的挑战和育人要求，教育的结构与功能也在社会变迁、新兴技术的深度融合以及教育系统内在问题的共同作用下，被重新塑造并发生变革。在这一转型过程中，虽然涌现出许多新的发展机遇，但也伴随着一系列复杂的问题，例如学校决策的科学性、技术应用的适配性、教师培训的有效性以及教研体系的协调性等问题。这些问题彼此交织、相互作用，在传统的、单一的、孤立的应对方法下难以得到整体有效解决。

从文化视角切入，以文化为纽带寻求复杂教育问题的解决路径，成为智慧教育研究的重要方向。智慧教育视域下，通过教育系统的自动化适应与动态调整，可以在整体上营造一种持续改进的教育文化。这种文化以实践创新与迭代优化为核心，通过教育过程的不断反思和改进，为系统性地解决教育挑战提供了可能性。教育与文化之间的深度互动使得教育文化成为解决问题的重要支柱，它不仅形塑了教育的价值观体系，还深刻影响了教育目标的制定、教育内容的选择以及教育制度的设计与实施。[①] 在这一框架下，智慧教育不仅是技术与教育的简单叠加，更是一种教育文化的重构和升华，旨在通过文化内生动力与技术创新的协同作用，推动教育系统的整体性变革，助力解决教育领域面临的核心挑战，并为未来教育的可持续发展提供坚实的文化和技术支撑。本章聚焦技术支持下的教育文化改进，重点探讨智能时代教育发展所面临的新挑战，并深入剖析文化缺失对教育系统性变革造成的困境。在

① 顾明远 . 中国教育的文化基础 [M]. 太原：山西教育出版社，2018：30.

此基础上，本书提出了智能时代背景下学校实现持续改进文化的关键特征，以期为推动教育的高质量发展和智慧教育实践提供理论支持。

一、智能时代教育发展面临的新挑战

面对教育高质量发展的迫切需求，以及以人工智能为代表的新一代信息技术变革所带来的复杂性和不确定性，数字技术支撑下的教育改革逐步进入深水区。尽管科技与教育的融合取得了显著进展，但其过程仍充满挑战，融合的深度与广度尚未完全达到预期。[①] 教育系统中的诸多问题依然亟待解决，这些问题不仅体现为学校决策的科学性与灵活性不足、技术使用的适配性与有效性欠缺，还包括教师培训的针对性与持续性较弱，以及教学研究的创新性与实践指导力有待提升。此外，教育改革在推进过程中还面临文化与技术深度融合的障碍，传统教育模式与观念的惯性成为技术落地应用的重要掣肘。教育实践者对技术的接受程度和能力差异、教育资源的不均衡分配、学校管理机制与技术创新的耦合度不高等因素，共同加剧了改革的复杂性。同时，技术变革所引发的伦理问题和社会公平议题，也对教育系统的设计与运行提出了更高的要求。因此，如何在数字技术的支持下，全面提升学校决策的科学性、技术使用的有效性、教师培训的专业性，以及教学研究的创新性，成为智能时代教育改革的核心议题。教育系统需要在文化、制度和技术的共同作用下，探索可持续的融合路径，以实现教育系统的全面转型和高质量发展。

（一）学校决策中的数据应用不足

来自国内外的研究与报告显示，学校决策存在的突出问题之一是数据应用不足。首先，决策过程缺乏数据支撑。许多学校的决策过程相对简单，更多依赖经验或上级指令，较少基于系统性的数据分析。联合国《全球教育监

① 黄荣怀．论科技与教育的系统性融合 [J]. 中国远程教育，2022（7）：4-12，78.

测报告 2023：技术运用于教育谁来做主？》显示，自 1990 年以来，高收入国家提及数据、统计和信息的教育决策数量增加了 13 倍，但中高收入国家仅增加了 9 倍，中低收入和低收入国家则仅增加了 5 倍。在全球范围内，仅 54% 的国家建立了独特的学生身份识别系统，而撒哈拉以南非洲地区的这一比例低至 22%。[①] 这表明，许多国家的教育决策，尤其是与教育技术相关的决策，依然缺乏有力的证据支撑。在实际操作中，这种问题表现为一些学校急于求成，主要借鉴其他学校的经验，或按照上级命令行事，而未能通过深入的调查和分析为决策提供科学依据。

其次，教育决策的数据系统整合面临挑战。《全球教育监测报告 2023：技术运用于教育谁来做主？》指出，教育信息管理系统在数据整合方面存在较大困难。例如，2023 年，英国有 43% 的大学在连接数据系统时遇到问题。这种数据整合的不足不仅限制了教育决策的精准性，也阻碍了基于数据的有效评估。此外，技术的快速发展使得技术应用评估难以跟上节奏，严谨证据的缺乏进一步加剧了这一问题。

最后，学校决策效率有待提升。许多学校在决策制定和执行过程中效率低下，表现为行政流程烦琐，需要多个部门协同配合才能完成决策的落地。这种低效的决策流程不仅延缓了学校对教育技术的引入和应用，也降低了教育改革的及时性和适应性，给当事人造成了学校“决策慢、落地难”的印象。数据驱动的决策能力不足已成为学校教育管理中的突出短板。在推进教育数字化和智慧化转型的背景下，提升数据整合能力，加强基于数据的决策支持系统建设，简化行政流程以提高决策效率，是实现教育高质量发展的重要路径。

（二）学校教育技术应用成效存在争议

技术进展正在飞速改变着世界，也推动着教育信息化发展。教育信息化支撑和引领教育现代化已经成为普遍共识，目前世界正处在信息化驱动教育系统变革的关键窗口期。数字化转型是教育系统变革的关键特征，也是科技

---

① UNESCO. Global Education monitoring report summary 2023：technology in education：a tool on whose terms?[M]. Paris：UNESCO，2023.

创新全方位赋能教育综合改革、支撑高质量教育体系建设的重要途径。① 在教育实践中，学生、教师和教育机构已经在学习和工作中广泛采用新技术。然而，关于技术究竟在多大程度上改变教育教学、提升教育质量、提高教育效率、促进教育公平与全纳，却存在不一致，甚至截然相反的发现。

第一，在技术促进教育质量提升方面，一些人认为数字技术可以创造引人入胜的学习环境，提供活泼生动的学习体验，提供模拟情景，促进协作并拓展连接。但是也有人认为，技术在支持个性化学习、为个人提供进行社交以及通过在真实情境中观察他人进行学习的机会的同时，也增加了读屏时间，带来了身体危害和健康问题。此外，薄弱的技术管控则引发了针对个人数据不合规的商业应用。数字技术甚至还传播了误导信息、仇恨言论等。第二，在技术促进教育效率提高方面，教育技术的使用是一个复杂的问题，而非简单的资源替代。技术使用可能是一对多、一对一、同伴对同伴等的方式。在技术支持的条件下，学习方式也是多样的，可以是自学、协作学习，也可以是正式学习或者非正式学习。因此，技术使用及其效率也会因地域、学校、情景不同而不同。另外，技术使用还要求独特的基础设施、设计、内容与教学法——针对不同类型的学习，技术使用的效率和效果也会不同，得到的结果并非总是积极有效的。② 第三，在技术推进教育公平方面，数字技术虽然可以降低教育中不利群体接受教育的成本，但同时这些技术应用也在快速加剧数字鸿沟。比如在线学习等形式也带来新的不平等，因为弱势群体拥有的设备、网络连接以及数字学习资源更少。因此，技术接入的不平等进一步导致了教育的不平等。第四，教育中技术应用产生的影响还缺少高质量证据的支撑。目前已有的很多证据实际上来自技术的售卖方。第五，技术领域的飞速发展给教育系统带来了适应变化的压力。在线学习内容在高速增加，但是在技术的质量、多样性等方面还缺乏足够有效的监管。技术的购入经常针对存

① 黄荣怀. 强化“5G+ 智慧教育”应用实效，助推教育全面数字化转型 [EB/OL].（2022-02-15）[2024-05-30]. https://www.edu.cn/xxh/focus/li_lun-yj/202202/t20220215_2208292.shtml.

② UNESCO. Global education monitoring report summary 2023：technology in education：a tool on whose terms? [M]. Paris：UNESCO，2023.

在的问题，但却缺乏对长远成本与影响的考量。

（三）教师培训存在手段单一和效率低下问题

教师是教育变革的中坚力量。联合国教科文组织总干事阿祖莱提出，教育变革始于教师。《一起重新构想我们的未来：为教育打造新的社会契约》呼吁为教育打造新的社会契约，要将教师置于中心地位，重视并重新构想教师行业。尽管教师对教育变革至关重要，但是教师储备却是不充分的。全球范围内，对高水平教师的需求在不断增长，但是高水平教师的实际数量不足，这在世界上很多地区，特别是在撒哈拉以南的非洲是急需面对的现实。另外，很多教师对使用技术进行教学缺乏信心，全球范围内只有半数国家制定了教师数字技能发展的标准。①

解决这些问题的重要手段是教师培训，但是教师培训却存在手段单一、效率低下等问题。培训前，需求调研方法单一，随意性较大，需求调研不细致、欠精准。有的需求调研流于形式，不够深入，没有掌握教师学员真正的需求，科学性和务实性不够，专家和同行论证不足，导致培训设计不能很好地契合学员的实际需求。②培训中的突出问题是培训方式单一，专家讲座较多采用讲授式，案例教学和实践探讨环节较少，培训重理论轻实践，不能回应教学中的困惑和问题，专家与学员的互动不够充分，有效的交流与反馈较少，跟踪指导不充分，学员参与体验不足，不利于学员将先进的理念、技术、方法运用在教育教学实践中。培训后的主要问题是缺乏跟踪评价。有的教学发展中心或相关部门未进行培训前、培训中、培训后的跟踪评价或阶段式评价，未提供实质性的跟踪指导，未组织教师定期交流学习心得，导致教师参加培训后实际效果不佳。③部分培训没有制定训后跟踪指导的相关措施、运行机制和训后评价体系，所以跟踪指导薄弱，培训结束后，对教师是否把培训中传

---

① UNESCO. Reimagining our futures together：a new social contract for education[M]. Paris: UNESCO，2021.

② 赵雅斐 . 新时代职教师资培训的问题与对策 [J]. 教育科学论坛，2023（27）：39–42.

③ 沙沙，宋嵩，缪莎莎 . 高校教师队伍培训的问题与优化路径 [J]. 教育观察，2023（22）：49–51.

达的教学理念、教育教学方法、教学评价等内容落到实处、走进课堂缺少关注，导致培训效果缺乏持续性。[①]

（四）数字教学研究落后于数字技术的发展

教研制度是一项具有中国特色的学校教学管理制度。通过教研可以发现教学问题、研究教学方法、总结教学经验，从而提高教育教学的质量。教研的内容应与最新的教育实践结合，发现并解决教育实践中的真问题。当下，数字技术与教育深入融合，国家也提出教育数字化转型的发展战略。2023 年教育部办公厅印发的《基础教育课程教学改革深化行动方案》明确提出要推进数字化赋能教学质量提升，构建数字化背景下的新型教与学模式，助力提高教学效率与质量。推动教育数字化转型，需要转变教育教学理念，重视教育数字化转型价值；加强数字教材建设，撬动教学过程数字化转型；创新智能测评技术，支撑教育评价数字化改革；构建智联教学环境，夯实学校数字化转型基础；优化公共服务体系，推动区域教育数字化转型。[②]

然而在当前教育数字化转型背景下，数字教学研究却落后于数字技术发展，这是一个突出的教研问题。已有研究发现，目前教师教研主要围绕集体备课、听评课与培训等活动进行，集体备课与听评课主要聚焦于教学内容以及学科相关的教学经验，而培训则多是专家引领下的理论讲座以及基于诊断的教学改进。[③]教师教研本身尚存主体内驱力不足、教研实效不理想、教学质量关联弱等一系列问题。[④]与此同时，可用于教育领域的数字技术在飞速发展，我国中小学（含教学点）互联网接入率达到 100%，99.5% 的学校拥有多媒体教室，国家智慧教育平台汇聚基础教育资源 4.4 万条，“互联网 + 教育”示范区、智慧教育示范区、信息化教学实验区、人工智能助推教师队伍建设试点

① 赵雅斐 . 新时代职教师资培训的问题与对策 [J]. 教育科学论坛，2023（27）：39–42.
② 黄荣怀 . 未来学习，要构建智慧教育新生态 [N]. 光明日报，2022–04–05（6）.
③ 刘东方，景敏，赵欣言 . 校本教研模式重构：问题与循证 [J]. 东北师大学报（哲学社会科学版），2023（6）：116–122.
④ 杨云雄，余睿，陈芳 . 赋能高质量课堂的校本教研生态建构路径 [J]. 教育科学论坛，2023（31）：64–67.

等因地制宜进行了大胆的探索，[①] 而教师教研方面对于数字教学的研究则明显落后于数字技术的发展与教育整合。

二、面对教育系统性变革的文化迟滞

教育问题的产生与解决始终与其所处的发展阶段密切相关。当前，新技术正以集群化、持续性、全方位渗透的方式重塑生产、生活与社会运行逻辑，其影响在某些层面甚至超出了人类的预期和适应能力，突破了传统社会、经济、政治体系的调整速度，甚至可能超越人类的直觉认知与感知边界。以人工智能为代表的颠覆性技术正在全球范围内加速演进，推动新一轮科技革命浪潮，深刻变革人类社会的生产方式、生活方式与思维范式。这一变革不仅在产业经济领域引发结构性重塑，也在教育领域带来了前所未有的冲击，使科技与教育的关系呈现出高度的复杂性、非线性、交互性。

互联网、大数据与人工智能等新一代信息技术不仅正在推动人类社会各领域的结构重组与流程再造，也在深刻变革教育的组织模式与服务模式。我们正处于科技革命与教育变革的交汇点，科技与教育的关系呈现出空前的复杂性与模糊性，两者的发展不再是过去简单的线性关联，而是联动推进、交融共生。然而，在这一深刻的变革进程中，教育体系对技术变革的适应并未同步发展，文化层面转型的迟滞成为制约教育变革深入推进的关键因素。美国文化学家威廉·奥格本提出的“文化迟滞”理论指出，当物质社会（技术、工具、生产方式等）发生改变时，文化或制度往往无法立即适应，而是存在一定的滞后期，通常需要经过沉淀与建构的过程，才会有相应的文化调整。[②] 这一概念同样适用于描述当前教育系统性变革的阶段特征。教育变革正处于文化迟滞阶段，新兴技术、政策改革的步伐远快于教育文化的适应速度，导致教育系统的观念、制度、实践尚未形成匹配的文化共识。尽管智能教育、

---

① 黄荣怀 . 打造全球教育数字化“变革引擎”[N]. 中国教育报，2023-03-18（4）.

② 王永辉 . 以技术文化的视角考察远程教育 [J]. 中国远程教育，2008（10）：23-27，37.

数据驱动评估等理念已经逐步渗透教育领域，并在一定程度上改变了教学模式与学习方式，但文化层面的深层转型尚未完成。许多教育者仍然受传统评估体系、学科结构、教学模式的惯性影响，对智能技术如何优化教学、如何塑造未来教育体系仍存在观念上的分歧，新兴体系在制度层面上也缺乏明确的行动框架。这种滞后不仅削弱了教育变革的协同性和系统性，也限制了智能技术赋能教育的实际成效。

因此，教育变革不仅是技术迭代的过程，更是深层文化重构的必然要求。如果变革仅停留在技术层面，而未能同步推动文化的适应、沉淀与共识建构，教育体系将难以摆脱碎片化调整的困境，更难以实现从理念到实践的系统性变革，甚至可能在新旧模式的交错中陷入低效运行与路径冲突。教育系统的现代化不仅需要新技术的驱动，更需要文化的沉淀与重构，使教育文化能够在适应科技革命的同时，形成稳定且具有适应性的支撑结构，赋能变革的深入推进。然而，教育系统的复杂性意味着变革并非单一维度的调整，而是涉及结构、机制、价值观等多层面的协同演进。如何在教育系统的复杂约束下推动文化重构，如何在数字化转型过程中塑造适应变革的文化氛围，成为当前教育发展的核心议题。面对这一挑战，只有通过文化层面的深度适配和前瞻性建构，才能真正推动教育系统从被动适应走向主动创新，在智能时代形成更有韧性和可持续的教育生态。

（一）教育系统的复杂性与文化重构

教育系统作为一个复杂适应性系统，不仅涉及知识生产与传递的逻辑，还与社会结构、技术变迁、政策导向、文化价值观等多重因素产生交互作用。这种复杂性使得教育系统具有高度的非线性、动态演进特征，其变革往往面临路径依赖、利益格局调整以及多主体博弈等挑战，导致传统的线性改革思维难以提供全面、有效的解决方案。换言之，教育系统的深层变革不能仅依赖技术迭代或制度更新，还必须从文化层面进行系统性重构，以形成可持续的适应性和韧性。然而，在许多教育改革实践中，文化迟滞成为系统更新的关键瓶颈。技术手段和制度框架的调整往往先行，但教育理念、教师角色、学习方式等文化要素却未能同步演进，导致变革“有形无魂”，难以形成内生动力。例如，许多教育机构仍然固守传统教学模式，对数字化转型的必要性缺乏深刻认知，导致教师在技术素养、变革心态、教学实践上的适应性存在较大差异；部分教师仍然倾向于传统的知识传授模式，而未能充分利用数据驱动、个性化学习等新兴教学范式；管理体系依赖于传统的行政运行逻辑，未能及时建立以智能治理和开放协作为特征的教育生态。这种文化上的滞后性、路径依赖的惯性和认知上的抵触，不仅使技术驱动的教育变革在实践中落地困难，还可能加剧教育体系内部的结构性断层，使新旧模式之间形成深层次矛盾，影响教育现代化进程。

面对教育系统的复杂性，文化重构不仅是教育改革的补充维度，更是其根本驱动力。文化重构并不意味着对传统教育文化的全盘否定，而是要在旧文化的沉淀中汲取精华，在新文化的塑造中凝聚共识，在二者的交汇中寻求融合与跃迁。它不仅需要突破传统教育模式的局限，更需要重新定义知识的流动方式、学习的组织形态、评估的价值取向以及治理体系的运行逻辑，使教育系统具备更强的适应性与韧性。在这一过程中，文化重构首先意味着对传统教育文化的筛选与升华，把握教育的基本点。同时，也要塑造能够回应智能时代需求的新文化，通过数据驱动的决策体系，推动以学习者为中心的教育范式转型，使文化成为变革的内生动力，而非被动调整的结果。此外，文化变革的成功不能依赖单一主体的推动，而是需要政府、学校、企业、社会等多方协同塑造，使教育文化在新旧交融中形成广泛的社会认同，避免技术进步与文化适配之间的错位。因此，仅凭制度调整或技术升级，难以真正化解教育变革的复杂困境，唯有从文化层面进行深度重构，才能让教育体系实现从被动变革到主动演进的跃迁。教育文化的重塑不仅决定着教育系统在智能时代的适应能力，更关乎其可持续发展，为教育变革提供长期而稳定的价值基础和制度支撑。

（二）教育数字化转型中的文化氛围

教育数字化转型不仅是技术升级的过程，更是教育文化的重构，以塑造主动拥抱变革的文化氛围。文化氛围作为教育系统内部深层次的价值观、信念、规范与实践体系，不仅决定了技术能否顺利嵌入教育生态，还直接影响教育者和学习者对新技术的接受度、协作方式及创新能力。文化的适应滞后往往成为数字化改革落地的主要阻力，使技术变革难以转化为真正的教育创新。因此，教育文化的构建不能忽视不同利益相关者（学校、家庭、社会）之间的文化差异，而应在文化的多元性与适应性之间找到动态平衡，以确保数字化转型不仅是技术层面的迭代，更是教育理念、教学模式与实践范式的深层变革。在这一过程中，数字化教育文化应当超越被动适应技术的模式，向更加开放、包容、持续演进的方向发展，为教育系统的高质量变革提供稳定的文化支撑，使教育主体能够在文化认同与技术创新的互动中，积极探索智能化时代的教学与学习方式。

文化氛围的塑造需要学校、家庭、社会等多方力量的共同作用。学校作为教育文化的核心场域，承担着数字化变革的主要实践任务；家庭作为学习生态的重要组成部分，直接影响着学习者对技术驱动教育方式的认知与接受度；社会则提供了政策支持、资源整合与技术推动的外部环境。只有当学校、家庭、社会形成共识，并在文化理念、资源共享与行动策略上形成有效协同，才能真正构建一个支持教育数字化转型的稳定文化生态，以实现全方位、深层次的系统变革。

1. 从知识传授向技术驱动学习生态转型的学校文化

在教育数字化转型的背景下，学校文化的重构不仅是教学模式的变革，更是教育理念与实践范式的深度重塑。传统的学校文化以教师主导、课程标准化和考试驱动为核心，强调知识的线性传递与可测评性，而技术驱动的学习生态则推动学校向学习者中心、自主探究和个性化学习的方向演进。教育数字化不仅解构了单向知识传授的权威性，更重塑了学习路径、资源配置和教学评价体系，使学习过程变得更加动态、个性化且开放。然而，这种变革不仅是技术工具的引入，更涉及学校文化的适应性挑战。教师的数字素养与教学观念更新滞后，使技术在课堂中的深度融合受阻；教育管理层对智能治理模式的接受度有限，导致数据驱动决策难以真正落地；学校治理体系仍然倾向于控制型管理，与数字化教育所需的去中心化、灵活协同形成张力。因此，学校文化的转型不仅要求技术赋能，更需要在文化层面塑造适应性强、开放共享的教育生态。这要求构建教师持续发展的专业支持体系，推动个性化学习环境的建设，优化数据驱动的教育治理框架，在组织架构、教学方式和管理体系上打破传统模式的路径依赖，实现技术、教学与文化的深度融合。

2. 从传统教育观念转向数字学习支持的家庭文化

家庭文化的演变不仅关乎学习方式的适应性，更涉及教育观念的深层重构。传统家庭文化长期以来受制于工业化教育模式的影响，普遍将优质教育等同于线下课堂的规范性、标准化课程的稳定性以及以考试成绩为导向的竞争性评价体系，进而对数字化学习方式持保留态度，甚至质疑其有效性。然而，数字技术正在重塑知识获取的方式，推动学习从封闭、线性、同质化的结构向开放、个性化和非线性的生态转变，要求家庭从被动适应者转向主动赋能者。家庭文化的数字化转型不仅需要家长接纳学习方式的多样化，更要求其角色从传统的学习监督者向学习支持者演变。家长既是儿童青少年数字素养的引导者，也是数字教育资源的管理者和学习过程的协作者。

尽管技术赋能教育提供了新的可能性，但这一转型仍然受到家庭内部与社会结构性因素的双重制约，最突出的问题便是数字鸿沟的加深。一方面，部分家庭由于经济、地理或社会资本的限制，缺乏必要的数字基础设施，在教育资源的可及性上处于不利地位；另一方面，即便具备物理层面的数字化条件，家长自身的数字素养不足仍可能导致教育观念与实践的断层，使家庭在数字化教育生态中的功能弱化，进而影响儿童学习的质量与公平性。因此，从传统教育观念向数字学习支持文化的转型，不仅是家庭对技术变革的适应过程，更是教育文化结构性变迁的关键环节，必须通过政策引导、家庭教育支持体系建设和社会协同治理，促进家长数字素养的提升，缩小家庭间的数字适应能力差距，确保所有儿童都能公平地享有技术赋能下的教育机遇。

3. 从外部支持向主动共建教育生态转型的社会文化

在教育数字化转型的宏观框架下，社会文化正经历从外部支持向主动共建教育生态的深刻变革。这一变革不仅意味着社会在物质资源上的投入和政策导向上的调整，更涉及社会文化如何适应技术变革、塑造教育发展的新范式，并在教育生态系统中扮演更为积极的角色。传统上，社会对教育的支持主要体现为政策引导、市场供给和公共资源保障，如政府主导教育信息化战略、企业开发数字教育工具，以及社会组织促进在线学习资源共享。然而，在技术深度赋能教育的背景下，社会文化对教育的影响已不再是单向的外部支持，而是一个复杂的、多主体协作的共建过程，涉及价值观、治理模式和协作机制的系统性变革。这一转型的关键在于社会文化是否能够形成技术促进教育公平、推动终身学习和产学研协同创新的共识。

首先，教育数字化转型要求社会文化强化技术赋能教育公平的意识，避免因技术获取和应用的不均衡加剧教育鸿沟，而这需要在政策设计、市场机制和社会参与中纳入公平性考量，确保所有学习者都能平等享受数字教育的红利。其次，终身学习文化的塑造要求社会在文化层面摆脱教育阶段化的固有观念，推动学习社会的建立，使数字化学习成为个体发展的持续过程，而非仅限于传统教育体系的框架内。最后，社会文化的教育共建功能日益突出，产学研协同创新已成为推动教育数字化生态完善的重要驱动力，但其有效性依赖于社会不同主体间的信任机制、数据共享规则和协作治理体系的成熟。

然而，这一变革的推进仍然面临深层次挑战，特别是社会各界对教育技术伦理的认知分歧，涉及数据隐私保护、算法公平性、技术对教育的影响边界等关键议题。社会文化需要在促进技术赋能教育的同时，构建技术伦理框架，防止数字化教育存在数据滥用、个性化学习算法偏见、智能评价机制不透明等风险。此外，社会文化如何在市场逻辑与教育价值之间取得平衡，使技术应用既能促进教育创新，又不至于使教育过度商业化、工具化，也是数字化教育生态共建过程中的重要考量。因此，从外部支持向主动共建教育生态的转型，实质上是社会文化适应教育数字化的过程，需要在价值认知、协作机制和伦理治理上进行系统重构，以确保教育生态的可持续性、包容性和公平性。

4. 多元主体协同拥抱变革文化

在教育数字化转型的宏观格局下，多元主体拥抱变革文化不仅是技术适应的过程，更是教育生态系统在价值认同、协作机制与创新能力上的系统性重塑。尽管学校、家庭、社会作为教育生态系统的核心主体，其文化属性、行为逻辑与适应路径各不相同，但数字化变革的本质在于推动教育从静态、封闭、单向驱动的模式向动态、开放、共生共赢的模式演进。因此，文化塑造的关键不在于某一主体单向地调整适应，而在于如何在异质性文化背景下，形成共同的变革认知，形成能够支持数字化教育可持续发展的系统性文化框架。

首先，技术赋能教育的不可逆性要求多元主体形成变革共识。数字化已成为教育体系变革的内在驱动力，而非附加选项，其影响不仅在于教学手段的革新，更深刻改变了教育的组织方式、学习模式和知识生产范式。因此，无论是学校、家庭还是社会，都必须摆脱对传统教育范式的路径依赖，接受技术作为核心变量推动教育演进的现实，并在文化层面形成主动适应的认知机制。对于学校而言，这意味着从教师中心向学习者中心的教育文化转型；对于家庭而言，这意味着家长角色从监督者向学习支持者的转变；对于社会而言，这意味着从外部支持向主动共建教育生态的升级。

其次，教育数字化的价值导向决定了技术的应用边界与方向。在技术快速迭代的背景下，教育数字化的目标不仅是提高教学效率，更重要的是促进个性化学习、学习公平性和终身学习文化的建立。然而，技术的应用若缺乏明确的价值导向，可能会加剧教育资源的不平等，甚至使学习过程过度数据化、工具化。因此，文化塑造的关键在于确保多元主体对教育数字化的价值诉求达成一致，即技术应用应服务于学习者的全面发展，而非仅仅作为绩效管理和标准化测评的工具。学校需要在教学文化中融入个性化学习理念，避免数字化学习沦为机械式的“智能化管理”。家庭需要在教育文化中强调数字素养的提升，使学习方式的多样化成为家庭教育的基本共识。社会需要推动终身学习文化建设，确保技术的应用不会使教育分层固化，而是增进更加公平与普惠的学习机会。

最后，主动适应与协同创新是推动教育数字化可持续演进的文化基础。传统教育体系长期以来形成的封闭性结构，导致学校、家庭和社会在教育治理中的角色相对固定，彼此之间的互动较为有限。然而，教育数字化的本质是一个跨界融合的过程，涉及政策、市场、教育实践、技术研发等多个层面，这要求文化层面必须打破传统教育体系的边界，实现多主体的深度协作。学校需要在文化上接受社会资源的开放介入，使学习过程不再局限于校园空间，而是融入更广泛的社会学习网络。家庭需要增强对数字教育生态的认同，积极参与子女的数字化学习过程，避免家校之间因文化观念的错位导致教育目标的割裂。社会需要从政策支持和产业供给的角色，向共建教育生态的方向转型，推动产学研深度融合，形成技术与教育共生共促的文化基础。与此同时，数据治理、隐私保护、算法公平性等技术伦理问题也是文化塑造的重要议题，多元主体在拥抱变革的过程中，需要建立协商机制，以共同应对数字化教育带来的伦理挑战。

三、智慧教育发展呼唤持续改进的文化

建设先进的教育文化离不开对教育发展形态与未来趋势的考量。智慧教育是面向未来的教育形态，是教育信息化的高级形态，具有感知、适配等本质特征。[①] 智慧教育不仅追求技术与教育的深度融合，更强调文化对教育系统的支撑作用，其本质特征内在地包含了持续改进教育文化的要求。智慧教育呼唤一种持续改进的文化，以应对当前教育系统面临的复杂问题，并为智慧教育的持续发展与创新提供保障。

（一）持续改进的内涵与教育系统的适配性

持续改进不仅是一种管理理论，更是一种系统性、动态化的组织变革策略，其核心在于通过持续的迭代优化，实现流程的精益化和结果的最优解。在教育领域，持续改进强调以学习者为中心，通过不断优化教育资源、教学方法和管理机制，为学生创造更具包容性、适应性和创新性的学习环境。持

① 黄荣怀. 智慧教育的三重境界：从环境、模式到体制 [J]. 现代远程教育研究，2014（6）：3-11.

续改进的内涵不仅是单一层面的改良，还贯穿于教育系统的各个环节，包括课程设计、教学实践、教师发展、学生评估、教育治理等多个方面。在教育领域，持续改进体现为基于证据的教学创新，其核心在于通过迭代性实践实现系统优化。①

持续改进在教育系统中的适配性体现在以下五个方面。其一，系统整合性。教育系统是一个复杂的生态系统，由教师、学生、管理者、家长以及外部社会资源共同构成。持续改进通过跨部门协作和资源整合，促进系统内各个子系统的协同发展，消除孤立运行的弊端。例如，通过构建跨学科的教学团队，教师能够更好地整合多元资源，以满足学生的个性化学习需求。其二，数据驱动性。持续改进强调基于证据的决策，利用数据分析来评估当前实践的有效性并指导未来的改进。教育系统可以通过构建强大的教育数据平台，收集、分析学生的学习行为、教师的教学效果以及学校的管理效率，为持续改进提供坚实的数据基础。其三，学习者导向性。教育系统的最终目标是促进学生的全面发展。持续改进通过动态调整教学方法和评估手段，使教育更能适应学习者的多样化需求。例如，在课堂教学中，通过实时反馈机制，教师能够快速了解学生的学习进度和困难点，并相应调整教学策略。其四，迭代优化性。持续改进并非一次性解决方案，而是一个不断试错、反思和调整的过程。在教育系统中，这意味着要为教师提供灵活的实验空间，允许他们尝试新方法，并根据学生的反馈进行调整。这种迭代性能够帮助教育系统在复杂且多变的环境中实现持续适应。其五，社会适应性。持续改进能够帮助教育系统更好地应对社会转型带来的挑战。例如，在人工智能和大数据技术快速发展的背景下，教育需要快速更新课程内容和教学方法，以满足社会对新型人才的需求。持续改进为教育系统提供了一种灵活且高效的更新路径。

通过将持续改进内嵌到教育系统的运作中，可以实现教育质量的动态优化和教育文化的转型升级。这不仅有助于解决当前教育面临的结构性问题，

---

① PARK S，HIRONAKA S，CARVER P，et al. Continuous improvement in education[EB/OL].[2024-03-10]. https://www.carnegiefoundation.org/wp-content/uploads/2014/09/carnegie-foundation_continuous-improvement_2013.05.pdf.

还能够为智慧教育的可持续发展奠定坚实基础。持续改进的关键在于其能够整合传统教育与现代技术，通过动态调整实现教育资源的最优配置和教学效果的最大化，从而更好地满足社会与个人的教育需求。

（二）推进持续改进文化的关键要素

推进持续改进文化需要在理论指导和实践探索中找到平衡点。持续改进文化的核心在于通过系统性、动态性和整体性的努力，解决教育系统中的复杂问题，同时推动教育质量的持续提升。这一过程不仅依赖于明确的目标设定和有效的技术支持，还需要从学校、教师、学生和政策层面进行多维度的协同推进。持续改进文化的建设并非一蹴而就，而是一个循序渐进、逐步完善的过程，需要从以下六个关键要素入手，① 以确保其科学性、可操作性和可持续性。

第一，明确目标，精准设定方向。持续改进文化的实施始于目标的清晰设定。目标应聚焦于少量关键问题，并具备具体性和可测量性。以学生学习效果和学校运营效率为核心，通过科学测试和数据分析对目标实现路径进行不断优化。例如，在实施过程中可以设定“提高学生批判性思维能力”的具体目标，并基于数据逐步调整课程设计和教学策略。第二，灵活性，动态应对变化。教育系统需要具备足够的灵活性，能够适应技术和社会环境的动态变化。快速原型设计和持续调整的方法为学校和学区提供了动态适应的能力。在灵活性支持下，教育工作者能够尝试多种基于证据的解决方案，并通过迭代过程实现精准优化。第三，时间支持，保障实施深度。持续改进文化需要充足的时间支持，以确保方案的有效实施。研究表明，成功的教育改革需要为管理者提供探索新教学策略的时间，为教师提供合作交流与观察学习的机会，并为数据分析人员留出充分的监控与评估时间。第四，数据驱动与能力培养，以作为科学决策的基础。数据是持续改进的核心驱动力。通过对实时数据的采集、分析和反馈，教育工作者能够准确识别问题并实施针对性的解

---

① BEST J，DUNLAP A. Continuous improvement in schools and districts：policy considerations[J]. McREL International，2014:1–6.

决方案。与此同时，必须加强对教师和管理者的数据素养培训，使其具备有效使用数据进行决策的能力。第五，评估机制，构建动态改进体系。评估贯穿持续改进的全过程。通过设置基线数据、实施中期评估以及进行总结性评价，持续改进可以实现精准的目标追踪和灵活调整。评估不仅是衡量成效的工具，更是提供方向性指导的动态过程。第六，领导力，驱动文化转型。有效的领导力是推动持续改进文化的核心要素。学校管理者需要提出明确的改进愿景，赋能教师与团队成员，并通过科学的激励机制和资源分配支持持续改进工作。加强教育领导者的专业培训，将持续改进理念融入学校管理体系，是实现教育文化转型的必要条件。

四、智能时代学校持续改进文化的关键特征

推行持续改进的学校教育文化需要一套系统性、周期性的实践方法，这不仅有助于解决教育系统中的复杂问题，还能推动教育质量的持续提升。在过去的研究和实践中，学者们提出了多个模型用于指导持续改进的实施，比如 PDSA 模型［计划（plan）—执行（do）—研究（study）—实施（act）］、六西格玛模型（six sigma）、Lean 模型和数据智慧（data wise）模型。这些模型为教育系统的持续改进提供了理论支持和实践框架。总体而言，这些模型的核心在于帮助实践者反思工作过程，系统性地识别问题领域，制定基于证据的干预措施，实施改进计划，观察和评估改进效果，并基于数据反馈持续优化干预措施。例如，PDSA 模型的计划、执行、研究和实施四个阶段强调从问题分析到持续优化的全流程管理。而数据智慧模型则强调数据在教育决策中的核心作用，通过数据驱动的方式提升教育的科学性和精准性。在智能时代，教育系统面临新挑战，技术背景为持续改进赋予了新的内涵，结合已有模型和实践经验，学校持续改进的教育文化可总结为以下四个关键特征：避免武断的学校决策，避免可疑的技术应用，避免低效的教师培训，避免孤单的教研社群。

（一）避免武断的学校决策

避免武断的学校决策对于推动智慧教育文化的持续改进至关重要。武断的决策不仅可能限制学生的发展，还可能对教育质量、师生关系、教师参与积极性以及教育体系的公平性造成深远的负面影响。这种决策方式往往忽视了多方利益相关者的意见，缺乏科学的依据和全面的考量，导致教育系统难以实现预期的改进目标。在学生评价管理中，一些学校单纯依赖标准化考试成绩来决定学生晋升年级的资格，忽视了学生在综合能力和潜在发展方面的差异，可能导致具有创造力或特殊才能但在标准化考试中表现不佳的学生被错误地贴上“差生”标签，严重影响其自信心和未来发展。在教师管理中，学校管理层有时会忽略教师的意见和反馈，单方面制定政策。这种缺乏协商的决策方式可能导致教师士气下降，教学积极性减弱，甚至造成教师团队的不和谐，进而影响学校的整体教学质量。

避免武断的学校决策是持续改进的关键，实施时需要考虑多个因素。第一，明确目标和标准。学校需要制定清晰的、可衡量的目标，并确保这些目标具体可操作。目标的明确性能够为决策提供清晰的方向，避免模糊和随意。第二，建立科学的评估体系。评估体系应具有高度的可靠性和有效性，能够全面反映教育成果和教学质量。通过多维度的数据分析，评估体系可以为决策提供坚实的科学依据。第三，保障实践与分析的时间。决策过程中应留出足够的时间用于实验、验证和数据分析，确保所有决策都基于充分的信息和科学的推论。第四，规范决策流程。制定系统化的决策流程，包括数据收集、评估、反馈和审查环节。这一流程可以减少随意性和主观性，确保决策的科学性和规范性。第五，鼓励多元主体的参与。在决策过程中，应积极吸纳学生、教师、家长以及其他相关利益方的意见和建议。多元化的视角能够使决策更加全面和公正，避免片面性。一个高效的教育系统需要有广泛的参与和反馈机制，以支持决策过程的科学性和公平性。通过建立透明的沟通渠道和开放的反馈机制，学校可以实现决策的民主化和多样化。决策过程的规范化和透明化将有助于提升师生和家长的信任感，增强教育体系的整体协同效应。

（二）避免可疑的技术应用

在教育领域，技术的快速发展虽然为教学和学习带来了诸多便利，但不当或可疑的技术应用却引发了一系列挑战与隐忧，影响深远且复杂。首先，大数据和云存储技术在教育中广泛应用，不安全的存储和处理机制可能导致学生个人信息的泄露和滥用，这不仅威胁学生的隐私安全，还可能对其心理状态和社会声誉造成影响。其次，一些学校过度依赖监控技术，如摄像头、电子设备追踪和远程监控软件，这种滥用既可能侵犯学生隐私，又会让学生感到不安和信任缺失，从而影响健康的学习氛围。再次，个性化学习平台中的算法偏见也不容忽视，这些算法可能加剧信息茧房效应，限制学生接触多样化内容，削弱批判性思维，阻碍认知拓展。最后，人工智能在学生评估、招生决策和课程推荐中的应用也涉及诸多伦理问题，由于算法训练数据的偏差，可能出现性别、种族或社会经济背景上的不公平现象，而人工智能决策的透明性不足则进一步加剧了学生和教师的不信任感。这些问题表明，教育技术的应用需要以更为审慎的态度加以治理，确保技术的使用符合伦理与法律要求，并真正服务于教育质量的提升和教育公平的实现。要有效地避免可疑的技术应用，学校和教育机构可以采取一系列策略和措施来确保技术的使用是合法、符合伦理和有益的。

第一，制定明确的政策和法规。国家应该制定明确的政策和法规，明确规定技术应用的准入标准、使用原则、应用限制。这些政策应包括学生数据隐私、监控技术使用、人工智能伦理等方面的规定。第二，保持透明度和沟通。学校应与学生、教师和家长保持透明的沟通，确保他们清楚地了解使用技术应用的目的、方法以及如何保护隐私和权益。这可以建立信任，减少担忧和不信任。第三，加强数据隐私保护。应采取有效措施来保护学生和教师的个人数据。这包括强化数据加密、限制数据访问权限、定期审查数据处理流程以确保符合隐私法规等，还应明确规定数据的存储、共享和销毁政策。同时，开展独立的伦理审查，即在使用涉及伦理问题的技术应用之前，可以考虑进行独立的伦理审查，邀请专业伦理委员会或专家来评估技术应用的伦理和社会影响。进行相关的教育和培训，使教师、学生和家长能够更好地理解和使用技术应用。这包括教育他们如何保护自己的隐私，如何分辨可疑的技术应用，以及如何利用技术来提高学习效果。定期评估和监测技术应用的效能和伦理问题，并根据评估结果调整或停用不合适的技术。这种持续的监测可以确保技术应用的合理性和有效性。学校可建立自己的评估和数据系统，也可考虑建立共享的数据系统和工具。第四，进行合作和及时反馈。学校和教育机构应积极与学生、教师和家长合作，听取他们的反馈和意见。这可以帮助发现可疑技术应用并及时采取纠正措施。通过采取上述措施，可以更好地管理和规范技术应用，以确保其对学生和教育过程的积极影响，同时最大程度地减少潜在的危害和风险。这有助于建立更安全、更透明、更合乎伦理的教育技术环境。

（三）避免低效的教师培训

低效的教师培训可能导致时间和资源的浪费，且产生不合预期的结果。首先，教师培训低效可能是由于采用了低效的形式，比如传统研讨会或者研讨班。在这些活动中，教师经常被要求听演讲或参与无趣的课堂活动。这种培训的问题在于它通常是被动的，教师只是被灌输信息，缺乏互动和实际应用的机会。其次，还可能是因为培训过于理论化，缺乏实际操作。培训内容可能充斥着教育理论，但缺乏如何将这些理论付诸实践的具体指导。这使得教师难以将所学应用到实际中。其他的原因还可能是培训不适合个体需求。通用性强的培训计划未必能满足每位教师的个体需求。如果培训没有考虑到不同教师的教学风格、水平和需求，那么培训效果可能会大打折扣。最后则可能是因为培训缺乏跟进和支持。低效的教师培训通常不提供后续的跟进和支持。教师在课堂上面临各种挑战，他们需要有机会与指导教师或同事讨论并获得反馈，以持续改进他们的教学方法。综合而言，低效的教师培训通常由缺乏互动、实际应用机会、个性化、多样性和支持等要素所致。为了提高教师培训的效果，培训者应该考虑这些因素，并确保培训基于最新的研究和实践，以满足培训需求。

教师培训的高效性是提高教育质量和学生学习成果的关键。应用以下方法或可帮助规避低效的教师培训，并确保培训具有针对性、实用性和持续性。第一，制定个性化培训计划。这可以通过进行需求评估来实现，了解教师的强项和待发展领域。然后基于这些信息为每位教师提供有针对性的培训。这确保了教师在培训中获得的信息和技能与他们的实际需求直接相关。第二，设计实践应用机会。培训不应仅仅传授理论知识，还要提供机会让教师将所学的知识和技能应用到他们的实际教学中。这可以通过模拟教学场景、实际课堂观察和适切反馈来实现。通过实际应用，教师可以更好地理解和内化所学内容。第三，开发多样化的培训形式。教育机构应该提供多种培训形式，以满足不同教师的学习偏好。这包括面对面研讨会、在线课程、导师制度、自主学习等多种方式。不同的教师可能通过不同的方式才能更有效地学习，多样性有助于满足不同需求。第四，定期跟进和支持。培训应提供定期的跟进和支持。导师制、同事合作、反馈机制和定期评估都可以帮助教师在实际教学中不断改进。这种持续的支持确保了教师能够应用培训中的知识和技能，并不断改进他们的教学方法。第五，基于实证与数据评估。教育机构应确保培训内容反映了教育领域的最新发展和有效的教学策略、技术等，这有助于教师获取高质量、有用的信息和技能。可创建可靠的数据收集系统并为相关方提供有关如何使用数据的培训，帮助学校和学区将持续改进纳入常规运营中。[①] 教育机构应确保教师培训计划具有明确的评估机制，以评估培训的效果和影响，包括教师的学业成绩、学生的学习成果以及教育质量的改进。第六，积极收集反馈和评估。教育机构应该积极收集教师对培训的反馈，并进行评估。了解教师对培训的看法和体验，以及他们是否能够将所学应用到实际教学中，可以帮助识别问题并做出改进。反馈和评估是不断改进培训的关键。综合上述方法，教育机构可以构建一个高效的教师培训体系，确保培训具备个性化取向、实践导向与多样化形式，结合最新研究成果与最佳实践，配套持续性的支持机制、系统的反馈评估体系，并注重对培训时间的科学管

① LOEB S，PLANK D. Learning what works：continuous improvement in California's education system[J]. Policy analysis for California Education，2008：1-11.

理。这将有助于提高教师的专业素养，提升学生的学习成果，为教育体系带来积极的改变。

（四）避免孤单的教研社群

孤立的教研社群通常指的是一些教育工作者或教师形成的小团体，与其他教师或教育机构隔离，缺乏互动以及广泛的合作和信息共享。在一些学校中，不同学科的教研组可能形成了孤立的社群，他们只专注于自己的学科，不与其他学科的教师分享教学经验。这可能导致学校内部知识孤立，错失跨学科教学和综合教育的机会，学生可能会感到难以将不同学科的知识联系起来，教师之间的协作也会受到限制。再如独立工作的远程教师，他们可能有孤立感。缺乏面对面的合作和互动可能导致他们在专业发展和教学方法方面缺乏支持，也可能会错失参与学校社区和文化的机会。此外，还有一种形式是教育机构的孤立。有些教育机构可能在教育政策和实践方面采取孤立的立场，不与其他机构合作或分享信息。这可能导致其不了解最新的教育研究和最佳实践，限制了教育机构的改进和创新能力。

孤立的教研社群可能对教育质量和教师专业发展产生深远的负面影响，具体表现为知识局限性、专业发展受限以及教育系统创新能力的削弱。首先，在孤立的教研环境中，教师的知识获取范围往往局限于自身的经验和既有观点，缺乏来自其他学科领域和教育实践的多样性视角。这种知识的狭隘性可能直接限制教学方法的多样化与创新性，进而影响教学效果。其次，孤立的教研环境可能削弱教师之间的协作与知识共享，从而限制教师的专业成长。教师无法及时了解和借鉴最新的教育趋势与最佳实践，其教学能力与视野的扩展将受到明显制约。最后，孤立的教研模式还可能对学生的学习体验产生消极影响，尤其是在跨学科学习方面。学生可能无法将不同学科的知识有机整合，失去发展综合能力和批判性思维的机会。更为重要的是，教育机构的改进与创新也可能因此受阻，孤立的教研环境缺乏外部视角与合作的动力，无法充分应对教育变革与创新的需求。为此，建立以合作、信息共享和跨学科交流为核心的教育社群，营造开放和支持的教研环境，成为提升教育质量与促进教师专业发展的关键策略。

规避孤立的教研社群，建立有效的沟通和知识共享机制是至关重要的，通常有以下实施路径可以帮助教育机构打破孤岛。[①]第一，制定知识共享政策。教育机构可以制定知识共享政策，鼓励教师、学校和学区之间分享最佳实践和教育经验。这些政策可以包括奖励机制、设立奖学金或建立专门的平台，以促进知识交流。第二，建立跨校和学区的合作平台。教育机构可以创建在线平台或社交网络，让教师、学校和学区之间分享资源、教学策略和成功经验，促进更广泛的合作和信息流通。第三，定期举办会议和研讨会。组织定期的教育研讨会和会议，邀请来自不同学校和学区的教育工作者分享他们的教学实践和研究成果，以促进面对面的交流和互动。第四，建立系统思维文化。鼓励组织内部和跨组织采用系统思维方法，让教育工作者了解问题的根本原因，并在解决问题时协同合作。这有助于打破孤岛，促进实现整个系统的共同目标。第五，明确共同责任与愿景。确保教育工作者和领导了解他们在整个系统中的共同责任，并鼓励他们为共同的目标努力。这可以通过明确的角色和责任分配来实现。教育机构应该协助各方形成共同的愿景和目标，以便整个系统的各个层面都朝着相同的方向努力。通过采取这些措施，教育机构可以促进教育工作者之间的合作和信息共享，避免出现孤立的教研社群，从而支持持续改进工作，提高教育质量，创造更加协同有效的教育环境。

---

① Institute for Healthcare Improvement. The breakthrough series：IHI's collaborative model for achieving breakthrough improvement[EB/OL]. [2024-05-23]. http://www.ihi.org/resources/Pages/IHIWhitePapers/TheBreakthroughSeriesIHIsCollaborativeModelforAchievingBreakthroughImprovement.aspx.

第八章　信息化支撑下的教育包容与公平

随着信息技术的跃迁发展，数字化与智能化正深刻重塑社会各个领域。教育作为社会发展的基石，也在这一浪潮中迎来了变革契机。联合国《教育2030行动框架》提出了“包容与公平优质教育”的目标，而信息化被视为实现这一目标的重要驱动力。然而，如何充分使用信息化的技术手段，在促进教育公平与包容的同时，避免因数字鸿沟导致新的不平等，成为当下亟待解决的关键问题。教育包容与公平不仅关乎教育资源的普惠性，还强调不同背景、能力和需求的学生都能在教育过程中实现充分发展。这种公平并非简单的资源平均分配，而是强调因材施教和对多样性的尊重。信息技术在这一领域既带来了前所未有的机遇，也提出了新的挑战。一方面，信息化手段通过资源共享、个性化学习和数据分析，为教育公平的实现提供了有力支撑；另一方面，由于区域间、学校间技术资源分配的不均衡，信息化也可能在一定程度上加剧教育不平等。

基于此，本章将聚焦于信息化背景下教育包容与公平的实现路径，从适龄儿童的发展需求、特殊学生的学习融入、尊重多样性以及区域间教育均衡四个维度进行探讨。在个体层面，信息化技术能够为特殊学生和适龄儿童提供个性化支持，促进学习融入和全面发展；在家庭层面，信息化手段通过尊重文化和语言多样性，帮助不同背景的学生获得平等的教育机会；在集体层面，信息化技术支持校内外的资源整合与区域间教育差距的缩小，推动教育的整体均衡发展。通过以上多维视角，本章试图分析信息化技术如何在推动教育包容与公平的过程中发挥作用，为新时代教育公平的实现提供理论支持。

一、教育包容与公平的时代诉求

随着第四次工业革命的深入推进，信息技术正以前所未有的速度渗透至社会各个领域，对教育生态产生了系统性、颠覆性的影响。教育作为社会公平的基石，正经历从传统模式向数字化、智能化的全面转型。这种转型不仅仅是技术的升级，更是教育理念与实践范式的深刻重构。信息化的核心特征即资源的开放性、学习的个性化与互动的即时性，为实现教育包容与公平提供了新的可能性。通过在线教育平台，优质课程资源突破了地域和经济条件的限制，为边远地区人群、低收入群体和特殊教育需求者提供了前所未有的学习机会。人工智能与大数据技术进一步支持个性化学习的实现，使学习者能够根据自身需求获得定制化的教育体验，填补了传统教育模式中因材施教能力的不足。同时，虚拟现实技术为教育场景注入更多元、更具沉浸感的学习方式，拓展了教育公平的实现空间。

然而，信息化的迅猛发展也带来了可能导致深刻的社会分化与不平等的新风险。一方面，数字鸿沟仍然是信息化教育发展的主要瓶颈。低收入国家在信息基础设施、技术普及率和教育资源分配上的显著差距，进一步扩大了区域间和国家间教育公平的鸿沟。数据显示，全球范围内仍有超过 2.5 亿学龄人口因经济、技术和文化原因而失学[①]，数字教育尚未惠及这些边缘群体。另一方面，信息化技术的应用本身也可能引发新的教育排斥。例如，算法偏见可能忽视弱势学习者的特殊需求，技术标准化倾向可能弱化多元文化和本地化教育的价值，甚至加剧教育生态中隐含的结构性不公平。这一矛盾的存在使得信息化推动教育公平与包容的任务不再仅仅是技术层面的扩展，而是涉及社会结构重塑与教育理念革新的系统性议题。信息化推动教育包容与公平

① 联合国教科文组织 . 教科文组织报告：数十年努力有所成就，全球仍有 2.51 亿学龄人口失学 [EB/OL].[2024–10–31]. https://www.unesco.org/zh/articles/jiaokewenzuzhibaogaoshushiniannuliyousuochengjiuquanqiurengyou251yixuelingrenkoushixue.

的深层意义，在于它不仅是技术能力的延展，更是教育权利再分配的过程。它迫使我们重新思考公平的内涵，不仅关注教育资源的广泛可得性，还需强调学习者多样性需求的满足与个体潜能的充分发展。同时，它也呼吁国际社会在技术推动教育变革的过程中，充分关注文化适应性、伦理规范和社会价值观的嵌入，构建真正普惠、公正的全球教育生态。

（一）国际视角下的教育包容与公平

从全球视角来看，国际社会对这一问题的关注也越发密切。联合国在可持续发展目标4中明确提出，到2030年实现包容、公平的优质教育目标，将教育普惠性作为全球发展的重要战略支柱。联合国教科文组织通过发布《全球教育监测报告》系统分析了信息化在促进教育公平中的潜力与挑战，并呼吁各国通过政策协同、资源整合和技术创新，为教育包容与公平提供更坚实的保障。经济合作与发展组织则通过跨国数据比较，揭示了教育公平与社会经济发展的密切关系，指出教育体系中资源投入与效率优化的不均衡仍是阻碍教育公平的关键障碍。

1. 联合国：全球教育包容与公平的战略引领

在追求全球可持续发展的进程中，包容与公平被视为社会进步与和谐的基石，也是联合国推动国际合作的重要议题。围绕这一核心理念，联合国在其“可持续发展目标”框架下，特别是在可持续发展目标4（优质教育）和可持续发展目标10（减少不平等）中，明确提出实现包容、公平和减少不平等的战略目标。通过全球政策制定、多边合作倡议以及区域性行动方案，联合国致力于应对不同地区和群体在资源分配、权利保障和机会平等方面的挑战。在教育领域，联合国通过可持续发展目标4确立了到2030年实现包容、公平和优质教育的全球愿景。这一目标涵盖教育机会的普及性、个性化学习需求以及弱势群体的公平参与，特别关注女性、残障儿童和难民等边缘群体。

为促进这一愿景的实现，联合国通过多边合作机制，如可持续发展高级别政治论坛（HLPF）和全球教育会议，推动教育公平纳入各国发展议程，并通过“教育不能等待”（ECW）和“教育优先行动”（GEFI）等专项倡议集中资源支持低收入国家和危机地区的教育普及。同时，联合国依托全球监督体系，对教育公平的进展进行监测与评估，涵盖入学率、教育投资和学习成果等关键指标，并通过“国际教育日”等倡导行动宣传教育公平理念，发布《仁川宣言》，强调教育促进和平、正义和繁荣的核心作用，进一步推动包容与公平在全球治理体系中的深度嵌入，彰显其在实现普遍正义与社会包容中的领导地位。

随着全球数字技术的迅猛发展与广泛应用，数字化已经成为全球经济、社会及政治变革的核心驱动力。然而，数字技术的快速发展也为社会包容与公平的推进带来了巨大的全球性挑战，包括日益扩大的数字鸿沟、新型不平等现象以及网络安全、隐私保护等问题。在此背景下，2024 年 9 月，联合国未来峰会通过了《全球数字契约》(Global Digital Compact)，致力于建立包容的全球框架，推动开放、自由、安全和以人为本的数字未来。文件指出，数字鸿沟仍是全球亟待解决的核心问题之一。《全球数字契约》通过明确的行动承诺和国际合作框架，力求在数字化进程中实现包容与公平的最大化，并为全球数字治理提供了全面且可操作的指导路径。

《全球数字契约》提出五大关键目标，旨在应对数字时代的复杂性，推进全球合作与治理改革。第一，消除所有数字鸿沟，并加速在可持续发展目标方面的进展。《全球数字契约》强调实现普遍且负担得起的网络连接，尤其关注女性和边缘群体在数字化进程中面临的结构性障碍。为此，各国需要投资并部署有韧性的数字基础设施，促进数字技术的可持续生命周期，确保数字连接惠及所有人。第二，提高数字经济对所有人的包容性和收益。公平且负担得起的数字技术获取和使用是释放经济潜力的关键。契约呼吁建立一个支持创新、保护消费者权益、培养人才和技能、促进公平竞争和增强数字经济信任的框架，从而推动全球数字经济的均衡发展。第三，构建包容、开放、安全和有保障的数字空间，尊重、保护和促进人权。《全球数字契约》承诺在整个数字和新兴技术的生命周期中尊重、保护和促进人权，呼吁所有利益相关方遵循联合国《工商企业与人权：实施联合国“保护、尊重和补救”框架指导原则》，建立适当的保障措施，以防止技术滥用对个人权利造成不利影响。第四，推进负责任、公平和可操作的数据治理方法。有效的数据治理至关重要。《全球数字契约》主张制定有效的个人数据保护和隐私规范数据管理框架，重点解决隐私保护和数据共享风险，减少不当使用数据的危害。第五，加强人工智能的国际治理，以造福人类。针对人工智能的迅速发展，契约呼吁建立平衡、包容且基于风险的国际治理框架，确保各国，特别是发展中国家，能平等参与全球治理，同时通过多方协作实现人工智能造福人类的目标。

2. 联合国教科文组织：理论引领与实践支持

作为全球教育包容与公平的重要推动者，联合国教科文组织致力于通过制定政策框架、推广最佳实践和资源共享，帮助各国实现教育的普惠性、公平性和包容性目标。在其 2016 年公开出版的研究报告《反思教育：向“全球共同利益”的理念转变？》（*Rethinking Education*：*Towards a Global Common Good*?）中，教科文组织明确提出，教育应以权利平等和社会正义为核心，尊重文化多样性，并强调国际团结和责任共担。这一理念为全球教育公平的推动提供了理论基石。围绕教育包容与公平的实践，教科文组织定期发布《全球教育监测报告》，以评估和指导各国教育政策的实施。2020 年发布的报告以“包容与教育”为主题，对全球全纳教育的进展进行了系统检视，揭示了全球的教育包容性政策在资源配置、文化多样性适应以及弱势群体支持方面的显著差距。2021 年 5 月，教科文组织联合区域性国际组织发布了《全球教育监测报告2021：中东欧、高加索和中亚地区——全民教育：一个都不能少》[①]，针对区域内全纳教育发展的核心挑战，提出了涵盖政策优化、资源投入与技术创新的系统性改善建议。

在技术支撑教育包容与公平发展的过程中，教科文组织也敏锐地认识到数字技术带来的新挑战。为此，教科文组织发布了《关于教育连通性重塑的全球宣言》（The Rewired Global Declaration on Connectivity for Education），以连通技术推动教育的公平与包容性发展。该宣言指出，尽管数字技术为教育

① UNESCO. Global education monitoring report 2021：Central and Eastern Europe, Caucasus and Central Asia：inclusion and education：all means all[EB/OL]. [2024-12-15]. https://unesdoc.unesco.org/ark:/48223/pf0000375490.

带来了诸多创新，如随时随地的学习机会、支持残障学生以及优化教育行政管理，但其滥用可能加剧教育不平等、使学生被孤立以及私有化教育资源。为此，该宣言确立了三大核心原则：一是聚焦边缘群体，优先实现弱势群体的互联网接入，通过普遍和可持续的连接促进教育公平；二是加大对高质量、免费数字教育内容的投资，确保平台内容与国家课程一致，支持多语言、多设备访问，并鼓励教师定制和创新教学资源；三是推动数字空间的教学创新，开发适合互动和适配多媒体功能的新型教学模式，同时保护师生数据隐私，倡导负责任的互联网使用。特别关注数字鸿沟问题，该宣言强调在教育场景中普及数字技能，尤其是帮助成年女性和女孩克服技术使用的障碍。此外，文件呼吁政策制定者和利益相关方共同努力，将连通技术转变为促进教育公平的工具，确保教育始终是社会公益的一部分，并推动实现人权、包容性和可持续发展的最高目标。

3. 经济合作与发展组织：数据驱动的教育公平策略

在全球化和技术变革驱动的当下，教育公平已被广泛视为社会进步、经济增长和文化融合的核心支柱。然而，教育系统中长期存在的资源分配不均、社会经济地位和文化适应性差异问题，使得教育公平的实现面临复杂挑战。特别是在全球范围内，弱势群体在教育的机会、资源和结果上，仍显著落后于主流人群。作为全球教育治理的重要参与者，经济合作与发展组织提出了以数据驱动为核心的策略，通过跨国比较和科学评估揭示教育系统中的不平等现象，为推进教育公平提供了新的观察视角。在其 2022 年的教育政策委员会部长级会议上，经合组织发布了《通过教育建立公平社会的宣言》（Declaration on Building Equitable Societies Through Education）①，明确将教育定位为促进社会公平与包容的核心手段，倡导教育政策与其他领域政策的协同作用，以提升社会包容性、劳动力市场公平性以及个体的社会参与能力。鼓励各国开展基于证据的实践研究，实施教育与技能的相关政策，为技能发展、经济繁荣和公平社会建设提供可靠的证据基础。相关政策制定者应考虑学习

---

① OECD.Declaration on building equitable societies through education[EB/OL].（2022-12-08）[2024-12-15].https://legalinstruments.oecd.org/en/instruments/OECD-LEGAL-0485.

者的多样化背景和需求，关注教育和技能培训在机会获取、资源配置和质量方面的数据与指标，以及这些因素对教育、经济和社会成果的影响，并且通过定期追踪国际公平性指标的衡量数据，改进建设公平社会的指标，提高监测数据的可比性和一致性。

以国际学生评估项目（PISA）为例，经合组织通过这一评估揭示了教育系统中隐藏的不平等现象。PISA 不仅评估学生的学业水平，还分析经济、文化和性别背景对教育结果的深远影响。例如，PISA 数据显示，低收入家庭学生与资源充足学生的学业表现之间存在显著差距，而这种差距与教育资源的分配不均直接相关。[①] 此外，在部分国家，女性学生在数学和科学领域的表现较男性学生存在劣势，反映了社会文化对教育选择的深层影响。这些数据为国际社会理解教育不平等问题提供了科学依据，并促使更多国家关注教育公平与社会公平的深度关联。《教育政策展望 2019》（Education Policy Outlook 2019）报告中的案例显示，在部分低收入国家，通过调整资源分配、向偏远地区学校提供更多资金支持，一些低收入国家的学生入学率和学业表现显著提高，这一结果证实了资源公平对提升教育包容性的直接作用。此外，数字化变革带来的新挑战也在 PISA 数据中得以显现。数据显示，农村和偏远地区学生在数字学习中的参与度和表现显著低于城市学生，这凸显了技术鸿沟对教育公平的制约作用。对此，经合组织呼吁各国优先部署数字基础设施，为教师提供数字化教学培训，并为弱势群体提供负担得起的技术设备。

（二）教育包容与公平的多元视角

包容与公平始终是教育的核心主题，其理念在于每个学习者都至关重要，且同等重要。[②] 包容性指帮助学习者克服限制其获得学习机会、参与学习过程以及取得学习成果的障碍的过程，确保所有人都能融入教育体系；公平性则

---

① OECD. PISA 2022 results（Volume Ⅰ）：the state of learning and equity in education[EB/OL].（2023-12-05）[2024-12-15]. https://doi.org/10.1787/53f23881-en.

② UNESCO. A guide for ensuring inclusion and equity in education[M]. Paris：UNESCO，2017：12.

强调教育资源和机会的均等，认为所有学习者的教育具有同等的重要性。教育包容与公平不仅是实现社会可持续发展和个体全面发展的重要目标，其内涵更涵盖了机会公平、资源公平、过程公平、结果公平等多个维度[①]，同时融入了包容性教育的特殊意义，强调接纳教育系统中的多样性、消除歧视，确保性别包容、特殊人群包容以及边缘人群包容，为所有学习者提供平等的发展机会。

1. 教育包容的类型

教育包容不仅关乎教育权利的普及，更涉及如何通过教育促进社会的平等与包容性发展。随着社会、文化和技术环境的不断演变，不同群体在教育中的需求日益多样化，如何平等对待并有效支持这些群体成为教育包容的重要议题。综合现有研究与实践，教育包容可以被归纳为三种主要类型：性别包容、特殊人群包容和边缘人群包容。这三种包容类型从不同维度诠释了教育公平的核心，既强调性别平等，又关注特殊需求，同时努力消除社会和文化对边缘群体的教育阻碍。

第一，性别包容旨在消除教育过程中的性别歧视与不平等，确保所有性别在教育机会、资源分配和学习成果上获得公平对待。具体表现为提高女童教育参与率，尤其是在发展中国家和农村地区；消除教育内容中的性别偏见，在教材和课程中体现性别平等；鼓励女性进入传统中由男性主导的学科和职业领域 [如 STEM（科学、技术、工程、数学）领域]，让所有性别充分发挥潜力。第二，特殊人群包容针对残疾学生、学习障碍学生及其他特殊教育需求者，通过调整教育内容、教学方法和环境设计，确保其平等参与教育。包括实施包容性教育，在普通学校接纳特殊需求学生；提供个性化支持，如特殊教育课程、无障碍设施（如坡道、盲文教材）及辅助技术（如语音识别、手语翻译）；并培训教师以满足特殊群体的需求。其目标在于保障特殊人群的受教育权利，同时推动社会对多样性的接纳。第三，边缘人群包容则关注因社会、经济、文化或地域原因处于弱势地位的群体，通过提供公平的教育

① 周鸿敏，方光宝 . 教育公平测量的路径演变和典型方法 [J]. 教育研究，2019（6）：128–135.

机会，帮助其摆脱教育歧视与社会排斥。针对经济弱势群体，可通过助学金、免费教育、餐饮补贴等措施降低受教育成本；对少数民族和移民子女，则提供双语教育和多元文化课程，支持其融入主流社会的同时保持文化认同；而对农村与偏远地区人群，可通过在线教育及资源下沉缩小城乡教育资源差距。其最终目标是尽可能减少社会和文化壁垒，让边缘人群在教育中享有平等起点。

2. 教育公平的四个维度

第一，机会公平，即接触教育的权利，是教育包容与公平的首要维度。它要求所有人，无论其社会、经济或文化背景如何，都能平等地获得教育机会。这一维度特别关注通过政策手段保障弱势群体（如女性、移民儿童、残障学生、农村儿童）的受教育权。例如，为弱势群体提供助学金、设立零学费政策，不仅能够有效扩大教育覆盖范围，也为实现基本教育权利奠定了制度基础。第二，资源公平，即享有优质教育的保障，是推动教育包容与公平的重要支撑。资源公平指教育资源的合理分配，确保不同背景的学习者都能获得充分而均衡的教育支持。这包括师资力量的均衡配置、现代化教学设施的普及以及数字化学习资源的公平获取。尤其是在城乡教育差距和数字鸿沟背景下，资源公平的意义尤为突出。例如，通过政策倾斜向偏远地区提供专项资金支持，可以显著改善地区间教育资源分布的不均衡现象，从而提升弱势群体的教育体验和学习机会。第三，过程公平，即教育实施的公正性，着眼于教育教学过程中学生的平等参与与公平待遇。过程公平要求教育系统通过优化课程设计、教学方法和评估机制，为不同背景和能力的学习者提供适配性支持。包容性教育在这一维度中具有重要意义，其核心在于通过建立灵活的支持体系，为残障学生或有学习障碍的学生创造与其他学习者同等的学习条件。第四，结果公平，即学习成果的均衡性，是衡量教育包容与公平成效的重要维度。结果公平强调不同背景的学生在完成教育后，能够获得相似的学习成果和社会发展机会。这不仅包括学术成绩的提升，还涉及职业发展能力和社会融入程度。

3. 技术与社会环境：教育包容与公平的延伸

在技术变革与社会发展的背景下，教育包容与公平的内涵正在向整体教育体系建设的方向深入拓展。数字时代为教育的变革提供了全新可能性，但也暴露了传统教育体系中不平等与排斥现象的深层问题。推动构建一个更加包容和公平的教育体系，需要关注从个体发展到集体协同的全方位需求，并整合技术与社会资源来应对不同学习者的需求和多样化挑战。

首先，技术公平在教育体系建设中扮演着关键角色。数字技术的快速发展，为偏远地区和弱势群体提供了更为便捷的学习渠道。然而，在数字鸿沟日益扩大的背景下，确保所有学习者能够平等获取数字教育资源是教育体系建设中不可忽视的一环。无论是普及数字基础设施，还是为特殊学生提供辅助性技术支持，技术公平都是包容性学习的重要支柱。其次，教育包容与公平的建设需要以多样性为基础，接纳并尊重所有学习者的差异。整体教育体系的包容性在于能够识别和克服阻碍学习者获取学习机会、参与学习过程以及实现学习成果的障碍。特别是对于成绩不佳、可能被边缘化或排斥的学习者，教育体系应通过政策和实践为他们创造平等的发展机会。这种差异化支持不仅能提升个体的学习体验，还能充分发挥多样性带来的集体益处，激发教育创新的潜力。再次，建立共识和协作机制是构建整体包容与公平教育体系的核心环节。这不仅需要学校、家庭和社区的协同努力，也需要教育领域主要利益相关者的积极参与。通过推动性别平等、减少社会不平等以及提升教师和教育系统的专业能力，教育体系能够更有效地为包容性学习创造条件。同时，共享学习环境的构建还需鼓励开放的教育文化，使包容与公平原则融入所有教育层级。最后，包容与公平的教育体系建设是一个持续的变革过程，而非一蹴而就。实现这一目标需要长期的数据收集与评估，特别是在识别和应对不平等现象上，教育体系需以证据为导向，制定系统化的改进措施。这种以循证决策为基础的动态管理模式，不仅能够跟踪变革成效，还为全面提升教育质量提供了坚实保障。

综上所述，从整体教育体系建设的视角看，教育包容与公平的实现需要整合技术、公平、包容性和协同合作等多重要素。在数字时代，教育体系必须突破传统的个体发展局限，兼顾家庭和社区的多样性需求，并通过校内外及区域间的协作推动实现教育公平与包容的目标。这一体系的建立，不仅能够促进个体的全面发展，也为社会的长期可持续发展奠定了基础。

二、信息化促进学习者的机会公平

（一）教育机会公平与数字鸿沟的平衡

21世纪以来，多个国家相继开启教育数字化转型进程，数字技术与教育的深度融合显著拓展了优质教育资源的共享范围，为实现高质量教育公平提供了全新可能。然而，在数字化转型的过程中，信息技术所带来的福利并没有平等地惠及所有学习者，反而因技术分配与使用的不均衡引发了新的不平等现象。数字鸿沟的出现，使相当一部分弱势群体被排斥在信息技术所惠及的范围之外，进一步加剧了教育资源分配的失衡。为应对这一挑战，世界多国持续出台并完善相关政策，试图通过系统性解决方案弥合数字鸿沟。尽管政策不断努力，数字鸿沟并未消弭，反而随着数字化进程的深化而逐渐扩大。2024年，美国教育部发布了最新版《消除数字接入、设计与使用鸿沟的行动呼吁：2024国家教育技术计划》（NETP 2024），系统提出了数字鸿沟的新表现形式，包括数字使用鸿沟、数字设计鸿沟和数字接入鸿沟。① 该规划从教育数字资源可达性、数字教学设计的公平性以及数字工具使用的有效性三方面出发，提出了有针对性的应对措施，倡导社会各界协同发力，设计系统化的解决方案，以缓解数字技术获取和使用的不平等问题，为推动教育数字化公平奠定基础。

1. 数字使用鸿沟

在教育数字化不断深化的背景下，数字使用鸿沟（digital use divide）已

① U.S.Department of Education.A call to action for closing the digital access，design，and use divides: 2024 national educational technology plan.[EB/OL].（2024-01-22）[2024-02-25]. http：//www.govinfo.gov/app/details/GOVPUB-ED-PURL-gpo229250.

不再仅是“技术可达性”问题的延伸，而逐步显现为技术使用方式及其教育价值实现路径上的深层不平等。这一鸿沟的实质在于：尽管不同学习群体在形式上拥有相近的技术接入条件，实际的学习体验却高度分化。部分学生能够借助数字技术参与探究式学习、协作创新与自主表达，开展高阶认知活动并获得个性化支持；而另一些学生则主要参与机械重复的操练任务，其学习过程被限制在低层次的技术应用范畴。这种技术使用差异不仅与教师的数字教学素养密切相关，也深植于资源供给、课程制度、学校文化与学习环境等教育结构性因素之中，呈现出“形式平等—实质不平等”的典型悖论，其背后反映的是教育系统在数字治理能力、教学设计理念与教师支持机制等方面的系统性失衡。

针对这一鸿沟的系统性特征，需从教育生态层面确定多维干预路径，以实现技术融入教学的公平化与高质量。第一，确立以学习者为中心的“学生画像”制度，明确各学段学生应具备的认知、个性与社会情感能力，作为课程设计与技术配置的关键依据，推动以技术支撑素养发展的目标导向转型。第二，构建系统化的能力支持机制，通过设定技术应用发展规划、实施进展性评估与提供专业性支持，确保教师能够借助数字资源促进学生关键能力的持续发展。第三，强化学生在教学过程中的参与权与反馈机制，鼓励其成为教学设计的共创者，在反馈采纳与学习调适中增强学习主体性与能动性，实现“与学生共建”而非“为学生设计”。第四，制定具备可访问性、适应性和通用性原则的教育技术评估标准，确保不同背景的学生，特别是边缘群体，能在包容性设计中平等受益。第五，将数字素养作为贯穿学段的课程能力目标，嵌入学科教学全过程，涵盖信息处理、技术伦理、在线协作等复合能力。第六，推动校企合作、校地联动，整合高等院校、行业企业及社会组织的资源，拓展学习场域，实现虚拟实训、项目式学习与现实问题解决的有机融合。第七，实施系统性的教师专业发展计划，将教师作为技术教育的核心中介，提供持续、差异化的技术培训与教学支持，提高其将技术有效转化为教学创新的能力。第八，针对新兴技术（尤其是生成式人工智能）的快速渗透，应制定符合教育伦理、数据治理和社会责任要求的使用规范，确保技术不仅合法、合规，更具有教育价值。

2. 数字设计鸿沟

数字设计鸿沟（digital design divide）是指在教育技术不断深化融合的背景下，教师因时间配置、资源获取、专业支持和技术素养等方面的结构性差异，导致在融合技术进行高质量教学设计与实施过程中出现的不平等现象。这一鸿沟的实质不在于“是否拥有技术资源”，而在于“是否具备基于学习需求进行公平且有效教学设计的能力与条件”。其不仅限制了教师实现技术驱动教学创新的可能性，更在学生层面进一步加剧了学习机会与教育体验的分化。该鸿沟集中反映了两个层面的结构性断裂：一是在教师层面，普遍面临系统性支持不足、时间机制不匹配、专业发展机会有限等现实困境，难以围绕学习者差异与技术融合进行系统性教学设计；二是在制度层面，现有教育系统尚未建立起保障教育技术公平应用与普适性设计的系统机制，从而无法为技术整合的有效实践提供可持续支撑。

为弥合数字设计鸿沟，亟须在教育治理层面实施整体性支持策略，以构建面向全体教师的教学设计能力体系。第一，应全面识别教育组织当前的文化基础与运作状态，明确实践与发展目标之间的差距。通过开展组织文化调研、教师需求评估或教育生态分析，管理部门可精准识别教师在教学设计过程中面临的结构性障碍，从而有针对性地配置支持资源。第二，在推广教育技术的过程中，应充分估算“人力成本”，包括培训所需时间、教学安排的调整与教师专业发展所需投入。当前实践中，对教师能力建设的投入远低于对硬件与平台建设的资金支持，亟须实现教育资源配置的重心转移。第三，教师能力建设应超越工具操作层面，转向基于理论驱动的教学设计能力构建。以通用学习设计（Universal Design for Learning，UDL）为代表的教学框架，能够帮助教师围绕学习者多样性开展差异化教学规划，提升其技术整合能力的通用性与有效性。第四，应构建以实证为基础的技术产品应用机制，通过设立教师协同研讨、数据驱动分析和跨校分享网络，不断优化教学实践中的技术选择与融合路径。第五，面对教育市场中不断涌现的新型数字工具，教育系统还应建立基于实证的数据审核机制，科学评估其教学适配性与学习成效，以防止“工具先行”“技术形式主义”等倾向，真正实现从技术推动向学习驱动的系统性转变。

3. 数字接入鸿沟

数字接入鸿沟（digital access divide）是教育数字化进程中最为基础但至今仍广泛存在的一类结构性不平等，主要指学生与教师在接入数字技术资源方面存在的显著差异。这一鸿沟不仅表现为硬件设备（如电脑、平板终端）的有无与质量差异，也体现在网络连通性、数据服务的稳定性及在线平台的可及性等技术条件方面，更延伸至学习者在数字健康、网络安全、信息素养与公民权利等关键能力的获取上。数字接入是数字公平的基础。该鸿沟通常与地区发展水平（城乡、核心—边缘区域）、家庭经济条件、文化与语言适配度等因素高度相关，在全球南方国家与边缘人群中尤为显著。值得警惕的是，即便在技术设施高度普及的地区，仍存在因设备老化、共享冲突、网络质量不稳定等引发的“隐性不可达”现象，严重制约了教育数字化的深度推进与均衡参与。

为系统性弥合数字接入鸿沟，教育治理体系应从基础条件保障、制度机制完善与场景生态构建三重维度展开协同应对。其一，应通过“学习环境画像”（Portrait of a Learning Environment），明确不同空间下学生应具备的行为习惯与技术能力预期，推动学习环境与技术配置的有机对接。其二，应设立高层级教育技术管理岗位，优化教育科技财政分配结构，确保经费使用的科学性与效益性。与此同时，常态化技术需求评估机制亦亟须建立，以确保技术部署与教学目标高度匹配。其三，各地应形成规范化的设备更新机制与采购协作机制，提升资源供给的及时性、可持续性与成本效能。此外，学习技术规划应让多方参与，基于明确的周期评估与反馈流程，保障规划设计与教育愿景的动态一致。在治理落地层面，应加快推动“广域连通—精准服务”的基础设施建设，强化偏远与薄弱地区的网络覆盖与接入能力。同时，将“可访问性”纳入教育技术产品采购标准体系，确保其对不同学习能力群体的适配性与包容性。为实现从“接入”向“胜任”的转化，应构建覆盖全学段的数字素养课程体系，涵盖数字健康、安全、公民素养与媒体理解等关键维度，形成从技术可及到负责任使用的完整闭环。其四，数字接入鸿沟的治理目标并非简单的硬件普及，而在于实现教育接入的公平性、持续性与适应性，推动教育系统迈向更加协同、智能与包容的未来形态。

（二）信息技术支持特殊学生学习融入

特殊教育是教育体系的重要组成部分，而特殊学生群体由于其特殊需求和弱势地位，往往容易成为被边缘化和排斥的群体之一，特殊教育也是推动教育包容与公平发展中的关键议题。特殊学生通常是指因视力、听力、言语、肢体、智力、精神、多重残疾以及其他因素而有特殊需要的儿童和青少年。[①] 这一群体的教育发展往往面临着学习需求多样、教学管理复杂等诸多挑战，而随着特殊学生数量的持续增长，利用信息化技术满足其个别化教育需求已成为教育公平实践中的迫切议题。

我国近年来逐渐重视信息技术在特殊学生教育实践中的作用。2020 年 6 月，教育部印发《关于加强残疾儿童少年义务教育阶段随班就读工作的指导意见》，特殊教育资源中心要鼓励运用大数据、区块链技术提高服务的精准性。2021 年 12 月，国务院办公厅转发教育部等部门发布的《"十四五"特殊教育发展提升行动计划》，鼓励充分应用互联网、云计算、大数据、虚拟现实和人工智能等新技术，推进特殊教育智慧校园和智慧课堂建设。通过信息化手段，结合特殊学生的生理与心理特点，设计符合其学习需求的教育技术和教学方法，不仅是促进特殊学生全面发展的必要路径，也是实现教育公平的重要实践。在教育大数据、语音识别、智能机器人、虚拟现实和混合现实（MR）等新兴技术蓬勃发展的背景下，更需要积极探索信息技术在特殊教育中的应用并取得成效。

1. 课堂教学管理精确化与沟通便利化

智能管理系统通过数据汇聚与分析，支持课堂教学管理的精确化以及与特殊学生沟通的便利化，为教师提供有效的个性化教学工具，显著提升教育

---

① 杨晨 . 我国特殊学生评价政策的演进、特征与展望 [J]. 中国考试，2024（3）：79–86.

实践中的工作效率。例如，已有智能系统结合市场上的智能化可穿戴设备，通过定位与数据采集功能，实现家校之间的紧密联系与沟通交流。家长可以及时了解孩子的动态，教师和管理者则能精准掌握特殊学生的位置，降低意外事故发生概率。[①] 此外，数据挖掘技术的应用进一步拓展了智能管理系统的功能，通过分析系统中的数据，不仅能够深入了解特殊学生的心理状态，还能有效规避管理障碍，为便利化管理提供有力支持。

此外，美国 2018 年推出的一款智能管理系统进一步展现了数字技术在特殊教育支持中的应用潜力。该系统能够从地方教育机构或学校的个别化教育计划中自动提取特殊学生的关键信息，并将其整理为易于教师使用的形式。通过该系统，教师可以快速获取关于特殊学生的诊断结论、行为特征及辅助支持需求，从而有针对性地为其制定个性化学习目标。系统还集成了学习进度监测工具与过程性档案管理功能，便于教师实时查看和动态调整教学方案。此外，该系统提供多种教学策略模板，促进普通教师与特殊教育教师之间的协同教学，显著提升教学效率，更有效地满足特殊学生的差异化学习需求。[②] 与此同时，堪萨斯大学开发的系统则专注于帮助有行为问题的学生进行自我监控与管理[③]。学生可以通过电子移动设备使用“爱连接”，并根据个性化需求定制目标行为。例如，系统定期向学生提供提示（如“你是否坐在椅子上？”），学生的反馈数据由系统自动分析，并供教育工作者、家长及其他相关人员查看，以监控目标行为的进展。用户反馈表明，“爱连接”系统显著强化了对特殊学生的干预效果，尤其是对患有情绪行为障碍和孤独症谱系障碍（Autism Spectrum Disorder，ASD）的学生，能够有效减少其在课堂中的问题行为，提升目标行为的频率、课堂参与度以及任务完成度。[④] 这一系统不仅为

---

① 郭利明，杨现民，段小莲，等 . 人工智能与特殊教育的深度融合设计 [J]. 中国远程教育，2019（8）：10–19，92–93.

② Education Modified. How we help[EB/OL]. [2024–04–17]. https://educationmodified.com/how-we-help/.

③ Education Modified. Guide to special education resources ready now[EB/OL]. [2024–04–17]. https://educationmodified.com/wp-content/uploads/2020/09/ReadyNow.SpecialEducation.9.1.20.pdf.

④ 王正青，于天傲 . 人工智能技术如何赋能特殊学生教育：基于美国中小学的实践经验 [J]. 现代远距离教育，2022（5）：42–49.

特殊学生的课堂管理提供了高效的解决方案，还进一步彰显了智能技术在特殊教育领域的深远价值。

2. 教育资源无障碍化与内容可及性优化

现代技术尤其是人工智能和相关辅助技术正在突破传统教育的局限性，为特殊学生提供更多的学习内容访问方式和工具。依托人工智能技术，针对不同障碍类型的学生，可定制适应其特殊需求的智能化教科书，例如利用语音识别、语音合成、自然语言处理等技术设计视障学生的“可听教科书”。针对阅读障碍学生，现有的“快速阅读”智能辅助系统已经包含以下五项功能：一是将电子文本转换为语音，并通过图像捕捉将印刷文本、手写笔记等转换为语音输出；二是复杂文本转换，在保持文本原意的前提下，用简洁易懂的词汇替换复杂词汇，降低理解难度；三是消除文本干扰，即去除无关内容，突出显示正在阅读的文本行，并通过调整字体、间距和字符数量，帮助学生集中注意力；四是文本翻译，可提供百余种语言翻译，满足多语言学习需求；五是文本聚焦和注释，即帮助学生收集和组织学习所需的信息，提升学习效率。①

此外，智能导学系统②中的虚拟导师角色设计可以为聋哑学生定制“可表达教科书”，通过符号翻译或手语教学定制“可表达教科书”，有效提高其语言表达能力和沟通能力。针对行动障碍学生（如肢体残疾、肌肉萎缩或发育障碍者），人工智能与增强现实技术的结合使“易操作教科书”的开发成为可能，例如通过眼球追踪技术实现翻页，或利用远程手势控制进行交互，进一步减少学习障碍。技术实现对特殊学生教育的全面支持，其他智能平台也在特殊学生的阅读与信息获取领域发挥了重要作用，比如通过文本转语音、智能词义解释和翻译工具，帮助学生完成阅读任务并增强阅读信心，为特殊学生提供电子图书的无障碍访问路径③，为有视力障碍、阅读障碍以及身体残

① 王正青，于天傲．人工智能技术如何赋能特殊学生教育：基于美国中小学的实践经验[J]. 现代远距离教育，2022（5）：42–49.

② 朱莎，余丽芹，石映辉．智能导学系统：应用现状与发展趋势：访美国智能导学专家罗纳德·科尔教授、亚瑟·格雷泽教授和胡祥恩教授[J]. 开放教育研究，2017（5）：4–10.

③ BENETECH. US education [EB/OL]. [2024–04–16]. https://benetech.org/our–work/us–education/.

疾的学生提供免费的电子图书馆服务，使特殊学生能够更加便捷地参与学习活动。

3. 社会沟通与社会行为的智能化支持

近年来，人工智能技术（如情感智能社交机器人）的广泛应用为孤独症患者的治疗带来了显著进展。孤独症患者普遍面临社会沟通能力缺乏的障碍，而基于人工智能的情感智能社交机器人可以充当他们的伙伴，通过互动交流实时收集关键社交行为数据，并根据患者的反应动态调整交互策略，从而有效促进其语言表达能力、社会沟通能力和情绪智力的发展。已有的社会辅助机器人（socially assistive robotics，SAR）主要是通过模拟社会交往模式帮助孤独症儿童锻炼表情识别能力和语言表达能力。① 在增强现实和虚拟现实技术广泛应用的背景下，以及智能可穿戴设备的快速发展推动下，已经形成了基于混合现实的社会互动机器人导师。该互动机器人导师是一款结合数学游戏的桌面机器人，通过全息眼镜为孤独症学生提供虚拟交互体验。学生在数学游戏中输入答案，如果答案正确，机器人会做出欢呼、鼓掌等正向反馈动作；如果答案错误，机器人则会做出捂脸、耸肩或交叉手臂等动作。这种丰富的情感表达和互动设计，有助于使特殊学生在互动中提高认知能力和交往能力。此外，英国一所大学的自适应系统研究小组开发出了情感智能社交机器人，通过模拟真实的社会互动情境，有效帮助孤独症儿童进行学习，同时促进其语言技能和社交技能的恢复。国内方面，已有医院研发出情感智能机器人，专注于孤独症患者的康复治疗，通过智能交互设计提升患者的语言表达能力和社会沟通能力，取得了显著效果。

4. 信息表达方式多样化

技术的发展与应用为特殊学生的信息表达方式带来了多样化的选择，显著提升了其在学习中的参与度与表现能力。例如，现有的“共同写作”系统可通过语音识别、单词预测、多语言支持和内置主题词典等功能，帮助特殊

① GROECHEL R T，SHI Z，PAKKAR R，et al. Using socially expressive mixed reality arms for enhancing low-expressivity robots[EB/OL]. [2024-02-11]. https://robotics.usc.edu/publications/media/uploads/pubs/pubdb_1047_26d66912461d48749d0c9550777df28e.pdf.

学生克服写作困难。学生可以借助语音将想法转化为文本，系统智能会预测相关词汇并提供拼写建议，使写作变得更加高效且具有独立性。此外，智能辅助系统还通过游戏与互动活动，支持学生多元化地展示自己的思维过程。比如现有的一款在线数学编辑平台，专为数学学习困难的学生设计，允许学生通过按键、手写或语音输入数学符号，将复杂问题分解为多个步骤，并以直观的方式向教师呈现推理过程。教师可以根据学生展示的思维路径进行个性化指导，从而提升教学效果。[①] 在学习成果展示方面，智能辅助系统为特殊学生提供了适配的工具。残疾研究与培训研究所（Institute for Disabilities Research and Training）开发的“手语测验助手”智能测评系统，以数据库中储存的三万多个手语词汇为基础，自动生成适合手语为母语的听觉障碍学生的在线测验，并通过自动评分和统计分析，为教师提供个性化反馈报告。[②] 这一系统突破了传统书面文本评估的限制，使特殊学生能够通过其熟悉的表达方式充分展现学习成果，促进了教育评估的公平性。

三、信息化赋能学生与家庭多样性的尊重

文化多样性对于人类社会的重要性，如同生物多样性对于自然界一般，是不可或缺的基本要素。推动教育包容与公平的过程中，承认多样性的内在价值并尊重个体的尊严是不可动摇的原则。[③] 尊重学生与家庭的多样性，既是实现教育公平的重要目标，也是构建包容性教育体系的基础。这一理念强调，教育系统必须接纳并支持学生在文化、语言、能力等方面的差异，通过调整课程、教学策略和资源分配，确保所有学生，无论其背景或能力，都能平等参与教育并获得高质量的学习体验。

---

① 王正青，于天傲 . 人工智能技术如何赋能特殊学生教育：基于美国中小学的实践经验 [J]. 现代远距离教育，2022（5）：42–49.

② UNESCO. A teacher’s guide on the prevention of violent extremism[EB/OL]. [2024–02–10]. https://unesdoc.unesco.org/ark:/48223/pf0000244676.

③ 同② .

联合国教科文组织在《确保教育包容性和公平性指南》中明确提出，多样性不仅是教育中的现实，也是推动教育变革的动力。对多样性的接纳和尊重不仅能够塑造更公平的学习环境，还能够成为促进性别平等、增强学习行为以及推动社会进步的重要力量。在这一框架下，以母语为基础的多语言教育被视为促进教育包容的重要措施之一。该方法通过强化学生的语言认同和学习成果，充分体现了语言多样性在教育中的独特价值。此外，文化响应性教学方法通过引入多元文化和跨文化对话，帮助学生理解并尊重不同的文化背景，同时激发对多样性价值的认同感与开放态度。为了进一步增强学生对多样性的理解和接纳，许多国家在教育中融入了社会情感学习。这种方法通过关注学生的情感需求，培养其同理心、协作能力和文化敏感性，不仅能够促进对多样性的尊重，还为构建更具包容性的学习环境奠定了基础。多样性在教育中的价值不仅体现在个人成长上，也成为推动教育公平与社会进步的重要动力。

（一）教育中的文化与家庭多样性

教育作为社会文化传承的重要载体，深刻反映了文化与家庭多样性的特征与影响。人类社会的多样性与差异性既体现在生物性层面，也体现在社会文化领域。从教育的视角看，文化多样性不仅包括群体在生产生活方式、语言、宗教、艺术、法律制度等方面的差异，还体现为家庭在价值观、传统、信仰以及教育方式上的独特性。这种文化与家庭的多样性为教育提供了丰富的背景，也对教育的公平性与包容性提出了更高要求。联合国教科文组织在《世界文化多样性宣言》中将文化定义为某一社会或群体特有的精神、物质、智力及情感特征的总和，其中包括生活方式、社会交往方式、价值体系、传统及信仰[①]。这种文化多样性通过家庭环境直接影响教育实践，体现在家庭语言使用、宗教习俗、价值观传递及社会交往模式等方面。不同文化背景的家庭为学生的教育提供了多样化的视角和资源，同时家庭也可能因文化差异面

---

① UNESCO. UNESCO universal declaration on cultural diversity[EB/OL].（2001-11-02）[2024-02-11]. https://www.unesco.org/en/legal-affairs/unesco-universal-declaration-cultural-diversity.

临教育资源分配、语言适应和社会融合等挑战。在个体层面，文化与家庭多样性为学生的成长与发展提供了独特条件。一方面，多元文化背景为学生建立身份认同提供了基础，使其在接受教育的过程中能够找到归属感和历史认同感；另一方面，这种多样性拓宽了学生的选择范围，帮助他们在智力、情感、道德和精神发展上获得更丰富的机会[①]。

文化与家庭多样性不仅是教育的挑战，也是教育的财富。有效融合文化与家庭多样性要求学校在课程设计、教学策略和师资培训中充分考虑学生的文化背景和家庭环境。多元文化教育正是在这样的背景下应运而生，其核心理念在于尊重和保护文化与家庭多样性，倡导教育平等与包容，致力于在教育体系中实现不同群体间的公平。[②] 通过优化学校环境，多元文化教育使来自不同文化与家庭背景的学生在教育过程中享有平等的权利与机会。这一模式不仅为解决教育公平问题提供了新的视角，还促进了学生对不同文化的理解与尊重。与此同时，多元文化教育特别关注弱势群体在教育中的处境。由于家庭背景差异可能导致资源获取的不平等，弱势群体的学生往往在语言适应、文化融合和社会认同上面临更多困难。为此，多元文化教育强调以尊重个体差异为出发点，结合学生的家庭背景和文化特征，为其提供量身定制的教育支持。例如，针对少数族裔学生的语言教育课程，或帮助贫困家庭学生获取更多学习资源的项目，都是多元文化教育实践的重要内容。[③] 在全球化的背景下，家庭与文化的多样性进一步推动了多元文化教育的实践发展。现代教育不仅需要培养具有全球视野的公民，也需注重传承和发展本土文化，以增强学生的民族文化认同感。这种双重目标要求教育在尊重家庭文化差异的同时，注重构建多元包容的教育生态，为学生提供适应未来社会的知识与能力。通过这样的教育实践，文化与家庭多样性不仅成为教育公平的重要基础，也成

---

① 陈学金 . 文化多样性与学校教育：西方国家的实践及中国的历程 [J]. 广西民族研究，2018（1）：99–107.

② 万明钢，白亮 . 西方多元文化教育与我国少数民族教育之比较 [J]. 民族研究，2008（6）：32–41.

③ 张莉莉 . 通过多元文化教育促进教育公平：“CARE” 原则指导下的项目经验 [J]. 中国教师，2012（24）：31–34.

为社会和谐与可持续发展的重要推动力。

（二）信息技术支持的文化响应性教学

文化响应（Culturally Responsive），又称“文化回应”，是一种将多元文化视为学习资源而非障碍的教育理念，其核心在于通过接纳学生的多元文化背景，使其能够以主体身份积极参与学习过程。文化响应理念与文化关联性教学法（Culturally Relevant Pedagogy）、文化持续性教学法（Culturally Sustaining Pedagogy）、文化适宜性教学法（Culturally Appropriate Pedagogy）等概念密切相关。[①] 这些教学理念的共同之处在于强调教学活动中的文化维度，突显文化在教学过程中的重要性。[②]

尽管这些概念共享文化与教学的核心维度，但其侧重点有所不同：文化关联性教学法注重教学与文化的联系，是对文化维度的一种较弱表达；文化响应性教学法更进一步，强调教师对学生文化经验中的独特要素进行及时回应与关怀；文化适宜性教学法聚焦于不同文化在教学中的和谐共生，强调文化适配性的意义；而文化持续性教学法则关注教学对文化传承与延续的作用，强调文化在教学中的长期影响。从逻辑框架来看，文化响应性教学法以“关联”为教学处理文化的基本要求，将“回应”作为教学与文化联系的核心方式，“适宜”则代表教学活动中文化与教学和谐共生的理想状态，而“传承”被视为其最终目标。[③] 这一逻辑体系不仅凸显了文化在教学中的多维功能，还进一步明确了文化响应性教学的价值取向，即通过教学过程促进文化的尊重、传承与发展，为实现教育公平与多样性提供有效支持。在文化响应性教学的框架中，文化不仅是教学活动的背景要素，更是教学的根本依托和核心资源。这一理念强调，教学并非孤立于文化背景，而是深嵌于特定的文化脉络之中。

---

① 靳伟，裴淼，董秋瑾 . 文化回应性教学法：内涵、价值及应用 [J]. 民族教育研究，2020（3）：104–111.

② SOETAERT R，MOTTART A，VERDOODT I. Culture and pedagogy in teacher education[J]. The Review of Education, Pedagogy, and Cultural Studies, 2004, 26（2–3）：155–174.

③ 同① .

将文化作为教学的逻辑起点，要求教师在设计和实施教学时充分考虑学生的文化背景，使教学过程与学生的文化经验相契合。与此同时，可将文化作为教学资源，进一步扩展教学的功能维度，通过挖掘和利用文化元素丰富教学内容，激发学生的学习兴趣与主动性。

1. 文化是教学开展的根本依托

理解文化响应性教学法的核心在于认识文化在教学中的基础作用，即文化构成了教学的逻辑起点。教学的本质是知识与学生的直接对话，而知识和学生都不可避免地带有文化属性。一方面，知识作为观念或概念体系，源于特定的文化背景，是文化的产物；另一方面，学生作为学习主体，也是文化的承载者。[①] 因此，教学过程体现为学生所携带的文化与知识所承载的文化在课堂中的交汇与互动。在这一过程中，教师扮演着文化“传递人”的角色，担负起文化传递与重构的桥梁角色。在现代教育情境中，信息技术为文化响应性教学法的实现提供了有力的支持。一方面，信息技术能够借助大数据分析和智能化教学平台，帮助教师更全面地了解学生的文化背景、兴趣偏好和学习需求，从而更精准地设计教学内容；另一方面，信息技术拓展了文化符号的呈现方式，例如通过多媒体工具、虚拟现实技术或在线资源，使知识的文化背景更加直观生动地展现在学生面前，促进学生对文化内涵的理解和认同。

基于此，教学的本质不仅是文化的选择与传播过程，更是信息技术与文化深度融合的过程。在教学设计中，教师需要基于学科知识和价值体系选择教学内容，同时需要善用信息技术挖掘和呈现文化符号的深层背景。信息技术可以为教师提供便捷的工具，帮助他们分析文化符号的起源、发展及其内涵，从而更加有效地将文化传播给学生。在信息技术的支持下，教师能够更深入地反思知识和价值体系背后的文化背景，进而提高自身的文化意识和能力。在这一过程中，教师会进一步认识到自身和学生都携带着反映其家庭背景、教育经历、社会习俗和民族传统的文化特质。因此，在信息技术的辅助下，教学过程的本质实际上是不同文化之间的相遇与对话。这种技术与文化

---

① 靳伟，裴淼，董秋瑾. 文化回应性教学法：内涵、价值及应用 [J]. 民族教育研究，2020（3）：104–111.

的结合不仅提升了文化回应性教学法的实践效果，也为教学创造了更具包容性、多样性和创新性的文化环境。

2. 文化是教学资源构建的重要基础

文化作为教学中的资源基础，既提供了教学内容的观念支点，也构成了教学实践的具体路径。文化通常被界定为人类社会在历史生产过程中积淀的群体精神及其物化承载形式。[①] 其中，群体精神作为知识与价值观的体现，为教学活动提供了认知出发点；而其承载形式，包括物质文化、行为文化与制度文化等，则为文化响应性教学法提供了丰富的教学资源。[②] 以民族地区的物质文化为例，艺术作品、传统服饰、地方建筑与生产工具等文化要素，体现了特定社区的实践智慧与经验知识。将这些文化载体引入教学，不仅能作为学生理解抽象学科内容的"支架"，还能够强化教学与学生熟悉的文化背景之间的联系，从而实现知识建构的在地化和意义化。

信息技术为这一过程提供了重要支持。首先，信息技术能够通过数字化手段将物质性文化制品高效地收集、整理与呈现，使文化资源更加便捷地进入课堂教学。借助虚拟现实、增强现实和多媒体互动技术，教师可以生动还原不同文化背景的建筑风格、艺术表现或传统技艺，为学生提供沉浸式的学习体验。其次，大数据与人工智能技术能够帮助教师分析学生的文化背景和学习需求，从而精准设计教学内容，将本土文化制品与教材知识有机结合，提升教学的个性化水平。然而，当前实际教学中，教师常因缺乏将文化制品中的知识与教材内容相关联的意识与能力，而未能充分利用文化资源。这种脱离文化背景的教学方式容易导致学生在学习书本知识时产生理解和适应上的问题。信息技术的介入能够为解决相关问题提供有力支持。教师能够充分利用技术手段更高效地获取文化资源，并通过智能化工具增强自身对文化制品的教学设计能力。例如，教师可通过智能教学平台实现文化制品与学科内

---

① 蔡红生 . 文化概念的考证与辨析 [J]. 新疆师范大学学报（哲学社会科学版），2009（4）：77–83.

② 靳伟，裴淼，董秋瑾 . 文化回应性教学法：内涵、价值及应用 [J]. 民族教育研究，2020（3）：104–111.

容的精准匹配，生成具体教学方案，帮助学生在熟悉的文化背景下更好地理解和内化知识。因此，文化响应性教学法需要将信息技术与文化资源的运用有机结合。信息技术不仅是文化载体的重要展示工具，更是教学内容优化的重要手段。借助信息技术，教师能够更有效地将文化制品融入学科知识，将学生的文化经验转化为学习资源，帮助学生理解抽象知识，同时增强其对本土文化的认同感。这种技术与文化的深度融合，为实现更高水平的文化响应性教学开辟了更广阔的空间。

四、信息化推动校内外及区域间教育均衡

教育包容的社会层面旨在通过系统性和全面性的举措，消除校内、校外及区域之间的教育排斥现象，为每个人提供平等接受优质教育的机会。在校内，教育包容要求克服因性别、种族、语言、残疾或社会经济地位等因素导致的资源分配不均、教学支持不足及文化融入障碍。特别是针对身心障碍学生和少数族裔学生，需要通过完善政策、优化资源配置和提升教师的文化敏感性与特殊教育能力，确保所有学生都能在公平的环境中成长与发展。在校外，教育包容则侧重于通过政策保障和社会支持机制，解决由贫困、社会歧视、流动人口身份认定或家庭教育资源匮乏等问题所引发的教育机会缺失。这要求建立强有力的社会保障体系，以提供必要的教育支持，帮助弱势群体克服教育障碍。

在区域层面，教育包容进一步聚焦于解决城乡之间及不同地区间因经济发展不均衡而产生的教育资源配置差异，特别是边远地区和贫困地区的教育短板，往往成为区域教育发展的关键制约因素。2023 年，中共中央办公厅、国务院办公厅发布的《关于构建优质均衡的基本公共教育服务体系的意见》中明确提出，要促进区域协调发展，推进学校建设标准化，加快缩小区域教育差距；推动城乡整体发展；加快校际均衡发展，推进师资配置均衡化。据此，湖北省提出以教联体建设为抓手，探索将教联体作为县域教育治理基本

单元，通过“大校联小校”“强校联弱校”“城镇学校联农村学校”等方式，与农村学校、薄弱学校或新建学校联合办学，推动教育传统城乡二元治理体制系统重塑和整体重构，加快义务教育优质均衡发展和城乡一体化，积极破解“城镇挤”“农村弱”“择校热”等突出问题，满足群众“上好学”需求，着力构建优质均衡的基本公共教育服务体系。

尽管教育包容实践在不断深化推进，但教育资源的分配和利用仍面临诸多挑战。区域差异和城乡发展不平衡持续对教育资源的供给产生深远影响，资源配置不均的问题依然突出。随着教育包容理念的深入推进，如何在空间维度上实现资源的公平分配，已成为推动教育均衡发展的关键议题。与此同时，数字技术的快速发展为教育资源的共享与精准分配提供了全新的路径。技术的应用不仅能够动态分析教育资源的需求状况，还能打破区域和城乡之间的限制，推动教育资源的有效流动与优化配置，为教育公平的实现注入强劲动力。

（一）教育空间正义与资源均衡

空间正义是普遍存在于社会关系、社会结构以及社会问题之中，以空间物化方式所形塑的社会正义，强调空间、历史和社会的互动平衡。在我国推进城镇化的进程中，产业和人口等要素在全国范围内的空间重组[①]，不可避免地引发了乡村教育领域的空间壁垒、空间分层和空间挤压等空间非正义问题[②]。作为一种理论范式，空间正义以实现公民在空间生产和资源配置中的权益保障为价值导向，旨在调整与优化区域、城乡及社会阶层之间的空间关系，推动经济、社会、文化与环境的协调发展，从而改善区域、城乡及阶层间各种不平等现象。[③]其中，教育空间正义作为空间正义的重要组成部分，直接关系到社会公平正义的实现。教育空间正义的概念基于空间正义的内涵，指在教育的空间生产和资源配置过程中，保障公民在物理空间（如区域空间、学

---

① 邬志辉．城乡教育一体化：问题形态与制度突破 [J]. 教育研究，2012（8）：19–24.
② 王莹．乡村教育振兴的空间正义及其实现 [J]. 教育理论与实践，2024（22）：11–18.
③ 任平．空间的正义：当代中国可持续城市化的基本走向 [J]. 城市发展研究，2006（5）：1–4.

校空间）和社会空间（如阶层空间）维度上平等享有教育空间权益。[①] 教育空间正义注重教育资源在空间维度上的公平性与正义性，旨在消除因区域、城乡或空间位置差异带来的教育机会和教育质量的不平等。具体而言，教育的空间正义涵盖资源分配的空间公平、教育机会的均等性、空间资源的优化配置以及文化与空间的融合。

其一，教育资源分配的空间公平强调在不同地理区域和社会空间内实现教育资源的合理分布，以保障所有区域的教育机构都能够提供基本一致的教学质量和条件。这一维度关注城乡之间、区域之间以及经济水平不同的社群之间教育资源的不均衡问题，认为教育资源的集中化倾向可能加剧区域性社会不平等。实现空间公平要求政府和相关机构通过政策干预、财政转移支付等手段，优先支持教育资源匮乏的区域，以缩小区域发展差距并推动教育资源的均衡分布。其二，教育机会的均等性是指无论个体的地理位置、社会阶层、经济条件或文化背景如何，其接受优质教育的权利应得到平等保障。这一维度建立在社会公平理论基础之上，强调教育作为实现社会流动的重要途径，应尽量消除因地域、经济或社会障碍导致的教育机会不平等。具体体现为优化学区划分、推动经济援助项目、消除教育资源获取中的隐性门槛等，以确保每个学生在进入教育系统时拥有相近的起点和条件。其三，空间资源的优化配置关注如何通过合理的教育设施布局和资源规划，使教育资源实现最大化的效能和覆盖范围。与传统的“集中化配置”策略不同，优化配置强调教育设施的可达性和公平性，尤其是在偏远地区、城乡接合部等教育资源匮乏区域的服务覆盖。科学合理的空间布局需结合区域人口密度、社会经济条件和交通便利性等因素，以实现教育资源的高效分布与使用，从而缓解空间不平等对教育机会造成的负面影响。其四，文化与空间的融合体现了教育空间作为社会文化传递场所的功能，强调教育空间设计和教育内容应充分反映并尊重区域性、多样性和民族性的文化特质。这一维度从文化资本理论出发，认为教育空间的文化适应性有助于增强学习者的归属感和文化认同，避

---

① 张兴．以教育空间正义推进社会公平正义：生成逻辑与实践路径 [J]. 教育理论与实践，2023（25）：16-21.

免教育的“去地方化”或“文化同化”现象造成的身份危机与教育脱节。因此，在教育空间的规划与建设中，应融入地方文化元素和社会背景，尤其是在多民族或多文化共存的地区，促进教育的包容性与文化的多样性发展。

（二）信息技术推动区域教育均衡发展

就我国教育发展的现实而言，区域、城乡及社会阶层间教育资源配置存在显著差异，这种差异性反映了教育资源空间分布的不均衡性所引发的结构性不公平问题。这种不均衡不仅体现在资源的总量分布上，更深层地影响了不同群体获得优质教育的可能性与持续性。空间正义理论为审视我国教育发展不平衡及其空间维度的结构性不公平提供了新的分析视角。[①]实现教育空间正义需要以空间正义理论为指导，打破教育资源分配的固有壁垒，为所有人创造更加平等和包容的教育机会。尤其在当前信息技术迅速发展的背景下，移动互联网、大数据、云计算和人工智能等技术为突破教育的时空界限提供了重要支持。这些技术通过即时的信息传递、共享化的数据资源、智能化的交互功能和广泛覆盖的网络基础，显著推动了教育资源配置的优化。区域、学校之间的教育资源不平衡问题因此得以缓解，为从根本上改善教育公平创造了新的可能性。

技术的广泛应用在优化教育资源配置中发挥了基础性作用，但技术应用需要与制度性实践相结合，以协同治理为理念构建教育共同体，从而落实教育公平与高质量发展的系统化解决方案。当前，区域与学校间资源分布存在多重壁垒与结构性失衡，需要从理论与实践层面突破这些壁垒，优化资源配置体系，构建跨越空间限制的教育共同体。作为一种基于协同治理理念的组织形式，教育共同体通过建立教育资源的流动与共享机制，为促进区域教育均衡发展提供了系统化解决方案。在区域层面，教育共同体通过优质学校对薄弱学校的辐射效应、教师专业资源的跨校流动、课程体系的联合构建以及信息技术的深度赋能，逐步实现城乡教育一体化和区域内教育资源的再分配，

① 张兴 . 以教育空间正义推进社会公平正义：生成逻辑与实践路径 [J]. 教育理论与实践，2023（25）：16–21.

推动整体教育质量的均衡提升；在学校层面，教育共同体则以学校为单元，基于具体教育目标，通过教学联动、教研协作和优势互补等路径，建立资源整合与互助发展机制，激发学校间的内生发展动力。这两类教育共同体相互作用，从宏观与微观两个层面构建教育公平与资源优化的协同发展体系，为破解教育资源分布不均和发展不充分的难题提供了重要的理论支持和实践路径，从而为区域教育的高质量、可持续发展奠定基础。

1. 区域空间的教育共同体

城乡与区域教育质量发展长期存在显著的不均衡，其核心症结在于教育资源的空间分布不平等和区域间壁垒的存在。这种不平衡不仅体现为教育资源的总量差异，还表现为资源流动性与共享机制的缺乏，这导致区域教育发展呈现碎片化趋势。面对这一挑战，信息技术的迅猛发展为突破区域空间限制、构建跨区域教育共同体提供了技术支撑与实践可能。基于信息技术平台，教育资源的时空界限逐步模糊，教育供给模式从“中心资源单向输出”向“区域资源动态共享”结构性转变，区域空间的教育共同体得以建立。

区域空间的教育共同体是一种以打破区域壁垒、推动教育协调发展为目标的协同治理体制，包括教育资源的跨区域共享、动态流动和创新整合。其中，跨区域共享是指通过互联网、大数据等技术手段，实现优质教育资源从区域中心向边缘地区的传播，增强资源的普惠性；动态流动是指依托信息技术平台，构建灵活的资源调配机制，使教育资源能够根据需求在区域间高效流动；协同治理是指通过学校、教育机构及社会各方的协作，建立教育资源整合与共享的制度化路径，从而推动区域教育从碎片化向整体协同转变。

从理论层面看，区域空间的教育共同体是教育公平理论与空间正义理论的具体实践。教育公平理论强调教育机会的均等性和资源分配的公平性，而空间正义理论关注资源在空间维度上的合理分布与权利保障。区域空间教育共同体通过重组教育资源的空间分布，推动教育机会的普惠化，缩小城乡与区域间教育质量的差距。在这一模式下，教育资源的空间流动性显著增强，资源的使用效能得以提升，也彰显出教育的公共属性与公平价值。在实践中，区域空间教育共同体的成功案例清晰地展现了其模式价值。以成都市第七中学与贫困地区200余所高中的“互联网直播课堂”为例，这一模式通过信息技术实现了优质教育资源从中心城市向边远地区的实时传播。[①]成都市第七中学作为区域教育中心，通过直播技术共享课程、作业和考试资源，不仅显著提升了贫困地区学生的学习成效，还为教育资源的跨区域再分配提供了具体路径。这一实践突破了传统教育的时空限制，展现了跨区域共享与协同治理的核心特征。同时，它还体现了教育空间正义的内涵，即通过技术驱动实现教育资源的区域突破和价值延伸。

2. 学校空间的教育共同体

校际教育资源配置不均是当前教育公平面临的主要挑战之一，其典型表现为学校空间的分化或区隔，形成了显著的“中心—边缘”空间格局。这种分化往往源于地理空间的差异，并在观念与政策层面进一步强化。例如，城市核心区的优质学校因地理位置与政策倾斜，集聚了大量优质资源，成为“示范学校”或“重点学校”，从而在教育资源、教育权利和话语权上占据优势地位。[②]与此同时，偏远或薄弱学校因资源匮乏而处于劣势，形成重点与普通学校二元对立的等级化教育空间格局。在此背景下，构建突破学校空间的教育共同体以解决校际资源配置不均的问题尤为必要。

作为一种面向学校间资源共享与协作的治理机制，学校空间的教育共同体为学校均衡发展提供了新路径。与区域空间教育共同体侧重于区域间的资源流动不同，学校空间教育共同体更加强调学校间的横向联动，通过资源共享与协同创新，实现教育质量的整体提升。学校空间的教育共同体以打破学校资源壁垒、实现动态共享为核心目标，具有以下特征。其一是资源共享，依托数字化平台实现学校间课程资源、教学设备和师资力量的共享。例如，优质学校可开放其精品课程供合作学校在线学习；薄弱学校通过联合培训提升教师专业能力，从而推动师资的均衡化分配。其二是教学协作，通过跨校教研、联合教学活动等形式，增强学校间的互动，为教育理念和教学方法的

① 程盟超．教育的水平线 [N]. 中国青年报，2018-12-12（9）.

② 张兴．以教育空间正义推进社会公平正义：生成逻辑与实践路径 [J]. 教育理论与实践，2023（25）：16-21.

创新提供土壤，促进学校教学水平的整体提升。其三是协同创新，学校联合开发特色课程和教学管理模式，构建多样化的教育生态。协同创新为学校提供了更多发展空间，特别是在信息技术深度融合教育的背景下，推动了教育系统的整体优化。

基于系统论的视角，学校空间教育共同体通过优化学校间的协同性，增强了教育系统的整体功能，体现了“整体大于部分之和”的系统优化理念。实践中，学校空间教育共同体的成功案例为这一模式提供了有力支持。例如，北京市的教育集团化办学模式，通过优质学校和薄弱学校的联合办学，实现了学校资源的共享与整合。优质学校通过开放课程资源、输送师资力量等方式带动薄弱学校发展，显著提升了集团内薄弱学校的教育质量。这一模式不仅推动了优质教育资源的学校再分配，还通过教学协作和联合教研，促进了学校的内生发展能力。学校空间教育共同体的意义在于，其通过资源的动态共享和协同创新，缩小了学校间的教育差距，提升了整体教育质量。它不仅是教育公平理论的生动实践，也是推动教育系统高质量发展的重要工具。未来，随着信息技术的进一步普及和教育政策的优化，学校空间教育共同体将在构建更加公平与高效的教育生态中发挥更加重要的作用。

第三篇 智慧教育的建构性特征

智慧教育的建构性特征承载了智慧教育体系化发展的任务与使命，符合操作性、阶段性与多样性原则。这些特征不仅清晰描绘了智慧教育作为“实践取径”的现实路径，也为教育变革提供了操作性强的理论基础与实践框架。本篇通过五个关键维度的系统探讨，全面揭示智慧教育的任务导向与实践逻辑。

第一，“全球范围的学生社交社群建构”强调学生社交学习的网络化与全球化，深入分析数字文化对学生群体社会认知的影响，构建数字社会中学生交往的互动机制。第二，“教师发展的优先支持计划”聚焦于教师专业发展的核心需求，分析教育转型中教师能力提升的重要性，它要求设立教师数字技能准入标准，开展职前教师探究式技术应用，加强在职教师体验式技术研修并保障教师研修时间和经费，从而确保教师在教育变革中的引领作用。第三，“合乎科技伦理的技术应用”围绕教育中的科技伦理问题展开，深入探讨智能技术在教育实践中如何兼顾伦理规范与社会责任，避免技术滥用和教育公平受损，从而确保智慧教育在技术驱动下的可持续发展。第四，“智能时代的可持续教育改革规划”通过从改革规划角度分析智慧教育的政策规划框架，提出智能时代的教育改革规划应当以可持续发展为共识愿景，配备迭代更新的信息基础设施，建立目标导向的数字资源汇聚机制，并遵循教育规律引入新兴技术，以实现教育系统的长期稳定发展与资源高效利用。第五，“教育系统、社会与政府的有效协同”从多主体协作的视角出发，剖析智慧教育如何通过教育系统内部与外部力量的协同推进，实现社会责任、政策支持与技术创新的深度融合，构建多方共建共享的教育发展模式。

通过对以上五个关键维度的深入探讨，本篇力图系统呈现智慧教育的建构性特征，明确其任务导向与实践意义，为智慧教育在智能时代的体系化发展提供科学依据和实践参考。

第九章 全球范围的学生社交社群建构

在当今世界百年未有之大变局中，经济全球化和社会信息化持续深化，推动人类交往从物理空间和社会空间延伸至数字空间。人类越来越成为你中有我、我中有你的命运共同体。[①] 在这一命运共同体中，网络社群成为数字时代社会交往的重要载体，学生群体作为未来社会的核心参与者，其社群生活逐渐从传统的物理社群向数字化社群延展。数字技术的深度渗透，不仅改变了学生社群的交往方式，还重塑了其社会认知与价值观念。从传统社会交往角度来看，社群是学生成长的主要空间之一，学生在其中与人发生交往与互动、矛盾与冲突[②]。随着技术的发展，互联网成为一个全新的信息空间，人类的生产和生活实践在物理空间、社会空间和信息空间的共同支撑下进行[③]。在由数字技术构建和支持的信息空间中，社会交往的构成要素和运行方式都实现了数字化变革，体现出数字交往方式特征和数字价值精神。[④] 在此背景下，网络社交成为当代学生进行人际互动和与外部世界沟通的重要途径，网络社群则成为数字时代学生成长的主要空间。

网络社群作为数字社会的核心组成部分，其架构决定了信息流动的方式和社群运行的逻辑。同时，数字文化的传播对学生群体的社会认知与行为方式产生了深远影响。在这一背景下，探讨学生社群中个体的发展路径及其对数字社会的适应性，成为理解当代学生群体的重要课题。此外，如何构建以

① 国家主席习近平在莫斯科国际关系学院的演讲（全文）[EB/OL].（2013-03-24）[2023-11-30]. https://www.gov.cn/ldhd/2013-03/24/content_2360829.htm.

② 赵胜军．"互联网＋"时代学生社群生活与学习方式的变革 [J]. 当代教育科学，2017（3）：76-79.

③ 潘云鹤．人工智能 2.0 与教育的发展 [J]. 中国远程教育，2018（5）：5-8，44.

④ 温旭．数字生活世界的殖民化困境与合理化出路：以哈贝马斯生活世界理论为视角 [J]. 理论月刊，2020（11）：27-36.

互信为基础的可持续发展学生社群，更是推动网络社群健康发展的关键。本章将从网络社群与数字社会的架构入手，分析数字文化对学生群体的社会认知影响，探讨学生个体发展在社群中的表现，并着重研究构建可持续发展学生社群的互信机理。

一、网络社群与数字社会架构

当下，数字社交媒体连接着全球近一半的人口，构成了世界范围内的网络社群。数字通信技术支持着人们的社会交往，使得世界各地的人能够进行实时交流，但同时也为极端言论和误导信息提供了平台，它们借此强化偏见并引发纷争。互联网的匿名性和独立于现实空间的网络空间使得个体可能表现出比其在现实社交中更为突出的负面社会行为，人与人之间的交往理性需要被重视。交往理性要求人们的交往行为建立在真实、诚恳的原则上，实现主体间的平等沟通，找回交往的本性。[①] 当代学生是伴随着技术成长的数字原住民，时刻在使用技术且通过技术产品实践和感知其所生存的世界，直面技术发展和数字社交带来的交往异化问题和主体性丢失问题。因而，从交往理性的视角审视数字时代学生的社交方式和社群建构，规范学生的互动行为，对于其建立和谐、可持续发展的人际关系具有重要意义。

近年来随着工业社会向信息社会、知识社会的转型，许多新的知识观，诸如知识的非建构性、社会性、情境性、复杂性和默会性等不断冲击和改变着大众对于学习的认识。学习的实践性质、建构性质、社会协商性质、参与性质对传统教学的课堂局限以及知识传递的方式不断提出了疑问，刷新和丰富了学校教育中的教与学范式，使人对学生社群学习的认识不断突破传统课堂学习的局限。[②] 随着人类步入数字时代，以互联网为代表的数字技术嵌入

① 吴海琳，曾坤宁 . 元宇宙视域下的生活世界与交往行为转变 [J]. 社会科学辑刊，2023（1）：187–194.

② 赵胜军. “互联网 + ”时代学生社群生活与学习方式的变革 [J]. 当代教育科学，2017（3）：76–79.

人们的生活世界之中，构建起生活中的大多数场景，紧密连接并组织着人们的工作、学习以及社会交往等几乎所有生命活动。[①] 人的社会生活可以被分为物质生活和社群生活，社群本质上代表着各种规模的社会单元，它们由具有一定共通特质的个体聚合而成，这些共通特质可以包括规范、价值观、身份，或者是地理区域、虚拟空间上的共同归属[②]，数字技术的兴起扩展了传统社群的概念，虚拟的社交群体逐渐形成，其特征与构成要素也发生了演变。

（一）社群与网络社群

社群是在社会内部由于人们之间的相互作用而形成的一种特殊的组织方式，基于社会成员的共同需求，通过契约方式或一致意愿联合起来，彼此相互依存并分工合作。社群（Community）也被译为“共同体”，通过成员的积极关系而形成，表现出关系和结合的特征。[③] 社群不仅是人群的集合或社会的类属，还展现了人们相互联系的独特模式，形成一种社会结构并对其成员有某种确定的期望。作为共享群体，群体中的人会产生对于同为群体成员的认同感，形成共同信仰和价值观下独特的群体文化。[④] 社群是社会赖以运行的基本结构要素之一，广义上的社群泛指一切通过持续的社会互动或社会关系结合起来进行共同活动并有着共同利益的人类集合体。社群不同于其他一般的聚集体，其形成和运行体现出以下特征：较为明确的成员关系、成员间持续的相互交往、群体成员具备一致的群体意识和规范、内部分工协作并具有一致行动的能力。

数字技术的兴起和技术产品的发展，根本性地改变了人际交流方式和社会结构。网络空间已经成为备受关注的社会空间的扩展，社会组织开始围绕

---

① 李泓江．数字时代生活世界的殖民化困境与人的存在危机 [J]．北京社会科学，2022（5）：85–95.

② 董盈盈．网络社群视域下的大学生思想政治教育研究 [D]．上海：华东师范大学，2019.

③ 腾尼斯．共同体与社会：纯粹社会学的基本概念 [M]. 林荣远，译．北京：北京大学出版社，2010：43–45.

④ 波普诺．社会学 [M]. 李强，等译．北京：中国人民大学出版社，2007：191.

信息网络展开。这种转变与网络化个体主义的兴起同步，与传统社会结构，如以地理位置为基础的家庭或社区等社交群体形成鲜明对比。社会组织已经围绕着基于共同利益、共同价值观和活动的信息网络组建起来了，不再受地理接近性的制约[①]，形成了所谓的网络社群。网络社群可以被理解为传统社群在数字时代互联网构建的网络空间中的延伸，它们构建于互联网虚拟空间中，具备高度动态和持续演进的特征，形成了一种新兴的社交互动模式。在本质上，网络社群代表了社交关系从现实世界向虚拟网络空间的扩展，如借助即时通信工具组建的群聊等。同时，也包括在网络空间中直接建立起新的社会关系，数字通信技术和社交媒体工具助力，为现实社群成员提供了不仅限于日常现实生活的更广泛的交往空间和更丰富的交往形式。[②]网络社群所表现出的特征与现实社群的特征相一致，同样强调社群成员之间持续的交往并形成稳定的社交关系，在共同价值观的引领下形成一致的群体意识和社群规范，内部有明确的分工协作方式。在网络社会中，人们不再受限于在固定的时间与地点进行交流，而是可以随时随地进行沟通分享，网络和社交媒体为人们创造了一个超越现实的虚拟空间，虚拟社交群体也因此逐渐形成。

（二）交往理性与数字社会架构

数字技术改变了人类原有的生存和交往模式，消解了时空距离对社会交往的限制，对社交的本质和过程进行了重构。匿名化的数字世界为个体提供了实现多元自我并摆脱现实社会束缚的机会。与传统的面对面社交方式不同，数字世界中的人们通过在虚拟空间中塑造新的数字身份进而消解原有现实社会关系的实际含义，借此打破现实社会关系造成的身份束缚[③]，在网络社群的交往中得到释放，但这也会引发一些人对其他人的支配，带来社会对个人的压抑，导致人与人关系的异化。数字化社交方式导致人们自我表达的虚拟化，

---

① OECD. How’s life in the digital age? [EB/OL].[2024–02–11]. https://www.oecd. org/en/publications/how–s–life–in–the–digital–age_9789264311800–en.html.

② 徐志斌 . 社交红利 2.0：即时引爆 [M]. 北京：中信出版社，2015：70.

③ 温旭. 数字生活世界的殖民化困境与合理化出路：以哈贝马斯生活世界理论为视角 [J]. 理论月刊，2020（11）：27–36.

并在社会交往中形成自我意识的虚幻状态[①]，瓦解了原有交往的真实性，使得个人无法持续确定自我的主体性。

基于当前的社会交往问题，可以引用哈贝马斯的交往行为思想和交往理性理论来进行审视。交往理性是指体现在交往行为背景与生活世界结构中的人的生活理性，是遵循普遍规范构建的平等且合理的主体间结构。[②]交往对生活世界具有重要意义，人们交往的初始目的是使得讲话者和听者能够相互理解，而技术理性的出现促使人们总是为了达成既定目标而行动，这是人际交往关系异化的重要因素之一。交往理性能够协调交往主体间关系，使主体达成相互理解，并通过语言实现并遵循社会交往规范。[③]哈贝马斯认为，人类语言功能包括表达现实、个人感受和想法，以及建立合理的人际关系[④]。其中，合理的人际关系最为关键，只有建立了合理的人际关系，才能更好地消除科技异化带来的影响。

以交往为主的生活世界由文化、社会和个性三个层面构成，为个人的交往行为提供背景条件。其中文化为交往创建沟通交流的信息和知识基础，社会为交往提供群体间的规范和秩序维护，个性则促进交往个人融入社会群体。在文化层面，哈贝马斯将文化称为知识储存，文化是人类语言、知识、信息的集合，作为理解与沟通的背景在社会交往中起基础性作用，是推动交往行为发生的动力源泉。在社会层面，他将社会描述为合法的秩序，交往主体在共同生活的世界中遵循相同的规范，并形成共同的情感和认知以达成交往共识。[⑤]在个性层面，哈贝马斯认为“一切促使主体能够言说并且行动的动机和能力，我都把它们归入个性结构”[⑥]，个体是共同体形成最基本的要素，对交往

① 温旭．数字生活世界的殖民化困境与合理化出路：以哈贝马斯生活世界理论为视角 [J]. 理论月刊，2020（11）：27–36.

② 汪慧．哈贝马斯“交往理性”思想及其时代价值 [J]. 哲学进展，2023（3）：563–569.

③ 同②.

④ 哈贝马斯．交往行动理论・第一卷：行动的合理性和社会合理化 [M]. 洪佩郁，蔺青，译．重庆：重庆出版社，1994：134.

⑤ 哈贝马斯．交往行为理论：行为合理性与社会合理化 [M]. 曹卫东，译．上海：上海人民出版社，2004：136.

⑥ 哈贝马斯．后形而上学思想 [M]. 曹卫东，付德根，译．南京：译林出版社，2001：83.

主体个性的承认与尊重构成交往共同体形成的前提。

数字化的生活世界作为现实生活世界的延伸同样遵循上述三维结构，其中文化层面因与数字技术的融合而进一步拓展了其内涵。数字时代的社群作为数字社会人际交往的单元，同样具备社会性和主体性，并融合了技术性的文化特征。因而，从交往理性的视角进行分析，面向数字社会的社群都应具备数字文化（digital culture）、主体空间（individual space）和社会秩序（social order），三者共同形成了数字社会的架构（即 CSS 数字社会架构，如图 9-1 所示），该架构为数字社会成员，即数字公民在新时代的生存发展和社会交往提供了可信机理，同时，成员也应具备相应的胜任能力以适应技术带来的社会变革并积极促进社会的良性发展。

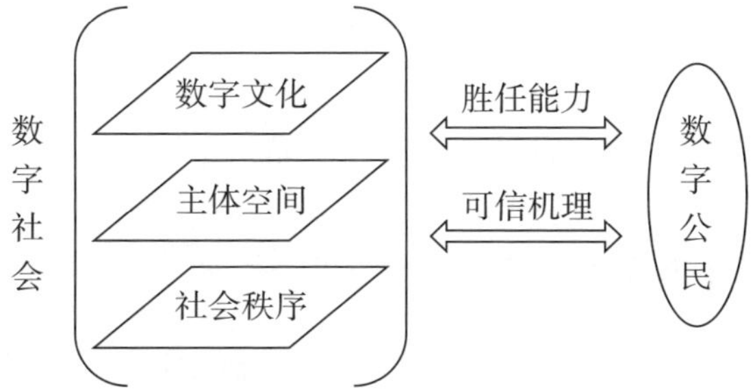

图9-1　CSS数字社会架构

在 CSS 数字社会架构中，数字文化是社会成员在数字时代进行社交并达成一致的社会认知基础，代表了成员在社群中形成的共同理解，应当涵盖成员对技术使用的基本工具意识及规范使用技术进行社交的数字技能和素养，同时也包括对自身能够有效应对未来技术的主体效能感。主体空间承担着维护社群成员的自身主体性和自我同一性的职责，以确保他们具有自由表达和参与沟通的能力。成员在拥有明确自我意识的基础上，能够清晰识别自身价值以形成对自我的身份认同，同时在文化和制度的规范下实施行为约束。社会秩序旨在规范成员的交往行为，维护他们的社会地位，以促进成员相互之间的团结与协作。同时，社会秩序也要求成员具有群体意识，能够接纳和理解社会交往中的多样化冲突与问题，具备相应的社交情感技能，以便更有效地进行社交和积极参与社会活动。因此，数字社会架构的每个层面都暗含着社会成员从个体意识培养到能力提升再到实践参与的动态发展路径，正是这种动态发展路径，推动着社会成员培养其在数字社会的胜任能力，并推动数字社会随着技术的不断革新而持续发展。

二、数字文化影响学生社群的社会认知

数字通信技术已深入渗透至人类社会生产和生活的多个领域，为人际交往提供了新的发展空间，数字文化成为人们在社会交往中所共享的社会认知基础。在数字化的环境中，个体需具备相应的工具使用意识和技术应用能力，以应对不断涌现的技术变革，确保自身在数字环境中的适应性。技术的飞速发展塑造了信息丰富且多元的社会环境，能够在数字世界中良好生存、自我发展并融入社会活动已经成为每位公民所必备的能力。

（一）使用技术的基本认知

数字时代的人们被赋予数字公民身份，在数字社会中运用技术进行学习、工作和生活。数字公民是利用数字技术参与社会活动并在数字社会生存的个体，拥有最基本的工具意识和技术使用意识，能够定期且有效地使用互联网。数字文化中的工具意识可以被理解为在数字时代中的个体对各种数字工具、技术和资源的认知、理解能力和应用意识。具有胜任能力的数字公民能够合法、安全地使用数字工具，适当且负责地运用数字技术参与社会交往，促进人际关系的和谐发展。

学生是数字公民教育的重要对象之一，美国国际教育技术协会（International Society for Teaching in Education，ISTE）先后发布了三个版本的《国家教育技术标准：学生标准》（以下简称《标准》），系统且全面地对学生适应技术应用以促进学习和生活的能力标准进行了描述。《标准》的第一版于 1998 年发布，提出学生应该具备的教育技术知识与技能，包括技术的基本概念和技术应用实践，认识技术使用所涉及的社会和人文问题，熟练掌握技术

效率工具、通信工具以及研究工具，同时具有运用技术解决问题和进行决策的技能。[①]这一版充分强调了学生加强工具应用意识和技术意识的必要性。《标准》的第二版于 2007 年发布，提出新时代的学生应该具备的能力素质包含交流与协作、数字化时代的公民职责和技术操作、概念理解等六大能力，[②]突出学生在新时代的数字公民身份以及技术意识和技术理解的重要性。于 2016 年发布的第三版则提出数字时代的学生应当具备的素质能力包括赋能学习者、数字公民、全球协作者等七大能力[③]，强调学生应当让技术在自己达成学习目标和进行社会活动的过程中发挥积极作用。每一版《标准》都强调学生应当具备基本的技术意识和工具意识，将工具和技术使用融入学习和生活，以更好地达成学习目标和进行数字时代的社会交往、与他人进行交流协作。有意识地使用数字工具，关注数字技术和工具的更新，是数字社会成员都应具备的素质能力，也是数字文化得以发展的基础。

（二）应用技术的合理规范

数字素养与工具意识之间存在密切的相互关系，工具意识构建了数字文化的基础，数字素养在这一基础上建立，强调在数字环境中使用技术的合理规范，确保社群成员能够有效地运用这些工具处理信息、解决问题并积极参与社会互动。数字素养是学生核心素养的重要组成部分，也是学生适应数字社会生存的基础。在数字社会中，个人获取信息的能力对于其融入社会环境以及进行正常社交活动具有重要意义。随着信息的数字化以及网络社交的普遍化，个人数字素养和技能的提升也变得愈加重要。

数字素养是信息素养的延伸，联合国教科文组织发布的《数字素养全球

---

① 杨金勇，孟红娟．利用技术变革学习：新版《美国国家学生教育技术标准》解读 [J]. 中国电化教育，2018（6）：86–90.

② International Society for Technology in Education. National educational technology standards for students[M]. 2nd ed. Arlington：International Society for Technology in Education，2007.

③ International Society for Technology in Education. ISTE standards：for students[EB/OL].（2017–12–31）[2023–11–30]. http://www.iste.org/standards/for–students.

框架》将数字素养解释为通过数字技术安全且适当地访问、管理、理解、整合、交流、评估和创建信息的能力，是互相关联的数字技能的集合；并提出数字素养涵盖七个素养域，包括基本的设备和软件操作能力、信息和数据素养、交流协作素养、数字内容创作素养、安全素养、问题解决能力以及与职业相关的技术应用素养。[①] 其中交流协作素养强调通过数字技术进行互动、沟通和协作，体现出技术使用对社会交往的重要性。而关于数字素养与技能掌握程度的划分，欧盟发布的数字素养框架从知识、技能和态度三个方面对其进行解读，将其分为信息与数据素养、交流与合作素养、数字内容创造素养、安全素养和问题解决素养，并提出八个等级来判断个人数字素养的掌握程度，分别为在全程指导下完成简单任务、自主完成任务的过程中需要部分指导、独立完成有明确规定的任务、独立完成能满足自我需要的任务、能够指导他人完成任务和解决问题、能够在复杂的环境中与他人协作共同完成任务、整合相关知识并指导他人使用特定的方法解决问题、能够在相关领域提出创新的方法[②]。数字素养框架对个人使用技术进行交流合作提出了明确的能力要求，旨在让在数字社会中进行社交活动的个人能够有效应用技术、选择合适的工具、采取恰当的沟通策略，并积极利用技术优势与他人交往合作。

（三）驾驭技术的内在驱动

主体效能是个体对自己能够完成特定任务或达成特定目标的信心和信念，而在数字文化中的主体效能可以被理解为个体对使用数字工具、应对数字技术变革和挑战的信心以及对自己在数字化环境中实现目标的信任感。数字技术的主体效能感对于个人数字素养提升起着关键作用[③]，同时也显著影响个体

① UNESCO Institute for Statistics. SDG 4 data digest 2018：data to nurture learning[R/OL]. [2023-11-30]. https://uis.unesco.org/sites/default/files/documents/sdg4-date-digest-data-nuture-learning-2018-en.pdf.

② CARRETERO S，VUORIKARI R，PUNIE Y. Digcomp 2.1：the digital competence framework for citizens with eight proficiency levels and examples of use[R]. Luxembourg：Publication Office of the European Union，2017.

③ CHOI M，CRISTOL D，GIMBERT B. Teachers as digital citizens：the influence of individual backgrounds，internet use and psychological characteristics on teachers levels of digital citizenship[J]. Computers and Education，2018（121）：143-161.

运用数字技术参与社会活动的意愿。由于排斥数字技术应用而脱离数字社会的人群，难以从技术应用中受益，这导致其参与社会的能力逐渐减弱。[①] 数字鸿沟的扩大增加了人际交往冲突的风险。

针对数字技术排斥以及数字鸿沟扩大的现象，数字包容的概念由此而生。国际电信联盟提出，数字包容的目标是保证每个人都能从数字技术及其应用系统中受益，因而所有人都应具备适当的数字技术应用技能且享有平等的机会。从国际政策关于数字包容的分析和应用政策角度进行分析，数字包容应当包含关于数字技术的准备、就绪和参与[②]。其中数字就绪的维度明确提出要增强公民对数字技术使用的信心以提升主体效能感，并通过完善数字服务、普及数字教育并保护公民数字隐私以实现该目标。具备较高效能感的个人更倾向于提升数字技能水平以克服数字挑战，更积极融入社交活动，共同构建和谐的社交社群。

三、学生社群中的个体发展

社群成员的个人主体性是推动社群发展和延续的动力，个体独立的重要特征是拥有自我意识。拥有独立自我意识的主体在与他者和世界的交互中找到自我的身份认同。由于每一位个体成员都具有自己独立的意识和不可消融性，如果一味强调主体意识的彰显，必然带来一系列的问题。因此，需要看到不同主体之间的差异性，并通过行为约束来促进主体间的和谐沟通和交往。

（一）个人主体的内在表征

自我意识对一个人的个性发展与行为决策具有重要意义，高度决定着个人对环境的行为反应。[③] 意识是建立在最直接、最可靠的知觉基础上的，是人

① 董君，洪兴建. 数字鸿沟的内涵、影响因素与测度 [J]. 中国统计，2019（12）：71–73.

② 杨巧云，梁诗露，杨丹. 数字包容：发达国家的实践探索与经验借鉴 [J]. 情报理论与实践，2022（3）：194–201.

③ 金盛华. 自我概念及其发展 [J]. 北京师范大学学报（社会科学版），1996（1）：30–36.

基于对自身的认识和主观能动性对环境作出的反应。数字技术为学生的自我意识呈现提供了更多的工具平台和空间，进而产生了基于数字化表达的自我意识新形态。数字自我是自我意识经过数字化之后在网络空间中存在的一种样态，是真实自我的一种数字展现①，是数字时代中自我意识的一种延伸。例如，通过“朋友圈”等社交途径，学生可以在数字世界中有意识地构建自己的身份和形象特征。

在学生社群中，自我意识在明确个体定位、促进学生自我表达和个性展示、理解他人和隐私的自我保护等方面发挥着重要的作用。自我意识有助于个体在数字网络社群中明确自己的定位和角色，个体可以根据自己的兴趣、技能和目标选择参与的社群，并与志同道合的人建立联系和互动，从而形成良好的社交关系和支持网络。自我意识也能使个体更好地认识自己的兴趣和特点，并在社群中进行自我表达和个性展示。同时，自我意识有助于个体更好地理解他人的观点、情感和需求，通过意识到自己的存在和独特性，个体更容易与他人共情和共鸣，促进有效的沟通和互动。最后，自我意识有助于个体保护自己的隐私和个人信息，使个体可以更加警觉地注意自己在数字网络社群中的信息披露和隐私泄露，避免受到网络骚扰、欺诈或侵犯。

（二）个人价值的整体把握

人与人之间往往通过商谈或交往形成共同体，并在与他人的交往和互动中对自我进行反身性的思考和理解。在与他人交往的过程中，个体将确定自身与他人之间的相互关系，包括对立或者互补，进而表达和协商对自我身份的认同，明确自我在群体中的位置。② 自我身份认同的过程深植于社会，是每个人根据自身经历进行反思、总结和理解形成的自我概念。这种自我概念在日常生活场景中不断产生的反思性活动的促进下得以创造和维持，也促使个体维持对自我身份的认同。

自我身份认同是个人在与社会互动的过程中进行持续反思而形成的，不

① 肖峰．论数字自我 [J]．学术界，2004（2）：86-99.

② 迪克．话语研究：多学科导论 [M]．周翔，译．重庆：重庆大学出版社，2015：242.

仅是对自身整体性的把握和理解，还是对自身在社会结构和社会关系中定位的明确认知，只有在社会和个人建立某种联系的基础上，自我身份认同才得以实现。[①] 在数字生活世界中，身份认同对于促进归属感和社群参与，增强凝聚力和促进共识，推动社群间的交流和互动有着重要的意义。身份认同使个体能够感知自己与特定社群的关联和归属感，通过建立与特定社群的身份认同，个体可以更积极地参与社群活动、互动和讨论，从而获得社交支持和满足感。同时，身份认同有助于形成群体凝聚力和共同目标，通过共享相似的身份认同，个体可以与其他成员建立联系，形成紧密的社交网络，并追求共同的兴趣、目标和价值观。最后，身份认同对个体在社交社群中的交流和互动效果具有重要影响，基于共同的身份认同，个体可以更好地理解和被他人理解，从而与他人进行更有效的沟通和互动。

（三）个人交往的规范管理

在现代社会中，随着个体主体意识的日益增强，若缺乏必要的规范与边界感，其膨胀的自我意识可能在交往实践中对他人空间或社会规范构成越界与干扰。因此，对自身行为的约束就显得尤为重要。行为约束是独立个体有意识地对自己的情绪、欲望和行为进行控制和管理，涉及个体内部的自我管理和自我调节过程。自我行为约束可以帮助个体在面临冲突或挑战时，抑制自己的冲动和欲望，从而采取更符合自己价值观和社会期望的行为。

在数字社会中，行为约束在维护社群秩序和公共道德方面发挥着重要的作用。行为约束可以促使个体在数字网络社群中遵守公共规则和道德准则，通过对自身的约束，个体可以避免做出恶意攻击、辱骂、传播谣言等不当行为，促进友善和文明的网络环境的形成。并且，对自身的约束可以帮助个体在情绪激动时保持冷静，避免过度攻击或伤害他人的言辞，促使个体更加谨慎地思考自己的行为后果，避免冲动或不适当的行为，维护良好的社群氛围和互动环境。除此之外，行为约束可以敦促个体在数字网络社群中对信息进

① 迪克．话语研究：多学科导论 [M]. 周翔，译. 重庆：重庆大学出版社，2015：242.

行审慎判断和筛选，避免盲目传播虚假信息、谣言等，做负责的信息传播者，维护网络信息的准确性和可靠性，与他人进行良好的互动和交流，建立信任和合作关系。

四、可持续发展学生社群的互信机理

秩序对社会和谐发展起到了重要作用，是数字社会学生社群可持续发展的互信机理，即社群成员相互信任、相互依靠的保障。秩序的核心在于规范社群成员的交往行为，维护成员的相互关系和地位，从而促进团结与协作。个体在对社会结构、多样性文化和价值观以及社会规范的认知和理解基础上，具备一定的社交情感技能，有效地与他人进行社交互动，应对不同的观点和文化，与社群成员共同参与社会活动，维持社群的有序和谐。

（一）多元文化的理解接纳

群体意识可以被理解为个体在社会交往中对社会结构、社会文化、价值观和规范的认知，能够理解来自不同文化背景和环境的他人，并与之共情。个人群体意识的存在使得自身能够意识到自己的行为和决策将如何影响周围社会环境和他人，并以此形成对他人观点和感受的理解与包容，在社交互动的过程中表现出更加注重社会规范和秩序的行为。群体意识能够促进个人对社会共同利益的考量，帮助个体更好地融入社交群体，建立健康、共融和互动的社会关系。这种理解与接纳的过程为社会互动提供了一种有益的基础，也有助于形成更加开放、包容和积极的社会氛围。

群体意识促使个体反思自身的文化观念和偏见，超越单一文化的视野，认识到每个文化都有其独特的价值和贡献。这种认知有助于打破文化隔阂，促进不同文化之间的对话与合作，个体则能够更好地在多元文化环境中进行交流，减少误解和冲突，建立更加融洽的社交关系。个体群体意识的培养同时能够激发自身对社会不平等和歧视的关注，通过了解和认识不同文化所面临的挑战，个体更容易成为社会公正的倡导者，促进包容和平等的社会的发展。群体意识的提升使人们更加敏感于文化差异，鼓励个体以平等和尊重的态度对待每个文化成员，共同创造一个互相包容和尊重的社会空间。综合而言，群体意识关注个人对多元文化的理解与接纳、对他人的包容与共情，是个人从自我走向社会交往的重要意识，也是社会规范制度得以有效实施的基础。

（二）人际交往的情感技能

情绪驾驭是个体进行社会交往的关键能力，不仅指的是能够适时控制自身情绪，更重要的是能够为他人带来积极的情绪影响。美国的学术、社会与情感学习联合会（Collaborative for Academic, Social, and Emotional Learning, CASEL）将社会与情感能力描述为个体在与社会的互动过程中，能够有效驾驭自己的情绪、建立积极的人际关系、做出负责任的决策以解决社会生活中各种问题的能力。其内容包括认识自己的情绪和价值观；设定和实现目标，处理情绪以促进相关任务的完成；理解和共情他人的观点和感受；在团队中既能够作为领导者或团队成员有效完成工作，又能合理解决冲突；在社会交往行为中做出合乎道德且有建设性的选择。这也是一种全面、综合、系统性的教育取向，能够帮助个人有效管理生活和学习，促进其自身的社会与情感技能发展。其中包含了解和重视自我，理解自身的想法和感受；管理自身情绪，能够应对且转变消极情绪，提高自我的积极情绪水平；努力迈向目标，坚持不懈，保持乐观；理解他人的想法和感受，重视并支持他人；建立并维护人际关系；解决问题。强调情绪驾驭旨在培养个体感知自己和他人情绪的能力，维持良好社交关系，以更好地适应复杂多变的社会环境。

目前多数国家通过开展多样化的社会情感学习实践来培养和发展学生的社会和情感能力。学术、社会与情感学习联合会指出，社会情感学习最好的实践是有效的课堂教学，学生在课堂内外积极参与各类活动，家长和社区也要积极参与项目的规划、实施和评估。[①] 这种综合的实践方法有助于学生培养

① 王松丽，陈瑞生．国际学生社会和情感能力研究趋势及其启示 [J]．外国中小学教育，2017（4）：16–20，15.

全面的社会与情感技能。通过课堂的学习活动以及学生在实际项目中的参与，他们能够更好地理解和应对情感、建立积极的人际关系，同时也能够在更广泛的社会环境中实际运用这些技能。同时，家长和社区的积极参与则可以为学生提供更丰富的社会情感学习机会。

（三）社交活动的积极推进

个人的社会参与是指在社群中积极参与各种社会活动并有效进行人际互动，社会参与能力是学生发展核心素养的重要内容。《中国学生发展核心素养》研究报告提出，要培养全面发展的人，并将中国学生发展的核心素养分为文化基础、自主发展和社会参与，强调培养学生的责任心和实践能力，[①] 提高学生参与社会活动的积极性，学会主动适应社会发展。在当下相互联系和相互依存的世界中，培养学生的社会参与意识和社会责任感、引导学生积极参与社会活动显得尤为重要。联合国教科文组织指出，国家教育系统面临的重要挑战就是让每位社会成员认识到自己的公民身份，形成对社会事务的责任意识[②]，引导学生进行社会参与，帮助学生构建自我与他人、个体与社会之间的有机联系，使学生学会处理好自我与社会的关系，认知自己作为社会成员的权利与义务，关心社会公共事务，以更好地承担社会责任。

社会参与对于推进社群活动也具有关键作用，个体通过积极参与社会事务，能够深度融入社会生活，增强对社会事务的了解和关注，从而推动社交群体的全面发展和不断变革。此外，社会参与能够培养个体社会创新和问题解决的能力。通过各种形式的参与，个体能够带来新的创意和方法，为社群发展提供创新的动力，推动社群朝着更加可持续和创新的方向迈进。此外，社会参与有助于构建社群内部凝聚力、促进成员的相互合作。综上所述，社会参与不仅能在个体层面激发社群成员积极参与社会事务的意愿，也能在整体上为社群的持续发展和进步提供重要支持。

---

① 核心素养研究课题组．中国学生发展核心素养 [J]．中国教育学刊，2016（10）：1–3.

② 叶飞．公共参与精神的培育：对“唯私主义综合症”的反思与超越 [J]．高等教育研究，2020（1）：18–24.

五、数字社会架构的要素互动机制

数字技术发展引起的变革涉及人类生活的各方面，信息空间和原有的人类社会、物理空间相互融合，将空间的二元结构转化为三元结构，学生的成长空间也因技术的介入而得到拓展，网络社群成为数字时代学生成长的主要空间。受到科学技术发展的影响，当代学生在互动交往中直面技术理性导致的人际交往异化和主体性丢失问题。针对当前的交往异化问题，基于哈贝马斯的交往理性理论对数字社会社群进行分析，可以提出包含数字文化、主体空间和社会秩序的 CSS 数字社会架构，该架构对数字社会成员的能力发展提出了明确需求，也为成员适应技术发展、成为数字公民提供了规范保障。数字社会架构中的各层面相互影响、相互作用以促进社会的和谐发展，与此同时，各层面都包含着社会成员为成为数字公民而从意识到能力再到实践的动态发展路径。

首先，数字文化是数字时代社群成员的社会认知，是成员共享信息、知识和价值观的基础。工具意识、数字素养和主体效能相互促进、互为因果，共同构成数字文化的总和。工具意识为数字素养提供了必要的工具基础，而数字素养的提高又增强了对工具意识的深入理解和更有效的利用，主体效能作为信心和信念的体现，受到工具意识和数字素养的双重支持，从而促使个体更有信心地面对数字世界中的各种情境和挑战。三者相互交织，构建起了数字社会的文化基础，也推动着社会文化的持续改进。

其次，主体空间保障社群成员的个体发展，维护其自身主体性和自我同一性。自我意识、身份认同和行为约束是其重要组成部分，自我意识为身份认同提供了认知的基础，而自身行为则在一定程度上引导和规范了个体的自我意识和身份认同，这种相互支持促进社群成员在主体空间中更加平衡地发展个性。三者处于动态平衡的关系，个体在数字社会中的经验和社交互动不断变化，个体的自我意识、身份认同感和行为约束力也会相应地调整和演化，以适应不断变化的社交环境，形成个性发展的同时也共同演绎着数字文化。

最后，社会秩序为社群运行提供了互信机理，积极推动社交活动的可持续发展。群体意识、情绪驾驭和社会参与作为数字社会架构的关键组成部分，形成了良性的循环。群体意识为个人的情绪驾驭和社会参与提供了认知基础，个体通过对社会结构和规范的理解形成积极的情感态度，并更加主动地参与社会活动。情绪驾驭能力的提升和社会参与经验的积累反过来又深化了个体对社会的认知，提高了个体的群体意识。社会秩序是通过群体意识的传递、社会情感的共鸣和社会参与的实践共同构建和维护的，三个要素相互支撑、相互促进，共同塑造社会秩序的复杂关系，共同构建了数字社会中的交往制度和规范。

第十章　教师发展的优先支持计划

教育贯穿人类一生，是组织教学和学习的基本方式，也是推动社会变革的核心力量。教育不仅连接了人与人、人与世界的关系，还为人类社会开辟了新的可能性，增强了对话与行动的能力。① 当前，新一轮科技革命与数字化转型，以前所未有的速度和方式影响着人类的生活和学习方式。要实现和平、公正和可持续发展的未来，教育本身必须基于未来发展战略作出系统性变革。教师作为教育的中坚力量，其质量直接影响学习成果和教育公平性，因此优先支持教师发展已成为国际教育界的共识②。从国家政策到学术研究，各方均强调教师发展的优先性和紧迫性。习近平总书记强调，教师是教育工作的中坚力量，没有高水平的师资队伍，就很难培养出高水平的创新人才。面向未来教育的变革需要以面向未来的高素质教师作为支撑。在人工智能与教育深度融合的背景下，教师角色的重构成为实现教育现代化的关键任务。联合国教科文组织提出，教师职业应被重新定位为激发新知识、实现教育与社会变革的集体事业。③

因此，亟须优先培养和发展一大批优秀的教师，以满足未来更加优质、公平、包容和可持续发展教育的需求。未来的教师，不仅需要掌握学科知识、教学法与教育心理学，还必须具备卓越的数字技能和技术整合能力，能够在人机高度协同的教学环境中工作，为学习者提供个性化支持。本章将围绕数

---

① 联合国教科文组织. 一起重新构想我们的未来：为教育打造新的社会契约 [M]. 北京：教育科学出版社，2022：2.

② International Task Force on Teachers for Education 2030. 2022—2025 strategic plan[EB/OL]. [2024-02-11]. https://teachertaskforce.org/sites/default/files/2022-04/2022_April_TTF_2022-2025%20Strategic%20Plan_EN_web.pdf.

③ 同① 82.

字时代的教育需求，探讨数字时代教师发展的优先支持计划，包括教师数字技能的培养、职前教师的探究式培养模式、在职教师的体验式研修支持，以及政策与资源保障，旨在保障教师的职业地位，提升整体教师队伍质量，并为数字化转型所带来的教育变革做好充分准备。

一、教师专业发展的优先性

21 世纪以来，全球教育领域对教师在教育体系中的核心地位达成广泛共识，认为教师质量是直接影响学习成果的关键因素，并直接关系到优质、公平和包容的教育的实现。研究表明，通过大幅增加合格教师数量和提供高质量的专业发展机会，能够显著提升教育质量并扩大学生接受优质教育的机会。在数字技术深度赋能教育的背景下，国际社会日益关注教师在技术驱动的教学环境中的角色转型。例如，“教师工作小组”提出，教师教育应具备前瞻性，培养教师成为持续学习者，并能够应对日益多样化的学习需求。① 教育 2030 教师问题国际工作组进一步强调，数字能力应成为所有教育工作者的核心技能，以确保包容和高质量的教育目标得以实现。② 因此，要实现教育现代化及未来愿景，教师发展应作为教育政策中的优先事项受到支持。

教师发展的优先性在于其在推动教育数字化转型、建设智能社会以及应对未来教育挑战中的独特作用。首先，教师作为数字化转型中不可或缺的角色，承担着将技术与教育实践深度融合的责任。尽管技术为教育提供了强大的工具，教师却是将这些工具有效应用于教学、促进个性化学习以及优化教育资源分配的关键力量。因此，在教育改革中，要优先支持教师发展，特别是在数字技能与素养的培养方面，使高素质教师成为推动教育创新与提升教

① International Task Force on Teachers for Education 2030. 2022—2025 strategic plan[EB/OL]. [2024-02-11]. https://teachertaskforce.org/sites/default/files/2022-04/2022_April_TTF_2022-2025%20Strategic%20Plan_EN_web.pdf.

② UNESCO. Beijing consensus on artificial intelligence and education[EB/OL]. [2024-03-25]. https://unesdoc.unesco.org/ark:/48223/pf0000368303.

学质量的基础。其次，教师职业在智能社会中具有无可替代的独特性。随着人工智能和自动化技术的迅猛发展，教师不仅是知识的传播者，更是学生思维、创造力及社会责任感的塑造者。这要求教师具备跨学科的知识结构、强大的适应能力以及情感智力，因此，提升教师的综合素质、促进教师的专业发展尤为迫切。最后，教师应对未来教育的前瞻性能力储备是确保教育持续发展的核心。教师必须具备应对快速变化的教育环境和技术变革的能力，具备创新的教学方法、数字工具的使用能力以及对教育伦理的深刻理解。优先考虑这些前瞻性能力的培养，不仅能提高教师的职业素养，还能保证教育的长期健康与可持续发展。综合而言，教师发展的优先性是多维的，不仅关乎当前教育质量的提升，更关乎未来教育生态的构建和发展。

（一）教师作为数字化转型不可或缺的角色

数字化转型正在重塑教育生态，其本质不仅是技术的迭代更新，更是教育理念、教学方法与学习模式的系统性重构。在这一变革过程中，教师不是被动的适应者，而是教学创新的核心驱动力，是数字化转型中不可或缺的角色。教师的专业发展、技术素养与教学实践直接决定了数字化转型的深度和成效。作为教育数字化转型的核心主体，教师承担着三重角色：技术引导者、学习设计者和教育创新者。首先，教师需推动技术的合理引入，确保其应用符合教学目标，而非流于技术本身的展示。其次，教师不仅是知识传授者，更是学习体验的设计者，需要利用数字化工具优化教学方式，促进个性化和互动式学习。最后，教师的创新能力决定了教育技术能否真正促进课堂变革，使数字化转型超越单纯的技术升级，真正提升学习成效。

教师发展是数字化教育改革的核心支点，国际研究已证实教师质量是影响学习成果的关键校内因素。[①] 教师不仅是技术的使用者，更是技术与教育深度融合的实践者。世界银行发布的报告指出，教师的教学能力和资源支持是提升教育质量的首要因素，而缺乏高质量教师的数字化改革往往难以达到预

① 联合国教科文组织 . 全球教师报告：应对教师资源短缺 变革教师职业 [EB/OL]. [2024-03-25]. https://unesdoc.unesco.org/ark:/48223/pf0000391852.

期目标。[①] 因此，推动数字化转型，首先要促进教师的专业发展，使其具备利用新兴技术促进教学的能力，而不仅仅是被动适应技术变化。教师在数字化转型中的角色具有适应性和发展性，其职能与责任随技术进步和教学需求的变化而不断拓展。国际教育协会的研究指出，在课程改革和技术融入教学的过程中，教师是教育创新的核心，其专业发展决定了教育变革的可持续性。然而，教育变革往往面临技术革新与政策落地之间的脱节，教师的发展状况直接影响数字化政策的实施效果。如果教师的能力建设滞后，再先进的技术工具也难以转化为实际效益。[②] 教师在数字化转型中的核心作用，决定了其专业发展应成为教育改革的优先事项。只有当教师具备数字素养、创新能力和持续学习的动力，数字化教育改革才能真正落地。因此，政策制定者应确保资源投入和培训支持，帮助教师掌握新兴技术，并将其有效应用于教学实践。唯有如此，教育技术的变革才能真正赋能教师，推动数字化转型迈向深水区，实现教育质量的全面提升。

（二）教师作为智能社会极具独特性的职业

在智能时代背景下，教师职业的独特性越发凸显，其不可替代性不仅体现在教育内容的传授，而且更深层次地体现为在学生价值观塑造以及社会文化传承中的核心作用。尽管人工智能和自动化技术能够高效处理信息并执行特定任务，甚至在一定程度上辅助教学，但教育的本质远超知识传播的范畴。教师不仅是学科内容的传播者，更是学生社会化进程的关键引导者，承担着情感认知培养、道德价值观塑造及批判性思维训练的重任。这些能力的培养需要深厚的人文关怀、动态适应的教学策略以及对个体心理与社会发展规律的深入理解，而这些均非技术所能复制或替代。因此，智能社会不仅未削弱教师职业的重要性，反而强化了其在塑造未来社会核心价值观和促进社会可

---

① World Bank. Learning to realize education’s promise[R]. Washington，DC：World Bank，2018.

② UNICEF.The state of the global education crisis：a path to recovery[EB/OL].[2024-03-27]. http://www.unicef.org/reports/state-global-education-crisis.

持续发展中的独特地位。

教师职业的独特性首先体现在其作为“社会价值观的建构者”和“个体成长的引领者”所发挥的作用上。在人工智能日益嵌入教育体系的背景下，教师不仅要教授学生如何使用智能技术，更要帮助他们发展独立思考能力、道德判断力及社会责任感，使其能够在技术驱动的社会中保持人文关怀、形成健全的个性，并具备适应不断变化的社会环境的能力。智能社会加速了知识生产与传播的变革，信息获取的门槛大幅降低，但信息的筛选、批判性思维的培养以及对知识的深度理解依然依赖教师的专业引导。因此，教师的职责不限于知识的传授，更在于构建有效的认知框架，帮助学生形成适应未来挑战的综合素养。此外，教师职业的独特性还体现在其对社会整体发展的深远影响。教师不仅塑造个体，也塑造社会的未来格局。智能社会的演进需要高度复合型人才，而这类人才的培养离不开教师的长期引导。从社会发展的视角来看，教师承担着促进社会公平、传承文化和提升创新能力的重要功能，其在推动社会整体进步方面的作用是任何智能系统都无法替代的。智能社会要求人类在与技术共存的过程中不断提升自身的价值，而教师正是这一进程的核心驱动力。

然而，教师职业的独特性不仅体现为其社会功能，更体现在其自身职业发展的特殊需求上。联合国教科文组织和国际劳工组织在《关于教师地位的建议书》中指出，教师职业的吸引力和社会认可度直接影响教育系统的稳定性和可持续性。[①] 现实中，许多国家的教师职业吸引力不足，薪资待遇相较于同等学历职业偏低，职业发展路径模糊，社会认可度相对有限，导致教师流失率居高不下。[②] 在智能社会加速变革的背景下，教师面临的职业压力与技能迭代需求更为突出，因而，需要通过政策支持和社会文化塑造，提升教师的职业认同感和社会地位，包括优化薪酬体系、拓展职业发展空间、提供持续

① ILO/UNESCO. Recommendation concerning the status of teachers[R/OL]. [2024-02-08]. https://www.unesco.org/en/legal-affairs/recommendation-concerning-status-teachers.

② SCHWAB K，ZAHIDI S. Global competitiveness report special edition 2020：how countries are performing on the road to recovery[R/OL]. [2024-02-08]. https://www3.weforum.org/docs/WEF_TheGlobalCompetitivenessReport2020.pdf.

的专业培训，以及加强社会层面对教师职业价值的认同等。[①]

（三）教师应对未来教育的前瞻性能力储备

在新一轮科技革命和产业变革的推动下，教育体系正经历深刻重构与转型，包括技术驱动的教学模式变革、智能化学习环境的普遍构建以及社会对人才培养需求的持续升级。这一变革不仅对学生的核心素养提出更高要求，也对教师的专业能力和角色适应性构成严峻挑战。在此背景下，教师是否具备前瞻性的能力储备，直接影响教育体系对未来不确定性的应对能力。鉴于教师在教育变革中的关键作用，其专业发展的优先性不仅关乎个体职业成长，更是确保教育体系可持续和具有适应性的核心战略。其优先性主要体现为以下四个方面。

第一，未来教育的不确定性加剧，教师需具备应对未来教育的前瞻性能力以确保教育体系的稳定性。未来教育环境的不确定性主要体现为技术变革的加速、学习模式的动态演进以及社会需求的不断调整。人工智能、虚拟现实、自适应学习等新兴技术的应用，使得传统教学模式、课程体系乃至教师角色本身均处于重塑过程中。在此背景下，若教师的专业发展无法前置布局、无法提前构建适应未来教育需求的能力结构，教师群体将被动应对甚至滞后于教育变革，从而影响教学质量、削弱教育体系的韧性。第二，教师作为教育变革的核心执行主体，其专业发展的滞后将削弱改革成效。任何教育变革的推进都涉及政策调整、课程改革和教学模式的重构，而无论改革如何设计，其最终落地与实施均依赖教师的实践能力。若教师的专业发展滞后于教育改革的进程，即使教育政策、技术基础设施等外部条件得到优化，改革仍可能因教师能力不足而难以真正落地，甚至导致“工具替代”式的表面化改革，而非真正提升教育质量。第三，未来教育强调个性化、智能化与跨学科融合，教师能力升级势在必行。未来教育环境将呈现高度个性化、智能化和跨学科

① United Nations Development Programme. Human development report 2021-22[R/OL].（2022-09-08）[2024-02-08]. https://hdr.undp.org/content/human-development-report-2021-22.

融合的趋势，学习方式将更具自主性，教学内容将深化跨领域交叉。面对这一趋势，教师不仅需要掌握智能技术的教学应用能力，还需具备跨学科整合能力、创新教学设计能力以及对复杂学习环境的适应能力。例如，在数据驱动的智能学习环境中，教师需要能够指导学生在海量信息中进行知识筛选与深度学习，并培养其批判性思维和创造能力。若教师无法提前具备这些前瞻性能力，未来教育改革的实施将受到极大限制。第四，教师专业发展的优先性是实现教育公平与可持续发展的关键。随着智能教育技术的广泛应用，教育资源的不均衡问题进一步显现，特别是在不同地区和不同社会经济背景的学校之间，教师的信息素养和技术适应能力差距可能导致教育质量的进一步分化。教师是否具备利用智能技术优化教学、提升教育公平性的能力，直接关系到教育系统能否实现包容性发展。若教师专业发展未能得到优先支持，教育数字化转型就可能会进一步扩大教育鸿沟，而非缩小差距。

基于上述分析，教师发展的优先支持计划应聚焦教师能力建设、职业群体发展以及未来教育需求等关键领域，制定具有前瞻性和系统性的实施方案。在数字时代，教师的培养不仅应涵盖师德师风、学科知识、教学技能与综合素质的全面提升，还需面向未来教育，优先发展教师的数字素养与适应能力，以确保其在智能时代教育体系中的有效实践与持续创新。为此，教师发展的优先支持计划可从以下四个方面展开。首先，构建教师技能准入标准，提升其在数字化与智能化教学环境中的技术素养。随着技术深度融入教学场景，教师应具备人机协同工作的感知能力、开展人机协同教学的实践能力、对数字技术运行逻辑的理解和解释能力，以及基本的隐私伦理意识。其次，系统化重构职前教师培养模式，以提升其适应多元教育环境的能力。在智能社会背景下，未来教师需具备高度的教学灵活性、跨学科整合能力以及技术应用能力。因此，职前培养模式应充分运用探究式教学法、基于技术的教师教育实践，推动教学环境优化、课程体系重构、教学模式创新与学习方式变革。特别是，通过强化职前教师的实践环节，使其在正式执教前即具备高水平的实践能力与教育技术整合能力，确保其能够有效应对未来教育的复杂性与不确定性。再次，推动在职教师研修体系变革，促进其职业发展，提高其终身学习能力。在职教师作为教育变革的核心执行主体，其专业发展直接关系到教育创新的有效性与持续性。因此，应构建以体验式技术赋能为核心的教师研修体系，充分利用沉浸式技术、虚拟教室、微课程等灵活培训模式，增强教师的自主学习能力与实践应用能力。最后，构建长期稳定的政策支持体系，以保障教师专业发展的可持续推进。教师发展的优先需要完善的政策支持和资源保障，包括设立专项经费、增加教师研修时间、优化职业晋升通道等，以确保教师能够在稳定的支持体系下不断提升专业能力，从而达成优质、公平、包容和可持续发展的教育目标。

二、教师数字技能准入标准

当前，我国教师队伍的整体状况及其所处的社会环境已发生深刻变化，新的形势和任务对教师队伍建设提出了更高的要求。现行教师准入标准需要与时俱进，以适应智能时代教育发展的需求。联合国教科文组织统计研究所的相关研究指出，全球范围内教师在技术应用领域面临严峻挑战。例如，56% 的英国教师表示，教育数据的收集与处理增加了不必要的工作负担，而三分之二的美国教师缺乏利用数据改进教学质量的能力。在中国，研究表明教师在信息化教学评价、融合式管理及资源调控等方面的能力存在明显不足。[①] 这些研究表明，当前教师的技术应用能力和数字素养尚未达到支持智能时代教育变革的水平。随着技术创新不断深刻改变我们的生活与学习方式，教育生态将持续重塑。因此，全面提升教师数字技能和素养，建立教师数字技能准入标准显得尤为紧迫和必要。

高质量教育依赖高质量教师，而教师准入制度是教师质量的基础性保障。教师准入制度是国家对教师实施的职业许可制度，规定了进入教师行业所需的

① 赵磊磊，张蓉菲．教师信息化教学领导力：内涵、影响因素与提升路径 [J]. 重庆高教研究，2019（3）：86–97.

资格、条件及认证流程。[①]该制度涵盖教师准入标准、资格认证以及选聘流程，旨在通过规范化的考核程序，筛选出具备专业能力的合格教师。[②]从概念上看，教师准入制度包括教师专业标准（即基本能力与素养）和资格认证流程，其中，教师专业标准主要涵盖教师应具备的核心素养与技能。随着数字技术的迅猛发展，教师数字技能的缺失已成为制约教育质量提升的瓶颈之一。为应对这一挑战，教师数字技能准入标准应明确规定教师在数字化、智能化教学环境中的基本能力要求，即从技术认知到实践运用、从技术原理理解到伦理规范遵守的完整能力体系，以确保教师具备适应未来教育环境的核心技能。

（一）对数字技术及工具的感知能力

未来教师首先需具备的核心数字技能之一是对数字技术及工具的感知能力。这一能力指向教师在智能化教学环境中，能够科学、合理地选用数字技术及工具，并基于教学目标优化课堂实践。具体而言，该能力包括感知并评估数字工具的教学价值，判断其适用性，设计与教学需求相匹配的技术增强型教学方案，并综合衡量其可行性与有效性。教师不仅应具备主动采纳数字技术的意识，更需具备将数字工具与具体教学情境相结合的能力，以有效应对教学中的核心问题，满足智能化、人机协同的教学模式对组织、实施与决策的要求。

这一能力贯穿教学的全生命周期，涵盖课前数据分析、课堂实时调控与课后精准反馈。在课前，教师可利用智能技术分析学生的学业水平、学科能力、学习风格及学习动机，从而精准研判个体与群体的学习需求。[③]基于数据驱动的诊断，教师能够制定个性化教学策略，筛选适切的教学资源，并优化教学内容的编排，以实现因材施教的目标，为课堂教学奠定精准的数据基础。

---

① 和震，柳超.美、德、澳三国职业教育教师准入制度的特征及启示 [J]. 教育与职业，2022（20）：77–83.

② 李文静，邓春梦.国际比较视阈下职业教育教师准入制度研究 [J]. 职教论坛，2023（2）：122–128.

③ 郑永和，王一岩，郑宁，等.教学数字化转型：表征样态与实践路径 [J]. 电化教育研究，2023（8）：5–11.

在课堂教学过程中，教师可借助智能学习终端、可穿戴设备、动态数据采集系统等技术手段，实时监测学生的学习状态，精准识别学习困境，并动态调整教学策略。例如，教师可依据学生在课堂上的生成性表现，对教学内容进行适应性调整，以促进教学的即时优化，从而提升课堂互动质量与学习成效。在课后，教师可依托智能诊断系统，依据学生的学业表现开展精准测评，识别其认知水平与学习薄弱点，进而推送个性化学习任务。例如，智能系统可基于对学习者的错误模式分析，为其定制针对性练习，帮助学生强化薄弱知识点，同时避免重复性学习带来的认知资源浪费，提高学习效率与学习迁移效果。

（二）开展人机协同教学的实践能力

人机协同教学是指人类教师与智能技术在多种教育环境中协同交互，共同发挥作用，以提升教学效果的教学模式。[①] 其核心理念在于，通过人机协作实现“1+1>2”的协同智能，即融合人类教师的创造性、情境理解和社会情感支持能力，以及人工智能的数据处理、实时反馈和自适应优化能力，以增强双方优势，优化教学过程，提高学生的学习体验与成效。在实践层面，人机协同教学不仅涉及教师与人工智能技术在课堂中的深度结合，还涵盖教师如何在教学设计、课堂实施和教学评价等环节中有效利用智能技术，实现个性化学习和精准教学。因此，未来教师需具备开展人机协同教学的实践能力，以推动智能技术在教育领域的深度应用，并确保其科学性与有效性。

人机协同教学的实践能力强调教师在教学组织与实施过程中能够合理配置人机协作的模式，提高教学效率。人工智能可以承担部分教学任务的自动化处理，如智能批改、个性化反馈、知识推荐等，使教师能够将更多精力投入高阶认知能力培养、社会情感支持以及批判性思维训练等更具创造性和互动性的教学环节。例如，教师可结合自然语言处理技术、智能测评系统、虚拟实验平台等，构建交互式学习环境，提高学生的学习投入度与主动性。此

① 黄荣怀，刘德建，提利利，等.人机协同教学：基于虚拟化身、数字孪生和教育机器人场景的路径设计 [J]. 开放教育研究，2023（6）：4–14.

外，人机协同教学的有效实施需要依托基于数据驱动的教学优化能力。未来教师需能够利用学习分析技术、智能评测工具等，获取并解读学生的学习行为数据，从而精准识别学习瓶颈，调整教学策略。例如，教师可通过智能评测系统跟踪学生对不同知识点的掌握情况，并依据数据反馈推送个性化学习资源，优化学生的学习路径。这一能力不仅要求教师具备基本的数据素养，还需能够在数据驱动的教学决策中保持批判性思维，避免技术可能带来的刻板化问题。

（三）对数字技术运行逻辑的理解能力

在人工智能和教育技术快速发展的背景下，教师不仅需要掌握智能技术的基本应用，更需要具备对数字技术运行逻辑的理解与解释能力。这一能力意味着教师能够深入理解技术在教学中的运作机制，明晰其功能、作用及对教学的潜在影响，从而在教学实践中合理评估和优化技术的使用。教育作为一项以育人为核心的特殊活动，应始终坚持以人为中心的基本原则。在教育数字化进程中，技术的应用不应替代教师的专业判断，而应当作为支持教师教学决策的工具。正如美国教育部在《人工智能与教学的未来：洞察与建议》中所指出的，技术的核心价值在于“始终以教育者为中心，教师是使用技术来改善教学工作的”[①]。因此，教师需要深刻理解智能技术如何支持教学，而不仅仅是被动地依赖技术提供的决策与建议。

人工智能驱动的个性化学习系统往往被视为“黑箱”，其算法基于大量数据进行预测和推荐，但其运行机制对使用者而言可能不够透明。教师在运用这些系统支持教学时，需了解技术如何生成教学建议、基于何种数据做出判断，及其可能带来的积极或消极影响。只有具备这种能力，教师才能在技术驱动的教学环境中保持专业自主性。要在教学中有效运用技术提升教学质量，教师需要具备以下几个核心能力：第一，理解技术的基本运行逻辑，知晓其

---

① U.S. Department of Education，Office of Educational Technology. Artificial intelligence and the future of teaching and learning：insights and recommendations[R/OL]. [2024-02-11]. https://files.eric.ed.gov/fulltext/ED631097.pdf.

在数据分析、模式识别、推荐算法等方面的基本原理；第二，评估智能技术对教学的潜在影响，预测技术可能带来的积极与消极效应，并能够做出适当调整；第三，基于技术决策保持专业判断，确保技术的使用符合教育伦理与公平性原则。例如，教师需要能够辨别人工智能在学生评估过程中可能存在的偏差，判断特定推荐算法是否公平。此外，教师还需具备干预和纠正技术决策的能力。当人工智能推荐的教学方案或学生学习路径不符合个体需求时，教师应当能够质疑并推翻技术决策，而不是被动接受。教师应当有权审查和调整人工智能系统的自动化决策，并在必要时进行人工干预。[①] 这不仅要求教师具备技术素养，还要求教育系统为教师提供保障机制，确保其在坚持以人为本的教育决策时，不会因违背算法推荐而受到不利影响。

（四）基本的安全隐私伦理意识

技术的飞速发展正在深刻影响社会的各个领域，它在拓宽信息获取渠道、增强社交联系和优化教育资源配置的同时，也带来了安全、隐私、平等和社会凝聚力等方面的风险。技术的滥用可能会对用户，尤其是教育领域的学习者，造成不可逆的伤害，因此必须采取有效措施加以规避[②]。《北京共识——人工智能与教育》强调，在教育环境中应用人工智能等技术时，必须遵循伦理原则，注重数据隐私保护，并在系统设计阶段确保技术安全性。[③] 这意味着，未来教师在使用教育技术时，必须具备基本的安全隐私伦理意识，以确保技术的应用不会对学生的权利、公平性和学习环境的安全性构成威胁。

随着教育数字化的加速推进，教师在教学过程中不仅需要关注教学设计与实施，还需积极参与技术的选型、风险评估和伦理审查，确保技术的应

---

① RUIZ P，FUSCO J. Teachers partnering with artificial intelligence：augmentation and automation.[EB/OL]. [2024–02–11]. https://digitalpromise.org/2022/07/06/teachers-partnering-with-artificial-intelligence-augmentation-and-automation/.

② 联合国教科文组织 . 一起重新构想我们的未来：为教育打造新的社会契约 [M]. 北京：教育科学出版社，2022：10.

③ UNESCO.Beijing consensus on artifical intelligence and education [EB/OL]. [2024–03–25]. http://unesdoc.unesco.org/ark:/48223/pf 0000368303.

用符合教育公平与伦理规范。教师必须清楚地认识到，技术的赋能并非无条件的，其背后涉及数据治理、算法透明性、技术滥用风险等复杂问题。例如，联合国教科文组织在疫情期间对 163 种教育技术产品进行分析，发现其中 89% 的产品具有调查儿童信息的能力，而全球 42 个提供在线教育的政府中，有 39 个使用了威胁或侵犯儿童权利的技术。这些数据表明，教师如果忽视技术的伦理审查，可能会在无意中将学生置于数据隐私泄露、身份识别滥用甚至社会偏见加剧的风险之下。在人工智能驱动的教育环境中，教师不仅要关注技术如何提升教学效果，还要警惕技术可能引发的算法歧视、数据偏见和弱势群体排斥问题。用于学习分析和学生能力预测的人工智能系统，可能由于数据样本的不均衡、编码偏见或模型设计缺陷，导致不公平的教育决策。例如，某些算法可能给特定学生群体过度推荐补救性学习任务，使其陷入“低水平学习循环”，而另一些学生则因算法偏向获得更多学习资源。这不仅会强化原有的不平等，还可能削弱教育的包容性，阻碍学习者的多元发展。人工智能技术的发展增加了学习环境中的数据监控可能性，教师必须意识到，在享受技术带来的便捷、个性化和智能化优势的同时，也可能面临新的隐私泄露与安全风险。美国教育部发布的《人工智能与教学的未来：洞察与建议》报告中指出，人工智能可以自动生成不适当的或错误的输出，甚至可能会放大不必要的社会偏见。① 教师在使用智能技术进行学习分析、自动化评估或个性化推荐时，需要审慎评估其决策逻辑，避免因数据采集范围不透明或算法训练样本单一，导致学生的个人信息被滥用或技术决策出现系统性偏差。面向未来的教师，需要考虑如何与技术共生互动，而这个问题的前提即教师必须预知和防范使用技术所带来的风险，提升必要的安全隐私和伦理意识，才能更好地为数字时代教育保驾护航。

---

① U.S. Department of Education，Office of Educational Technology. Artificial intelligence and the future of teaching and learning：insights and recommendations[R/OL]. [2024-02-11]. https://fi les.eric ed.gov/fulltext/ED631097.pdf.

三、职前教师探究式技术应用

职前教育是提升教师专业素养的基石，也是培养未来教师适应教育需求的关键阶段。在智能时代的背景下，教育对教师提出了更高要求，未来教师需具备适应技术丰富、智能增强、虚实融合、人机协同等多元环境的能力，以有效应对新兴教育场景的复杂性。这一目标要求职前教师教育在教学环境、培养模式、课堂教学组织及实践环节等方面进行系统性变革，而探究式技术应用在这一过程中发挥着关键作用。探究作为一种认知活动，是杜威教育哲学的重要内核。杜威将探究定义为个体在面对疑难情境时，利用工具作为手段，通过思考和实践生成新意义的过程。[①] 他进一步指出，探究本质上是个体对环境的回应，而技术探究活动则是人在与环境互动过程中，运用工具解决问题的方式。[②] 换言之，探究是一种技术驱动的活动，是人与环境在不断互动中实现意义生成的过程。

职前教师探究式技术应用，是指在职前教师培养阶段，基于探究式学习方法，促进其对教育技术的深度理解和有效运用，以提高其技术素养、创新能力和数据驱动的教学决策能力。这一模式强调问题导向、主动探索、批判性反思和协作学习，使职前教师能够在真实或模拟的教学环境中，通过技术实验与课堂实践，探索教育技术在教学组织、课堂互动、学习评估等方面的作用。相较于传统的“工具演示 + 直接教授”模式，探究式技术应用不仅关注技术的基本操作，更强调教师对技术运行逻辑、数据处理机制及其教学适配性的理解，确保其能够基于教学需求评估技术的可行性与有效性，并在动态教学环境中优化技术应用。随着人工智能、虚拟现实等技术深度融入教育，职前教师需熟练掌握和应用技术，以确保技术在教学中的合理应用，规避可

---

① 赵祥麟，王承绪．杜威教育名篇 [M]．北京：教育科学出版社，2006：141.

② 王利平，赵启琛．兴趣与行动意义的生成：从反思实用主义看杜威的教育思想 [J]. 社会，2022（5）：62–94.

能引发的隐私泄露、算法歧视和教育不公平问题。因此，探究式技术应用不仅是职前教师技术素养培养的重要方法理念，也为未来教育的智能化、精准化和公平化发展奠定了基础。运用融合探究式方法理念的数字技术赋能职前教师培养，需要对现有职前教师培养体系进行系统性改革与重塑，构建涵盖教学环境重构、培养模式创新、学习体验拓展以及理论实践深度融合的完整链条，以确保职前教师具备适应未来教育变革需求的能力。

（一）技术赋能职前教师的学习生态重塑

职前教师教育的教学环境与实验室环境的数字化重塑，不仅是提升职前教师技术支持教学能力的核心路径，更是构建系统化数字技能培养体系、推动职前教师教育范式转型的重要举措。这一变革不仅是技术嵌入式的教学空间优化，还更深层次地体现为数字技术驱动下的教学模式创新、实践教学体系重构以及数据赋能的学习生态重塑。在智能化教育环境中，职前教师不仅要具备数字工具的操作能力，更需要发展信息意识、计算思维、数字化学习与创新、信息社会责任等核心素养，以适应未来复杂、多元且动态的教育情境。

首先，应构建智能化、支持技术探究的职前教师培养环境，通过新兴数字技术与智能技术打造高仿真教学实验室，使职前教师能够在虚拟课堂、智能评估系统、数据驱动的教学模拟环境中进行实战演练，并获得即时反馈。不同于传统的课堂观察或微格教学，这一环境赋予职前教师更大的实验空间，使其能够在多元教学变量控制下进行教学策略实验，并通过虚拟学生的学习反馈优化教学设计。这种沉浸式、动态化的技术支持，能够提高职前教师的课堂组织能力、教学适应性，并培养其在复杂教学环境中的决策力与技术敏感度。

其次，需要开发高质量、精准匹配职前教师发展需求的教师教育资源，以满足通识性知识建构与个性化专业发展的双重要求。自适应学习系统能够基于学习者的学科背景、教学技能掌握情况和技术应用能力，进行个性化的课程推送与资源配置，帮助职前教师在分层学习路径中不断强化专业技能。同时，智能学习助手能够通过自然语言处理、人机交互、自动化反馈等方式，为职前教师提供智能问答、教学建议和个性化辅导，进一步提升其自主学习能力与人机协同工作能力。

最后，应建立“研究机构—师范院校—中小学实践基地”协同育人的联合培养体系，打造一个多层级、跨机构、开放共享的职前教师教育生态，以弥合师范教育理论与教学实践之间的鸿沟。这一体系不仅能够在师范院校与中小学之间构建高效的教学实践与经验反馈机制，还能够通过多学科交叉研究、数据驱动的实践教学分析，优化职前教师的学习路径，提升其实践教学适应性。此外，在联合培养模式下，职前教师能够在真实课堂环境中参与数据赋能的课堂观察、教学设计优化、学生学习行为分析等实践环节，形成技术驱动的教学反思能力，在进入教师岗位前即具备高度的教学灵活性、技术适应力和创新能力，真正实现“学—研—教”一体化的职前教师培养。

（二）技术推动职前教师的培养模式变革

职前教师的培养模式需要在理论学习、实践锻炼和专业成长之间建立更加紧密的联系，以确保未来教师能够适应智能化、多样化的教育环境。借助线上线下融合的培养模式，优化职前教师的培养环节，使培养过程从传统的单向知识传授和固定进阶模式，转变为基于动态反馈、数据支持和实践探究的协同培养体系，以提升职前教师的自主学习能力，优化其教学实践经验的获取方式，促进其个性化成长。

第一，构建线上线下一体化的理论学习体系，优化职前教师的知识建构过程。在传统培养模式中，教师教育主要依赖课堂讲授，导致知识体系的构建较为被动、线性，缺乏动态探索空间。而在探究式线上学习环境中，通过智能化资源管理与推送系统，职前教师可以通过大规模开放教育资源、线上学习平台等，自主选择学习内容，并结合案例、微课、虚拟仿真实验等形式，实现知识的自主探究。相较于传统模式，线上平台不仅提供了更广泛的学科资源，还能够通过智能推荐算法，依据教师的专业背景和学习轨迹，精准推送个性化课程资源，使理论学习更具针对性和适应性。

第二，优化线上线下的互动式探究学习环节，提高职前教师的协同学习能力与教学适应力。在融合技术应用的培养模式中引入合作学习机制、问题导向学习、案例教学等方法，使职前教师的学习不再局限于个体自主探索，而是融入跨学科、多主体的互动探究。例如，通过虚拟课堂、在线小组讨论、远程研讨会等方式，职前教师可以在导师指导下，与其他学习者共同参与教学案例分析、教学策略优化、课堂互动模拟等任务，实现协作探究。此外，结合人工智能驱动的智能辅导系统，教师不仅能够在探究过程中获得个性化的实时反馈，还可以通过数据分析，追踪自身学习表现，调整探究策略，逐步构建个性化的知识体系。

第三，借助线上线下融合模式优化教学实践环节，实现理论与实践的动态联动。在传统的职前教师培养体系中，实习和实践通常处于培养后期，且时间有限，导致职前教师难以在真实教学环境中得到充分锻炼。而通过线上线下融合的方式，可以建立贯穿培养全过程的实践教学支持体系，实现理论学习与教学实践的紧密结合。具体而言，借助增强现实/虚拟现实技术，实现在模拟教学环境中进行试讲、教学设计实验、课堂互动训练等，并基于虚拟学生的反馈不断优化教学策略。在线上积累一定的教学经验后，可进入线下的真实教学场域，通过课堂观察、教学实习和课后反思，不断调整教学设计，使其更符合实际课堂的需求。通过这种多阶段、多情境的实践培养，职前教师能够在逐步适应真实教学环境的过程中，培养教学应变能力和课堂管理能力。

第四，构建数据驱动的教学评价体系，优化职前教师的成长路径。评价不仅是衡量学习成果的工具，更应作为动态优化学习过程的重要手段。可以建立基于学习分析和人工智能驱动的可视化评估体系，实时追踪职前教师的学习过程、教学设计能力、课堂表现等关键指标。例如，通过多模态数据分析（语音、文本、行为轨迹等），系统可以识别职前教师在模拟课堂或真实教学实践中的表现，并提供针对性的反馈，帮助教师精准优化教学策略。此外，自适应评价系统还可以结合职前教师的教学反思日志、学生学习反馈、同行评价等多维度数据，形成个性化成长档案，推动职前教师在多轮探究、实践与反思的循环中，不断提升教学适应性和创新能力。

（三）探究式理念促进职前教师综合能力培养

职前教师的培养不仅需要关注学科专业知识和教育学知识的学习，还应着重培养其教学实践能力，并提升其在多元文化背景下进行公平教学的能力。基于探究式理念的培养方式，强调职前教师在学习过程中主动构建知识、反思教学实践，并通过不断的探索和调整，实现教学能力的全面发展。

在我国，职前教师课程通常采取“学科专业课程 + 教育专业课程”的组合路径[①]，这导致教育专业课程在整个师范教育体系中相对零散，特别是在中学教师培养中，教育专业课程往往处于“附加”地位[②]，难以有效提高教师的教学实践能力。基于探究式理念的培养模式，强调职前教师通过问题驱动学习、案例探究以及教学实验等方式，在真实或模拟情境中提升教学实践能力。借助虚拟现实或增强现实技术打造沉浸式模拟课堂，职前教师可针对不同的学科教学任务设计教学策略、实施课堂教学并进行反思调整，以提升教师教学设计能力，强化在复杂教学情境中的应变能力；也可在课程体系中引入 STEM 教育等跨学科整合模式，以探究式学习方式加强学科教学知识与教育理论的紧密结合，培养教学创新意识和能力。

此外，我国基础教育长期强调面向全体学生，但在职前教师培养体系中，全纳教育、公平教育和文化响应教学的内容仍然较为有限，未能有效融入学科实践教学之中。[③] 探究式理念强调职前教师在真实教学情境中理解并应对文化多样性，培养文化响应能力，以确保能够在多元文化环境中实施公平教学。通过案例分析、虚拟课堂互动、多模态数据分析等方式，教师可以模拟在不同文化背景下的教学场景，并基于反馈优化其教学策略。例如，在虚拟课堂环境中，职前教师可以体验来自不同文化背景的学生如何接收知识、参与课堂互动，并通过教学微调提高文化适应性。此外，在实习过程中，可借助智

---

① 崔国富 . 高校师范专业两类专业课程有机整合的思考 [J]. 现代教育科学・高教研究，2007（3）：52–55.

② 王俊民，袁瑀 . 新西兰高等院校职前教师培养模式与课程设置：以奥克兰大学等 7 所公立大学为例 [J]. 教师教育研究，2024（4）：121–128.

③ 同② .

能技术分析职前教师的语言风格、课堂互动模式和学习者反馈，加强对文化响应实践的监督与考核，确保教师能够在实际教学情境中应用公平教学理念。研究表明，文化响应实践可以弥合家庭文化与学校文化之间的鸿沟，使儿童能够更自信地参与学习并提高学业成绩。[①] 因此，在职前教师的探究式培养过程中，应加强文化背景分析、跨文化沟通技巧、社会正义意识等方面的能力训练，使职前教师能够在多元文化环境中有效促进教育公平。

基于探究式理念的职前教师培养模式，不仅关注教师的教学能力，还强调其职业成长和身份认同，推动教师形成终身学习的意识。在传统培养模式下，教师的学习路径较为固定，而探究式学习强调教师在职业发展过程中不断进行自我反思、经验交流、跨学科学习，以适应未来教育变革的需求。可以通过远程导师制、人工智能辅导、教师社群互动等方式，构建职业成长网络，在动态学习环境中完成专业能力提升。此外，探究式理念强调教师的教学反思能力，可以利用智能反馈系统、课堂回顾分析工具、数字教学日志等方式，让职前教师在实践后反思自己的教学行为，分析改进空间，并在循环优化中不断成长。在数字化教师社群的支持下，职前教师还可以与全球范围内的同行进行交流，例如参与跨文化教学研讨、分享教学案例、合作开发课程，以拓展国际化教育视野，并在职业发展过程中形成自身的教学风格和教育信念。

四、在职教师体验式技术赋能研修

数字技术在教育中的应用可能加剧我国的数字鸿沟现象，偏远地区的多数教师不具备基本的数字技能，无法满足学生的学习需求，而人工智能的介入也可能在更大程度上造成教师群体之间的数字鸿沟。《北京共识——人工智

① The Education Hub.Culturally responsive pedagogies/overview：what is culturally responsive teaching?[EB/OL].（2019-08-01）[2024-03-26]. https://theeducationhub.org.nz/wp-content/uploads/2019/08/What-is-culturally-responsive-teaching.pdf.

能与教育》指出，作为一项协作性的事业，教师应进一步专业化，并在技术变革背景下具备必要的人工智能素养，以适应富含智能技术的教育环境的需求。[①]因此，教师的专业发展必须借助数字技术，实现数据生产、智能处理与主动服务，推动人机协同的深度融合。这种变革不仅提升了教师专业学习的精准度、便捷度与自由度，也为教师个性化发展提供了前所未有的技术支持。[②]

体验式学习关注学习者的具体经验与认知过程之间的互动，强调通过经验的转化来创造知识。[③]其核心理念为：知识的获取源于个体对经验的掌握与转化，并通过“具体经验—反思观察—抽象概括—积极实验”这一循环过程不断深化。杜威提出的“体验连续性原则”指出，个体的每一次体验都会影响其未来的认知方式，并成为新情境中的认知工具。体验学习的关键在于情境的真实性和沉浸感，即个体必须在特定情境中主动参与、感受，并与环境进行深度互动。这种互动具有双重内涵：一方面，学习者需要全身心投入学习过程中，以自身经验为基础构建新知识；另一方面，学习环境需要提供真实、沉浸式的学习体验，以增强学习者的感知与理解。体验式学习理论强调两种主要的学习路径：一是通过直接的、结构化的学习体验促进知识获取，二是通过反思和批判性思维促进知识的深度内化。研究表明，体验式学习能够有效促进教师共同体的建构，并实现理论与实践知识的融合。[④]在教师研修领域，以体验式理念为导向的研修模式有助于弥合理论与实践之间的鸿沟，通过沉浸式技术环境提升教师的数字素养，使其更高效地适应技术变革对教育的影响。

---

① UNESCO. Beijing consensus on artificial intelligence and education[EB/OL]. [2024-03-25]. https://unesdoc.unesco.org/ark:/48223/pf0000368303.

② 龙宝新，邱灿 . 数字化时代的教师专业自主发展 [J]. 中国教育学刊，2023（8）：79-85.

③ KOLB A Y，KOLB D A. Experiential learning theory：a dynamic，holistic approach to management learning，education and development[M]//ARMSTRDNG S J，FUKAMI CV.The SAGE handbook of management learning，education and development. Thousand Oaks，CA：SAGE Publi cations Ltd，2009：42-68.

④ WILLIAMS L，SEMBIANTE S F.Experiential learning in U.S. undergraduate teacher preparation programs：a review of the literature[J]. Teaching and Teacher Education，2022（112）：103630.

数字技术的应用为体验式教师研修提供了强有力的支撑。智能技术（如虚拟现实、增强现实、混合现实等）突破了传统课堂环境的局限，为教师提供高度沉浸式的交互体验，提高了其对新技术的理解与应用能力。通过构建真实教学场景，并结合体验学习理论的关键要素，可以更有效地促进教师对数字技能的掌握和转化。因此，在设计体验式技术赋能的教师研修模式时，应融入以下核心特征①：感知学习，为教师提供在研修前体验核心技术与主题内容的机会，以增强学习者的预期认知；真实体验，通过沉浸式实践活动，使教师在真实或仿真的教学环境中应用所学知识；观察与反思，鼓励教师在学习过程中进行自我观察、同行交流和反思，以促进知识的深度内化。

基于上述理论框架，可以从以下四个方面优化体验式技术赋能的教师研修体系。第一，拓展研修渠道，优化研修模式。突破传统集中培训的局限，构建线上线下混合式学习体系，以提升研修的灵活性与实践性。第二，构建智能研修平台，促进知识共享。利用人工智能与大数据技术搭建个性化学习平台，动态调整教师的学习路径。第三，丰富研修形式，增强实践体验。结合案例教学、沉浸式模拟、虚拟教研等方式，提高教师对数字教学工具的适应能力。第四，利用智能技术赋能教师自主研修。鼓励教师利用数字技术进行个性化学习，并通过虚拟社区与同行开展持续交流。

（一）拓宽研修渠道，优化研修模式

在数字化教育环境下，教师研修的方式应突破传统单一化模式，构建更加开放、多元、可持续的研修体系，以适应教师数字素养与技能提升的需求。拓宽研修渠道有助于教师获取更丰富的学习资源，也能促进不同层次、不同地域的教师开展交流与合作，从而提升研修的整体效能。因此，需通过构建系统化的研修机制，优化研修的形式、内容、组织方式、课程体系及学习资源配置，以确保教师研修的持续性和高质量发展。

首先，应推动高等院校、教师培训机构和研究机构的深度参与，提供专

① 冯晓英，郭婉瑢，宋佳欣，等. 教师研修的数字化转型：EDIR“三O融合”研修模式构建及应用 [J]. 现代远距离教育，2023（3）：20–29.

门的培训与研究机会，并与基础教育学校建立长期稳定的合作伙伴关系。通过整合高校的科研资源、师范教育经验以及培训机构的实践指导，共同探讨适应智能教育发展的教师研修新模式。其次，促进教师专业发展与合作机制的创新，增加教师间的专业互动和协作学习机会。例如，通过同伴辅导、随堂听课、专业学习共同体和协同教研等方式，构建教师间的知识共享和实践反思体系。特别是在数字技术赋能的背景下，可依托智能研修平台搭建跨校、跨区域的教师网络社群，促进知识流动和经验共享。再次，加强专家型教师的引领作用，通过遴选和培养具备深厚专业知识和丰富实践经验的教师作为导师或教练，指导其他教师的专业成长。专家教师不仅作用于个体能力提升层面，更应被纳入学校的持续改进计划，成为推动整体教师发展与教学质量提升的重要力量。最后，推动跨区域与跨校合作的机制化发展。通过信息技术支持，建立跨区域教师学习共同体，打破地域限制，促进教育资源共享和教师跨界学习。同时，在实践中不断迭代优化研修模式，形成可持续、动态调整的教师学习生态，以促进教师数字技能与综合素养的全面提升。

（二）构建智能研修平台，促进知识共享

在数字化转型加速的背景下，智能研修平台已成为教师专业发展的重要支撑，能够有效促进知识共享、优化教学实践，并推动教育公平的实现。借助大数据、云计算、人工智能等新兴技术，智能研修平台有助于优化教师的研修体验，也为教育资源的共享与精准推送提供了技术支撑。在教学行为分析层面，通过数据驱动提升教师研修的精准性，基于视频流的智能研修平台能够捕捉教师在课堂互动中的关键行为，记录并存储教学活动数据，支持教师从多角度分析教学过程。① 通过比较课堂实录与教学标准之间的差异，智能研修平台能够为教师的持续改进提供数据支持，实现教学反思的量化与可视化，增强教学质量提升的科学性。资源生成层面，生成式人工智能技术促进研修资源的生产与优化。人工智能可自动生成教案、文本材料、图片素材等，助力教师优化教学

---

① 代毅，刘臻，傅龙．基于智能研修平台的教师知识共享研修模型建构与实践 [J]. 中国电化教育，2022（1）：134–142.

设计、拓展教学资源的广度与深度。此外，智能语音识别和图片文字识别技术能够实时记录讨论内容，提取关键知识点，自动整理研修资料，使研修过程更具效率。虚拟现实技术则能打造沉浸式的跨空间学习环境，使跨区域教师研修具备更强的临场感和交互性，突破传统研修的时间与空间限制。知识共享层面，智能研修平台推动知识共享与区域教育公平。随着 5G 等高带宽、低延迟技术的发展，智能研修平台可实现远程实时互动，使教师无需复杂设备，仅通过移动终端接入网络，即可获得高水平指导与优质课程资源。这不仅为教育资源薄弱地区的教师提供了与优质教育资源接轨的机会，也促进了城乡教师的协同发展，为教育公平提供了技术赋能的新路径。

（三）丰富研修形式，优化实践体验

多样化的研修形式是提升在职教师专业发展的关键，不仅能够增强研修的灵活性和适应性，还能确保其持续性和实践导向性。在数字技术的助推下，教师研修已突破传统的线下集中培训模式，逐步形成正式学习与非正式学习并存、线上与线下结合、个性化与协作化并重的多元化研修生态。

智能技术推动了研修模式的多元化发展。现有研究表明，教师正式学习的研修模式包括在线教师研修项目、混合式教师研修项目、教师专业发展慕课等，而非正式学习的研修模式则涵盖网络教研、混合式教研、基于在线资源的自主学习，以及在线教师实践共同体等。[①] 这些模式依托互联网和智能技术，为教师提供灵活的研修选择，使其能够自主规划学习路径，并通过不同层次的交互提升研修效果。

个性化研修任务设计优化了教师的学习体验。借助信息技术赋能的混合式研修，教师的学习任务可根据需求和教学目标进行分类，并形成三种主要的任务类型：基础式任务，借助视频直播技术，开展集体备课、听评课、主题研讨等研修活动，使教师能够同步参与专业讨论，提升实践技能；菜单式任务，利用网络交互技术，实施教师在线协作、双师课堂、网络主题沙龙、

① 冯晓英，何春，宋佳欣，等．“互联网 +”教师专业发展的实践模式、规律与原则：基于国内外核心期刊的系统性文献综述 [J]. 开放教育研究，2022（6）：37–51.

教师工作坊等形式的个性化研修，增强教师自主学习的灵活性和针对性；创新式任务，结合大数据和人工智能技术，精准识别教师的个性化需求，分配研修任务，如小课例研修、教学资源众筹等，提升教师的主动探索和深度学习能力。[①]

此外，区域教研、校本教研与远程协作机制的融合，进一步拓展了教师的实践研修方式。通过构建师徒制培养机制、协作教学模式、网络名师工作坊、区域协同教研室等体系，可以有效整合本地优秀教师、区域骨干教师与远程专家教师的优势资源，形成跨区域、跨学科的协作研修网络。这不仅拓宽了教师的专业成长空间，还促进了区域间教育资源的共建共享，为乡村学校和薄弱地区学校的教师提供了更多学习机会。

（四）深化技术应用，赋能教师自主研修

在快速变化的社会环境中，专业化的学习已不再是静态的过程，而是一个需要持续进化和动态适应的体系。在终身学习成为共识的时代，如何获取新的学习技能以及如何高效地找到学习途径，已成为个体专业发展的核心能力。[②]教师作为成人学习者，其学习具有独立性、自主性，强调个体经验、现实需求及问题导向，并表现出强烈的内部驱动力，因此，其专业发展必须摆脱传统灌输式学习模式，转向更加灵活、自主、个性化的学习体系。[③]

智能技术的深度应用正在重塑教师自主研修的方式。增强现实、虚拟现实等沉浸式技术能够营造高度真实的研修环境，使教师能够在仿真的教学情境中进行互动式学习。基于智能化数据分析的个性化学习推荐系统，使教师能够获取精准匹配自身需要的学习资源，强化自主研修的针对性与有效性。此外，启发式、研讨式教学模式结合问题中心的研修设计，可引导教师在解

---

① 胡小勇，曹宇星，陈孝然 . 信息技术赋能混合式研修范式优化：教师集体效能视角 [J]. 中国远程教育，2022（1）：20–26.

② 阿伯特 . 大学教育与知识的未来 [M]. 王桐，等译 . 北京：生活 · 读书 · 新知三联书店，2023：61.

③ 裴淼，李肖艳 . 成人学习理论视角下的“教师学习”解读：回归教师的成人身份 [J]. 教师教育研究，2014（6）：16–21.

决实际教学问题的过程中不断提升专业能力，实现自主学习的深度发展。

以智能数据平台为依托，构建教师自主研修的全景学习环境。虚拟现实、元宇宙等技术可构筑适配教师研修需求的智能学习场景，将丰富的学习资源、教师学习共同体、专业发展任务等元素整合到虚拟研修环境中。通过同步构建与线下学习情境平行发展的智能研修空间，教师可在虚拟场景中自主探索、沉浸体验，并借助实时交互技术与同行进行研讨交流，从而提升研修的灵活性与互动性。

打造全时空智能化、交互式研修体系，优化教师自主学习体验。借助智能技术，实现随时随地的场景化学习，使教师能够在个性化的数字环境中进行自我驱动的知识建构。基于大数据分析，平台能够动态识别教师的学习需求，并提供精准的学习路径推荐。智能语音助手、自动知识整合工具等功能可进一步优化研修体验，使教师在自主研修过程中获得更加便捷、高效、智能的支持。

五、教师专业发展的保障性配置

教师专业发展的持续性和高质量实施依赖健全的保障性配置，即政府和相关教育机构需提供系统性的支持措施，以确保教师能够在职前、职中和职后阶段获得充足的资源和发展机会。这种保障涵盖政策引导、时间支持、资金投入、人才储备等多个层面，旨在建立可持续的教师培养体系，提高教育质量，增强教师职业的稳定性和吸引力。

（一）健全教师发展系统化培训体系

健全教师发展的系统化培训体系需要政府牵头制定长期稳定的教师培训与能力提升计划，确保教师在职业生涯的不同阶段都能获得针对性的培训机会和成长路径。职前阶段，应完善高校师范教育体系，优化课程设置，确保师范生具备扎实的教育理论和学科专业知识，同时增加实践教学环节，通过见习、实习和模拟教学等方式，使准教师在进入岗位前积累实际教学经验，提高课堂适应能力，并通过高校与中小学的合作建立“职前—职后”衔接机制，缩短新教师的适应期。职后阶段，则应建立分层分类的进修与研修体系，根据教师的资历、学科背景和技术能力提供精准化的培训，避免“一刀切”式的统一培训模式。新入职教师需要重点进行岗前培训，提升课堂管理、教学设计等核心能力；中级教师则应接受专业能力提升研修，包括跨学科教学、教育研究方法、信息技术应用等，以提高综合素养；对于骨干教师和学科带头人，应提供更高阶的研修机会，涵盖教育领导力、课程改革、教师指导等领域，以促进教师的职业晋升和提高其专业影响力。与此同时，应构建动态调整机制，根据教育发展趋势和教师需求优化培训内容，通过大数据分析精准匹配培训资源，确保培训的实效性和针对性。此外，政策保障和资源优化也是关键，政府应将教师培训与职级晋升、评优评先相结合，提高教师参与培训的积极性，并推动高等院校、研究机构与中小学之间的跨区域合作，促进优质教育资源的均衡配置。只有通过系统化、持续性、针对性的培训，才能有效提升教师的专业素养，推动教师队伍的高质量发展。

（二）建立培训时间的保障制度

建立培训时间的保障制度是确保教师能够持续研修、更新知识与技能的关键举措。应在政策层面明确规定教师的研修时间，为教师提供充足的参与进修、专题培训、工作坊和研讨会等的机会，使教师能够在动态的教学环境中不断优化专业素养和教学实践。经合组织的研究表明，教师的持续职业发展是提升教育质量和学生学业表现的关键投资之一，其长期收益远高于其他教育投入，因此，保障教师研修时间对于教育体系的高质量发展至关重要。“教师养成”理论认为，教师专业发展的核心在于外在教学行为与内在职业价值观的同步建构，这一过程需要长期的浸润式培养和实践积累。[①] 而这种培养方式要求教师有足够的时间进行持续学习与反思，在日常教学实践中逐步

---

① 杨柳，赵正.内化与生成：教师养成教育的本真建构[J].教育评论，2016（4）：104-107.

内化专业素养[①]。此外，从终身学习的视角来看，随着社会发展和新技术的不断涌现，教师需要不断更新专业知识和教学技能，因此，制度层面必须保障教师具备固定的研修时间，使其能够有计划地参与各类培训和能力提升项目。灵活可选的培训安排也是教师研修制度化的重要环节，中小学教师可以根据自身需求选择为期一年或一个月的线上培训，或参加短期的研讨会、讲习班、观摩课等研修活动，在教学任务和职业发展之间实现平衡。只有通过制度化的时间保障，才能真正推动教师的持续专业成长，确保其具备应对教育变革和技术革新的能力，从而最终促进教育质量的提升。

（三）完善经费支持与资源保障措施

完善经费支持与资源保障是推动中小学教师在职研修可持续发展的关键环节。《中小学教师继续教育规定》明确指出，中小学教师继续教育经费以政府拨款为主，多渠道筹措，在地方教育事业费中专项列支。然而，不同地区的经济发展水平和财政资源的差异，使得教师研修经费的投入存在一定的不均衡性。因此，需要进一步健全研修经费保障机制，以提高资金配置的科学性和公平性，确保所有教师均能获得高质量的专业发展机会。首先，应建立合理的成本分担机制，推动政府、学校和教师个人共同投资，在政府主导保障研修经费的基础上，适当引入多方支持，提高资金使用效能，并在尊重教师自主选择的基础上，探索研修促进个人职业发展的激励机制。其次，应完善研修激励政策，将研修成果与教师的职业发展、薪资待遇、职称评定等挂钩，激励教师主动参与研修，提高学习的积极性和实践应用能力。最后，还需进一步细化经费分配标准，建立更加规范化、系统化的经费管理体系，明确不同地区、不同类型研修项目的财政支持比例，优化资金配置模式，使资源分配更加科学合理。健全的经费保障体系，不仅能够确保教师研修工作的顺利开展，也能进一步提升教师专业发展的质量和实效，促进教育公平和整体教育水平的提升。

---

① 孙晓红，饶从满 . 卓越教育愿景下的加拿大安大略省教师培养改革探析 [J]. 外国教育研究，2019（2）：55–68.

（四）优化教师队伍人才补给机制

优化教师队伍的人才补给机制是确保教育体系长期稳定发展的关键。要吸引更多优秀人才加入教师队伍，首先需要健全教师供给体系，确保师资数量充足、质量达标。应建立科学的教师储备机制，根据区域经济发展水平、人口变化趋势和教育需求，动态调整教师编制，避免部分地区教师短缺或过剩的问题。特别是在教育资源相对匮乏的地区，需要通过专项招聘计划、定向培养模式以及教师轮岗交流机制，优化师资配置，缩小城乡、区域和学科间的教师供需差距。此外，还应完善教师职业保障体系，提高教师职业的稳定性和可持续发展性。例如，建立更完善的教师流动支持政策，使教师在不同地区和学校之间流动时，能够享受到公平的福利待遇和职业发展机会，避免因岗位变动而产生职业发展瓶颈。同时，政府和社会各界应共同营造尊师重教的良好环境，增强教师职业的社会认同感，提高教师的工作满意度，使其能够安心从教、乐于从教。通过完善教师人才补给机制，确保教育系统能够持续吸引和留住高素质人才，从而推动教育质量的稳步提升，为未来社会发展提供坚实的智力支撑。

第十一章　合乎科技伦理的技术应用

人工智能、大数据、互联网等技术迅猛发展，渗透到教育活动全过程，在变革教育领域的同时，也衍生出算法歧视与不透明、技术滥用与依赖、数据隐私泄露、教学主体情感交流危机和权力边界模糊等一系列伦理问题①，引发国内外社会广泛关注。2019 年至 2021 年，联合国教科文组织相继发布《北京共识——人工智能与教育》和《人工智能伦理问题建议书》等多项报告，呼吁和引领人工智能教育应用的伦理规约和可持续发展。2022 年，中共中央办公厅、国务院办公厅印发了《关于加强科技伦理治理的意见》，将科技伦理治理和风险防控作为推动科技向善、造福人类和实现高水平科技自立自强的手段。消解伦理风险，实现技术向善已成为全球教育领域面临的共同挑战。②

智慧教育作为教育数字化转型的发展目标，其实践取径的特征之一便是合乎科技伦理的技术应用。智能教育是智慧教育发展的实践路径，在该发展阶段中新兴智能技术和产品不断涌现，在赋能教育的同时也引发了一系列对技术伦理风险的担忧。如何规避风险以最大化享受智能技术红利成为当前智能教育关注的重要议题。然而，技术伦理规范的革新滞后于智能教育实践，当前教育领域关于智能技术的伦理研究主要集中于原则构建和抽象风险剖析，总体而言缺乏超脱智能技术影响力的全面伦理框架，难以支撑智能教育向更高技术丰富度和系统融合性的智慧教育健康实践的发展。面对教育政策制定者、教育研究人员、教育实践者、教育产品开发人员和其他利益相关者对智能技术在教育应用

① 杜静，黄荣怀，李政璇，等. 智能教育时代下人工智能伦理的内涵与建构原则 [J]. 电化教育研究，2019（7）：21–29.

② 白钧溢，于伟. 超越“共识”：教育人工智能伦理原则构建的发展方向 [J]. 中国电化教育，2023（6）：9–17，24.

中的技术伦理规范认知与把握的差异，以及智能教育具体实践场景下技术伦理风险研究的缺失，有必要系统论述智能技术教育应用的技术伦理取向、风险表征、成因及其规约问题，弥合智能教育阶段技术伦理规范“应然取向”“伦理风险”“实然困境”的割裂，助力智能教育向智慧教育持续健康发展。

一、智能教育技术应用的伦理规范框架

“伦理”一词指人与人相处应遵循的道德准则，包括客观的伦理关系及其外在规约。[①] 技术伦理可被界定为在技术开发和应用的过程中，涉及技术与人、技术与社会之间关系的道德与准则。智能教育是人工智能、大数据等智能技术与教育深度融合和创新发展形成的教育新模式，是智能时代教育信息化发展的新形态。[②]2017 年国务院发布《新一代人工智能发展规划》，提出智能教育是促进智能社会建设的重要战略任务，要推动人工智能在教学、管理、资源建设等方面的全流程应用，实现日常教育和终身教育定制化。智能教育阶段面临着诸多智能技术介入教育活动全过程带来的冲击，技术伦理风险日益提高，对教育产生负面影响。厘清智能技术教育应用的技术伦理“应然取向”可为其规范实践提供共同理解和原则指导。

系统比较政策文件及报告包含的伦理内容有助于把握技术伦理的核心关切和发展动向。近年来国内外众多机构均发布了包含技术伦理相关内容的政策文件及报告，以规避智能技术带来的负面影响（见图 11–1）。例如在通用领域，2019 年澳大利亚政府部门发布《澳大利亚人工智能伦理框架》，以指导企业和政府设计、开发和应用负责任的人工智能，并关注技术在促进人类、社会和环境福祉等方面的价值；2021 年联合国教科文组织在《人工智能伦理

① 李建华．伦理与道德的互释及其侧向 [J]. 武汉大学学报（哲学社会科学版），2020（3）：59–70.

② 刘邦奇．智能教育的发展形态与实践路径：兼谈智能教育与智慧教育的关系 [J]. 现代教育技术，2019（10）：20–27.

问题建议书》中强调了人工智能伦理治理和管理的重要性，并提出了公平和非歧视、隐私权和数据保护、透明度和可解释性等十大人工智能伦理原则。[①] 我国对通用领域技术伦理风险防范也早有布局，2019 年国家新一代人工智能治理专业委员会便发布《新一代人工智能治理原则——发展负责任的人工智能》，将和谐友好、公平公正、包容共享、尊重隐私、安全可控、共同担责、开放协作、敏捷治理八条原则纳入文件内容。分析系列政策文件和研究报告发现，通用领域技术伦理相关政策的主体对象多为人工智能等技术，关注内容以伦理问题分析、伦理框架、伦理原则为主；尽管各个政策报告间伦理规范的各项内容名称不一，但其基本思想一致，均以合乎伦理的技术规范为手段，旨在更好地促进技术在增进人类社会福祉方面发挥作用。

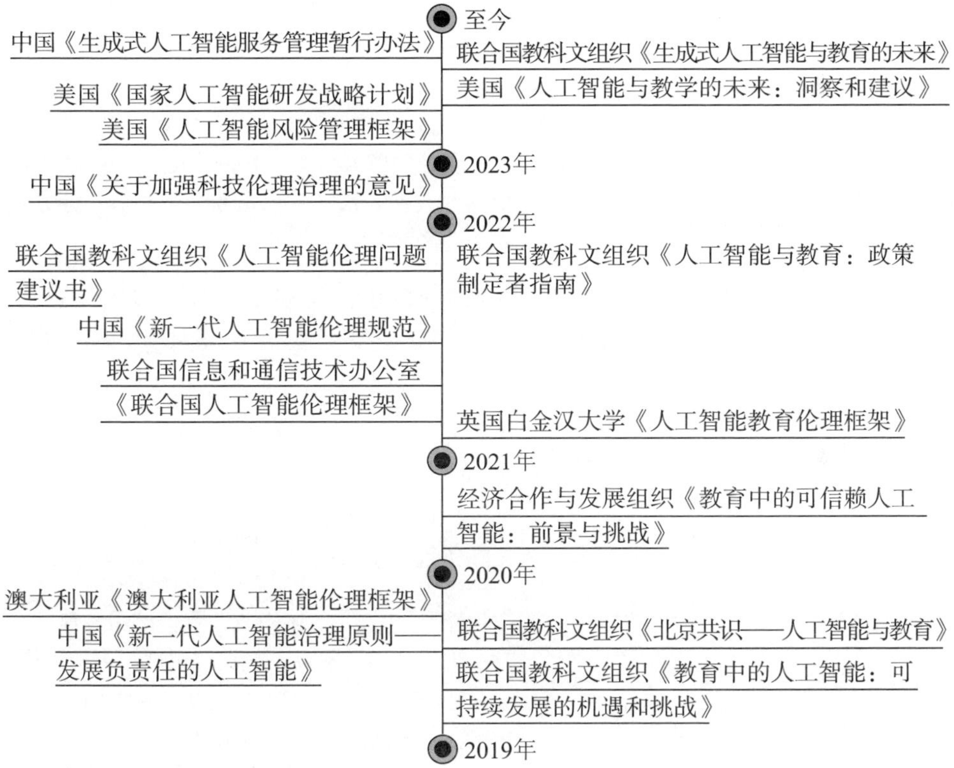

注：左侧为通用领域；右侧为教育领域

图11–1　国内外智能技术伦理相关政策及报告概览

① UNESCO. Recommendation on the ethics of artificial intelligence [EB/OL]. (2021-11-26) [2024-03-25]. https://unesdoc.unesco.org/ark:/48223/pf0000381137.

近年来教育领域关于生成式人工智能等新兴智能技术的应用及伦理的政策文件不断更新迭代，为构建智能教育实践中的技术伦理规范框架提供了坚实的政策基础和前瞻性指导。然而已有研究对教育领域智能技术伦理原则的提炼大多趋于一致，难以跳出通用领域智能技术规范的技术逻辑，致使教育性不足。本书在近年来 7 份典型教育领域智能技术伦理相关文件的基础上，通过内容分析提取了其中的伦理关注内容（见表 11–1），以构建更贴合智能教育本质、价值取向和时效性的技术伦理规范框架。研究发现教育领域智能技术伦理的核心关切聚焦于智能技术、教育主体、教育数据和教育监管四个向度，可作为智能教育的技术伦理规范模型的一级框架收纳各项伦理要素或原则。

表 11–1 教育领域智能技术伦理相关政策及报告的内容分析

来源	报告名称	伦理取向（要素或原则）
联合国教科文组织	《北京共识——人工智能与教育》	为人所控；以人为本；避免歧视；公平与性别平等；数据算法透明；可审核；包容；隐私；安全；跨界合作。
联合国教科文组织	《教育中的人工智能：可持续发展的机遇和挑战》	在教育中应用人工智能时确保包容性和公平性；处理数据的采集、使用和传播过程中引发的伦理和透明度问题。
经济合作与发展组织	《教育中的可信赖人工智能：前景与挑战》	建立和维护对人工智能系统的信任（透明度、可解释性、问责）；确保人工智能系统在安全和保护数据方面服务于以人为本的价值观（数据隐私和安全处理）。
联合国教科文组织	《人工智能与教育：政策制定者指南》	数据隐私和保密；避免个人数据滥用和泄露；算法偏见和不可解释；数据可用性相关的法律问题和伦理风险；公平、透明和可审核的使用和重用；数据保护法规以及监管框架；教育包容性和公平性。
英国白金汉大学	《人工智能教育伦理框架》	实现教育目标；评估形式；管理与工作量；公平；自洽；隐私；透明度与问责制；知情参与；伦理设计。

续表

来源	报告名称	伦理取向（要素或原则）
美国教育部教育技术办公室	《人工智能与教学的未来：洞察和建议》	隐私和数据安全；以人为本；教育公平；道德；可解释性；问责。
联合国教科文组织	《生成式人工智能与教育的未来》	优先考虑公平、质量和安全原则；关注数据偏见问题。

基于对表 11–1 中教育领域智能技术的伦理要素分析，本书提出智能教育实践的技术伦理取向模型（见图 11–2），以系统、结构化的手段呈现智能技术教育应用需要遵循的技术伦理原则，其最终目的是使智能技术在合乎伦理规范的基础上，服务于智能教育“教—学—管—评—练—研”的全流程场景。

图11–2　智能教育技术应用的伦理取向

上述政策报告中的相关内容给出了各伦理取向的描述性解释。

智能技术是智能教育的关键支撑要素，该向度涵盖智能教育中算法技术和技术产品的可解释、准确、安全和稳定等伦理规范取向。智能技术的教育应用要考虑算法透明性和可理解性等可解释性问题，追求技术在输入、输出、性能表现和结果生成过程中运行原理和决策过程的可公开、可理解和可追溯，提高可信度；同时需要考虑智能技术的分析结果和决策等内容的准确性，避免出现虚假内容；安全则指在算法、人机交互设计和智能技术产品形态上的安全合规，以实现智能技术的安全保障；智能教育系统要有稳定性，在有安全风险的情况下可靠运行，避免出现技术异常。

教育主体是智能教育的实践者和技术的使用者，该向度关注智能教育实践中人的尊严、公平、控制权和隐私保护等伦理规范取向。尊严是每个人生来具备且不可侵犯的，智能技术在整个应用生命周期中需要尊重教育主体的人权和基本自由；公平则指技术资源在不同国家或区域、种族、性别、残障情况、语言群体等的教育主体间的非歧视访问与平等获得，即智能技术需要保障教育公平，避免导致教育数字鸿沟；控制权体现在教育主体能够根据个体意愿自由决定技术的使用和终止，以及在各使用环节实现对技术的管理，避免技术失控；智能技术教育应用过程中对个人隐私的接触要合理、合规和克制，避免侵犯个人隐私。

“数据—信息—知识—智慧”的生成路径表明教育数据是智能教育的基础要素，该向度包括数据安全、数据规范等伦理规范取向。教育数据在采集、存储、使用、共享和删除过程中需要确保数据安全，避免泄露和滥用。同时要建立数据规范，一方面追求数据采集、处理和分享的格式标准化和业务标准化，以保证数据质量和通用性，实现系统间数据健康有序流动；另一方面建立真实、准确、客观和多样的训练数据集，避免数据偏见。

监管是智能教育促成人机共善的重要方式，教育监管向度关注问责、监管和协同治理等伦理规范取向。问责需要建立具体法规条例，明确技术开发与应用环节中各主体的义务和责任，引导技术合理运用、避免因担责不明引发更多乱象；监管指实现技术的可监察、可评估、可管理，避免技术伦理风险治理失序；不同利益相关方需要采取包容性方法开展协同治理，使技术惠及社会全体并推动可持续发展。

二、智能教育技术应用场景下的伦理风险

智能技术与教育全过程的融合带来了诸多创新和便利，创生出智慧平安

校园、融合学习空间、机器人学伴、虚拟仿真实训等典型应用[①]，在变革教学模式、学习方法、教育管理、教育评测、技能训练、知识生成方式等方面取得了显著进展。然而智能技术的迅猛发展及其规模化教育应用也引发了一系列伦理风险问题。教育是复杂的社会活动，技术的伦理风险只有在与教育活动结合的时候才能具象显现，真实教育场景下所涉及的智能技术种类和业务实践目的具有复杂性、多元性和场景异质性的特点，其技术伦理风险存在不同表征形式。本节依次从“教—学—管—评—练—研”六大智能教育典型业务场景切入，明晰智能教育时代的技术伦理风险“实然困境”。

（一）智能导师冲击教学主导权与师生关系边界

从计算机辅助教学、智能导师系统、教育智能体到教育机器人，教学代理的发展促成了人机关系从辅助、替代到共生的迭代升级。以教育机器人为例，教育机器人不仅能够提升学生在认知维度的学习效果[②]，还能够代替人类教师在课程设计、知识搜索和作业评测等方面的部分角色，将人类教师从烦琐低效的重复工作中解放出来，使其更聚焦于对学生高级思维、情感价值观、意志品质和创新能力的培养。

然而在教学中引入教育机器人打破了传统教育中“师—生”二元教学关系，形成“师—机—生”三元新型教学关系，可能会对学习者的学习方式和情感发展、教师的角色和教学主导权等方面产生负面影响。传统教育中教师是学生学习的引导者，然而智能教育中教师的角色和权力在一定程度上被机器人教师所削弱和替代，这种教学主体的错位造成教师和学生之间的人际接触和互动沟通减少[③]，学生可能更多地依赖机器人而不是教师，导致师生关系、生生关系和人机关系发生结构性异化。此外，教育机器人不仅具有技术工具

---

① 杨俊锋，施高俊，庄榕霞，等 . 5G+ 智慧教育：基于智能技术的教育变革 [J]. 中国电化教育，2021（4）：1–7.

② 单俊豪，宫玲玲，李玉，等 . 教育机器人对学生学习成果的影响：基于 49 篇实验或准实验研究论文的元分析 [J]. 中国电化教育，2019（5）：76–83.

③ SHARKEY A J C. Should we welcome robot teachers?[J].Ethics and Information Technology，2016，18：283–297.

属性，还具备外显的认知和情感表现能力，这种类人属性可使儿童将人类的认知、行为和情感特征归于机器人[①]，导致其在教学中的功能、角色边界和教学权力更加复杂。《COMEST 机器人伦理报告》指出机器人技术能够模糊人类主体和技术客体之间的界限，角色问题是教育机器人的主要问题，即教育机器人应该被视为导师、工具还是同伴，以及机器人能在多大程度上取代教师。[②]最后，教育机器人还具备自主性的特点，然而目前智能教育机器人正处于发展初级阶段，存在教学性不足、反馈性差、感知力欠缺等问题[③]，因此其负面行为或失控行为的道德和法律责任也面临追责归因的伦理风险问题。

（二）算法歧视阻碍学生个性化学习和全面发展

社会发展促使教育需求正从标准化走向个性化学习和终身学习，教学服务也由“标准化供给”向“个性化服务”转变。智能教育致力于根据学习者能力、学习风格和兴趣等特质提供个性化和定制化的学习内容和路径，例如通过采集学生学习活动中产生的数据，了解其认知水平和学习难点，从而提供有针对性的学习分析及支持服务。然而程序模型的“算法歧视”，以及数据采集的片面和偏差，使得智能算法在面对不同数据主体时差别对待，“非此即彼”的分类方式也使得算法在资源推荐和教学决策上造成能力偏见、性别偏见、种族偏见等歧视性后果，导致个性化学习目标未能真正实现。由于少部分群体未能得到优质服务，不同群体间的资源客观差距也未能得到有效缩小[④]，反而使得个性化学习遮蔽了对学习者平等学习权利的损害，导致学习结果两极分化，进一步加剧教育不公平现象。

---

① BERAN T N，RAMIREZ-SERRANO A，KUZYK R，et al. Understanding how children understand robots：perceived animism in child-robot interaction[J].International Journal Human-Computer Studies，2011，69（7-8）：539-550.

② UNESCO，COMEST. Report of COMEST on robotics ethics [R]. Paris：UNESCO，2017.

③ 卢宇，薛天琪，陈鹏鹤，等 . 智能教育机器人系统构建及关键技术：以“智慧学伴”机器人为例 [J]. 开放教育研究，2020（2）：83-91.

④ 倪琴，刘志，郝煜佳，等 . 智能教育场景下的算法歧视：潜在风险、成因剖析与治理策略 [J]. 中国电化教育，2022（12）：93-100.

此外，算法推荐技术还存在“信息茧房”效应。当学习者接受的信息内容受到算法针对用户兴趣的、有目的的推荐机制影响时，其固有观念会不断强化，陷入智能算法编制的“过滤气泡”。[①] 当受教育者接收信息和学习路径单一化、观念日趋片面化时，智能技术可能导致受教育者整体的价值偏见歧视[②]，不利于学习者综合素质的全面发展。

（三）教育数据管理失范增加隐私泄露与滥用风险

教育数据涵盖教育实践活动所产生或关联的全部数据集合，既包含学生的内在属性、学习行为和心理状态，又包含教务管理等方面的数据[③]，具备数据从产生、采集、拥有到使用的循环特征[④]。智能技术对多元教育数据的大量采集和分析存在侵犯隐私和人权、数据泄露与滥用的伦理风险。在学校教育中，智慧平安校园监控、人脸识别打卡设备日益压缩学习者的隐私空间，“超级全景监狱”之中一切教与学活动开放透明且无所遁形[⑤]；智能教室等环境中涉及的多模态传感器和可穿戴设备对学习者生理状态和面部情绪识别的检测同样容易触发隐私侵犯风险；学习者个人信息、学业成绩等数据在管理、存储、传输或处理的过程中也可能遭受教务管理人员失职、未经授权的访问、黑客攻击和系统漏洞的安全威胁，引发数据泄露和篡改风险，影响教育主体的信息、身心和物质安全。美国政府问责局在 2020 年发布的一项调查表明，在 99 起数据泄露事件中，有数千名 K–12 学生受到负面影响，其中学业成绩和特殊教育记录等信息是最常见的泄露类型。随着学校和学区越来越依赖复

① RARISER E. The filter bubble：what the internet is hiding from you [M].London：Penguin Press，2011：50–55.

② 韦妙，何舟洋 . 本体、认识与价值：智能教育的技术伦理风险隐忧与治理进路 [J]. 现代远距离教育，2022（1）：75–82.

③ 张誉元，张海 . 数据生命周期视阈下教育数据伦理问题及规约之径 [J]. 中国电化教育，2022（10）：118–125.

④ 刘三女牙，杨宗凯，李卿 . 教育数据伦理：大数据时代教育的新挑战 [J]. 教育研究，2017（4）：15–20.

⑤ 孙立会 . 人工智能之于教育决策的主体性信任危机及其规避 [J]. 电化教育研究，2023（3）：21–27，43.

杂信息技术系统开展教学和管理工作，数据泄露发生的可能性提高也加剧了学习者在身体、情感和经济上受伤害的风险。

在线教育中，学习者在教育平台和客户端应用中的个人隐私数据可能被贩卖和滥用，如用于商业目的、个人定向广告、决策偏见等不当用途。智能教育产品对用户信息的不当收集等现象屡见不鲜，近年来工信部曝光了商业App侵害用户权益的行为，包括大量违规收集个人信息和过度索取权限的案例[①]；学习者个人数据也可能被用于欺诈活动、身份盗窃或冒名顶替等违法行为。

（四）过度依赖机器评测影响教师评判能力和决策公平

教师的教学决策是影响教学实践效果的重要因素。数据驱动的各类智能化评价工具能够从认知、情感和行为等多方面分析学习者的学习状态和认知水平，形成“学习者画像”，并给出学业预警、作业评价、反馈建议等信息，辅助教师调整教学策略和进度安排，简化其脑力劳动和重复工作。然而技术工具的自动化和高效率容易使部分教师形成对机器自动化评测结果和推荐策略的过度依赖和信任，成为被智能工具决策、操纵的机械执行者，忽视自身教育实践智慧，钝化教学情境研判能力，遮蔽自身对学生情感状态的感知，并逐渐丧失作为教学决策者的主体性价值和角色能动性[②]。这种情况下，不仅教师决策的有效性难以保证，教师自身专业技能的发展也可能受到负面影响。

此外，算法的黑箱特征使得决策过程不透明，机器评测所使用算法和数据质量的不可靠性也可能导致错误决策和评估。如果算法模型存在错误假设、不准确数据或忽略对学生个体差异和特殊情况的考虑，则可能影响机器评测结果的准确性和可信度，对学习效果评估、学习路径规划和学业录取与奖励等产生负面影响，导致学生受到挫折或不公平对待，甚至影响其未来发展。

---

① 中华人民共和国工业和信息化部信息通信管理局.关于侵害用户权益行为的App（SDK）通报（2023年第2批，总第28批）[EB/OL].（2023-05-27）[2024-02-20]. https://wap.miit.gov.cn/jgsj/xgj/gzdt/art/2023/art_b9940ea1b98a46a7a6aa99f754e458f3.html.

② 蒋艳双，崔璨，刘嘉豪，等.教育领域中的情感计算技术：应用隐忧、生成机制与实践规约[J].中国电化教育，2022（5）：91-98.

（五）虚拟环境引发学习者道德失守和行为依赖的隐忧

5G 等超高速网络的发展满足了虚拟现实对大量数据和资源的高速传输和海量存储的需求，为营造身临其境的虚拟学习环境、让学习者获得沉浸式交互学习体验提供了条件。虚拟实验、虚拟仿真实训系统、虚拟语言学习空间、虚拟现实教育游戏等应用形式为学习者开展实验知识探索、专业技能训练、第二语言学习和游戏化学习提供了强交互虚拟学习环境，在实现可重复性练习、增强趣味性的同时避免了真实实验危险、实地实训成本和时空隔离等诸多限制。然而虚拟现实教育游戏的技术心流体验也可能引发物化移情和失去自我的风险，虚拟现实的过度使用同样容易使学习者产生行为依赖，甚至成瘾。①

虚拟现实的沉浸、临场和多感官交互特征模糊了真实和虚拟的边界，真实世界中的伦理问题都有可能在虚拟世界中重现和异化，产生虚拟侵犯、虚拟社交上瘾和欺凌等新型伦理问题，并反过来对现实世界产生影响。例如，虚拟世界中存在生命的有限性和无限性、教学活动主体的尊严问题，然而由于虚拟世界对道德行为准则的遵守缺乏监管和惩罚措施，失去了对使用者不良操作行为及其后果的限制，容易造成道德感滑坡等问题；虚拟学习环境中虚拟角色的嵌入以及虚拟社交形式的出现，扩展了教学过程中多元主体间的交互关系，师生可能因为身份的虚拟性而忽略社交礼仪、人际交往以及人的主体性；学习者在虚拟现实环境中的虚拟自我表征也会对使用者在真实世界的表现产生影响，使用者对虚拟化身“理想”特质的认同感可能影响其在真实世界中的认知、态度和行为。②

虚拟现实教学产品设计与开发不成熟。一方面，虚拟和现实间的差异会导致学习者认知偏差。例如虚拟世界与真实世界在参数表征方面的差异，导

---

① 孙田琳子 . 虚拟现实教育应用的伦理反思：基于伯格曼技术哲学视角 [J]. 电化教育研究，2020（9）：48-54.

② 高媛，刘德建，黄真真，等 . 虚拟现实技术促进学习的核心要素及其挑战 [J]. 电化教育研究，2016（10）：77-87，103.

致学习者对客观知识的记忆性错误、操作经验结果分析的错误等。① 另一方面，虚拟现实技术本身容易触发晕动症②，对用户真实身体的安全构成威胁。

（六）生成式 AI 滥用导致课业研究作弊及创造力退化

人工智能生成内容（AI Generated Content，AIGC）是指由 AI 生成文字、图片、音频和视频等内容的创作形式。③ 其不仅能够基于大规模预训练文本材料和互联网在线内容生成多种语言的对话内容，回应用户聊天和提问的需求，还能辅助开发者开展代码编写和审查工作。

在教育领域，生成式通用大模型能够汇聚、加工和生成个性化的学习资源④，然而其创作内容往往存在事实性错误，且信息密度低，具有内容误导和欺骗、虚假内容传播等隐匿性风险，因此需要用户进行二次加工处理后才能将其用于教学活动。学习者过度依赖生成式 AI 技术完成课业学习和研究，容易出现投机取巧、课业舞弊等现象，引发学术伦理问题；且如果学生在使用生成式 AI 的过程中倾向或过度依赖算法提供的推荐材料，而不去独立思考和探索问题，会导致学习能力下降，以及自身批判性思维能力和创造能力的退化。目前生成式 AI 的技术伦理风险已被各方关注，例如斯坦福研究团队开发了 DetectGPT 以避免大语言模型对高等教育的入侵；《自然》（*Nature*）杂志规定大语言模型不能作为署名作者出现在研究论文中；国家网信办等机构于 2023 年 7 月发布的《生成式人工智能服务管理暂行办法》同样明确提出，生成式 AI 服务提供者应当采取有效措施防范未成年人用户对其的过度依赖或者沉迷。

---

① 沈阳，逯行，曾海军 . 虚拟现实：教育技术发展的新篇章：访中国工程院院士赵沁平教授 [J]. 电化教育研究，2020（1）：5–9.

② KIM W，LEE S，BOVIK A C.VR sickness versus VR presence：a statistical prediction model[J]. IEEE Transactions on Image Processing，2020，30：559–571.

③ 王佑镁，王旦，梁炜怡，等 . ChatGPT 教育应用的伦理风险与规避进路 [J]. 开放教育研究，2023（2）：26–35.

④ 吴砥，李环，陈旭 . 人工智能通用大模型教育应用影响探析 [J]. 开放教育研究，2023（2）：19–25，45.

三、智能教育技术应用的伦理风险产生机制

智能技术介入“教—学—管—评—练—研”多元教育应用场景的过程中往往伴随着教学主体错位、算法歧视、数据泄露、机器评价不透明、虚拟世界中道德失守和课业舞弊等技术伦理风险，对师生关系、教育目标达成、教育主体权益和未来发展存在负面影响。厘清智能教育中技术伦理风险的来源是风险规避的基石。智能教育中技术伦理风险的成因可归于“智能技术—教育实践—教育主体”三个层面，其产生机制如图 11-3 所示。

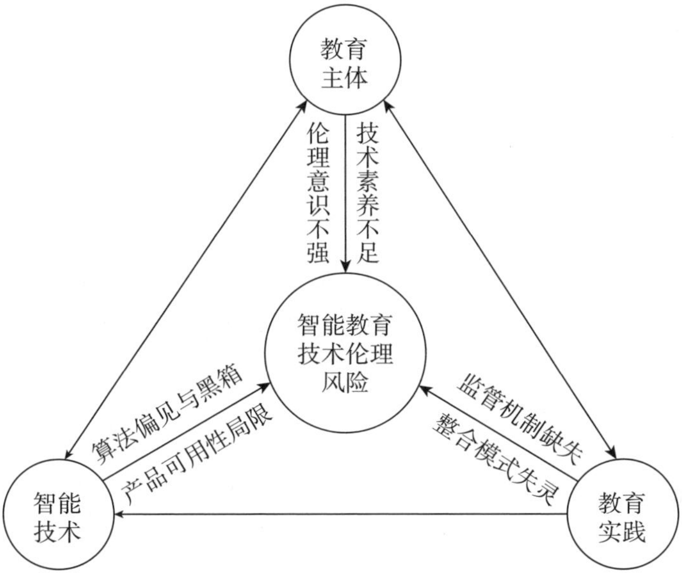

图11-3　智能教育技术应用的伦理风险产生机制

（一）智能技术工具失信

智能技术工具导致的技术伦理风险来源于算法设计中的歧视和黑箱特性，以及技术产品的可用性局限。第一，算法本身的设计局限。一方面，算法存在偏见。算法是技术开发人员思维逻辑的外延，根据人类思维方式编码形成的分类和标注方式而训练的模型也带有人的价值观念和偏见，从而映射到算法的决策行为；加之教学活动本身的复杂性，教育数据的采集难以保证全面

性和准确性，算法在训练过程中可能重复训练本身带有偏差的教育数据，产生“自我强化偏差”(Self-reinforcing Bias)[①]，进一步导致算法歧视的固化，加剧“偏见进，偏见出”现象。另一方面，算法存在黑箱特征。大规模数据驱动的算法在神经网络模型层面包含的复杂结构和参数数量级远超人类理解范畴，人类难以洞悉算法从输入到输出的内在运行逻辑，经过模型运算得出的结果只是冰冷的数字，算法可信度难以保证；而教学过程是充分发挥学生与教师主观能动性的过程，算法模型对数据关系的刻画也不能完全解释实际教学中因果关系的产生机制。

第二，技术产品可用性局限。智能教育产品是智能技术教育应用的落脚点，其核心目标是通过对多元智能技术的有机整合，构建系统化教育问题解决方案。[②]一方面，智能教育产品应用于教育实践，在有用性上存在更高要求。然而由于技术开发与教学实践关联性弱，甚至存在脱节现象，技术开发人员难以洞察真实教育需求、理解教育过程，致使教育系统或产品功能与需求不匹配。另一方面，智能教育产品的研发标准不明，安全性和规范性难以得到保证。多元技术叠加导致安全漏洞风险，在技术系统不合规、其稳定性和安全性难以抵抗风险的侵入时，便会构成对教育主体权益的损害。

（二）教育实践失范

在智能技术介入教育生态的过程中，性质迥异的要素不断融合，教育系统愈加错综复杂。这种情况下，技术融合教育实践的有效模式和监管机制的缺失会导致技术伦理风险不受控制。第一，技术整合有效的教学模式缺失。新技术的不断涌现和更迭，扩展了智能教育的实践边界，智能教育场景日益多元化，教学模式的选择和应用也更加复杂。教育者面临着不同的技术选择，但缺乏对有效教学模式及其实践经验的指导和支持，可能产生技术的不当整

---

① 肖凤翔，张双志．算法教育治理：技术逻辑、风险挑战与公共政策 [J]. 中国电化教育，2020（1）：76–84.

② 王一岩，朱陶，郑永和．智能教育产品助推教育数字化转型：价值定位、实践逻辑与推进策略 [J]. 现代教育技术，2023（7）：16–24.

合和盲目使用等风险。第二，伦理风险监管机制缺失。在智能教育应用中，相关的技术伦理风险监管机制是规范技术使用和人身道德的“守门人”，如果没有制定明确的政策和准则，可能导致教育机构和教育实践者在应用智能技术时缺乏责任和规范。近年来，风险监管机制的缺失使得不当行为问题日益凸显。师生教育数据和身份信息在本人不知情的情况下被贩卖的情况层出不穷[①]。在数据管理期间，教师、管理者、其他工作人员均可接触数据，行为规范难以统筹管控[②]，这些都增加了智能教育中技术应用的潜在风险。监管机制的缺失无疑会造成技术应用的灰色地带，滋生不良违规行为。

（三）教育主体素养不足

技术应用的主体是人，教育工作者和受教育主体的素养是智能技术合理运用的关键。在应用智能技术时，教育工作者和受教育主体不仅需要具备相关的技术知识、技术应用能力等技术素养，还要具备相应的态度、价值观念等伦理素养。一方面，如果师生的技术素养不足，不能正确使用智能技术，可能出现过度依赖、人为失误和能动性被技术消解的情况；且技术素养的缺乏也可能导致教育者无法妥善维护技术系统，增加技术故障和数据泄露等风险，这些因素都会对智能技术教育应用效果产生不良影响。另一方面，师生的伦理意识也在智能教育实践中起重要作用。如果教育者对智能技术伦理风险缺乏认知和了解，就可能无法正确地引导学生的学习和发展；受教育者如果不具备隐私意识，缺乏批判性思维和辨识虚假信息的能力，其心智也会被鱼龙混杂的错误信息所误导和影响。

---

① 赵磊磊，陈祥梅．数智时代教育大数据风险：表征样态与化解路向 [J]. 贵州师范大学学报（社会科学版），2022（2）：72-82.

② 张誉元，张海．数据生命周期视阈下教育数据伦理问题及规约之径 [J]. 中国电化教育，2022（10）：118-125.

四、智能教育技术应用的伦理风险治理路径

智能教育中的技术伦理取向和现实风险困境间存在差距，消解风险迫切需要可行、有效的应对方案。基于对技术伦理风险的根源剖析，本部分从师生、学校、企业和政府等多主体协同的视角提出智能教育时代技术伦理的风险防范和治理路径，助力教育主体、智能技术与教育实践和谐共进发展，促成智能教育向智慧教育全方位跃迁。

（一）加强隐私保护和法规建设

政府在智能教育中担负着引导与监管的责任，应进行智能教育技术伦理风险规约的顶层设计，推动智能技术与教育的有机融合与和谐共进。首先，加强数据隐私保护和使用规范。一方面，建立数据分级分类保护制度，进一步完善数据收集和使用的规范。教育数据种类丰富，需要超前布局数据安全保护体系，以确保个人隐私数据不被泄露和滥用。另一方面，提高训练数据集质量，增强数据真实性、准确性、客观性和多样性。其次，制定法规条例约束技术服务提供者、学校、教育机构等主体，为智能教育发展制定监管措施，做到问责追溯有法可依。技术快速演进、法律法规相对滞后的情况会引发一系列社会问题和伦理挑战。相关政策以及问责机制的建立，对违反伦理准则的行为严肃追责，能够推动教育资源的共享与整合。最后，智能教育涉及众多利益相关者，需要跨界协同应对技术伦理风险。教育部门呼吁社会各界的多方合作，在新技术规模化应用前联合各方开展应用试点，形成共识与共同行动，在追求跨界协同的同时，打破各方责任壁垒。

（二）规范数据标准和共享机制

各教育系统间需要规范数据标准和共享机制，保障数据健康流动。教育数据标准是实现系统间数据流动的基础，数据共享机制是系统间数据健康有序流动的保障。不同系统间的数据互通共享和整合分析需要数据具备统一格

式和共享机制，以提高数据互操作性和跨部门整合、流通的能力。教育领域存在大量基础数据，但由于多数教育单位在建设信息管理系统时仅考虑本单位使用情况或仅满足纵向业务需求，在跨部门互通时数据的编码、格式和质量存在差异，致使不同来源的数据之间存在融合障碍，且在跨层级交换时流程烦琐，增加了共享成本，形成安全隐患。[①]通过标准化手段实现“统一标准”和“一源多用”，是达成教育数据保护和安全共享双赢局面的重要途径。

（三）提高研发标准和可解释性

企业作为智能教育技术产品服务的提供者，在智能教育中承担产品服务和技术保障的责任。首先，企业应严格制定研发标准，规范产品设计、开发及服务，提高产品可用性。例如，在产品开发前深入了解真实教育需求和应用条件，避免产品功能设计冗余。确定系统无缝集成和数据流动所需的数据采集、传输和处理规范，例如数据标准化、安全网络通信协议、应用程序接口等使用设计，避免平台数据难互通、业务流程不连贯造成“信息孤岛”现象。在产品开发中完善对系统数据加密处理、访问控制与权限管理、网络与系统安全、数据备份与恢复等技术安全保障措施的开发。在数据全生命周期对用户数据严格保护，积极寻找教育用户隐私和学习分析技术之间的平衡点[②]。在产品原型形成后开展系统测试与评估，及时修复漏洞等问题，保障产品安全稳定。在产品推广中遵循伦理规范，保障用户权益和隐私。

其次，提高智能技术教育应用中算法可解释性的解决方案，是降低其潜在风险的有效手段。提高算法可解释性需要从算法生命周期的各个步骤介入，例如在训练数据集准备环节避免数据偏见；在自动化决策模型构建中，综合考虑学生的学习成绩、背景和兴趣等个体差异和特殊情况，确保决策的公正性和合理性，防范算法歧视和决策偏差；在不同教育应用的部署场景中，将

---

① 杨琳，王炜，诸纪，等.面向数据共享的教育数据标准体系研究与建设实践 [J]. 大数据，2020（6）：3–13.

② 顾小清，张进良，蔡慧英.学习分析：正在浮现中的数据技术 [J]. 远程教育杂志，2012（1）：18–25.

全局可解释性和局部可解释性纳入考虑，为师生提供有针对性的模型性能指标和决策因素权重等信息，提高算法的透明度。应在算法周期中纳入“人在回路”等设计，不断推动可解释人工智能走向可信赖、负责任的技术发展方向。[①]

（四）建立风险评估与管理机制

学校作为智能教育的重要承担和建设者，应制定智能技术风险评估与管理机制，为师生提供安全的信息化教学环境。首先，审慎引入技术。在技术引入前需明确技术应用的目标和范围，确保技术与教学目标相契合；充分了解其适用性与局限性，明确潜在风险和应对措施，对技术产品进行全面的风险评估。其次，对于新引入的智能技术，在开展技术的试点实践时，学校应进行充分的准备与测试，保证技术的稳定性和可靠性，避免因技术问题而影响师生正常教学活动；对于新技术的应用实践，学校应建设良好的智能教学环境，为教师组织技能培训，培育典型教育应用案例，形成并推广有效管理和运用的经验。

（五）培养技术素养与伦理意识

师生是智能教育的实践者和教育数据的产生来源。师生要培养严格保护数据隐私的伦理意识和合理使用技术的知识技能素养。一方面，教师需要培养技术素养和伦理意识，积极应变，以确保智能教育产品在教学中的合理应用。例如积极参与教学培训，掌握相关技术知识与技能，了解智能技术教育应用中的局限性和伦理风险，培养对智能技术引入教学环节的审慎态度，避免技术的不当或过度使用。另一方面，教师需要在实践中挖掘有效技术整合教学的模式，主动求变，提高智能技术教育应用场景下的信息化教学能力。

---

① 刘桐，顾小清.走向可解释性：打开教育中人工智能的“黑箱”[J].中国电化教育，2022（5）：82-90.

第十二章　智能时代的可持续教育改革规划

在智能技术深刻变革的社会背景下，教育改革的内涵和边界也在不断扩展。从教育系统内生性调整到与科技、社会、经济及全球化深度耦合，教育改革的驱动力和目标日益多元化。作为现代化教育治理的重要工具，科学的教育规划不仅是指导教育综合改革的重要标杆，更是推动教育迈向高质量发展的战略引擎。在我国，随着数字化改革实践的深入推进，教育规划逐渐从“探索性试验”转向“系统性部署”，强调以科学性、系统性和前瞻性为核心的规划理念，为教育改革和发展提供明确方向和具体路径。本章将围绕这一主题展开，阐述前瞻性教育规划的内涵与关键要素，在回顾我国教育信息化政策和国际视角下面向“教育 2030 议程”的教育规划框架的基础上，剖析智能时代教育改革规划的应遵循的原则，为教育系统的深度变革提供理论与实践指导。

一、前瞻性规划引领教育改革

在智能时代，教育改革已成为推动社会进步和塑造未来教育模式的核心议题。这一过程不仅是对工业化教育范式的结构性突破，更是对教育本质的重新审视，其关键在于通过技术创新提升教育的公平性、可及性与有效性，进而践行教育促进人类共同福祉的使命。当前，教育正处于技术驱动改革的关键窗口期，数字化转型已超越技术工具嵌入的初级阶段，进入撬动全要素、全流程、全业务、全域变革的深水区，教育改革从局部调整迈向系统重塑。教育改革是一个系统性、长期性、动态性的过程，涵盖教育理念、治理模式、组织形态、运行机制等多个层面。面对科技革命与社会转型的深刻影响，教育改革既需要适应非线性变革的特性，也必须在现实条件下保持战略定力，以确保变革的可行性与可持续性。然而，系统性变革的复杂性决定了其难以依靠单一政策或局部调整实现有效推进，这就需要科学的教育规划作为支撑，以确保教育改革的系统性、协调性和可操作性。

作为教育改革的战略指引和政策落地的关键机制，教育规划在目标设定、政策协调、资源配置和执行评估等方面发挥着核心作用。它不仅决定了改革的方向、路径和优先级，还影响着教育体系在快速变化的技术环境下如何保持适应性与竞争力。不同于教育系统变革的自发演化，教育规划强调政府、学术界、产业界等多方主体的协同治理，确保改革目标的精准性和落地性。在这一背景下，教育规划作为统筹教育变革的关键抓手，既是改革的战略支点，也是政策落地的实施路径。它不仅涉及对教育体系的整体设计和目标设定，还涵盖资源配置、政策协调、评估反馈等多个层面。面对新技术的加速渗透和全球教育生态的重构，教育规划需要从系统性、适应性和前瞻性三个维度展开：系统性要求其统筹教育各层级、各领域的改革举措，避免碎片化调整；适应性强调其对快速变化的社会需求、科技创新和人才培养模式的响应能力；前瞻性则要求其在不确定性中捕捉趋势，提前布局人工智能、绿色教育等前沿方向，确保教育体系能够在快速变革的时代背景下稳步实现高质量发展。

（一）前瞻性的教育规划

现代教育规划经历了从数量预测、资源分配、目标设定到战略管理的多轮演进，其理论基础、决策模式和实践应用均发生了深刻变革，尤其是在智能化、全球化和社会变迁加速的背景下，传统教育规划因缺乏灵活性和前瞻性而面临挑战。20 世纪的教育规划主要依赖静态预测模型，以确定未来几年或几十年的教育发展需求。但随着技术变革的不确定性凸显和社会经济环境的快速变化，其逐渐暴露出滞后性、碎片化和刚性管理的局限。教育规划向前瞻性方向发展是当前教育治理变革的必然趋势，不仅需要关注当前需求，更强调通过趋势分析、数据驱动决策、智能预测等方式引领未来教育发展的方向。探讨前瞻性教育规划的内涵、理论基础和实践路径对于理解当前教育改革的方向具有重要意义。

具有现代意义的教育规划可追溯至20世纪二三十年代，当时苏联在五年计划中首次提出系统化的发展规划模式。“二战”后，随着联合国教科文组织和经济合作与发展组织的成立，教育规划逐步成为各国政策体系中的关键组成部分。20世纪50至70年代，受人力资本理论的影响，教育规划模式主要关注教育对经济发展的贡献，各国普遍采用基于经济增长的数量预测模型来指导教育资源配置。[①] 之后，随着政策科学、战略管理学的兴起，教育规划逐步转向动态管理模式，强调系统性、适应性和可持续性。教育规划的本质是明确目标的制定与阐述，并设计高效策略以实现这些目标。[②] 具体到教育改革规划，它是一个系统工程，各因素之间相互关联、相互影响，教育使命、发展目标与战略规划的制定、实施、监测和评估形成一个多重互动的动态循环。[③] 从现代管理学的视角出发，战略规划是“为未来作现在的决策”[④]。这一理念在教育规划中体现为对未来教育改革发展的预判，通过明确目标、提出原则、制定任务和举措，为教育改革和各级各类学校的进步提供指导。

教育规划不仅是一种技术活动，还涉及政治决策和价值判断，其核心目标是在快速变化的社会环境下，满足教育发展的多样化需求并实现可持续发展。因此，教育规划不仅需要具备科学性和可操作性，还应当融入更广泛的经济和社会发展规划。国际教育规划所第一任所长菲利普·库姆斯（Philip H. Coombs）提出，科学的教育规划应当具备五点共识：具有长远视角，以应对未来的不确定性；具有综合性，涵盖教育发展的多个维度；融入经济和社会

---

① 朱佳生，殷革兰.教育规划几个基本理论的探讨 [J]. 辽宁高等教育研究，1999（3）：35-38.

② HALLAK J，POISSON M. Ethics and corruption in education [M].Paris：International Institute for Educational Planning（IIEP），UNESCO，2001.

③ 高书国.教育战略规划研究 [D]. 北京：北京师范大学，2007.

④ 汤贞敏，我国教育规划的基本特性及“十三五”教育规划的制定 [J]. 中国教育学刊，2016（3）：1-5，56.

发展规划，确保教育资源的最优配置；成为教育管理不可或缺的一部分，推动政策落地；不仅关注数量，更要注重质量，以提高教育体系的公平性和有效性。在这一背景下，经合组织在《教育概览》（Education at a Glance）等系列报告中指出，全球教育规划的发展趋势是从传统的数量预测转向更具弹性的综合性政策。这一趋势主要体现在以下三个方面：第一，从静态预测到动态适应，教育规划不再仅关注固定目标，而是强调随社会变迁进行调整，以提升应变能力；第二，从单一变量分析到系统性决策，引入多学科方法，以提升规划的综合性和科学性；第三，从政府主导到多主体协同，强调政府、市场、社会组织等多方共同参与，提高政策制定的科学性和可行性。在此基础上，前瞻性教育规划进一步体现出如下核心特征：长期视角，教育规划不应局限于短期政策调整，而应以未来几十年为周期进行战略性布局；系统性整合，将教育、经济、社会、技术发展结合，避免孤立规划，提高政策的整体性和协调性；不确定性管理，采用情景预测、动态建模等方法，增强规划的适应性，提高教育体系应对未来变革的能力。

（二）教育规划决策模式

在前瞻性教育规划引领教育改革的过程中，规划决策模式的科学性、协调性和适应性至关重要。教育规划的生成受到三类核心主体的共同作用，即行政管理者、理论研究者和办学实践者。他们在政策制定、理论支撑和实践探索中的互动与博弈构成了教育发展规划的动态平衡。由于不同主体的价值取向和立场各异，教育规划的决策模式也呈现出多样性，分别形成了“治策”“知策”“行策”模式。[①] 从前瞻性规划的角度来看，教育规划的决策模式不仅影响规划方案的制定，还决定了其对未来教育变革的引导作用。不同的决策模式在教育改革的战略制定、政策落地和实践反馈中起到了不同的作用，而前瞻性教育规划正是要在这些模式之间建立协同机制，以确保教育改革既有科学支撑，又具备实践可行性。

---

① 康翠萍．“治策”、“知策”、“行策”：教育发展规划决策模式及其选择 [J]. 教育研究，2015（9）：46–50.

1. 政治立场与“治策”模式

行政管理者倾向于从政治取向和政策立场出发，以政府治理和国家发展战略为导向，确保教育改革与宏观政策、社会需求和国家治理体系相协调。“治策”模式通过政策制定、法规调整和资源调配，推动教育系统的制度性变革。然而，这种模式在独立决策时往往受到信息不对称、政策滞后和执行力不足等现实约束，可能导致规划缺乏灵活性，难以快速适应教育环境的动态变化。因此，在前瞻性教育规划中，如何通过数据分析、智能预测和跨部门协同优化政策制定，提升治理能力，成为关键挑战。

2. 理论立场与“知策”模式

理论研究者基于认知理性和学术立场，更关注教育规划的知识建构、科学性和系统性，通过学术研究、趋势分析和理论模型，为教育改革提供前瞻性的知识框架。“知策”模式强调循证决策，以科学理论为依据，为教育规划提供长期指导。但由于学术研究与政策实践之间存在转化鸿沟，研究者的价值取向与研究成果的实际落地并不存在必然的因果关系。这使得前瞻性教育规划需要探索如何促进学术成果与政策制定的有效衔接，例如通过数据驱动的情景模拟、政策试点和实验性改革，将理论研究更好地嵌入教育改革进程。

3. 事实立场与“行策”模式

办学实践者以行为取向和事实立场为核心，更关注教育规划的可操作性、执行力和实践经验，确保规划能够适应实际需求并在学校层面落地。“行策”模式强调对教育改革的具体实施，通过直接的实践反馈优化教育发展路径。然而，其工具化和短视倾向可能导致规划囿于局部利益，缺乏对未来趋势的系统性考量。在前瞻性教育规划框架下，如何增强“行策”模式的灵活性，使实践经验反哺政策优化，并与国家战略保持动态适配，是教育改革的重要议题。

在智能时代的教育规划中，单一模式无法满足复杂的教育变革需求，必须建立跨主体、多层次的协同决策机制，使教育改革既具备政策引导力，又兼顾理论科学性和实践可行性。这包括构建“政策制定—理论支撑—实践反馈”的闭环，提高规划的适应性和前瞻性；利用大数据、人工智能、情景模拟，优化不同模式之间的信息共享和动态调整能力；促进政府、学术机构、学校和社会力量的深度参与，使教育改革在科学、政策与实践之间形成协同推进机制。前瞻性教育规划的核心在于打破传统规划模式的局限，在政策导向、理论支撑和实践反馈三者之间构建互动、协同、反馈机制，使教育改革能够精准应对未来挑战，确保教育体系在动态变化中持续优化和发展。

二、我国教育信息化政策回顾

在全球教育改革的趋势中，信息技术已成为推动教育变革的重要力量，教育数字化、智能化的发展正在重塑教育体系的形态与模式。前瞻性教育规划不仅关注体制机制的改革，还需要顺应数字化转型的时代需求，将信息技术深度嵌入教育体系，以提升教育质量、优化教学方式、缩小教育鸿沟。近年来，我国高度重视教育信息化的战略布局，通过系列政策推动信息技术与教育教学的深度融合。从最初的基础设施建设，到当前智能化、数据驱动的教育治理体系构建，教育信息化政策的演进既体现了国家对教育现代化的长期规划，也反映了全球教育数字化转型的趋势。为更好地理解我国教育改革的数字化进程，有必要对我国教育信息化政策的发展脉络进行系统回顾，以探讨其在前瞻性规划引领下如何推动教育现代化进程。

教育信息化作为教育现代化的重要内容，也是推进教育现代化的关键途径。纵观我国数十年来的战略规划部署，教育信息化始终作为重点领域得到了稳步推进。2001年，教育部印发《全国教育事业第十个五年计划》，提出高度重视信息技术对教育产生的革命性影响，大力推进教育信息化，已经成为当今世界教育发展的主流。2010年7月，国务院常务会议通过的《国家中长期教育改革和发展规划纲要（2010—2020年）》重提信息技术对教育发展具有革命性影响，必须予以高度重视。2012年3月，教育部印发的《教育信息化十年发展规划（2011—2020年）》提出充分发挥教育信息化在教育改革和发展中的支撑与引领作用。2019年2月，中共中央、国务院印发的《中国教育现代化 2035》提出要适应信息化不断发展带来的知识获取方式和传授方式、教和学关系的革命性变化，加快信息化时代教育变革。2022 年，教育部部长怀进鹏提出，把教育信息化作为发展的战略制高点，以教育信息化推动教育高质量发展，以教育信息化引领教育现代化。从带动、全面推动到支撑与引领，教育信息化对教育现代化的“革命性”价值进一步凸显。

《中国教育现代化 2035》是我国第一个以教育现代化为主题的中长期战略规划，其中明确了教育信息化的方向和实施路径，具体包括：建设智能化校园，统筹建设一体化智能化教学、管理与服务平台；利用现代技术加快推动人才培养模式改革，实现规模化教育与个性化培养的有机结合；创新教育服务业态，建立数字教育资源共建共享机制，完善利益分配机制、知识产权保护制度和新型教育服务监管制度；推进教育治理方式变革，加快形成现代化的教育管理与监测体系，推进管理精准化和决策科学化等。

当前，教育数字化已经成为建设教育强国、科技强国、人才强国的战略重点，与数字中国建设同步发展，是实现教育高质量发展的内在需求。我国已在多项重要报告、规划和会议中明确部署了教育数字化的战略行动（见表 12–1）。《教育强国建设规划纲要（2024—2035 年）》提出要建设学习型社会，以教育数字化开辟发展新赛道、塑造发展新优势；党的二十大报告强调推进教育数字化，建设全民终身学习的学习型社会、学习型大国。《中华人民共和国国民经济和社会发展第十四个五年规划和 2035 年远景目标纲要》明确要求聚焦教育等重点领域，推动数字化服务普惠应用。《“十四五”数字经济发展规划》要求加快推动文化教育等领域公共服务资源数字化供给和网络化服务，推进教育新型基础设施建设和智慧教育示范区建设。《“十四五”国家信息化规划》提出开展终身数字教育，强调要提升教育信息化基础设施建设水平，构建高质量教育支撑体系，推进信息技术、智能技术与教育教学融合的教育教学变革。《中国教育现代化 2035》提出加快信息化时代教育变革，推动信息技术在教学、管理、学习、评价等方面的应用。《提升全民数字素养与技能行动纲要》也明确提出加快建设完善数字基础设施，全面推进数字校园建设。

表 12–1　国家战略规划中有关教育数字化和智慧教育的任务

国家战略规划	主要任务
《教育强国建设规划纲要（2024—2035 年）》	提升终身学习公共服务水平；实施国家教育数字化战略；促进人工智能助力教育变革。
党的二十大报告	推进教育数字化，建设全民终身学习的学习型社会、学习型大国。
《中华人民共和国国民经济和社会发展第十四个五年规划和 2035 年远景目标纲要》	发展智慧教育，推进优质教育资源在线共享，发展场景式、体验式学习，发展智能化教育管理评价；加强全民数字技能教育和培训；建设高质量教育体系，深化新时代教育评价改革，发挥在线教育优势，建设学习型社会。
《中国教育现代化 2035》	加快信息化时代教育变革，推动信息技术在教学、管理、学习、评价等方面的应用。
《“十四五”数字经济发展规划》	深入推进智慧教育；完善国家数字教育资源公共服务体系；提升在线教育支撑服务能力；推进教育新型基础设施建设；推动“互联网＋教育”持续健康发展；提升全民数字素养和技能。
《“十四五”国家信息化规划》	提升教育信息化基础设施建设水平；完善国家数字教育资源公共服务体系；深化教育领域大数据分析应用；开展教育社会实验；开展终身数字教育；开展“互联网＋教育”云网一体化建设；实施全民数字素养与技能提升行动。
《“十四五”就业促进规划》	推进专业升级和数字化改造；加大数字人才培育力度；积极发展在线教育。
《“十四五”时期教育强国推进工程实施方案》	改善义务教育“互联网＋教育”设施；推进职业学校实习实验实训环境、平台和基地建设与转型发展；重点支持建设一批高水平教学实验平台、校企联合实验室、先进技术研究院和现代产业学院。
《提升全民数字素养与技能行动纲要》	加快建设完善数字基础设施；全面推进数字校园建设；构建数字素养与技能培育体系；优化数字资源供给；提升学校数字教育水平；完善数字技能职业教育培训体系；建设数字技能认证体系与终身教育服务平台。
《新一代人工智能发展规划》	发展智能教育，利用智能技术加快推动人才培养模式、教学方法改革；开发立体综合教学场、智能教育助理。

续表

国家战略规划	主要任务
《深化新时代教育评价改革总体方案》	创新评价工具，利用人工智能、大数据等现代信息技术，探索开展学生各年级学习情况全过程纵向评价、德智体美劳全要素横向评价。

在我国这样的人口大国，有着世界上最大规模的教育体系，只有充分利用互联网、大数据、人工智能等新一代信息技术，才能在确保教育规模的前提下为每位学习者提供个性化、精准化的学习支持与服务，构建“面向人人、适合人人”的教育体系；也只有基于智能技术实现精细化资源配置与科学决策，才能显著提升教育治理水平，为办好人民满意的教育提供关键支撑。① 加快实施教育数字化战略，发展智慧教育，建设以信息化为支撑的高质量教育体系，是我国教育实现从基本均衡到高位均衡、从教育大国到教育强国的必然选择。②

三、面向“教育 2030 议程”的教育规划框架

政策是推动教育数字化变革的关键保障，发展智慧教育作为教育变革中的一项重大工程，需要系统谋划和科学规划。在此过程中，既要保障人工智能等技术融入教育生态的规范性和有序性，也要利用新技术形成精准、高效的教育应用与治理机制。教育领域发展所需的技术条件具有一定的复杂性，这要求全面理解和实施以智能技术促进可持续发展的公共政策，并依靠利益相关方和社会公众的共同推进与广泛参与，以实现多元主体协同建设数字化教育系统的目标。基于此，图 12–1 从政策愿景与价值观、核心政策主题到具

① 吴砥，李环，尉小荣 . 教育数字化转型：国际背景、发展需求与推进路径 [J]. 中国远程教育，2022（7）：21–27,58,79.

② 雷朝滋 . 抓住数字转型机遇 构建智慧教育新生态 [J]. 中国远程教育，2022（11）：1–5,74.

体实施机制，呈现了智能时代背景下推动教育政策变革的整体框架，强调了教育规律与技术采纳的深度融合，并突出历史、文化、社会、经济等多维语境在政策制定中的重要性，为构建智慧教育系统提供了路径指引。

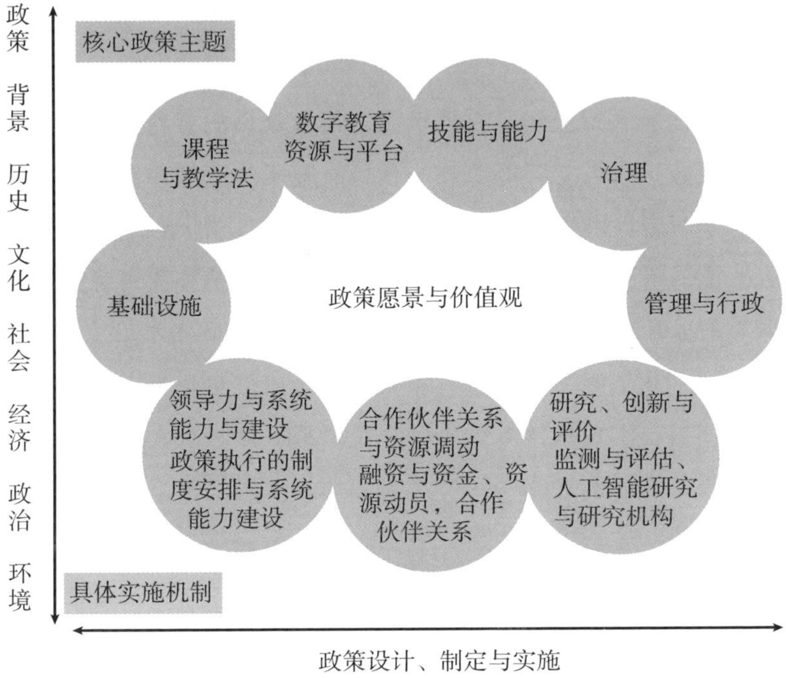

图12-1 智慧教育政策主题及框架

（一）智慧教育政策愿景

在智能时代的教育变革中，政策的制定需要以清晰的愿景和价值观为导向。第四次工业革命技术与人工智能的迅猛发展为教育变革带来了前所未有的机遇，同时也提出了复杂的挑战。如何通过政策规划引导这些技术为教育服务，成为实现教育现代化的核心问题。智慧教育政策框架提出了明确的政策愿景，即到2030年，通过新兴技术的驱动，构建一个具备全球竞争力、体现社会包容性并符合伦理规范的教育体系与社会形态。这一愿景不仅聚焦技术的创新应用，更强调教育的社会责任与伦理价值，在联合国可持续发展目标的框架下，突出公平性、包容性和人性化等核心价值观。政策同时强调技术采纳的规范性，确保无歧视、注重性别平等，并具备透明性与可审计性，从而使技术在教育中的应用既能符合教育规律，又能助力实现社会的可持续发展目标。

（二）智慧教育政策主题

在智能时代的教育变革中，政策的制定需要围绕核心领域展开，形成一个相互支持、协同发展的系统框架。核心政策主题紧密相连，共同构成了教育数字化转型的全景图：课程与教学法为教育内容和方法的变革奠定基础，基础设施则提供了技术支持和环境保障；依托数字教育资源与平台，师生能够获得学习与教学资源更高效、更公平，而技能与能力的培养确保了教育主体能够适应和驾驭技术带来的变革；与此同时，治理为技术的规范应用保驾护航，管理与行政则通过数据驱动提升教育系统的效率与科学性。这些主题环环相扣，共同推动教育系统在智能时代实现公平、高质量与可持续发展目标。

1. 课程与教学法

课程与教学法的变革是教育转型的核心。通过重新设计课程内容与教学方法，教育能够更好地适应智能时代的需求。教学法的数据化和智能化为个性化学习提供了可能，特别是在STEM教育和智能教育课程开发领域，为学生提供了面向未来的核心能力。这一主题不仅为教育内容注入技术创新活力，还为教学实践提供科学支撑，奠定了教育变革的基础。

2. 基础设施

基础设施是教育转型的重要保障，为智能技术的应用提供了技术和环境支持。数字化和人工智能驱动的教育基础设施，包括智慧校园、智能学习环境以及教育技术框架等，是实现教育变革的关键条件。安全可靠的基础设施不仅能够支持教学与管理的高效运作，还能为教育公平创造条件，使更多学生享受高质量的教育资源。

3. 数字教育资源与平台

数字教育资源与平台是连接教育内容和技术应用的核心桥梁。通过开放教育资源和开放教育平台，师生能够以更加便捷和个性化的方式获取高质量的教学资源。这一主题旨在促进教育资源的普及与共享，以缓解区域和群体间的教育资源不平等问题，为构建更加公平的教育生态提供有力支持。

4. 技能与能力

教育变革的最终目标是培养能够适应未来社会需求的学生和教师。技能与能力的主题聚焦于培养师生在智能时代的核心能力，包括持续终身的自主学习能力、利用人工智能的创新能力、多次灵活就业的适应能力、对不确定性状况的处理能力和富智能环境中的生存能力。确保每个教育参与者都能够高效利用智能技术，不断提高在教育生态中的竞争力和适应性。

5. 治理

治理是保障智能技术在教育领域规范应用的重要手段。随着技术的快速发展，AI 伦理、数据隐私和技术安全等问题成为关注焦点。通过完善治理机制，可以保障技术在教育中的应用符合伦理规范，并保护师生的权益。这一主题在教育系统中发挥着“规则制定”的作用，旨在为技术的有序应用提供必要的制度保障。

6. 管理与行政

智能技术正在重塑教育管理的方式。通过数据驱动的教育管理与信息系统，学校能够实现更加高效的决策和管理。管理与行政的智能化将优化资源分配，提升学校治理的透明度和科学性。这一主题旨在确保技术能够在教育治理中充分发挥其作用，为教育系统的整体提升提供强有力的支持。

（三）智慧教育政策实施机制

要实现智能时代教育政策的目标，不仅需要明确的愿景与主题，还必须通过科学的实施机制将政策转化为实际行动。智慧教育政策框架提出了三大实施机制，分别从系统能力、资源整合和动态优化三个层面保障政策的落地：领导力与系统能力建设为政策实施提供强有力的组织与管理支撑；合作伙伴关系与资源调动通过多方协同和资源整合确保政策的可持续性；研究、创新与评价则通过持续的科学研究和效果评估优化政策与技术应用。这三者相辅相成，共同构成了教育政策落实的强大推动力。

1. 领导力与系统能力建设

领导力与系统能力建设是教育政策有效实施的基础。在智能时代，教育系统需要具备强大的变革能力和管理支持，以应对技术驱动的复杂挑战。这一机制强调通过完善机构设置、提升决策效率以及提高教育领导者的数字化素养，确保政策从规划到执行的连贯性与科学性。同时，系统能力的增强有助于推动技术采纳的规范化，为教育变革提供可靠的制度保障。

2. 合作伙伴与资源调动

合作伙伴关系与资源调动是实现教育数字化转型的重要驱动力。通过政府、学校、企业和社会组织的协同合作，可以有效整合资金、技术和资源，促进教育项目的高效落地。这一机制还强调构建多方参与的合作网络，推动资源的公平分配和创新性应用，为教育变革提供充足的资金支持和多样化的解决方案。

3. 研究、创新与评价

研究、创新与评价是确保教育政策与技术应用持续优化的关键环节。在智能教育背景下，政策和技术需要通过数据反馈和科学研究不断完善。这一机制聚焦于教育技术的深入研究与创新探索，同时通过监控与评估体系，动态调整技术采纳的方向和策略，确保其符合教育规律和实际需求，为构建高效、可持续的教育体系提供了坚实的科学依据。

四、智能时代的教育改革规划

在全球化和技术迅速发展的背景下，教育不仅是个人发展的基石，更是国家竞争力的重要支撑。然而，各国在推进教育改革时普遍面临资源分配不均、政策连续性不足及技术快速更迭带来的挑战。在此情境下，构建可持续的教育改革规划尤为重要。智能时代的教育改革规划应以可持续发展的核心理念为指引，达成广泛共识，培养适应未来社会需求的学习者。重点在于发展学生的批判性思维、创新能力和社会责任感，同时通过智能技术缩小区域和群体间的教育差距，推动教育公平与包容。为此，需构建政府、企业与社会多方协作的长远战略，共同推进教育体系的可持续发展。从技术基础设施的视角来看，教育信息化的快速迭代是改革的重要保障。需要建设基于 5G、物联网和云计算的智能学习环境，支持个性化、交互式学习，同时搭建统一的数据共享和安全管理体系，确保数据流通与隐私安全。通过智能工具赋能师生，可显著提升教与学的效果。在资源协同与高效利用方面，需以教育需求为导向，整合多类型数字资源，打造开放共享的平台，推动优质资源的广泛应用。同时，通过动态优化机制，根据实际反馈不断完善资源内容，提升其实用性和适配性，为教育创新提供持续支撑。技术与教育的融合应遵循教育规律，避免陷入“技术至上”的误区。智能技术的应用应以优化学生学习体验为核心，充分利用人工智能和虚拟现实优化教学场景，借助智能化培训平台促进教师的专业发展。通过科学的教育实验与评估，不断探索技术与教育深度融合的有效路径，从而实现教育价值的全面提升。总体而言，通过全面、长远的设计，智能时代的教育改革规划不仅能够优化教育资源配置和提升教育质量，还将推动教育公平与社会进步，为培养适应未来社会变化的人才提供重要支持。

（一）共识性的可持续发展愿景

数字技术的飞速进步在推动教育体系全面变革的过程中起到了至关重要的作用，同时也是教育改革规划的动因和基础。然而，如果没有明确的政策指引，政策可能会偏重于技术本身，仅仅关注设备（或技术 / 算法产品）的采购及教师培训，而忽略了为技术运用设定清晰且有力的教育目标和方向。[①] 研究表明，经济发展需求、劳动力市场适应性以及教育目标构成了相关政策规划的主要支撑逻辑。对于许多国家而言，提高全球竞争力、优化国际排名、应对不断变化的劳动力市场需求，同时培养适应 21 世纪挑战的关键能力，已

① KOZMA R B. Comparative analysis of policies for ICT in education[M]//VOOGT J, KNEZEK G. International handbook of information technology in primary and secondary education. New York：Springer，2008：1083–1096.

成为教育政策规划的核心目标与关键诉求。尽管许多与技术相关的教育改革规划建立在振奋人心的愿景声明之上，设定了 10 年或 20 年的长远目标，但有学者通过对 80 个国家政策的研究发现，不少国家并未明确提出具体的愿景声明。① 在当前各个国家的教育发展政策中，普遍的愿景主题包括：构建经过深刻变革的教育体系，使其更加灵活、创新，并能够应对第四次工业革命的挑战（见表 12–2）。这样的体系注重公平、包容与可持续发展，旨在促进个体的能力提升与个体间的相互连接，坚持以人为本，提高生产力，助力人们实现幸福健康的生活。

表 12–2　不同国家的教育改革规划愿景

国家	教育规划	愿景
中国	《中国教育现代化 2035》①	全面实现教育现代化，建设教育强国，推动教育公平和质量提升；培养德智体美劳全面发展的社会主义建设者和接班人；到 2035 年，形成终身学习的现代教育体系。
美国	《每一个学生成功法案》②	确保每个学生都能获得高质量的教育；促进教育公平，缩小不同学生群体之间的成绩差距；增强州和地方在教育决策中的自主权，减少联邦对学校的干预。
英国	《卓越教育无处不在》③	打造一个以“卓越”为核心的教育体系，确保每个学生都有机会实现潜力；推动所有学校独立运营，提升学校自治能力；加强教师专业发展，改善教学质量。
德国	《数字教育战略》④	推动学校数字化建设，缩小教育中的数字鸿沟；提高学生的数字技能和信息技术能力；通过技术手段提升教学效果，适应数字化社会的需求。

① TRUCANO M. Tablets in education [EB/OL].（2015–07–28）[2024–02–06]. https://blogs.worldbank.org/en/education/tablets–education.

续表

国家	教育规划	愿景
法国	《学校信任法》[⑤]	构建一个更具信任和包容性的教育体系，关注每个学生的成长；提高教育质量，特别是在义务教育阶段；改革教师培训和学校管理，营造良好的教育环境。
日本	《第四期教育振兴基本计划》[⑥]	通过教育振兴推动日本社会的全面发展，为实现“社会 5.0”奠定基础；通过科技与人文的深度融合，解决社会问题，提升全体国民的生活质量。
韩国	第四次工业革命人力发展政策[⑦]	建立一个以人为中心的创新型社会；减少技术变革带来的社会不平等，让每个人都能享受到技术进步的成果；打造全球领先的创新人才库，成为全球创新人才的枢纽。
新加坡	《技能未来计划》[⑧]	构建一个终身学习的社会，使每个人都能通过学习获得职业成长；提高国民技能水平，增强国家经济竞争力。
埃及	《2030 年国家高等教育和科学研究战略》[⑨]	构建公平、包容且具有全球竞争力的教育体系；借助教育推动创新与科技发展，将埃及从资源依赖型经济转型为知识驱动型经济；实现教育公平和社会包容。
南非	《2019 行动规划：面向 2030 学校教育》[⑩]	提升南非基础教育的质量与公平性，确保所有儿童都能接受高质量的教育，并为社会经济发展培养有竞争力的人才。

注：以上文件请参见下列网址：

① http://www.moe.gov.cn/jyb_xwfb/s6052/moe_838/201902/t20190223_370857.html.

② https://www.ed.gov/laws-and-policy/laws-preschool-grade-12-education/every-student-succeeds-act-essa.

③ https://www.gov.uk/government/publications/educational-excellence-everywhere.

④ https://www.egovernment.de/was-aus-der-nationalen-bildungsplattform-wurde-a-2c8fbb9cd505c5aabd8f406c6a4133a6/.

⑤ https://www.legifrance.gouv.fr/jorf/id/JORFTEXT000038829065/.

⑥ https://www.mext.go.jp/content/20230615-mxt_soseisk02-100000597_01.pdf.

⑦ https://web.wtocenter.org.tw/mobile/page?pid=353905&nid=126.

⑧ https://www.skillsfuture.gov.sg/.

⑨ https://beta.sis.gov.eg/zh/%E5%AA%92%E4%BD%93%E4%B8%AD%E5%BF%83/%E6%88%98%E7%95%A5/2030%E5%B9%B4%E5%9B%BD%E5%AE%B6%E9%AB%98%E7%AD%89%E6%95%99%E8%82%B2%E5%92%8C%E7%A7%91%E5%AD%A6%E7%A0%94%E7%A9%B6%E6%88%98%E7%95%A5/.

⑩ https://www.education.gov.za/Portals/0/Documents/Publications/Action%20Plan%202019.pdf.

尽管各国的教育政策和改革因社会、经济、文化条件的不同而有所侧重，但构建可持续发展的教育体系无疑是这些政策的核心理念，也是全球范围内的共识性愿景。这一共识不仅体现为对教育公平、技术驱动创新和未来人才培养的重视，还贯穿于推动个体全面发展、增强社会韧性、支持经济转型的具体实践中。无论是发达国家如美国、德国、新加坡，通过数字技术赋能教育以提升创新能力，还是发展中国家如埃及、南非，优先解决教育资源不公平问题，各国都在努力通过教育改革为社会经济的长期发展奠定基础。这种共识性愿景反映了全球化和共同挑战背景下，各国教育政策的协同方向，即通过培养具有创新力、责任感和全球视野的人才，为解决气候变化、技术变革、社会不平等等复杂问题提供长期保障。由此可见，教育已成为应对全球性问题、促进社会长期可持续发展的战略支柱和关键驱动力。

（二）迭代更新的信息基础设施

教育信息基础设施建设是教育信息化发展的基础和先导，为信息化在教育领域的实践提供了必要条件。作为教育信息化发展的基本支撑，教育信息基础设施在整个教育信息化体系中占据重要的基础性地位。在一定程度上，一个国家教育信息基础设施的建设水平直接反映了其教育信息化的发展水平。因此，基础设施建设不仅要关注普及与推广，还需重视均衡布局、有效应用以及迭代更新。《国家中长期教育改革和发展规划纲要（2010—2020 年）》明确指出，教育信息基础设施的建设是教育信息化战略实施的关键。随着时代的发展和技术的更新，信息基础设施也应迭代更新，以满足教育信息化不断变化的需求。

联合国教科文组织于 2009 年提出教育信息化评估指标体系，基础设施被列为 8 大教育信息化评估指标体系之一，其中基础设施部分共有 25 个二级指标，包括学校带宽接入情况、生机比、师机比、虚拟实验室以及教辅设备的配备情况等具体内容。[①] 教育信息化研究机构 SITES（Second Information Technology in Education Studies）对包括加拿大、智利、澳大利亚、中国在内的 30 多个国家进行了长达 7 年的跟踪研究，对基础设施部分的描述主要包括信息与通信技术（ICT）硬件和软件两个部分。许多国家将教育基础设施作为教育战略规划的重点内容，围绕信息化教学环境、网络设施和终端设备三大类进行规划与建设。[②]

2015 年 12 月，美国颁布了名为《为未来而准备的学习：重塑技术在教育中的作用：2016 国家教育技术计划》（NETP 2016），提出基础设施的建设除了关注包括计算机的配备、学校宽带的接入等硬件设施，还要考虑人员的供给、学习资源的分配以及可持续发展。[③]NETP 2016 的计划进一步明确了网络接入、信息化终端设备、数字化学习环境和硬件设施应用指导四个方面对硬件设施发展提出的目标和要求。NETP 2016 在基础设施部分提出“开放获取且有效运用”的构思，并把基础设施的建设目标定位为让每个师生随时随地可应用强大和全面的基础设施。英国通过数字战略[④] 等政策，将义务教育阶段信息化发展的重点聚焦于基础设施的共享，通过建设可靠、低成本的网络，

---

① UNESCO Institute for Statistics. Date for the sustainable development goals[EB/OL]. [2024–05–26]. https://uis.unesco.org.

② 曹青林，尉小荣，饶景阳 . 国外教育信息基础设施发展政策与建设运维模式探究 [J]. 中国电化教育，2016（4）：14–20.

③ U. S. Department of Education Office of Educational Technology. Future ready learning：reimagining the role of technology in education：2016 national education technology plan [EB/OL]. [2024–03–11]. https://eric.ed.gov/?id=ED571884.

④ UK digital strategy[EB/OL].（2022–10–04）[2024–02–15]. https://www.gov.uk/government/publications/uks–digital–strategy/uk–digital–strategy.

提供可共享的数字化教育资源，并结合网格计算、云技术服务平台进行优化。新加坡则连续发布阶段性、纲领性文件，涵盖多媒体教室建设、可靠安全的网络建设以及移动设备配备等内容，以满足信息技术教育应用的多样化需求和社会发展更新与迭代的需求。韩国自1996年起，每五年发布一次教育信息化发展规划（Master Plans on ICT Use in Education），其中明确提出提高学校网络连接速率、建设基于信息技术的环境以及构建教育云服务的基础等。从一定程度上，一个国家或地区的信息化水平与其信息化基础设施建设的水平相对应。①

由此可见，智能时代的教育改革规划离不开信息基础设施的迭代更新。一方面，基础设施建设为技术在教育领域中的深度应用提供了必要条件；另一方面，其持续优化和运维构成了数字教学实践稳步推进的重要保障。通过对信息基础设施的不断完善，各国教育信息化战略才能更好地适应时代需求并推动教育改革目标的实现。

（三）目标导向的数字资源汇聚机制

数字教育资源作为教育信息化发展的核心要素，是以教育教学为目的的专门设计与开发，经过数字化处理并能够运用于信息化教学环节的教育资源集合②，包括以图片、音频、视频、文档为主的素材类资源，以及以工具、软件、系统为主的应用类资源③，这些资源在推动教育公平、提升教学质量方面具有重要作用。从《国家中长期教育改革和发展规划纲要（2010—2020年）》提出要加强优质教育资源开发与应用，到《中国教育现代化2035》明确指出要创新教育服务业态、建立数字教育资源共建共享机制，政策层面一直高度重视数字教育资源的建设与共享对教育高质量均衡发展的推动作用。早在2011年，

---

① 吴砥，尉小荣，朱莎．韩国教育信息基础设施建设经验的启示[J]. 现代远程教育研究，2014（5）：86-94.

② 杨文正，熊才平，游昊龙，等．基于绩效的数字教育资源优化配置机制创新[J]. 现代远程教育研究，2015（6）：36-45.

③ 郭君红．数据驱动的智慧课堂：数据驱动的精准教学[M]. 北京：电子工业出版社，2020：29.

数字化教育资源建设与共享座谈会上就提到，数字化教育资源建设和共享是科学推进教育信息化加速发展的基础工程和关键环节。然而，要真正实现数字教育资源共建共享的价值最大化，必须以有效的数字资源汇聚机制作为支撑。数字资源汇聚机制通过整合分散、多样的资源，将其集中化、标准化并提高质量，为资源共享提供坚实保障。构建以目标为导向的数字资源汇聚机制，能够在一定程度上缓解资源供给与需求匹配的问题，确保资源在共享过程中的效益最大化。

数字资源汇聚是指通过技术手段和机制，将分散的、多样化的数字教育资源进行整合、分类、存储和优化分发的过程。其目的是将与教育相关的内容（如课件、教材、微课、音视频资料、虚拟实验、教学工具等）集中到一个平台或体系中，以便资源能够被高效利用并精准服务于教育需求。资源汇聚的核心在于整合多元来源（包括政府、学校、企业、社会组织及个人）提供的教学资源，并通过云计算、大数据、人工智能等技术，完成对资源的采集、分类、标注和动态更新。此外，通过统一的标准和规范，对资源进行筛选、质量评估及优化，并构建开放共享的资源生态，实现按需分发，满足不同教育场景和学习的需求。

数字资源汇聚具有显著特点。其一，多源整合能够汇聚来自不同渠道的优质资源，打破“信息孤岛”，提升资源整体效能。其二，动态更新机制使资源能够根据教育目标和需求变化进行持续优化，保持其适用性和时效性。其三，精准匹配通过智能技术实现资源的个性化推送，确保资源能够满足特定用户的实际需求。其四，开放共享则在促进资源协作性和开放性的同时，避免重复建设，提高资源利用效率。

目标导向的数字资源汇聚机制是在数字资源汇聚的基础上，以明确的教育需求和教学目标为核心，通过精准分析用户需求，将资源的整合、优化和分发过程与特定的教学场景或学习目标深度结合。该机制通过智能技术手段，对资源进行筛选、定向优化，并结合学习数据的实时反馈动态调整分发策略，确保资源能够精准服务于个性化学习路径、学科教学目标或特定教育场景需求。相比传统的资源汇聚方式，这一机制不仅注重资源的高效整合和利用，而且更强调目标驱动和反馈闭环，显著提升资源的适用性和教学效果，推动教育公平和教学质量的全面提升。

国家中小学智慧教育平台是一个具有典型示范意义的案例。该平台以推动教育公平、提升教育质量为核心目标，通过资源整合与协同服务精准支持教育需求。2022 年 3 月，教育部发布《国家中小学智慧教育平台建设与应用方案》，通过升级改造国家中小学网络学习云平台，构建全新的智慧教育平台，并于 3 月 28 日正式上线基础教育、高等教育、职业教育与大学生就业服务四个子平台，形成国家智慧教育公共服务体系，搭建教育协同服务的新生态。平台聚焦教育改革与发展的核心目标，汇聚了大量高质量、有针对性、多样化的基础性教育资源，成为实现目标导向的资源汇聚的重要实践。在应用中，区域教育系统能够以教育目标为导向，依托国家平台实现资源的个性化定制，整合课程教学、劳动教育、课后服务、教师研修、家庭研修等现有资源，重构符合本地教学实际的资源体系，为学生自主学习、教师教学改进、学校课后服务以及家校协同育人等场景提供精准支持。同时，区域还可以利用平台提供的存储空间，创建区域特色资源节点及节点集群，结合学校、教师和学生等多方力量，打造适应本地需求的优质数字资源，弥补区域特色资源的短板。此外，通过调用平台开放的资源接口，实现国家基础性资源与区域特色资源的深度整合，全面提升区域教育资源供给的效益与质量，推动基础教育高质量均衡发展。

（四）遵循教育规律的技术与创新采纳

新一代信息技术集群（如互联网、大数据和人工智能）正加速推动人类社会各领域的结构重组与流程再造，同时深刻改变了教育的组织模式和服务模式。2022 年，生成式人工智能的崛起使人们切身感受到信息技术对教育的革命性影响。一方面，人们期待从技术变革中获取红利；另一方面，人们也对技术变革可能引发的知识、主体和过程异化风险，以及教育伦理与治理问题深感担忧。面对新兴技术带来的重大挑战，在教育领域妥善引入与应用技术创新，并科学把握技术与教育深度融合的发展方向与限度，已成为智能时代教育规划的关键任务。教育规划作为引领教育发展方向的宏观战略，应以教育基本规律为依据，致力于保障教育的公平与效率。在此基础上，需要安全、科学地采纳技术创新，审慎处理技术与教育之间的重要关系，确保技术能够更有效地服务于教育发展，最终更好地造福人类社会。要确保这些技术与创新的应用符合教育规律，必须从规划层面提供科学合理的引导，以最大化其助力教育公平与质量提升的价值。为此，规划应重点关注智能时代师生的胜任力提升，确保教育主体能够有效适应和利用技术；建立智能产品准入机制，从源头上筛选符合教育目标的技术应用；推动人机协同教育实践，强化技术与教育活动的有机融合；构建生成式人工智能的应用标准，规范技术在教育中的使用边界，保障其伦理性与可持续性。这些内容将为智能技术在教育领域的健康发展提供清晰路径和可靠保障。

第一，持续提升智能时代师生的胜任力。为应对智能时代技术对劳动力就业市场和职业发展前景的冲击，需将培养师生的胜任力置于重要地位，全面提升师生数字化创造力、适应力和生存力。对学生而言，一是优化学生数字素养与技能的培育机制。有效开展信息科技课程，培育学生数字素养与技能，建立数字素养测评与监测体系，动态追踪学生成长的进阶数据，准确描绘其数字素养与技能的发展轨迹。二是提升学生自主学习能力。鼓励教师在课堂教学中引入主动学习方案，培养学生自我规划、自我监控、自我评价等自主学习的习惯。三是提高利用智能技术进行学习的效益。人工智能大模型可以在知识获取、自主学习和陪伴学习三个方面发挥作用，帮助学生复习和学习课程内容，为学生提供良好的学习体验并支持学生对学习时间、学习任务和过程的管理。对教师而言，一是鼓励教师积极探索与应用智能技术。教师应用智能技术存在“觉醒—体验—实践—传播”四个层次，要鼓励教师主动学习人工智能知识和原理，并利用技术优势赋能自身学习和优化教学工作，积极交流、分享、应用经验。二是培养教师角色转变的自觉意识。学校需依据教师的个性化需求开展教师数字素养与技能培训，持续提升教师的人机协同教学能力，引导教师承担起对学生进行情感补位与品行培育的角色。三是开展精准教研，助力教师专业发展。积极利用智能技术采集并分析多类型、多来源、多维度的教育数据，准确诊断教师在教学法、学科知识、技术应用等方面的不足，形成有关教学过程的诊断结果和分析报告，协助教师开展人机协同式的精准教研，帮助教师更好地了解课堂教学过程，反思教育设计与实践，并提高教学能力。

第二，优化智能产品的学校准入机制。为积极推动智能技术产品在教育教学领域的融合应用，防范其带来的隐私安全风险、有害内容传播、诱使数字致瘾等问题，需要采取相应保障措施为师生营造健康、安全、绿色的学习环境。一是要建立人工智能教育技术产品的全覆盖、差异化的准入审查制度。包括产品分类与风险分级，对各类教育智能产品进行细致梳理与学科划分，并将相关产品使用中所关联的时间、地点、人物、资源、功能、学科等要素进行链条化分析，通过严谨的审查和适配流程，确保相关产品都能顺利融入多元教育场景，精准匹配各阶段师生的个性化教学需求。二是探索全方位、全天候的动态监管机制。包括建立产品的安全性与教育适用性测评机制，开展智能技术产品抽查和日常检查，实行黑、灰、白名单的动态管理办法，并探索基于应用场景的安全风险预警与应急机制等，做好产品的安全性和有效性评估。三是探索开发具有更高准确度、逻辑连贯性和教育适配性的教育专用人工智能大模型。需要强化伦理检测，减少错误、偏见或不适宜内容的生成，构建安全、合规、合乎伦理的数字教学环境。四是健全智能技术产品校园应用的实践指南体系。教育行政主体、实践主体与研究主体联合研制并出台面向学生成长、教师发展和学校转型的智能技术产品应用实践指南，以差异教学、增强教学、协同教学、知识获取、自主学习、校园赋能、家校互联增强等多元场景为切入点，引导师生合理、合规地使用产品。

第三，有序开展人机协同的教育实践。随着智能技术的不断演进及其在教育中的融合应用，人机协同教学已成为未来教育实践形态发展的必然趋势之一，需要鼓励教师积极探索与应用智能技术，更好地在人机协同环境中开展教育实践活动。一是以数字教学法作为人机协同教学的基本理论支撑。需要锚定有效教学与深度学习，以数字环境优化为基础，以数字资源与新技术应用为手段，以学与教的有效实践为目的，在可信赖的数字化环境中聚焦技术赋能和以学习者为中心的学习。二是深化人机协同的教学机制研究。进一步强化人机协同教学机理研究，利用多学科融合与交叉的方法，解释人机协同教学中的教学行为及“师—机—生”的复杂交互规律，丰富人机协同教学的理论体系。以循证为导向，系统性评估人机协同教学的综合影响，基于证据迭代优化人机协同教学的结构与程序。三是发布人机协同教学实践指南和教学标准。提高教师在学情分析、资源检索、试题生成、教学设计、评价反馈等教学各环节中使用生成式人工智能技术的规范性，同时引导学生合理应用智能技术。四是做好人机协同教学经验传播。挖掘人机协同教学促进教育质量提升的典型案例，发挥优秀教师的引领示范作用。基于教师真实需求，系统部署相关教师培训，进一步推广先进的、可迁移的、优质的人机协同教学实践经验。搭建人机协同的教学交流社群与网络平台，促进教师间的交流协作和资源共享，共同探索人机协同教学新方向。

第四，建构人工智能教育应用标准。为避免难以预料的技术风险，保护缺乏辨别能力、有待培养和成长的学习者群体，需要注重技术在教育应用过程中的伦理原则和服务规范，建构相关教育服务标准。一是技术标准。技术标准具有明显的基础性、通用性和先导性特征。相关技术标准包括但不限于以下方面：平台架构需确保系统的稳定性和扩展性；访问入口要保证用户的便捷性和安全性；信息安全需要采取严格的数据加密和隐私保护措施；数据交换需采用统一的协议以保证系统间的数据互通；产权管理需明确内容的归属权和使用权限。二是质量标准。质量标准体系应能衡量生成式人工智能平台的价值、效率和效益。相关质量标准包括但不限于以下方面：定期测试和评估模型的准确性和稳定性；确保数据来源的可靠性和多样性；监控生成内容的准确性、相关性和适用性；评估应用效果，确保技术能有效支持教学目标。三是服务标准。服务标准应涵盖技术服务、内容确权、规范指引、问题反馈等方面，规范生成式人工智能在教育领域的应用范围与指引，应明确使用范围、对象和场景，提供师生使用指引，并提供详细的操作指南和最佳实践。具体来说，技术服务需包含全天候技术支持和对相关人员的定期培训；内容确权要明确知识产权归属，防止侵权；规范指引需详细说明系统操作流程和使用规范；问题反馈应设立便捷的反馈渠道，及时响应用户的疑问和建议。

第五，保障人工智能技术的安全与伦理规范。人工智能技术的规模化应用也可能带来错误或虚假信息传播、隐私与数据泄露、算法偏见与歧视等一系列技术安全与伦理规范的新问题。为规避风险，需要多主体协同联动，共同确保大模型设计、开发和应用的有序合规。一是建立健全监管体系，提升外部监督监管力度。制定并实施相关政策，对大模型的设计开发和应用进行有效引导和管理。保护数据安全和隐私，防止数据泄露、未经授权的访问和其他形式的隐私侵犯。实施数据治理和可信计算，制定严格的数据加密标准，开展常规的安全审计和风险评估。二是提高智能技术研发机构和人员的责任意识。从技术发展角度，需要增强人工智能系统设计和应用的可追溯性和决策程序的可解释性，设计透明的算法框架，记录和追踪决策过程，提供详细的算法解释文档。从社会应用角度，需要加强行业自律，采用可信准则嵌入，预防、监测和消除任何形式的歧视与偏见，建立行业标准和自律公约，定期发布透明度报告。三是加强智能技术产品使用者的自我约束和应用规范。大模型技术的使用需要遵守数据与网络安全法律法规，合理且负责任地应用技术，避免任何非法或不道德的行为，不以任何形式侵害他人隐私，避免数据滥用。通过内部培训和宣传，提高使用者的法律意识和道德责任感，建立投诉机制。

第十三章　教育系统、社会与政府的有效协同

智慧教育不仅承载着推动教育公平与质量提升的期许，更是适应未来社会变革和知识经济时代需求的核心途径。这一宏伟蓝图的实现需要多层次、多主体的协同努力，涵盖从教师与学校的具体实践到国家政策的支持，再到国际合作的广泛参与。如果没有全社会范围内的团结与协作，没有从本地化行动到全球性政策框架的全面落实，智慧教育的愿景将难以真正转化为现实。在智能时代，教育与社会发展的复杂性进一步加剧，全球性教育合作已成为不可避免的趋势。一方面，教育领域中如技术伦理、数据安全等问题日益跨越国界，急需国际社会的共同治理；另一方面，教育作为一种全球共同利益的属性越发凸显，直接关乎人类福祉与可持续发展。联合国可持续发展目标特别强调伙伴关系在推动全球发展议程中的核心作用，其中目标 17“加强执行手段，重振可持续发展全球伙伴关系”明确指出，只有通过各国政府、民间社会、私营部门、国际组织等多方携手合作，才能实现真正的可持续发展。该目标涵盖金融、技术、能力建设、贸易、政策协同和数据监测等多个维度，强调通过资源共享、技术转移和政策协同，增强各国，特别是发展中国家的自主发展能力。在教育领域，这意味着推动智慧教育的发展不能仅依赖个别国家或区域的努力，而需要全球范围内的协作，通过跨国技术共享、联合研究、教育资源互通等方式，形成可持续、共赢的教育发展生态。

面对智能时代教育变革的机遇与挑战，教育系统、社会与政府之间的有效协同尤为关键。各相关主体需要凝聚共识，打破部门与领域间的壁垒，构建灵活高效的跨部门、跨领域协作机制。在全球化背景下，应在地方实践中激发创新活力，同时深化国际合作的广度与深度，通过规则化的信息共享、智能技术的试验性应用及多方协作，逐步消解教育变革中的障碍，共同为智

慧教育发展描绘美好未来。本章围绕教育系统、社会与政府的协同机制展开探讨，从观念偏差和协同效应不足的角度深入分析适应性突破教育变革障碍的路径，系统剖析跨部门、跨领域协同的理论内涵与关键要素，探索构建高效的信息共享机制的实践模式，并探讨如何通过智能时代的教育社会实验推动创新与变革。

一、教育变革障碍的适应性突破

教育变革并非一蹴而就，而是随着社会需求、技术发展和文化变迁的演化过程。在这一演化过程中，变革并不总是线性推进，而是往往伴随着挑战与阻力。传统观点通常将这些阻力视为障碍，认为必须加以克服或消除。然而，现实中并非所有的变革障碍都具有负面意义。除了变革本身面临的实际挑战外，许多被视为“障碍”的现象实际上可能是多样性的一种具体体现，甚至是变革过程中不可或缺的组成部分。正如莫瑞尔（Orval Hobart Mowrer）所指出的，“阻力”本身可能是变革成功的必要因素。他发现，那些反对或质疑变革的人，往往能够指出隐藏的重要问题，并提供新的解决思路。他们可能以不同的视角据理力争，为被忽视的细节提供深刻见解，从而揭示出我们未曾预见的实施过程中的关键问题。[①]因此，在教育变革中，面对障碍的最佳策略并非一味消除或绕开，而更应将其视为一次适应性突破的机会，通过变革策略的调整和优化，使变革更具包容性和可持续性。从整体上看，教育变革的障碍主要可以归结为两个方面：一是观念偏差，即对变革目标与方向的理解不一致，导致不同群体对变革的接受程度和期待存在差异；二是协同效应不足，表现为不同主体之间的合作机制缺乏有效性，阻碍了资源整合和改革落地。这两类障碍既是教育变革中常见的挑战，也是推动变革深化、促进教育体系自我优化的重要契机。

① MAURER R. Beyond the wall of all resistance（revised version）：why 70% of all changes still fail：and what you can do about it [M]. Austin：Bard Press，2010：22–23.

（一）观念偏差阻滞教育变革进程

观念是人们在实践中形成的各种认识的集合体，是人在改造客观世界过程中能动性的反映。教育观念作为教育变革的灵魂，能够有效组织和协同各利益相关方，指导教育体系进行系统性、整体性和协同性的变革。观念的这种指导作用，不仅是教育变革的基础保障，也是构建未来教育生态的核心驱动力。然而，当前的教育变革仍然面临着诸多观念层面的制约。观念陈旧导致对变革目标和方向的理解滞后；求变意识的不足限制了对教育创新的主动探索；简单“加法式”的逻辑思维，过于依赖对现有资源的叠加，而忽略了教育体系中深层次的结构优化与协同机制的创新。这些问题成为制约教育变革深化的主要障碍，亟待从理念上得到根本性突破，以推动教育体系实现更具前瞻性和适应性的变革。

第一，升学导向的教育观念依旧盛行。当前的教育观念仍然深受传统升学导向的影响，教育目标更多聚焦于帮助学生通过考试升入高等教育阶段，而非培养全面发展的高素质人才。这种观念的滞后性不仅使应试教育的理念根深蒂固，也使得素质教育的推行始终面临重重障碍。这一问题的根源并不仅仅局限于教育本身，而是具有文化、社会、政治、经济等多维因素。升学导向的教育观念受到文化传统中对学业成就的重视、社会竞争压力、政策驱动以及经济发展需求的共同塑造。它体现的不只是教育问题，更是教育领域的社会问题。这种深层次的社会影响导致教育变革在观念层面的突破难以实现，从而进一步阻碍了教育体系的创新与转型。①

第二，主动求变的意识不足。过去，教育改革往往局限于教育领域内部，呈现出闭环式、行业性、部门化的特征，表现为明显的“自闭型”行为。②尽管当代教育变革展现出“社会倒逼”的特点，即变革更多受到社会需求的推

① 顾明远，蔡宗模，张海生．中国教育改革发展的昨天、今天和明天：顾明远先生专访[J]. 重庆高教研究，2019（2）：5–11.

② 郝德永．教育问题的社会之因与教育改革的社会支撑[J]. 高等教育研究，2020（6）：1–6.

动，但其依然缺乏足够的社会支持与联动。[①] 社会力量未能充分融入教育变革的进程，导致变革的内外部协同效应难以有效发挥。此外，教育系统内部在面对转型时的意愿和动力依旧较弱，这种内生动能的缺乏进一步限制了变革进程中的协同效应。[②]

第三，简单叠加的"加法逻辑"弱化了教育变革的实效性。近年来，教育领域在内外部双重力量的推动下，成为社会改革中最活跃的领域之一。面对数字技术对教育系统深层重构的趋势，教育变革被赋予了更高期待，要求以系统性思维统筹教学、管理与资源配置，推动教育结构与流程的整体优化，真正实现以学习者为中心的深层转型。然而，现实中的教育改革实践却常常偏离这一系统导向。受限于系统性思维的匮乏，改革往往采取"缺什么补什么"的碎片化逻辑，以解决局部问题为目标，呈现出不断叠加的"加法式"改革路径。这种思维不仅难以回应教育系统的深层矛盾，而且容易陷入"内卷化"困境：以新一轮改革解决问题，却在政策堆叠中加剧实施复杂性与资源内耗。如果缺乏整体规划与目标取舍，教育改革最终可能在喧嚣的改革话语和频繁的政策更迭中迷失方向。在数字技术深度介入教育的当下，这种工具理性主导的改革倾向表现得尤为突出。教学中数字设备与资源的使用，往往停留在形式层面；教学管理中的技术应用，也多局限于操作层面的数字替代，缺乏结构性的整合与重构能力。结果是改革浮于表面，技术潜力被低效消耗，甚至导致资源浪费与改革疲劳的叠加效应。因此，必须摆脱当前"浅层应对"的改革路径，构建面向未来、系统驱动的教育发展战略，真正以系统性思维引领数字时代学校改革的方向，推动教育生态的整体重构与长远跃升。

（二）协同效应不足弱化变革实效

技术作为教育变革的催化剂，为发展公平而有质量的教育提供了强大的驱动力。教育数字化转型是通过持续利用数字化、网络化和智能化技术及手

---

① 郝德永 . 我国当代教育改革的方法论偏差及症结 [J]. 教育研究与实验，2018（1）：12–18.
② 胡姣，彭红超，祝智庭 . 教育数字化转型的现实困境与突破路径 [J]. 现代远程教育研究，2022（5）：72–81.

段，重塑教育系统的过程。这一转型作为一项复杂的系统工程，不仅要求教育系统内部多部门（如教研、师训、科研、督导、信息技术等）的协同，还涉及教育部门与外部利益相关方（包括政府、信息化企业、高等教育研究机构等）的深度合作。[①] 然而，从技术变革教育所面临的诸多阻碍来看，其核心问题在于教育数字化转型的整体性与协同性需求，与教育系统传统的“科层式结构”及运行机制之间的深层次结构性张力，即在教育数字化转型的过程中，通过教育系统的整体性（即系统内部各部分的协调一致）和协同性（即系统内部与外部之间的有效合作）来推动变革。然而，传统的教育系统是按科层式结构（即层级分明、部门职责分离的管理模式）设计的，这种结构在运行中缺乏灵活性，与数字化转型所需的高效协同和整合能力存在矛盾。这种矛盾被称为结构性张力，是传统体系的特点与新变革要求之间的不匹配所产生的障碍。在实践中普遍存在着跨部门协同机制不完善、跨区域联动推进机制欠缺、信息共享机制不健全的问题。

第一，跨部门协同机制不完善，存在实践偏差。多主体、跨部门协同的有效机制尚未形成。[②] 受惯性思维、信息壁垒等因素影响，实践面临两方面制约。一方面，由于实践示范不足、主体责任不明和评价方案不清，协同共建过程中容易出现责任分散或虚化的现象。例如，在教育新基建的跨部门协同中，政府部门间政策冲突频发，省际区域合作推进不力。[③] 另一方面，不同参与主体间的协作关系不明晰，协同合作能力不足，甚至出现缺位或越位的现象，难以形成有效的治理合力。例如，学校在教育发展中过度依赖政府等外部力量，忽视了自身的内生发展；而社会组织多以资源单向输入为主，未能深度参与教育治理体系建设，常游离于体系之外。[④] 长期以来，标准化和固定

① 梁林梅，丁思杰．区域基础教育数字化转型特征分析与实施建议 [J]. 现代教育技术，2022（12）：5–12.

② 同①．

③ 曾文革，高颖．整体性治理视域下教育新基建协同共建的困境及优化路径 [J]. 国家教育行政学院学报，2023（6）：19–26.

④ 汪基德，韩雪婧，汪滢．义务教育优质均衡发展的路径、机制与策略：基于整体性治理的视角 [J]. 开放教育研究，2022（4）：59–65.

化的教育模式，叠加分散式、单一化的技术与教育的整合方式，使部分教育组织及其成员形成了单点式思维，难以意识到教育变革需要多层次、多样化的系统性协同。① 这种局限性导致实践中协同不足，难以满足教育数字化转型的整体性和协同性需求。

第二，区域协同的长效联动机制未建立，缺乏可持续性。当前，区域协同在推动教育变革中面临着沟通不畅和机制缺失等问题，难以形成健康、可持续的协同发展生态。一方面，沟通渠道缺失②，利益协调机制不健全，缺乏专门的教育协调机构与区域间的可持续共享机制。各区域部门在部门本位主义的影响下，往往将本部门的利益置于首位，导致跨区域合作中出现“各自为政”的政策响应现象和不一致的执行结果。这样的局面不仅削弱了协同治理的效能，也使得区域协作难以突破单一目标导向的限制。另一方面，在区域协同发展的实践中，较发达地区多以单向输入的方式参与合作，通常着眼于短期性、事项性目标，合作内容零散且缺乏系统性规划。这种方式不仅无法激发区域协同的长期动力，还使得协作的广度和深度不足，凸显机制不畅的问题。③ 由于未能建立互惠共享的合作模式，各区域之间难以形成良性互动，区域教育协同发展生态的健康性与可持续性均受到制约。

第三，信息共享程度较低，整体效能不足。当前，公共教育部门在信息化系统的规划、协调与管理上仍存在显著不足，严重影响了信息共享的深度和广度，进而限制了教育变革的整体效能。一方面，各级公共教育部门间缺乏系统性的顶层设计，各类信息化平台之间几乎无法实现有效的数据共享与对话。例如，不同层级的公共教育部门在信息化系统的标准、分类体系、数据采集机制等方面缺乏统一规划和明确的制度约束，这种无序化状态导致了“信息孤岛”现象的普遍存在。④ 另一方面，教育部门与其他政务部门之间的

---

① 钱小龙，范佳敏．“数字中国”背景下基础教育数字化转型的问题与对策 [J]. 教育评论，2023（3）：3–13

② 吴学妍，王福涛．科技治超背景下的跨部门协同治理 [J]. 科技智囊，2022（11）：28–35.

③ 赵敏，张绍清，黄明亮．粤港澳城市群基础教育区域协同的推进策略研究 [J]. 现代教育管理，2023（3）：29–37.

④ 胡姣，彭红超，祝智庭．教育数字化转型的现实困境与突破路径 [J]. 现代远程教育研究，2022（5）：72–81.

横向统筹能力不足，缺乏协同机制的支持，难以实现多部门间的数据共享与资源整合。此外，数据安全和隐私保护问题尚未得到充分重视，这不仅削弱了各教育组织间的信任基础，也进一步阻碍了数据共享和跨部门协同治理的推进。[①]“信息孤岛”的存在显著降低了教育变革的整体效能，也使得教育数字化转型的潜在价值难以发挥。破解这一难题需要加强顶层设计，构建统一的数据标准和分类体系，同时完善相关法律法规，以解决数据安全和隐私保护问题，为跨部门、跨层级的信息共享与协同治理提供制度保障。

任何一个领域的改革都会牵动其他领域，同时也需要其他领域改革密切配合。如果各领域改革不配套，各方面改革措施相为阻力，全面深化改革就很难推进下去，即使勉强推进，效果也会大打折扣。[②]教育变革并非孤立的行为，而是需要在系统性和协同性的思维指导下，与其他领域改革相互配套、相互支撑。然而，在当代教育变革中，依然存在诸多障碍，突出表现为对矛盾论、经验论、专业本位论和渐进论等方法的片面理解与过度使用。这种方法论的偏差使教育变革在综合性、整体性、设计性和协同性上表现不足，导致规模与质量、效率与公平、专业逻辑与社会需求、要素突破与整体推进、自由探索与顶层设计等关键关系未能得到有效处理。[③]跨部门协同、区域联动和信息共享机制的不足正是这些方法论偏差在实践中的具体体现。这些障碍限制了教育变革的内生动力和外部合力，阻碍了变革目标的达成。教育变革需要超越当前的障碍，秉持系统性与协同性的思维方法。妥善协调教育行政系统与外部社会环境之间，以及教育行政系统内部纵向与横向之间的复杂关系，充分整合多方主体资源，形成协同合力，应成为未来教育变革的重要方向。[④]

---

① 赵敏，张绍清，黄明亮．粤港澳城市群基础教育区域协同的推进策略研究 [J]. 现代教育管理，2023（3）：29–37.

② 习近平．习近平谈治国理政 [M]. 北京：外文出版社，2014：88.

③ 郝德永．我国当代教育改革的方法论偏差及症结 [J]. 教育研究与实验，2018（1）：12–18.

④ 高杭．更加注重教育改革的系统性、整体性、协同性 [J]. 中国高等教育，2019（15）：58–60.

二、有效的跨部门跨域协同

随着技术在教育变革中的作用越发凸显，跨部门跨域协同已不仅是治理手段的升级，更是一种新的协作范式。它不仅关乎技术如何提升政府效能，更核心的问题在于如何促成各相关主体的共识，打破行政和专业领域之间的壁垒，构建灵活高效的协同机制，以形成共同推动教育变革的合力。《中共中央关于坚持和完善中国特色社会主义制度　推进国家治理体系和治理能力现代化若干重大问题的决定》强调，以推进国家机构职能优化协同高效为着力点，建立健全运用互联网、大数据、人工智能等技术手段进行行政管理的制度规则。这一政策导向不仅指向政府治理现代化，更凸显出跨部门跨域协同成为应对复杂社会变革的重要机制。

（一）部门壁垒与资源碎片化的协同困境

在跨部门跨域协同的实践中，部门壁垒与资源碎片化构成了协同治理的主要障碍。这种困境主要源于行政部门间的职能界限、信息封闭以及资源分配的分散化，导致不同主体难以形成合力。例如，教育改革往往涉及多个部门，教育主管部门负责政策制定，科技部门提供技术支持，财政部门掌控资金拨付，而地方政府则负责具体实施。然而，由于各部门具有独立的决策权和考核体系，缺乏统一的沟通与协作机制，政策执行过程中会出现目标不一致、数据共享受限、资金使用低效等问题。与此同时，资源碎片化进一步加剧了协同难度，不同部门或区域内的教育数据、技术支持和资金投入往往各自为政，难以整合利用。这不仅造成了资源浪费，也削弱了教育变革的整体推进能力。具体而言包含以下四个困境。

第一，行政层级之间的目标分歧。跨部门协同往往涉及中央—地方—基层多个治理层级，而不同层级的行政机构在目标设定和执行方式上可能不一致。例如，在教育数字化改革中，中央政府可能强调整体性规划和标准化建设，而地方政府更关注区域经济发展，基层学校则倾向于实际教学需求。这种纵向目标的不一致，导致政策在落地过程中可能被调整甚至扭曲，进而影响跨部门协同的有效性。

第二，职能部门间的权责分割。不同政府职能部门在治理体系中往往具有明确的分工，各自承担不同的行政任务。然而，这种职能分割在跨部门协作时可能演变为壁垒。例如，在推进智慧教育建设时，教育部门负责课程改革与教学设计，科技部门管理数字技术研发，财政部门控制资金拨付，而数据管理则涉及工信、网信等多个部门。由于各部门的考核机制和绩效评估标准不同，它们往往更倾向于独立推进各自的目标，而缺乏整体统筹和资源共享的激励。这种部门本位主义削弱了协同效能①，使得政策执行碎片化、资源整合受阻。

第三，数据资源分散且不连贯。政府在积极推进电子政务发展的过程中，各部门建立了现代化的信息系统和数据中心，独立开发应用软件和用户界面，产生了大量的“条数据”。这些数据种类单一，各部门数据之间相对封闭。当提取数据资源进行分析时，系统需要重复录入，产生大量的垃圾数据，无法保证数据的一致性。总的来看，我国政府数据资源分散而不集中，断续而不连贯，静态数据多于动态数据，规范化、规模化、硬件技术高的综合数据库较少，政府公开的数据资源大多以原始资料为主，并未经过深加工，数据资源尚未集中整合、统一，数据资源不足，闲置数据较多，整体上处于离散状态，产生了大量的“信息孤岛”。②

第四，信息共享与互通受限。在数据驱动的教育治理模式下，跨部门信息共享对于实现精准决策和优化资源配置至关重要。然而，由于数据标准不统一、数据归属权争议、隐私保护法规限制等问题，不同部门和机构之间的数据壁垒问题依然存在。教育部门掌握学校和学生的学习数据，科技企业掌握平台使用数据，而财政部门则管理教育经费投入与支出情况。由于数据接口不兼容、数据所有权不明确，以及出于对数据安全和隐私的考量，各主体在数据共

① 竹立家．用公共精神消除部门本位主义现象 [J]. 人民论坛，2018（2）：42–43.

② 谷民崇，孟庆国．数据统筹视角下的跨部门行政协同问题研究 [J]. 东北大学学报（社会科学版），2017（2）：167–172.

享上往往持保守态度，导致教育资源的优化配置和智能化管理难以实现。

（二）协同理论视角的跨部门跨域协同

在教育变革实践中，跨部门跨域协同的低效性往往源于行政壁垒、“信息孤岛”和资源碎片化长期存在。传统的部门化治理模式由于职能划分过于刚性，导致不同主体在教育政策制定、资源分配和执行落实过程中各自为政、缺乏统筹，进而影响教育变革的整体推进。这不仅表现为同级政府部门之间的职能分割，还涉及跨区域政策的不协调，以及政府与社会多元主体之间的协作不足。具体而言，部门壁垒导致政策衔接性差、数据流通受限，资源碎片化则引发教育资金、技术和人才供给的不均衡，从而削弱教育变革的系统性与可持续性。在这一背景下，技术的介入被认为是打破部门界限、促进资源整合的重要驱动力。借助大数据、人工智能、区块链等数字技术，不同主体之间的信息共享、资源统筹和行动协同能力得以提升，使跨部门跨域协作逐步向更高效、更智能的方向演进。然而，技术手段本身并不足以自动消解治理体系中的结构性障碍，跨部门跨域协同的有效性仍取决于是否能够建立起清晰的责任体系、科学的协作机制以及灵活的适应性策略。

在理论层面，协同理论为理解跨部门跨域协同机制提供了系统性的框架。“协同”一词源自希腊语[①]，其核心议题是探讨系统或要素如何通过相互作用，由无序走向有序。这一理论强调，在一定条件下，系统中的各要素或各子系统通过相互作用而产生协同效应，形成自组织结构，从而优化整体系统的结构和功能，推动整体系统有序发展。在社会科学领域，协同理论主张通过合作、协商、伙伴关系等方式对公共事务进行管理，倡导各种公共的和私人的机构与政府共同提供公共产品与公共服务。[②]这种治理理念促使公共管理模式从单一的政府主导型向多元主体协同参与型转变，形成多维、立体和系统化的协同格局。在教育变革语境下，协同不仅是提升治理效能的手段，更是革

① HAKEN H.Synergetics：an overview[J]. Europhysics News，1976（7-8）：9-12.

② 姜美玲 . 教育公共治理：内涵、特征与模式 [J]. 全球教育展望，2009（5）：39-43.

新教育治理的关键。[①]

协同理论在教育领域的应用最初以协同教育为典型。协同教育指学校教育系统、家庭教育系统和社会教育系统相互交叉渗透和有机整合[②]，以构建全方位、多主体参与的育人体系。随着信息技术的深度发展，协同理论逐渐拓展到教育治理、教育资源配置和教育政策执行等多个领域。在智能时代的教育治理体系中，跨部门跨域协同作为一项复杂的系统工程，其影响范围既涵盖国家层面乃至全球层面的多主体协同，也涉及特定区域内的教育系统合作。从宏观视角来看，智能时代的教育变革涉及政府部门、相关社会组织、研究机构、学校等多方力量的协同联动，强调政策、技术、资源和行动的高度整合。从区域教育治理的角度来看，协同模式则呈现出内外双向协同的特征，包括教育系统内部的多部门协同，以及教育部门与政府、信息化企业、高等教育研究机构等的外部协同。[③]从具体内涵来看，面向智能时代教育的跨部门跨域协同，其核心目标是在建设智慧教育生态目标的引领下，建立跨部门协作、跨区域联动、跨领域贯通的协同机制，进而形成基于信任的多维度融合、基于交流的全方位协作、基于互联互通的多层次集成的格局。

第一，跨部门协作。跨部门协作是指两个或多个部门通过信息、资源、活动及能力的整合与共享，实现单一部门无法实现的效果。[④]广义上，跨部门协同包括政府内部、政府与市场、政府与社会的伙伴关系。[⑤]在智慧教育生态中，跨部门协同不仅涉及各级政府的合作，还涵盖国际组织、各国政府、相

---

① 袁雯，刘雅婷，马颂歌．教育即终身教育：面向中国式现代化的终身教育变革 [J]. 教育研究，2023（6）：138–146.

② 李运林．协同教育是未来教育的主流 [J]. 电化教育研究，2007（9）：5–7，27.

③ 梁林梅，丁思杰．区域基础教育数字化转型特征分析与实施建议 [J]. 现代教育技术，2022（12）：5–12.

④ BRYSON J M，CROSBY B C，STONE M M. The design and implementation of cross–sector collaborations：propositions from the literature[J]. Public Administration Review，2006（S1）：44–55.

⑤ PERRI 6. Joined–up government in the western world in comparative perspective：a preliminary literature review and exploration[J]. Journal of public Administration Research and Theory：J–PART，2004（1）：103–138.

关机构等多主体之间合作配合[①]，共同推进智慧教育的发展。跨部门协同机制融合了整体治理、协同治理与协作治理等理论内涵，突破了传统政府体系及其部门间合作的边界，逐步形成了多中心、多元主体、多重视角与多层级互动的跨界协作格局。此类跨界合作的整合实践，强调在协同理念引领下，构建统一的组织架构与明确的专业分工，通过制度化协作实现更高层级的系统整合。相较于原有部门间的协调机制，这种整合性合作代表着协同治理实践在制度化和结构层面上的进一步深化。跨界合作的整合行为具体包括在协同理念的指导下，构建统一的组织结构和专业分工的协作。这种通过整合行为实现的实践创新是建立在相关部门原有相互协调与协作基础之上的更高层次的协同性跨界合作。[②]跨部门跨域协同倾向于高效率、弹性化的组织形态，以实现政府、国际组织、学校、企业、研究机构等多主体之间的良性协同合作。例如，联合国教科文组织成立的全球教育联盟汇集来自多边伙伴、非营利组织、民间社会、学术界、私营部门和媒体机构的 200 多位成员，提供免费教育服务，助力实现优质教育、利用合作伙伴关系推动全球数字化教育转型、借助科学数据强化全球教育监测等。[③]

第二，跨区域联动。跨区域联动是智慧教育体系中区域教育协同发展的高级形态，其核心在于关注区际差异，通过整合区域优质教育资源，实现区域内多主体教育资源的优势互补和共生共赢。跨区域协同包括三层基本含义[④]：一是整体优化的有序发展，即通过区域间教育系统中的各个子系统或要素的协同实现区域教育质量的优化有序发展；二是功能互补的发展，即不同区域的教育系统中各子系统或各要素间的功能是相互补充的，而非功能同一，应根据不同区域的优势建立跨区域协同联动机制；三是区域教育协同下的特

---

① 容志，李婕．“一网”能够“统管”吗：数字治理界面助推跨部门协同的效能与限度[J]. 探索与争鸣，2023（4）：94–102，178–179.

② 孙迎春．发达国家整体政府跨部门协同机制研究 [M]. 北京：国家行政学院出版社，2014：4–20.

③ 韩茜．全球教育联盟参与全球教育治理的框架、过程与路径 [J]. 比较教育研究，2022（6）：18–27.

④ 赵敏，张绍清，黄明亮．粤港澳城市群基础教育区域协同的推进策略研究 [J]. 现代教育管理，2023（3）：29–37.

色发展，即突出区域规模、类型、层次、水平发展等本身的差异，协同发展是在尊重差异的前提下实现各系统要素的特色化发展。[①] 例如，我国粤港澳城市群基础教育的区域协同以及长三角区域高等教育的协同发展即跨区域协同的代表性探索与实践案例。粤港澳大湾区的教育协同探索以基础教育为重点，建立了跨境教育合作、学分互认、教师交流等机制，以促进区域教育资源共享。广东省通过与香港、澳门的中小学建立教育联盟，使学生能够在大湾区内流动学习，同时推动课程标准的衔接和教育治理的融合。

第三，跨领域贯通。跨领域贯通是推动产教融合、协同育人的重要机制，其核心在于打破政、产、学、研、用等不同领域间的界限，形成高度融合的教育创新生态。跨领域协同不仅是加速发挥数字技术教育实效的关键手段，也是构建智慧教育生态的重要方向。跨领域协同通过整合政策驱动（政府）、技术创新（企业）、科学研究（高校与研究机构）和实践应用（学校）等多元力量，共同推动教育数字化、智能化转型。跨领域协同强调明晰政产学研用中的权力要素（不同主体在跨领域协同中的职能分工、决策权及责任划分）、关系要素（各领域主体之间的合作关系、利益协调和资源共享机制）、事务要素（跨领域协同过程中的具体合作内容）等，进而明确相关实现路径，包括协同约束机制、协同评价机制和协同实现机制等，即通过法规制度、行业标准等手段，规范跨领域协同的责任分工和合作边界，减少跨界合作中的不确定性和潜在风险；建立可量化的评估指标体系，以衡量跨领域协同的实际成效，包括教育科研成果转化率、产学研合作效率等；强调政策、资金、人才、数据等多维要素的整合，确保跨领域协同合作能够从理论进入实践，并形成可持续发展模式。其中，完善教育主管部门、高校研究机构与企业研发主体的协同创新对接机制是关键，相关部门应组织高校科研团队围绕教育领域“卡脖子”问题，开展跨领域的交叉学科研究。

① 赵敏，王艺霖，陈思艺.基于SFIC模型的粤港澳大湾区教育协同治理的挑战与回应[J].城市观察，2021（6）：31–40.

（三）信息化跨部门跨域协同的关键要素

信息技术的深度介入为政府部门、各层级机构的运行方式带来巨大影响，促使其从长期的“命令—控制”体系，向扁平化[①]、网络化和智能化的协同模式演进。技术的作用在于提升部门、层级间的沟通能力和信息整合效率，促进教育主体间的互动，缓解信息不对称问题。[②]教育变革的推进在于多方主体基于数据共享和智能协同，共同参与决策、执行和优化。政策制定者、教育研究者、教师、企业和社会组织往往具有不同的知识体系和利益诉求，如何整合这些多元主体的认知和资源是变革能否有效落地的关键。

然而，信息技术的赋能并不足以自动消解治理体系中的结构性障碍，跨部门跨域协同的有效性仍依赖于科学的协作框架和合理的机制设计。跨部门跨域协同过程是各个阶段的连续统一体[③]，其核心在于协调不同主体的认知、制度规范、激励机制和保障体系等[④]，以确保协同推进、稳定运行。因此，技术的应用需要与制度创新相结合，确保跨部门跨域协同具备清晰的运行逻辑和可持续性发展路径。在这一过程中，以下要素尤为重要：一是价值共识，即相关主体需在目标与行动框架上达成一致，以形成协同的基础共识；二是利益分配，通过明确各主体的利益分配方式，确保各方参与的积极性；三是成本分担，合理分配协同过程中涉及的资源和成本，降低单方负担。此外，还需在此基础上设计科学合理的运行机制，将各部门、各区域、各领域的相关主体有序纳入行动框架中。通过制度建设进一步理顺各主体的角色与工作流程，不仅能提升协同的效率，也能保障协同体系的稳定性和可持续性。

1. 价值共识

价值共识是解决教育变革内驱力问题的核心。尽管教育变革受到不同国

---

① 张乾友 . 组织理论视野中的虚拟政府 [J]. 学海，2015（2）：161–168.

② 关婷，薛澜，赵静 . 技术赋能的治理创新：基于中国环境领域的实践案例 [J]. 中国行政管理，2019（4）：58–65.

③ 孙萍，闫亭豫 . 我国协同治理理论研究述评 [J]. 理论月刊，2013（3）：107–112.

④ 巴达赫 . 跨部门合作：管理巧匠的理论与实践 [M]. 周志忍，张弦，译 . 北京：北京大学出版社，2011：77–79.

家和地区政治、经济、社会发展状况的影响，但其本质都在于通过不断调适以顺应时代的变化，更好地满足社会对高素质人才的需求。[①] 教育变革的价值共识是在教育领域中，不同主体对于教育变革所蕴含的价值观念达成的一种共同理解。这种共识不仅体现为不同主体所共享的一系列信念、价值观念和规范，还包括关于教育变革的性质、目的、原则和路径等方面的共同主张和理想，是教育变革的灵魂和导航器。[②]

变革教育是事关人类共同未来的紧迫政治行动。从全球教育治理的视角来看，教育变革的目标已经超越了单纯的体系优化，着眼于促进和平、公正和可持续的未来。当今世界正处于百年未有之大变局，全球化带来的经济发展模式加剧了气候灾难、环境恶化和资源消耗，同时，短视频消费模式、竞争驱动的社会结构、民主倒退和信息技术的颠覆性发展，使人类面临深刻的社会矛盾和不确定性。[③] 在此背景下，联合国教育变革峰会指出，教育不仅是一项基本人权，更是社会、经济、政治和文化发展的根本动力。然而，由于地域差距、不平等现象等问题，全球教育体系正面临严重危机。因此，为实现可持续发展目标，教育亟须进行深层次变革（transformation）而非仅做渐进式改革（reform），以确保当代及未来的学习者能够适应快速变化的世界，并共同创造一个更可持续、包容、公正与和平的全球教育体系。

构建智慧教育生态是教育变革的价值趋向，也是利用数字技术变革教育的目标形态。在教育领域，所有技术的升级与革命都是为了更加公平、更高质量的教育教学。2022 年联合国教育变革峰会提出《确保和提高全民公共数字化学习质量行动倡议》，内容（content）、能力（capacity）、联通（connectivity）被认为是国际社会和世界各国教育数字化转型的发展方向。在此框架下，各国及相关主体应进一步凝聚教育变革共识，提振协同发展信心，

---

① 窦荣军，胡啸天，黄健．技术、解放与实践：教师专业发展研究的元教育学分析 [J]. 国家教育行政学院学报，2020（9）：70–77.

② 罗生全，靳玉乐．教育改革的整体设计与协同推进 [J]. 国家教育行政学院学报，2014（5）：18–24.

③ 联合国教科文组织．一起重新构想我们的未来：为教育打造新的社会契约 [M]. 北京：教育科学出版社，2022：8–9.

坚持适时应变与共同发展的教育观，利用数字技术作为教育变革转型的杠杆，推动全球教育体系的深度重塑。一方面，应确保全民可及的数字化学习，使教育资源的普惠性得到保障，真正实现教育机会的均等化，让学习者、教师和家庭能够随时随地获得教育资源，并确保教育内容的高质量与适应性。另一方面，应大力推动教育数字化转型，变革教育生态、学校形态和教学方式，构建高学习体验、高内容适配、高教学效率的教育系统，使教育体系能够更好地适应数字化时代的需求。

2. 利益分配

教育是一项高投入的公共事业，推进教育变革必须充分考量利益问题。教育领域跨部门跨域协同所涉及的最为核心的问题就是政府、学校、家长、社会组织、企业等诸多利益相关者的关系，如何协调好各主体的利益分配是问题关键。影响跨部门协同效果的两大核心挑战均与利益相关：一是主导权力与利益的争夺，二是在组织层面的有效激励机制。① 利益协调机制的不完善可能导致一系列治理异化现象，如利益削减导致跨部门“消极协同”，无利益驱动引发跨部门“不作为”，甚至形成偏离公共利益的“利益共谋”，进而影响教育变革的公平性和可持续性。为推动有效的跨部门跨域协同，需要建立利益分配相关的配套机制，包括刚性决策机制、权责细化的执行机制、信息共享机制、利益约束机制、弹性服务机制、差异化激励机制、绩效绑定机制和监督机制，以确保协同体系的稳定运行。

在教育变革过程中，利益相关主体的关系不仅涉及不同主体间的利益博弈，还体现为同一主体在不同时间维度上的利益变化。② 因此，需从这两个维度审慎考量利益关系，以确保协同机制的程序性和公平性。首先，保障多元主体的利益诉求。通过深入分析不同主体的利益诉求，确保政府、市场、社会组织和个人等多元群体的利益能够相互契合，形成共赢格局。有效的利益协调应坚持互惠互利、平等合作、利益与风险挂钩、公开透明化以及利益补偿等原则，使所有利益相关方都能在协同治理中获得相应的发展机会和利益

① 赖先进 . 论政府跨部门协同治理 [M]. 北京：北京大学出版社 , 2015：105.
② 秦玉友 . 教育改革的思维方式研究 [J]. 南京社会科学，2016（1）：129–135.

保障，包括政府考核利益、市场拓展利益、组织发展利益、个人成长利益等多元利益需求[①]，此外，跨部门跨域协同应当在公平性、个性化和利益补偿原则的基础上，确保特殊儿童、弱势群体和欠发达地区教育资源的有效配置，提升整体教育公平性。其次，关注同一主体在时间维度上的利益变化及感知。不同利益相关方对自身利益的变化往往存在认知滞后，一些群体只有当利益变化达到一定阈值或持续较长时间后，才会对其产生明显感知。例如，部分家长对教育政策调整的影响往往缺乏直接感知能力，只有在孩子的受教育权益受到显著影响时，才会意识到利益变化的存在。因此，在跨部门跨域协同治理中，需建立长期的利益评估和反馈机制，确保不同主体能够及时察觉和适应变革带来的利益调整，增强协同治理的长期稳定性和适应性。

3. 成本共担

在生产经营活动或实现特定目标的过程中，必然涉及资源（人力、物力和财力）的消耗，而这些资源的货币表现及其对象化即构成成本。[②] 在跨部门跨域协同过程中会产生各种相关成本，即协同成本，既体现为时间成本，也涵盖经济性成本。[③] 作为一种涉及多主体、多层级、多领域的复杂协作过程，跨部门跨域协同的成本分担需要厘清政府与国际组织之间、政府各部门之间，以及政府、高校和市场主体之间的责任分工，形成透明、公开、可持续的成本负担机制。在顶层设计上，协同成本的分担应遵循“谁受益、谁承担”的原则[④]，通过分层级、公私、部门、区域及领域的职责清单，明确各主体的权责利关系，使成本分配体系更加科学合理。

在跨部门跨域协同过程中，不同阶段会涉及不同类型的成本，主要包括以下几类：第一，搜寻成本。在开展协同合作之前，相关主体需进行大量的前期准备，包括在自身经验判断与组织框架内寻找合适的合作对象，在这一过程

① 高奎亭，陈家起，李乐虎．体育公共服务跨域协同治理：理论阐释、实践偏差与矫正机制：以京津冀为例 [J]. 中国体育科技，2022（7）：99–106.

② 李奇凤，袁明哲．高等学校教育成本及成本分担研究的反思 [J]. 高教探索，2014（1）：69–74.

③ 赖先进．论政府跨部门协同治理 [M]. 北京：北京大学出版社，2015：62.

④ 李彬．高校协同筹资模式探索：基于高等教育成本分担理论 [J]. 财会通讯，2014（12）：24–25.

中，需要投入人力、时间及物质资源，会产生相应的搜寻成本。第二，协商成本。即便合作对象已经确定，各主体仍需围绕合作事务展开谈判与协商，以消除偏见和歧视，并建立信任关系，这一过程可能需要长时间的协调沟通，因此协商成本成为跨部门跨域协同成本的重要组成部分。第三，缔约成本。在相关主体达成初步协同意向后，需要进一步签署正式协议或制定跨部门跨域合作规则，在此过程中，因利益分配问题的协商和规则制定所涉及的法律、行政、财务等环节，都会产生缔约成本。第四，执行成本。确保跨部门跨域协同顺利实施，需要投入一定的执行成本，包括建立相关制度和联席机构，监督各主体是否严格执行原有约定，其中还包含监督成本，即在出现违约行为时，采取相应惩罚或制裁的费用，以确保协同机制的稳定运行。

三、有规则的信息共享

跨部门跨域协同主体间的多重复杂关系往往会削弱信息传递的效力，阻碍高效决策和协同推进，因此，有序消除组织结构中的信息不对称现象成为构建高效信息共享机制的关键。有规则的信息共享机制的核心在于克服不同层级、不同主体之间的信息不对称问题，确保信息流动的及时性、精准性和可追溯性。在这一过程中，数字技术的革新逐步成为缓解信息不对称的有效手段，通过智能数据分析、区块链信任机制、人工智能辅助决策和分布式数据存储等方式，提升信息透明度，减少因信息失真、滞后或片面导致的治理障碍。随着跨部门跨域协同的深入，协同主体的数字化边界不断扩展，信息流转模式也逐步由线性传递向网络化、多向交互演进，政产学研用各相关主体之间的互动方式更加依赖数字平台的联通性、数据接口的兼容性和信息共享的安全性。数字技术不仅打破了传统科层结构对信息流动的限制，也促进了主体间信息交互的高效化、便捷化、精准化，进而构建起更加多元、实时互联、规则清晰的信息共享网络，推动跨部门跨域协同机制迈向更加智能、规范、高效的发展阶段。

（一）可靠的信息数据保障

数据作为关键的生产要素，在流动、共享、分析和挖掘中释放巨大价值。数据的安全性、合法性与合规性成为保障信息共享机制有效运行的核心挑战。2021 年 9 月，《中华人民共和国数据安全法》正式施行，明确要求采取必要措施，确保数据处于有效保护和合法利用状态，以及具备保障持续安全状态的能力。在跨部门跨域协同中，信息数据安全是信息共享机制的基础。政府部门、企业、高校、社会组织等多元主体处理的数据类型广泛，包括政策数据、个人隐私数据、市场竞争数据和学术研究数据等。如何确保这些数据的安全性与合规性，直接影响信息共享机制的设计与实施。信息数据安全需考虑数据存储安全，确保数据在本地和云端存储的完整性与防护能力；管理数据访问权限，精准划分数据访问权限，避免越权操作；进行数据加密与脱敏处理，通过技术手段降低数据泄露风险。只有建立健全信息安全治理体系，平衡数据价值释放与安全风险防控，才能在数据驱动的发展模式下，实现信息共享与安全可控的有机结合。

（二）畅通的信息共享渠道

畅通的信息共享渠道是推动跨部门跨域协同治理的核心保障。一方面，制度建设是信息共享的基础。完善日常信息交流共享机制，需要构建稳定的信息资源管理体系。如区域信息资源管理条例的建立，可以为信息共享提供制度化保障。同时，在教育治理数字化转型的背景下，需夯实相应的制度支撑，包括教育数据共享制度、教育数据开放制度、多元主体参与的保障制度、教育数据治理考核与激励制度，以及信息资源管理委员会的联席机制[①]，确保信息流通的规范化、系统化与可持续化。另一方面，技术赋能是信息共享的核心驱动力。依托数字平台打破“信息孤岛”，构建纵横贯通、上下联动、内外协同的整体化信息共享体系，能够有效提升信息流通效率。具体而言可以

① 王玉龙 . 数智技术赋能区域教育治理：现状、问题与路径 [J]. 中国信息技术教育，2023（10）：86–89.

采取两种主要路径：一是创建互联互通的信息接口，打通不同部门、机构间的教育信息壁垒，实现数据联动；二是搭建跨部门信息共享数据库，整合各类教育数据资源，推动数据的高效流转与深度应用。纵向的数据互通也是推动信息共享的重要环节。不同层级的教育管理部门、学校及相关机构需要建立数据纵向对接机制，确保地方、区域、省级乃至国家级教育数据体系的层级贯通。纵向与横向的一体化整合是教育数字化转型的必然趋势，其目的在于打通不同层级、不同领域的数据壁垒，以数据的整合共享来替代或简化现实复杂性，从而实现生产与治理过程的自动化闭环改造。[①]

（三）安全的信息流动机制

数据是数字时代信息流动的关键要素与核心引擎，在确保安全的前提下，推动相关数据在不同部门、不同区域间的有序流动，既是促进教育数字化治理的关键，也是打破数据壁垒、提升数据价值的重要路径。一方面，制定并执行相关技术标准，推动数据高效流通。为了保障教育业务的纵向流动和各类数据的横向融通，需要构建标准化、规范化的数据管理体系，包括制定教育业务流程规范、教育数据分类目录、教育数据采集标准、教育信息资源元数据规范、政务数据流通与互操作的接口标准以及教育服务调用接口标准，打破数据壁垒，实现一数一源，助力数据开放与共享。[②] 另一方面，构建分类分级的数据授权机制，保障数据安全共享。促进教育数据跨部门、跨区域、跨行业的安全高效流通，关键在于构建科学合理的数据授权机制。由于教育数据与公共数据、国家数据安全密切相关，且颗粒度较细的教育数据往往涉及师生隐私，因此，分类分级的数据授权机制是实现数据共享的基础，包括分级授权机制，根据数据的敏感程度划分不同的安全等级，以及分类授权机制，根据不同的应用场景制定相应的数据开放规则。在这一框架下，各级教育管理部门、学校、企业等数据主体可依据标准化授权机制进行数据访问，

① 贾开．再造“数字后福特主义”[J]. 文化纵横，2023（4）：18–25.

② 王玉龙．数智技术赋能区域教育治理：现状、问题与路径 [J]. 中国信息技术教育，2023（10）：86–89.

从而既促进数据的合理共享，又确保数据流动的安全性与合规性。

（四）弥合技术采纳鸿沟

尽管数字技术不断发展，信息化在跨部门跨域协同机制中的应用仍受到技术采纳鸿沟的制约。这一鸿沟主要体现在技术基础设施的差异、数据管理能力的不足、信息素养的参差不齐等方面。信息共享机制的建设不仅需要推动标准化技术方案的落地，还需提升协同主体的数字化能力，缩小不同主体间的技术差距，以确保各方能够公平有效地接入信息共享体系，并提升协同治理的可及性和数据互通性。为弥合技术采纳鸿沟，应采取差异化的信息化能力建设策略，以提升各类主体的技术适应性和资源共享能力。首先，推进跨区域数据互联互通机制的优化。政府部门需牵头制定统一的基础设施建设框架，确保不同层级的协同主体具备最低限度的信息共享能力，以弥合因技术不均衡导致的数字鸿沟。其次，强化数字素养与数据治理能力建设，以提升各主体对信息技术的深度应用能力。通过针对性数字能力培训、数据治理优化措施及信息安全管理体系的完善，增强政府机构、教育部门及研究机构在数据治理、隐私保护、智能分析等方面的能力，从而提升技术在教育与公共管理领域的可持续应用性。最后，推动低门槛、模块化的信息技术方案的普及，以降低技术应用壁垒。借助基于云计算的教育数据中台及模块化的智能技术工具，简化复杂系统的部署与操作，提高技术应用的可及性与适应性，从而加速技术在不同主体间的广泛采用与共享。

四、智能技术融入教育社会实验

教育社会实验是在真实的教育教学环境中，研究人员基于教育教学实践，探究教育规律并提出应对策略的系统性过程。这一实验不仅涉及教育教学活动本身，还依赖跨部门跨域的协同推进，以确保研究的有效开展和成果的广泛应用。教育社会实验涵盖多个利益相关方，包括政府教育管理部门、学区和实验参与学校、教师、学生及家长、教育资源提供方与研究机构、专家学者与行政管理人员。教育社会实验的有效推进依赖于研究主体、建设主体和应用主体的紧密合作，特别是管理人员需在不同层级的政府部门、学校、科研机构和社会组织之间搭建跨部门跨域的协同工作机制，确保数据共享、资源整合与实验成果的落地。教育社会实验的成功实施需要基于科学的治理架构，通过多方主体的协同合作，形成高效、可持续的管理机制，从而保障实验的公平性、科学性和长期效益。

（一）组织长周期的教育教学实践

在教育教学实践中，改革措施的实际效果往往受到地域特征、教育实践的实施质量、政策环境以及多种外部干扰因素的影响。短期实验难以充分反映改革措施的改善性效果，因此，教育社会实验需要具备较长的时间跨度，确保改革的长期影响能够稳定呈现并被观测到。然而，这一过程不仅依赖单一主体的持续执行，还需要多主体的协同推进，共同保障实验的稳定性、科学性和可持续性。政府部门承担政策引导与资源配置职责，提供政策支持与资金保障，确保实验的可持续推进；学校和教育机构作为主要应用主体，负责实验方案的长期实施，确保数据积累的连续性与结果的可观测性，并在教学过程中不断调整优化改革措施；研究机构通过数据分析与实验评估，提供科学的方法论支撑，确保实验路径的优化与实施方案的可控；社会组织、企业及公益机构则在技术支持、资源补充和推广应用等方面发挥重要作用，为实验的长期发展提供外部助力。教育社会实验的推进不能仅依赖某一主体，而需要政府、学校、研究机构、社会组织、企业等多方协同合作，政府提供政策和资源支持，学校推动实验落地，研究机构优化实验路径，社会组织和企业提供长期支撑。只有在多方协作的框架下，才能确保教育社会实验的长期性、稳定性和科学性，使改革措施真正发挥效用，推动教育变革产生深远影响。

（二）扩大教育社会实验的参与规模

教育社会实验通常聚焦于重大且有普遍性的教育教学问题，其研究结论的解释力在多大范围内适用至关重要，这不仅影响实验所制定的干预方案是否具备较好的普适性，也直接关系到理论成果的推广与政策制定的科学性。然而，在复杂的教育现实中，实验结论往往受到样本规模、地域特征、参与者构成等多维因素的影响，若样本代表性不足，可能导致研究结论的外推性受限。因此，教育社会实验的有效开展需要跨部门跨域的协同推进，充分动员多主体共同参与，以扩大实验的规模和范围，提升研究结论的可靠性和适用性。为减少外部干扰因素对实验结果的影响，增强研究的普适性，应当由研究主体、建设主体，尤其是公共服务部门牵头，构建多层级、多地域、多类型主体协同参与的实验体系。通过政府部门、高校、科研机构、实验学校、企业和社会组织的共同努力，动员更广泛的学校、教师和学生参与，推动跨区域、多背景实验场景的构建，使实验对象具有更强的代表性和典型性。在组织实验时，可通过政府和教育主管部门协调不同地域、不同学段的教育机构参与实验，跨区域共享数据和资源，确保实验样本涵盖不同社会经济背景、不同办学条件、不同教学模式的学校，扩大实验结论的适用范围。与此同时，研究机构应发挥数据分析与评估的技术支撑作用，构建动态监测体系，以确保在数据分析阶段能够尽量排除外部干扰因素，增强实验结论的科学性和稳定性。

（三）高效组织、实施、运行社会实验

大规模、长周期、宽口径的教育社会实验是涉及多主体、跨部门、跨地域协同的系统工程，其实施过程中涵盖众多利益相关方，并涉及复杂的管理流程和协调机制。为确保实验的顺利推进，多方主体需共同参与，形成高效的协同机制，确保实验的科学性、可持续性和最终成效。由于教育社会实验周期较长，涉及的变量众多，实验推进过程中可能会面临管理复杂性增加、利益相关方积极性下降、资源配置动态变化等挑战。如何确保实验能够按照

既定目标、方向和质量标准持续推进，成为实验成功的关键。因此，实验的建设主体需要搭建一个分工明确、结构合理、组织高效的跨部门协作团队，由政府教育管理部门提供政策支持和统筹规划，研究机构负责理论指导和实验评估，学校及教师负责实验方案的具体落地，企业和社会组织提供技术、资源及资金支持，共同推动实验的稳步实施。在组织架构上，应构建跨层级、跨领域的多主体协同机制，设立专门的协调机构，确保各方职责清晰，资源有效整合，并形成常态化的沟通和协商机制，以应对实验过程中可能出现的不确定性。同时，应建立动态监测与激励机制，在实验周期内持续跟踪各主体的参与情况，通过阶段性评估、反馈调整和资源优化，激励各方保持持续的动力和积极性，确保实验按计划推进并取得高质量成果。

（四）社会实验应宽口径、多学科融合

教育社会实验所关注的教育教学实践活动往往涉及跨学科、多层次的综合性方案，其实施不仅依赖于教育学本身，还需要融合心理学、社会学、计算机科学等多学科的理论与方法，以确保实验的科学性、系统性和可操作性。因此，实验的设计、实施与评估都应基于宽口径的多学科融合，由不同学科背景的专业人员协同推进，以形成更精准的实验设计、更严谨的数据分析以及更具实践价值的教育改革方案。此外，教育社会实验的实施场景通常处于真实教育教学环境中，这一复杂的系统工程涉及多个层次、多种主体。因此，社会实验的实施不仅需要跨部门、跨行业、跨学科的紧密合作，还需要构建高效的跨域协同机制，确保各方能够有机整合资源、共享数据、协调决策，推动实验顺利进行。研究主体和建设主体需主动吸纳多学科、多行业的人才参与，构建跨学科研究团队，使实验方案的制定、研究实施与管理得到的多学科充分支撑。同时，应建立跨部门、跨行业的联合实验机制，推动研究机构、学校及社会组织等多单位的深度合作，使实验数据的采集、分析和应用形成贯通闭环，确保研究成果具有更强的实践指导意义和政策适用性。教育社会实验的高质量开展，必须依托多学科的知识融合、跨部门的资源整合、跨行业的实践协作、跨区域的经验共享，以构建开放、协同、高效的实验体

系。只有在多主体的共同参与下，才能真正实现教育社会实验的科学推进，确保实验成果的广泛适用性与长期影响力，为教育治理与教学创新提供坚实的理论基础和实践依据。

第四篇
智慧教育的未来图景

通用人工智能正在重塑教育的基本逻辑，深刻改变教学内容、学习方式与评估体系。与此同时，其对教育体系的公平性、伦理性与公共性提出严峻挑战，这场由技术驱动的深层变革，迫切要求教育治理模式的系统革新。智慧教育作为智能时代的教育，以面向2050年的全球教育愿景为参照，聚焦其在塑造未来教育生态中的战略使命与实践路径。正如联合国教科文组织在《学会融入世界：面向未来生存的教育》等报告中指出，在生态危机、社会不平等与技术风险交织的时代背景下，教育必须承担起重构社会契约的使命。批判性重构教育体系、重新审视教育的人文主义使命、推动学习范式向生态化、交互化、共生化方向演进，正在成为面向2050年的全球教育愿景的重要共识基础。在这一对全球教育未来的集体设想中，智慧教育作为连接技术潜能与教育价值的中介、桥梁，正日益展现其应对复杂挑战的结构优势。

如何在保障大规模教育的同时实现高质量与个性化发展，这一被称为“教育不可能三角”的结构性矛盾，正在倒逼全球教育，特别是发展中国家教育的系统性深层次重构。高质量意味着优质教学与小班教学，但难以覆盖广泛人群；大规模虽能实现教育普及，却往往以牺牲个体差异化支持为代价；而个性化教育则长期受限于资源成本，难以真正普及。智慧教育的意义并不是新技术的堆叠或工具性应用，而是一种实现教育结构再造与治理逻辑革新的系统路径。通用人工智能积极驱动的新型智能科技正在与教育深度融合，为破解“教育不可能三角”提供新的可能，教育系统有望在高质量、大规模与个性化之间实现新的均衡，迈向更加公平、具有韧性与可持续的未来教育生态。

作为推进教育现代化、实现教育强国战略目标的重要抓手，智慧教育正在被纳入国家教育发展的顶层设计之中。围绕构建适应智能时代的教育体系，中国正加快智慧教育布局，推动从理念倡导走向系统实践。《教育强国建设规划纲要（2024—2035年）》明确提出要提升终身学习公共服务水平、实施国家教育数字化战略、促进人工智能助力教育变革等关键任务。要构建智慧教育生态，深化技术赋能教育的模式创新，进一步夯实教育现代化基础，助力我国在面向2050年的全球教育愿景中成为世界重要教育中心。

本篇以“智慧教育的未来图景”为主题展开论述，系统探讨智慧教育在全球未来教育发展中的关键角色。首先，“智慧教育的国家战略与国际话语”基于国际教育数字化转型的进展，构建智慧教育的国家战略框架，探索面向智慧教育的数字化学习公共服务体系，并提出国际智慧教育评估与监测框架，为全球智慧教育教育的发展提供参考。其次，“教育社会实验与智能技术治理”关注教育领域中的可信人工智能，探讨智能技术在保障教育变革中的价值，提出通过大规模、长周期的教育社会实验诠释智能技术在教育领域中的应用规律。最后，“智慧教育生态与科教融汇”聚焦于科教融汇战略的时代意义，剖析科技与教育的螺旋式发展态势，探讨如何通过多元化的教育场景实现教育质量、效率和公平的提升，以实施国家数字化战略支撑拔尖创新人才培养。

第十四章　智慧教育的国家战略与国际话语

在全球数字化与智能化加速发展的背景下，教育领域正在经历一场深刻的变革，智慧教育作为教育现代化的重要方向，正逐渐成为全球各国政府战略布局的核心领域。从国家层面来看，智慧教育的推进体现了政府在教育数字化战略中的前瞻性布局和整体规划。各国通过制定系统性的教育战略框架，加快教育技术基础设施建设，优化教育资源供给，提升教育治理水平，积极构建面向智慧教育的数字化学习公共服务体系，以应对教育数字鸿沟、促进教育公平与包容性发展。然而，由于经济基础、技术条件和治理模式的差异，各国在智慧教育领域的发展进程与战略路径呈现显著差异。发达国家凭借雄厚的经济基础和先进的技术条件，率先推进智能技术在教育领域的深度应用和创新，注重构建开放共享的教育资源平台和灵活多样的学习环境；而部分发展中国家则在政策引导与国际合作的推动下，逐步探索适合自身国情的教育数字化转型路径，积极利用智能技术赋能教育，努力补齐资源与技术的短板，推动教育公平与普惠发展。在全球智慧教育发展进度不平衡的背景下，建立面向智慧教育的科学评估与监测框架尤为重要，通过科学合理的评估指标体系对不同国家或地区智慧教育的发展水平、资源配置公平性以及实际学习成效等进行监测和反馈，将为教育战略优化和政策调整提供数据支撑和决策依据。

本章将围绕“智慧教育的国家战略与国际话语”开展系统研究，选取全球典型国家的数字教育现状进行比较分析，构建国家智慧教育战略框架以及面向智慧教育的数字化学习公共服务体系，并建立国际智慧教育评估与监测框架，旨在为智慧教育的可持续发展和国际合作提供理论支持与实践参考。

一、面向智慧教育的教育数字化转型国际进展

（一）国家智慧教育战略联合研究

在全球化和技术迅猛发展的时代，教育正经历着深刻的变革。网络技术、大数据、人工智能等数字化工具的快速普及，推动了教育形态从传统模式向智能化、个性化和终身化转型。然而，在这一转型过程中，世界各国由于网络基础设施、技术能力与经济发展的差异，表现出明显的不平衡性，尤其是在教育资源公平分配、教师数字素养、学生自主学习能力等方面仍面临诸多挑战。面对这些复杂问题和不确定性，联合国教科文组织发起了“教育的未来”倡议，旨在重新思考知识和学习在不确定性环境中塑造人类与地球未来的关键作用，并倡导通过信息技术推动教育创新和可持续发展。倡议希望通过广泛的全球磋商，动员包括青年、教育工作者、政府与企业等在内的多方利益相关者参与讨论，共同探索未来教育的发展方向。

在此背景下，由五家机构[①]联合发起的“国家智慧教育战略联合研究计划”应运而生。该计划聚焦未来教育的发展趋势与关键问题，致力于探索信息技术与教育深度融合的路径，推动包容和公平的优质教育，并为所有人提供终身学习的机会。研究计划从以下五个方面展开：（1）面向未来教育的教育信息化政策评估，主要侧重于对相关国家的教育信息化政策进行述评，探索技术与教育融合的基本途径；（2）国家层面的智慧教育技术框架，提出该框架旨在为国家层面制定智慧教育发展规划提供参考；（3）国家智慧教育指数（评价与监测），将基于技术框架确定监测国家智慧教育状况的指标；（4）智慧教育的国家公共服务体系，探索智慧教育国家公共服务体系的功能、定位、结构、工作机制和数据中心建设指南；（5）智慧校园的技术与标准，旨

---

① “国家智慧教育战略联合研究计划”的五个发起机构分别是联合国教科文组织教育信息技术研究所（UNESCO IITE）、英联邦学习共同体（COL）、国际教育技术协会（ISTE）、俄罗斯国家研究型高等经济大学（HSE）及北京师范大学（BNU）。

在探索智慧校园的技术架构和智慧校园的建设解决方案。作为该计划的秘书处，本研究团队持续推进智慧教育的系统性研究，涵盖国际数字教育发展趋势、国家智慧教育战略框架、评估与监测体系等多个方面，以全球视野勾勒未来智慧教育的蓝图，并为各国智慧教育的发展提供决策支持。

（二）数字教育的发展阶段

在智慧教育的全球发展背景下，各国普遍重视数字教育的战略部署，并将其作为推动教育现代化和社会可持续发展的关键举措。各国政府在政策制定过程中，不仅关注教育数字化的技术赋能，还从宏观层面考量教育愿景、公平性及文化多样性，以确保数字教育的可持续性和包容性。作为“国家智慧教育战略联合研究计划”的一部分，为深入分析国家层面数字教育政策的规划特征，研究团队采用系统检索方法，以“智慧教育”“数字教育”“数字化转型”“数字化”“教育技术政策”“人工智能”“生成式人工智能”等为关键词进行筛选和分析，梳理出全球主要国家和地区的典型数字教育政策案例（见表 14–1）。

表 14–1　全球典型数字教育政策

国家 / 国际组织		教育数字化战略规划文件
亚洲	中国	《教育强国建设规划纲要（2024—2035 年）》、党的二十大报告、《中华人民共和国国民经济和社会发展第十四个五年规划和 2035 年远景目标纲要》、《“十四五”国家信息化规划》、《提升全民数字素养与技能行动纲要》、《中国教育现代化 2035》、《新一代人工智能发展规划》
	日本	《数字政府实行计划》《科学技术基本法》《人工智能战略》《2022 年教育数据利用路线图》
	韩国	《教育信息化规划（2019—2023 年）》《人工智能国家战略》《2022 年教育信息化实施计划》《绿色智能未来学校综合推进计划》
	新加坡	《2030 年教育科技总体规划》《数字化就绪蓝图》
	印度	《国家教育政策 2020》《印度报告 2021：数字教育》
	越南	《国家数字化转型计划》
	马来西亚	《马来西亚智慧学校实施计划》《马来西亚教育信息通信技术政策》《马来西亚教育蓝图（2015—2025 年）》《马来西亚高等教育的灵活学习途径：平衡人力资源开发和公平政策》《全国教师信息通信技术能力标准》

续表

国家 / 国际组织		教育数字化战略规划文件
亚洲	阿联酋	《阿联酋教育部战略规划（2017—2021 年）》
欧洲	欧盟	《欧洲数据战略》《2030 年数字指南针》《地平线欧洲（2021—2024 年）》《欧洲适应数字时代：人工智能监管框架》《数字服务法案》《数字市场法案》《数据治理条例》《绿色和数字化转型》《数字教育行动计划（2018—2020）》《数字教育行动计划（2021—2027 年）》《欧洲公民数字能力框架》《欧洲教育工作者数字胜任力框架》
	英国	《英国数字战略》《教育技术战略：释放技术在教育中的潜力》《国家人工智能战略》《国家网络安全战略》
	德国	《数字战略计划 2025》《数字教育倡议》《数字世界中的教育》《中小学数字教育协定》《面向数字化知识社会的教育行动》《共同建设数字化世界中的高质量职业学校》《人工智能战略》
	法国	“教育数字化计划”、“数字化校园”教育战略规划、“教育数字领地”项目、《疫情背景下教育数据使用的伦理问题》
	俄罗斯	《现代数字教育环境建设项目（2016—2025 年）》《俄罗斯联邦数字经济规划》《俄罗斯教育部活动领域相关的教育数字化战略转型方向》
	意大利	《国家数字教育方案》《国家数字能力战略行动方案》《公共管理数字化服务三年计划（2020—2022 年）》
	葡萄牙	《葡萄牙教育技术规划》《葡萄牙国家战略规划》《葡萄牙 2030 国家数字技能倡议》
	荷兰	《教育创新与信息通信技术加速计划》《人工智能战略行动计划》
	塞尔维亚	《人工智能战略（2020—2025 年）》《数字技能发展战略（2020—2024 年）》
北美洲	美国	《美国创新与竞争法案》、《国家人工智能研发战略计划》、《美国全球数字经济大战略》、《联邦数据战略与行动计划》、《关键与新兴技术国家战略》、《帮助美国学生为 21 世纪做好准备：迎接技术素养的挑战》（NETP 1996）、《数字化学习：为所有学生提供触手可及的世界课堂》（NETP 2000）、《迎来美国教育的黄金时代：因特网、法律和学生如何变革教育期望》（NETP 2004）、《变革美国教育：技术推动学习》（NETP 2010）、《为未来而准备的学习：重塑技术在教育中的作用》（NETP 2016）、《重塑技术在教育中的作用》（NETP 2017）、《面向教师的国家教育技术标准》、《ISTE 教育工作者标准》、《学校领导者数字学习指南》、《领航数字变革 2019：为所有学习者提供公平机会》、《促进全民数字公平》
	加拿大	《数字加拿大计划 150》《数字宪章计划》《数字素养教育框架》

续表

国家 / 国际组织		教育数字化战略规划文件
南美洲	巴西	《巴西数字转型战略》《国家网络安全战略》《基础教育共同课程基准》
非洲	南非	《国家数字及未来技能战略》《加快数字与云技术发展议案》
	尼日利亚	《教育促进变革：教育部战略规划（2018—2022 年）》
	埃及	《埃及 2030 愿景》、《数字埃及战略》、《埃及 ICT2030 战略》、《国家人工智能战略》、《个人数据保护法》、“数字埃及建设者”计划
大洋洲	澳大利亚	《数字教育革命》《数字教育革命中期审查报告》《面向未来的基础技能》《数字素养框架》《数字经济战略 2030》
	新西兰	《学生公平数字接入计划》《新西兰数字化战略》《数字技能和人才计划》《数字技术领域技能提升和再培训计划》

在国际教育数字化转型的大背景下，各国数字教育政策的制定体现出系统性和前瞻性。依据联合国教科文组织教育信息技术研究所、国际教育技术学会和北京师范大学等单位联合发布的《国家智慧教育框架报告》①，可以从智慧教育的六大核心考量——国家层面的愿景与计划、基础设施建设、人力资源投入、包容性与公平性、持续改进文化、多部门合作与伙伴关系——对典型国家的教育数字化战略规划文件进行深入剖析。质性分析结果表明，全球数字教育政策整体上聚焦于创建高质量、包容和可持续的数字教育生态，持续推进数字基础设施建设，并将数字化人力资源建设作为优先发展的核心议题。与此同时，全球数字教育政策规划展现出数字化、网络化、智能化三个发展阶段的特征，体现出从基础设施完善与资源数字化，到互联互通与资源共享，再到人工智能驱动的智能教育生态构建的演进路径。

数字教育发展的第一阶段是数字化，数字化阶段是数字教育发展的起步阶段，重点在于通过技术手段奠定教育信息化的基础。其标志为数字基础设施的建设和普及，获取数字设备、开发数字资源、搭建信息平台，以提高教

① UNESCO IITE，BNU，ISTE. Report on national smart education framework[EB/OL]. [2024-03-28]. https://iite.unesco.org/wp-content/uploads/2022/12/Report-on-National-Smart-Education-Framework.pdf.

育教学效果和资源可及性。主要任务包括制定技术应用于学习的教育愿景，强化在线网络环境的建设，加快高速网络连接，推动数字工具的普及与使用。同时，提升信息技术能力，探索有效的数字化培训方式，推动教育公平，提供平等的学习机会并减少性别差异等不平等现象。此外，通过持续的资金投入，更新数字教学方法和资源体系，跨部门协同提供技术支持，明确各部门在教育数字化过程中的职责分工，为智慧教育发展提供有力保障。

第二阶段是网络化，网络化阶段聚焦于实现教育的全面网络化与资源共享，推动学习方式的创新与服务质量的提升。主要任务包括搭建综合智能化平台，实现学习的实时性与便捷性，提供持续且包容的数字支持服务。同时，提升学生的数字素养，普及编程教育，推动教育与社会就业需求相适配。在此阶段，数字教育被视为全纳教育服务的基础，它提供个性化的资源支持，促进教育公平。通过制定技术应用指南，建立网络化教育生态系统，跨部门合作鼓励数据共享与使用，推动企业与学校在技术资源上的整合与应用，构建更加高效的智慧教育服务体系。

第三阶段是智能化，其标志是教育形态的转型与变革，通过人工智能、云计算、大数据、物联网的协同作用，促进人与人、人与机器、人与资源之间的智能交互，以实现教学内容和学习支持的精准化供给和个性化定制，建立全新数字教育生态。智能化阶段是数字教育发展的高级阶段，核心目标是构建高水平智慧教育生态，推动个性化和高质量学习服务的实现。主要任务包括打造智慧教室和虚拟学习空间，推广支持学习的移动化设备，推动技术赋能学习者和教育者。同时，注重培养学生的人工智能素养，提供人工智能课程，创新人工智能在教育领域的应用，培养面向未来的数字公民。在教育公平方面，缩小数字鸿沟，确保智慧教育满足所有学习者的需求，提高教育的包容性与均衡性。此外，通过持续完善数字生态系统，建设智慧教育示范区，并利用技术实现规范化管理、国际合作与技术创新，进一步推动智慧教育的发展，形成全球领先的智慧教育生态体系。

（三）数字教育政策的核心维度与阶段性演变

全球数字教育政策的规划普遍围绕国家层面的愿景与计划、基础设施建设、人力资源投入、教育包容与公平、教育文化、跨部门与跨领域协同六个核心维度展开。不同国家在推进教育数字化转型的过程中，这六个维度的侧重点和发展路径随阶段演进而不断调整。从数字化阶段到网络化阶段，再到智能化阶段，各维度的政策体现出由数字基础设施建设向智慧教育生态构建的逐步深化（见图 14–1）。

	数字化阶段	网络化阶段	智能化阶段
制定国家层面的愿景与计划	•制定技术应用学习的教育愿景 •加强在线网络环境创设	•搭建综合全面的智能化平台 •实现随时随地的学习	•构建高水平数字教育生态 •促进高质量、个性化学习 •提供世界一流数字服务
优先夯实教育的基础设施建设	•加快高速网络连接 •引入数字工具	•提供持续且包容的数字支持 •提升数字服务质量	•打造智慧教室、虚拟空间 •人人拥有支持学习的移动设备
优先加强教育的人力资源投入	•提升信息和通信技术能力 •探索有效的数字化培训方式	•提升数字素养 •普及编程教育	•提供人工智能课程 •培养人工智能素养 •创新人工智能教育应用
教育包容与公平	•平等的教育机会 •减少性别偏见	•为全纳教育服务 •提供个性化资源支持	•缩小数字鸿沟 •确保教育满足所有学生的学习需求
持续改进的教育文化	•持续的资金投入 •更新数字教学法和数字资源	•制定综合性的教育技术应用指南 •构建数字生态系统	•打造智慧教育示范区 •持续优化学校数字生态
有效的跨部门与跨领域协同	•跨部门协同提供技术支持 •明晰各部门数字化分工与职责	•鼓励跨部门与跨领域的数据与资源共享 •推动校企技术深度合作	•规范和管理新兴技术的应用 •加强智慧教育的国际合作 •促进智能技术的研究与创新

图14–1　数字教育政策三个阶段的特征

1. 制定国家层面的愿景与计划

在国家层面的愿景与计划上，数字教育政策从最初的技术驱动型逐步演进为系统性、生态化的发展战略。在数字化阶段，政策制定主要关注技术在教育中的应用，强调建设在线学习环境，以推动数字技术的初步普及。在网络化阶段，政策目标逐渐升级，着力构建综合性智能化教育平台，实现跨地域、跨机构的资源整合，推动数字教育生态的协同发展。而在智能化阶段，政策愿景进一步扩展至打造高质量、个性化的智慧教育生态，强调人工智能、大数据等技术的深度融合，以促进教育系统的智能化转型，并推动全球范围内的数字教育合作。

2. 优先夯实教育的基础设施建设

在基础设施建设方面，各国政策经历了从网络与硬件的普及，到互联互通的资源优化，再到智能化学习环境构建的递进过程。在数字化阶段，政策重点是加快高速网络覆盖，提供数字化教学工具，以奠定教育数字化的基础。在网络化阶段，政策关注点转向增强网络互联互通，提供持续且包容的数字支持，优化教育资源的分配与共享，确保学习者可以随时随地获得优质数字教育服务。而在智能化阶段，政策更加强调智能化学习环境的建设，推动智慧教室、虚拟现实学习空间的普及，使每位学习者都能获得适配自身需求的个性化学习终端，实现教育场景的全面智能化升级。

3. 优先加强教育的人力资源投入

在人力资源投入方面，政策演进路径体现了从数字技能培养到人工智能素养发展的深化趋势。在数字化阶段，政策主要关注信息与通信技术能力的提升，强调教育工作者和学生的基本数字技能培训，并探索有效的数字化教学方式。在网络化阶段，政策目标扩展至全民数字素养的提高，推动终身学习体系建设，使学习者能够适应不断演进的数字化和网络化学习环境。而在智能化阶段，政策进一步聚焦人工智能素养的培养，推动人工智能课程体系建设，促进智能技术在教育中的创新应用，以提高未来人才的科技适应力和创造力。

4. 教育包容与公平

在教育公平与包容性方面，政策经历了从基础性的教育机会均等，到针对性支持，再到智能化精准匹配的演进过程。在数字化阶段，政策强调减少教育机会的不平等，推动教育资源的数字化普及，以缩小性别和社会经济背景带来的教育差距。在网络化阶段，政策进一步加强针对特殊群体的支持，通过提供个性化数字教育资源，确保弱势群体能够平等地获取优质教育资源。而在智能化阶段，政策的重点转向缩小数字鸿沟，推动人工智能辅助的学习资源匹配，以确保所有学习者都能获得满足其个体化需求的高质量教育支持，从而实现更广泛的教育公平。

5. 持续改进的教育文化

在教育文化方面，政策从资金投入和教学法创新，逐步演变为体系化的生态优化。在数字化阶段，政策着重于持续的资金投入，以支持数字教学法的研发和数字资源的更新，使教育体系能够适应数字化变革。在网络化阶段，政策进一步推动制定综合性的教育技术应用指南，构建更加系统化的数字教育生态，以确保技术应用的规范性和有效性。而在智能化阶段，政策的核心转向智慧教育示范区的建设，通过优化数字校园生态，实现教育体系的智能化升级，并推动教育文化的深层变革。

6. 有效的跨部门与跨领域协同

在跨部门与跨领域协同合作方面，政策体现了从部门间的分工协作，到资源共享，再到全球化合作的逐步深化。在数字化阶段，政策关注跨部门协同提供技术支持，并明确各部门在教育数字化进程中的职责，以促进技术的有效应用。在网络化阶段，政策强调跨领域的数据与资源共享，推动校企合作，以实现技术与教育实践的深度融合。而在智能化阶段，政策的重点转向加强智慧教育的国际合作，规范和管理新兴技术的应用，同时推动人工智能和教育技术的研究创新，以促进全球教育体系的共同发展。

总体而言，全球数字教育政策在六大核心维度上的演进路径，展现了从数字化阶段的基础设施与资源建设，到网络化阶段的教育系统互联互通，再到智能化阶段的人工智能赋能与智慧生态构建的逐步深化。各阶段依托技术进步与资源整合，逐步实现从基础建设到高水平智慧生态的转变。这一过程不仅反映出技术进步对教育模式的深远影响，也揭示了各国政策在推动教育数字化转型时的系统性考量和战略布局。

（四）不同区域数字教育政策的聚焦核心

亚太地区高度重视制定国家层面的愿景与计划，优先加强教育的人力资源投入。例如，日本在《2022年教育数据利用路线图》[①]中明确勾画了国家数字教育的愿景，即建立一个人人可以自主决定、随时参与学习的社会。此路线图提出了一个系统性框架，内容包括促进信息技术的全面应用、支持以学生为中心的教育转型、优化教育数据的采集与共享等。文莱通过设立专门机构来监督数字教育计划的实施，确保发展过程符合既定的目标和标准，但也允许根据实际情况进行必要的调整和优化。[②]新加坡发布的《2030年教育科技总体规划》[③]重点关注人力资源的提升，旨在通过数字化培训将教师培养成以技术支持为核心的学习设计者和推动者。

欧洲地区普遍关注优先建设教育的基础设施，强调教育的包容与公平。例如，马耳他在《数字教育战略2024—2030年》[④]中通过为中学生提供数字设备、创设全用户学习空间、共享数字资源、建设数字图书馆等举措，来落实数字教育的技术基础。爱尔兰制定的《2027年数字战略计划》[⑤]重点实施“提供学校机会公平”计划，并为学校提供信息化建设计划，确保所有学生享有平等的学习机会。此外，该地区还以欧盟《数字教育行动计划（2021—2027

---

① デジタル庁，総務省，文部科学省，経済産業省．教育データ利活用ロードマップ [EB/OL]. [2024-03-28]. https://cio.go.jp/sites/default/files/uploads/documents/digital/20220107_news_education_01.pdf.

② Ministry of Education. Digital transformation plan 2023–2027[EB/OL]. [2024-03-28]. https：//www.moe.gov.bn/Shared%20Documents/MOE%20Digital%20Transformation%20Plan%202023-2027.pdf.

③ Ministry of Education of Singapore. “Transforming Education through Technology” masterplan 2030[EB/OL]. [2024-03-28]. https://www.moe.gov.sg/education-in-sg/educational-technology-journey/edtech-masterplan.

④ Government of Malta. Visioning the future by transforming education：national education strategy 2024-2030[EB/OL]. [2024-03-28]. https://education.gov.mt/wp-content/uploads/2024/05/NATIONAL-EDUCATION-BOOKLET-ENG-Version.pdf.

⑤ Department of Education. Digital strategy for schools to 2027[EB/OL]. [2024-03-28]. https://assets.gov.ie/221285/6fc98405-d345-41a3-a770-c97e1a4479d3.pdf.

年)》[①]为蓝图，通过加强成员国之间的合作，全面提升教育质量，促进教育的包容与公平。

美洲地区重点关注优先加强教育的人力资源投入，强调教育包容与公平。例如，巴西出台的《国家数字教育政策》旨在通过加强教师数字技能培训和推动学校教育数字化，来保障弱势群体的教育机会；通过普及编程、机器人等数字技能教育，推动信息技术领域的创新与发展，全面提升国家在数字时代的教育水平和国际竞争力。美国推出的 NETP 2024 从数字访问、数字公平、数字使用三个关键维度，应对学生在获取数字资源上的不平等问题、教师设计和实施数字教育的挑战，以及学生在使用数字工具和技术过程中的差异问题，以缩小数字鸿沟，提升数字教育的包容性与公平性。

非洲地区侧重于制定国家层面的愿景与计划，优先加强教育的人力资源投入。例如，肯尼亚制定的《教育与培训中的信息和通信技术政策》详细勾画了国家愿景，即推动数字化社会进程以促进可持续发展，推动信息和通信技术与教育的深度融合来提升教育质量。尼日利亚在 2023 年发布的《国家数字化学习政策》强调了教师个性化的数字技能培训，以满足国家对专业人才日益增长的需求[②]。

二、智慧教育的国家战略框架

作为“国家智慧教育战略联合研究计划”的项目成果之一，联合国教科文组织教育信息技术研究所、国际教育技术学会和北京师范大学等单位

① European Union. Digital education action plan (2021–2027) [EB/OL]. [2024–03–28]. https://education.ec.europa.eu/focus–topics/digital–education/action–plan.

② Federal Ministry of Education. National digital learning policy[EB/OL]. [2024–03–28]. https://education.gov.ng/wp–content/uploads/2023/08/MM–National–Digital–Learning–Policy–Final–Draft–2.0.pdf.

于 2022 年联合发布了《国家智慧教育框架报告》[①]。“国家智慧教育框架”（见图 14–2）旨在认识智慧教育特征，构建智慧教育技术框架，探索实现智慧教育的实现途径，为国家层面制定智慧教育发展规划提供参考。政府和教育利益相关者应认识到数字技术促进教育转型与智慧教育生态构建的重要性和紧迫性，从而为全民提供包容和公平的优质教育。为了实现这一目标，需要从包容性与公平性、持续改进的文化、多部门合作与有效伙伴关系这几方面进行系统考量和整体战略设计。战略杠杆作为智慧教育的核心，需要重点考虑三个要素：技术赋能的学与教变革、趋向智慧教育的学习环境和前瞻性的教育治理与政策计划。

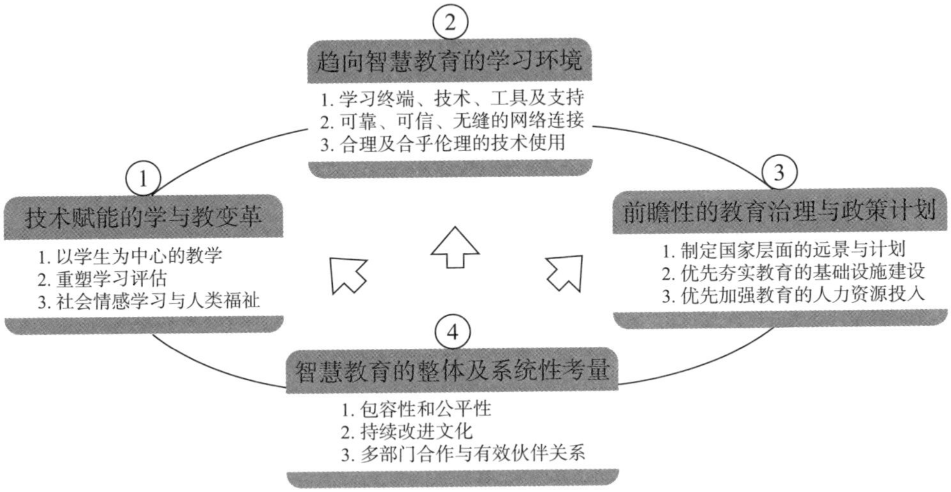

图14–2　国家智慧教育框架

（一）技术赋能的学与教变革

技术赋能正在深刻地重塑学与教的传统模式，推动教育向更加个性化、协作化和人性化的方向发展。现代数字学习生态系统不仅为教育者和学生之间的互动提供了新的可能，也重新定义了教育的核心内涵。通过技术的支持，

① UNESCO IITE，BNU，ISTE. Report on national smart education framework[EB/OL]. [2024-03-28]. https://iite.unesco.org/wp-content/uploads/2022/12/Report-on-National-Smart-Education-Framework.pdf.

学习模式正从以教师为中心的知识传授转向以学生为中心的主动学习转变，学习者不再是信息的被动接受者，而是知识与经验的积极构建者。与此同时，技术的深度应用还为重塑学习评估提供了新的工具和方法，使评估不仅局限于对结果的测量，而是更关注学习过程的优化和个性化的学习反馈。此外，社会情感学习与人类福祉日益成为全球教育改革的重要议题，技术依托数据驱动与多元化学习场景的塑造，在促进教育公平、优化学习体验和构建更加包容的教育体系方面发挥关键作用。

1. 以学生为中心的教学

教育工作者应积极利用基于学习科学的技术，设计并提供高质量的教育体验，以培养学生成为自主、高效的学习者和具有创造力的数字公民。从幼儿教育到高等教育乃至终身学习阶段，技术赋能的教育过程不仅要促进知识建构，还要有助于培养学生的元认知能力。这一目标的实现依赖于以学习者主体性为核心的教学模型，通过创新型学习方式，突破传统课堂的局限，提供真实且有深度的学习体验。具体而言，创新型学习方式在实现这一目标过程中发挥着重要作用。首先，个性化学习基于每位学生的独特需求、兴趣和背景，动态调整学习目标、内容、方法和支持系统，使学习进程更具适应性，从而提升学生的学习效果。其次，协作学习通过学生与同伴、教育工作者、专家及本地与全球社区的互动，拓展学习场域，强化社会建构主义取向的学习体验，使学生在团队协作中共同解决问题、深化理解。再次，基于设计的学习将设计思维的核心原则（同理心培养、问题探究、原型制作、迭代优化等）融入教学，鼓励学生以创造性方式解决问题，提升创新能力。最后，以项目或问题为基础的学习强调以现实世界的问题为驱动力，引导学生通过深入研究与实践提出可行的解决方案，培养其复杂问题解决能力、批判性思维及跨学科整合能力。

2. 重塑学习评估

在现代教育实践中，学生与教育工作者共同制定学习目标，并在教育工作者的引导下选择适合自身的方式来展示学习成果。教育工作者则依托适应性教学策略与学习分析技术，提供及时且个性化的反馈，以有效支持学生实现学习目标。评估作为学习过程的核心环节，承担着多重功能，涵盖不同层面的目标与实践方式。首先，关于学习的评估（assessment of learning）主要关注学习成果，通过分析学生的表现和成就，衡量其知识掌握程度和能力发展情况，以此判断学习是否进步。其次，为了学习的评估（assessment for learning）强调评估在教学过程中的促进作用，依托实时数据收集和分析，动态调整教学策略，优化教育体验，使评估成为改进学习过程的有效工具。最后，作为学习的评估（assessment as learning）强调评估本身即学习过程的一部分，鼓励学生通过多样化的方式展示学习成果，如项目展示、研究报告、数字化作品等，从而促进高阶思维能力的发展，并增强自我反思与自主学习意识。多维度的评估体系是个性化学习的重要支撑，也是为教育工作者的教学决策提供数据驱动的证据支持，可以推动学习与教学的深度融合与优化。

3. 社会情感学习与人类福祉

技术在推动文化响应性教学方面发挥着关键作用，使教育者能够为学生营造归属感，并培养他们成为具有全球公民意识的负责任的个体。在这一过程中，技术不仅支持学习者的认知发展，还促进了对其社会情感技能（包括自我管理、社会意识、关系技能以及负责任的决策能力）和数字公民能力（包括创建包容性社区、具备信息与媒体素养、积极参与本地与全球事务，以及安全、合乎伦理地使用技术）的培养。

在将“通过技术实现教学变革”的理念落实到学校层面的具体教学工具与资源中时，关键在于选择适合的教学工具与资源，并确保其符合以下核心标准：第一，无障碍性，即工具是否以其通用设计为各类学习者（包括残疾人）提供支持。第二，数字教学法，评估工具是否融合了学习科学和最佳教学实践，推动高效的数字化教学创新。第三，循证性，确保技术工具的有效性能够通过实证研究和持续评估得到验证，避免采用缺乏教学成效支持的工具。第四，互操作性，技术是否支持学习者数据在不同系统之间安全、受控且无缝地流转，以促进个性化学习路径的构建。第五，数据隐私，是否具备严格的数据保护机制，确保学习者隐私不受侵害，并符合相关伦理规范。通过这些多层次的考量，技术可以被最大化应用于促进教学变革与学生能力发展。

（二）趋向智慧教育的学习环境

现代化的数字学习生态系统应通过提供必要的技术支持，为正规和非正规教育的普及与加速发展创造条件，使学习机会更加广泛可及。智能化学习环境必须具备高度的灵活性，使学习者无论身处校园、职场还是其他非正式学习场所，都能随时随地获得适切的学习支持。此外，为确保技术的有效应用，教育生态系统中的领导者、教育工作者和学习者需要共同遵循一套围绕技术伦理、数据隐私和公平性制定的标准与规范，以保障学习的安全性与可靠性。在此基础上，智慧学习环境不仅要提升教育的便捷性和普适性，还应通过精准化、个性化的学习支持，培养学习者的批判性思维、信息素养和社会责任感，从而推动智慧教育的深度发展，并为培养数字时代的公民素养奠定基础。

1. 学习终端、技术、工具及支持

为确保所有学生和教育工作者都能公平、便捷地获取教育资源，应配备适用于智能教学的数字化学习设备，并依托先进的通信和信息技术提供稳定的网络支持。同时，应建立完善的技术支持体系，确保学生和教育工作者在使用过程中能够及时获得帮助，保障设备的正常运行和教学活动的顺利开展。

2. 可靠、可信、无缝的网络连接

所有学生和教育工作者应能够在学校、家庭或社区实现无缝互联网连接，以消除地域和时间上的限制，融入全球学习网络。稳定、高速的网络环境不仅能支持跨时空学习，还能促进协作式教育体验，让师生之间的互动更加便捷、高效。

3. 合理及合乎伦理的技术使用

个人数据和学习绩效数据的共享需建立在信任基础之上，同时必须构建严密的保护机制，防止数据滥用并确保安全合规。数据隐私保护至关重要，学生数据的使用必须严格受控，仅限于在获得授权的情况下将其应用于个性化学习体验或教学改进研究，以确保数据使用的合法性和透明度。与此同时，不同系统间的数据共享需要遵循统一的技术标准和安全规范，确保数据流转

既高效顺畅，又符合隐私保护要求，避免“信息孤岛”问题。人工智能在教学和评估中的应用也需充分考虑伦理问题，应采取有效措施预防算法偏见和数据歧视，确保技术应用的公平性、透明性和可追溯性，以维护教育公平并增强公众信任。

（三）前瞻性的教育治理与政策计划

现代化的数字学习生态系统依赖于政府的战略引领和长期承诺。政策制定者需构建前瞻性的教育治理与国家战略计划，充分发挥技术优势，推动智慧教育发展。这不仅要求明确智慧教育的国家愿景，还需通过合理的资源投入和机制设计，确保计划的有效性、可持续性及动态改进能力。前瞻性的教育治理应统筹考量技术变革的深远影响，兼顾教育公平与包容性，并推动多方协同合作，以构建高效、灵活、可持续的智慧教育体系，为教育现代化和终身学习体系奠定坚实基础。

1. 制定国家层面的愿景与计划

智慧教育的发展离不开共同的教育愿景和系统性的发展战略引领，需要明确技术在学生未来成功中的核心作用，及其在促进社会与经济公平方面的潜在影响。在这一愿景的指导下，应推动各部门和利益相关方协同合作，共同制定国家层面的教育技术发展规划，设定清晰的衡量指标与阶段性目标，并全面评估计划实施所涉及的初始投入、运营成本及潜在隐性支出。这一愿景和计划的关键要素包括以下几个方面：首先是国家战略，需要构建并实施以学生为中心的教育政策，培养学生的终身学习能力，同时提升教育工作者的数字教学素养，使其能够充分运用技术优化教学方式，提升学习效果。其次是基础设施建设，包括数字基础设施的部署、维护和定期升级，以确保教育系统具备稳定、安全、可持续的技术支持环境，从而长期支撑智慧教育的发展。最后是高质量数字教育资源的开发与管理，通过建设开放、免费或专有的优质数字教育资源和课程，推动形成灵活高效的教学模式，满足不同学习者的需求，促进教育公平和学习机会的均衡分配。

2. 优先夯实教育基础设施的建设

政府应优先投资并持续更新先进的电信与信息技术基础设施，包括有线和无线网络等，确保所有地区特别是农村与边远地区的社区都能够获得稳定的高速互联网连接。这些基础设施建设不仅是教育数字化转型的根基，更是缩小城乡数字鸿沟、促进教育公平的必要条件。通过普遍覆盖的网络连接，所有学生与教育工作者平等地获得在线学习资源，参与远程教育活动，并利用数字化工具推动整体教育质量的提升。因此，教育基础设施的普及和优化，直接关系到教育公平和教育现代化的进程，具有不可替代的战略意义。

3. 优先加强教育人力资源的投入

智慧教育发展不仅依赖于技术的引入，更加依赖于教育工作者的现代化。在缺乏足够人力资源投入的情况下，即便进行大规模的技术投资，也难以实现教育技术的真正变革。教育技术的有效应用首先要求教育工作者能够熟练掌握并实践数字化教学方法。因此，教育规划应体现出对教师专业能力提升的优先支持，尤其是通过提供充分的培训与准备、持续的专业发展机会以及系统化的辅导与支持，确保教育工作者能够在数字赋能的教育生态系统中灵活运用各种技术手段。这些措施不仅能帮助教师掌握先进的教学工具和方法，更能增强他们在教学过程中对新技术和新挑战的适应能力，为智慧教育生态构建和教育可持续发展提供坚实的基础。

（四）智慧教育的整体及系统性考量

在实施框架中的三个关键杠杆点时，政策制定者需优先考量若干核心因素，以确保现代化的数字学习生态系统既具备灵活性和可持续性，又能满足不同利益相关方的需求。为实现这一目标，必须从战略规划与具体实践两个层面入手，聚焦以下关键问题：如何优化资源配置以促进公平性，如何建立动态适应的政策机制以应对技术变革的快速演进，以及如何在追求短期成果的同时确保长期可持续发展。这些关键问题不仅直接影响框架的执行效果，还决定了数字学习生态系统在全球教育转型中的长期价值与深远影响。

1. 包容性和公平性

在发展智慧教育的过程中，包容性与公平性是衡量教育系统有效性的重要标准。关键问题在于，学校政策设计和实施是否充分考虑并回应了不同学生和教育工作者群体的需求。这些政策是否确保了所有人的全面参与和公平对待，而无论其背景、身份、性别、年龄、社会经济地位、身体能力或其他可能导致某些群体边缘化的特征。此外，在教育治理的关键决策机构中，这些多样化群体是否得到了充分代表，以确保其利益和需求被纳入政策制定和实施的核心过程。对这些问题的关注可以有效提高整体教育系统的包容性和公平性，为所有学习者创造更具支持性和参与感的教育环境。

2. 持续改进文化

持续改进文化是实现技术赋能学习的重要驱动力，其核心在于通过合作与反馈不断优化教育系统的各个要素。关键在于教育工作者和领导者是否与利益相关者建立了有效合作机制，持续收集和分析教育经验的信息，并围绕技术基础设施、学习内容及专业发展的有效性进行评估。这些评估活动不仅是对技术赋能学习更广泛愿景的必要支持，还能为教育系统的动态调整提供关键数据。通过持续改进文化的推动，教育工作者能够更加敏捷地适应技术和学习需求的变化，从而确保教育实践始终与时代发展保持一致，并满足多样化学习者的需求。

3. 多部门合作与有效伙伴关系

政府机构应充分利用社会组织、高等教育机构以及其他国内和国际非政府组织的广泛资源和影响力，以推动公共服务创新，并变革性地利用技术促进学习。这种多部门合作模式具有广泛的应用潜力，包括适应性突破新兴挑战和长期存在的障碍（例如克服学生在技术学习方面的瓶颈问题）；试验和推广创新方法，通过技术优化学习过程，并加速扩展基于证据的解决方案；从战略层面激励多部门合作伙伴积极参与公益事业，鼓励知识和资源的共享，以共同推动教育公平和教育质量提升。这种合作模式通过整合多方资源和能力，不仅为应对教育系统的关键挑战提供了有效支持，还为技术赋能学习的长期可持续发展奠定了坚实基础。

三、面向智慧教育的数字化学习公共服务体系

新时代背景下，大众对教育提出了公平化与均衡化的诉求，教育公共服务体系建设成为当前教育改革的重要目标。在数字中国战略的引领下，数字社会快速发展，数字教育成为其中的重点建设领域，数字教育公共服务是覆盖人的全生命周期的优质共享公共服务内容。2017 年，教育部发布《关于数字教育资源公共服务体系建设与应用的指导意见》，明确提出数字教育资源公共服务体系的建设目标与原则，为教育公共服务体系与教育现代化发展提供政策支撑。2018 年，《教育信息化 2.0 行动计划》提出建成数字教育资源公共服务体系，构建网络化、数字化、智能化、个性化、终身化的教育体系。2023 年 2 月，中共中央、国务院颁布《数字中国建设整体布局规划》，明确指出要构建普惠便捷的数字社会，促进数字公共服务普惠化，大力实施国家教育数字化战略行动。2025 年 1 月，中共中央、国务院印发《教育强国建设规划纲要（2024—2035 年）》，强调要提高教育公共服务质量和水平，提出加强教育资源共享和公共服务平台建设，建设学习型城市、学习型社区。当前，教育数字化战略行动正在按照“需求牵引、应用为王、服务至上”的原则加速推进，推动教育领域与新技术深度融合。只有统筹提升国家和区域教育公共服务能力，才能有效推进教育数字化转型，以满足大众对公平、高质量教育的需求。由此可见，教育公共服务不仅是教育强国建设的关键任务，更是构筑全民共享的数字社会的重要基石。

（一）智慧教育公共服务体系的价值定位

智慧教育公共服务体系是数字化时代推动教育现代化、实现教育公平与高质量发展的核心支撑。在数字化转型背景下，它不仅是教育治理创新的重要抓手，更是构筑全民共享、普惠便捷的数字社会的重要组成部分。只有统筹提升国家和区域教育公共服务能力，强化数据赋能，才能更有效地推进教

育数字化治理。

从国家层面来说，重点是加强国家智慧教育公共服务平台建设，制定教育大数据确权、开放、对接和保护制度，促进各级各类教育公共服务平台和资源平台间的数据融通。例如，国家中小学智慧教育平台边建边用，不断增强功能、扩充资源、提高服务水平，在支撑疫情期间“停课不停学”、促进学生平时的自主学习及教师改进课堂教学等方面发挥了重要作用。从区域层面来说，重点是整合、优化教育数字化组织机构，建立信息、知识、资源交换机制，促进区域内、机构间业务的高效协同；充分利用国家智慧教育公共服务平台，不断扩大覆盖范围、增加应用对象，提升基层教育机构的教育信息化服务能力和效率；创新数字教育资源开发和共享机制，优化校内外数字教育资源供给渠道，满足多元化的教育需求；充分利用智能技术感知、预测和预警校园安全运行情况，及时把握师生认知及身心变化，主动、及时、精准地作出决策，加强数字化培训服务和青少年数字化学习产品治理，形成教育数字化治理的新策略和新能力。

此外，智慧教育公共服务体系还肩负着推动全民终身学习的重要使命。数字化学习公共服务作为其中重要的一部分，是一种由公共部门提供并面向不同地域的大规模学习者的数字化、包容性强和高质量的学习支持服务，包括多样态数字学习资源供给、多元化数字学习空间融通和多维度数字技术应用支持等。目前，国家有关部门已建立了面向不同领域的教育资源数字化中心和服务平台，旨在实现教育资源的共建共享。地方各级政府应倡导和规划所在辖区内的数字化学习服务体系，分层分类建设面向不同学习者群体的数字化学习平台、机制。同时，继续推进国家、省级数字化服务平台的贯通协同，进一步推进信息技术与教育教学的融合应用，提升教育的包容性和均衡性，为学生自主学习、教师改进教学、农村共享优质教育资源、家校社协同育人等提供重要支撑，进而建设全民终身学习的学习型社会、学习型大国。

（二）面向智慧教育的公共服务架构

面向智慧教育的国家公共服务体系旨在探索智慧教育国家公共服务体系

的功能、定位、结构、工作机制和数据中心建设指南，为国家智慧教育公共服务战略提供解决方案和支持。由政府主导和跨部门协同提供的信息基础设施、基础性的学习资源、适应性技术支持与大规模在线学习服务等要素构成的智慧教育公共服务体系，将有助于促进规模化教育与个性化培养，并加速实现联合国《2030年可持续发展议程》。从全球视角看，面向智慧教育的公共服务架构（见图14–3）应包括四个层次。

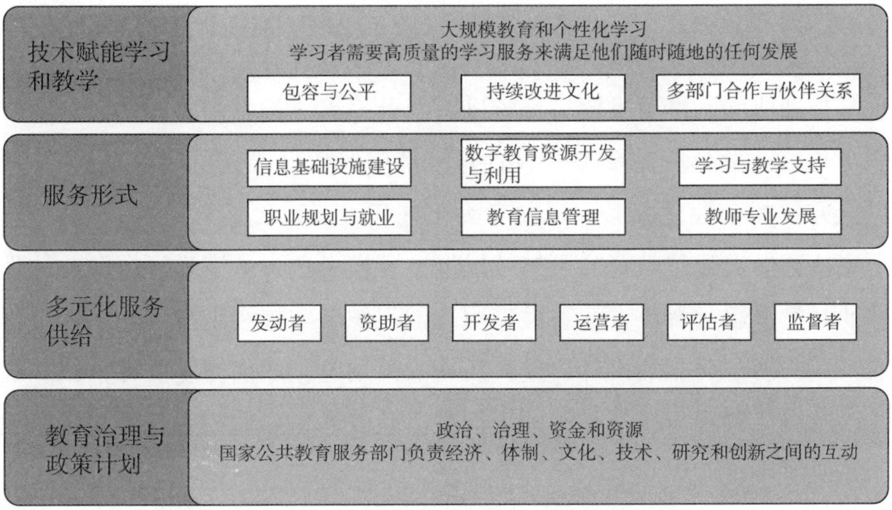

图14–3　面向智慧教育的公共服务架构

一是技术赋能学习和教学。技术赋能学习与教学是智慧教育服务体系的核心支撑，旨在实现大规模教育与个性化学习，确保学习者随时随地获得高质量教育服务。强调包容与公平，通过技术手段缩小教育资源差距，推动教育公平化发展。同时，构建持续改进的文化，利用数字技术不断优化教育内容与教学方法，提升教育系统的效率与质量。此外，通过多部门合作与伙伴关系，加强政府、学校、企业等多方力量的协同合作，推动智慧教育资源共享与创新。

二是服务形式。服务形式体现了智慧教育服务架构的核心功能与内容，面向智慧教育的典型服务形态包括信息基础设施建设、数字教育资源开发与利用、学习与教学支持、职业规划与就业、教育信息管理以及教师专业发展等方面。这些典型服务形式具有以下四种功能。（1）资源供给：为所有学校提供必要的必修课程数字资源，并支持学生在校内外自主、积极地学习，促进教育资源与教育机会的普及与均衡。（2）教师专业发展：搭建共享教与学方案、经验和资源的平台，助力教师实现差异化教学与专业能力提升。（3）跨域共享：汇聚城乡、区域及国内外优质数字资源，促进跨学校、跨区域的资源共享与流通。（4）协同创新：创新教育资源供给与共享机制，探索资源评估、版权保护、成本分摊与分配等方面的有效路径，提升资源供给效率与可持续性。

三是多元化服务供给。多样化服务供给强调智慧教育服务架构中的多方角色参与和协同，涉及发起者、资助者、开发者、运营者、评估者、监督者等多个角色。发起者需要整合教育行政部门、教育研究机构、高校的力量，提供全方位的个性化服务。资助者为正在建设或已经运营的项目提供资金、技术支持，促进智慧教育的可持续发展。开发者负责数字教育资源、软件和硬件的开发。运营者负责智慧教育服务的组织、实施和把控，包括新课程内容的策划、平台功能的设计、重大活动的策划等。评估者主要评估服务的易用性以及在线课程与教育文档的合规性。监督者主要监控服务流程、呈现效果，并识别外部风险。

四是教育治理与政策计划。教育治理与政策计划是智慧教育服务体系的保障支撑。面向智慧社会的教育治理，既要保障人工智能等技术融入教育生态的规范性和有序性，也要利用新技术助力形成精准化、精细化、高效化的教育治理机制，实现教育治理体系与能力的现代化。政府应积极运用现有法律法规和政策工具，提高智慧教育公共服务供给能力和水平。

四、国际智慧教育评估与监测

由于教育质量具有内隐性，对其评估往往基于既有认知与手段，难以实现完全客观的测量。此外，教育质量因时而异，处于持续发展和动态变化之中。这就要求通过长期跟踪与科学技术手段，对难以直接测量的教育质量持续进行数据采集与评估，以确保评价结果的公平与公正。基于这一需求，教育监测应运而生。教育监测作为一种科学评估手段，利用全面、客观的数据衡量教育质量，服务于教育教学实践的改进，进而促进教育的高质量发展。国家教育体系是由相互联系、相互制约、统一协调的各类教育机构及要素所组成的整体，适应并支撑经济和社会的协调发展。① 因此，教育发展离不开系统科学的监测体系，只有依托持续、客观的数据采集与分析，才能精准反映教育质量状况，识别问题并优化资源配置，为教育决策提供有力支撑。② 在全球教育数字化转型的背景下，智慧教育已经成为国家推进教育现代化的重要战略。智慧教育的有效实施与持续发展，需要建立一套系统、科学的监测体系，全面评估教育技术的投入、实施过程与成效，并及时优化政策与资源配置。国家层面的智慧教育监测体系正是通过输入、产出与过程三个核心维度展开的，结合国家、学校和教师三个层级的监测指标，形成系统化的数据评估框架，为智慧教育的科学决策、资源配置和持续发展提供有力支持。

（一）国家智慧教育监测框架

国家智慧教育监测体系是基于智慧教育框架确定监测国家智慧教育状况的整体设计（见图 14–4），旨在评估和监测国家层面的智慧教育状况，为指数的计算提供清晰的指标结构。智慧教育监测既可以作为全球教育监测的一部分，也可以独立进行。在设计智慧教育监测方案时，可以从多个维度加以考虑：输入维度，衡量政府的相关政策、规划，资金、基础设施和资源建设的状况；过程维度，从国家层面衡量在向智慧教育转型过程中，教学、学习和管理方面发生的变化；国家维度，将国家提供的各种推动因素（如政策等）和资源视为整个国家教育体系向智慧教育转型的关键指导和基础；学校维度，强调学校是促进智慧教育转型的基本单位；教师维度，强调教师是智慧教育

---

① 方晓东 . 消除教育的体制性障碍 促进教育科学发展：完善中国特色社会主义现代教育体系的探索 [J]. 人民教育，2012（21）：2–6.

② 陈慧娟，辛涛 . 我国基础教育质量监测与评价体系的演进与未来走向 [J]. 华东师范大学学报（教育科学版），2021（4）：42–52.

转型的关键创新实践者。评估与监测的设计应考虑各种测量数据的来源，确保数据质量和对智慧教育的指标和维度的全覆盖。数据来源包括国际组织的公开数据，官方教育统计数据，学习、教学和管理过程的大数据，以及使用工具包收集的学校教育数据等。

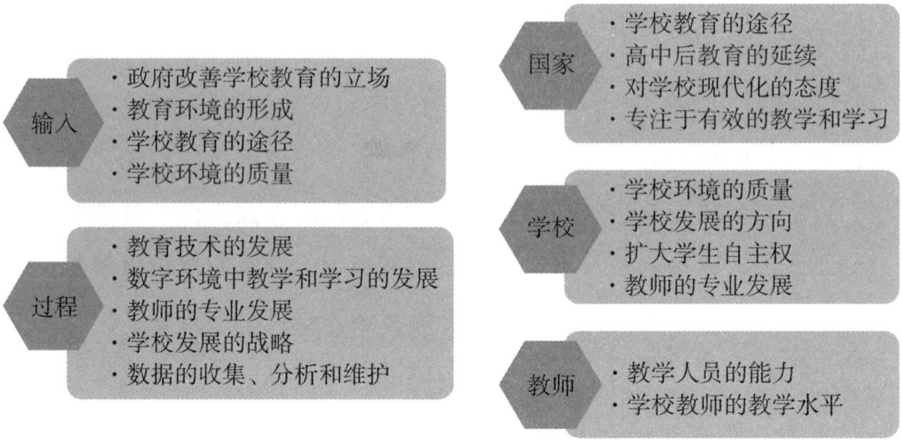

图14–4　国家智慧教育监测框架

智慧教育的监测内容涵盖国家、学校与教师三个层级，每个层级的监测指标聚焦不同的重点，形成系统化的指标体系。在国家层面，监测的重点在于政府的政策定位与资源配置，包括智慧教育的战略实施、基础设施建设、教育技术的开发与应用，以及数据的收集与维护。这些指标反映了国家在智慧教育中的引领作用，为教育现代化提供战略支持。在学校层面，监测内容主要包括学校教育环境的质量提升、学生自主学习能力的培养，以及教师数字化教学能力的发展。这一层级强调学校作为智慧教育实施的关键平台，如何通过技术赋能实现教学创新与学习质量的提升。在教师层面，监测的重点是教师在智慧教育环境中的适应能力和专业胜任力，包括其数字化教学技能、专业发展水平以及技术应用能力。教师作为智慧教育的直接实践者，其能力提升对技术赋能教学和学生学习效果具有决定性影响。

智慧教育监测体系依托多元化的数据，包括开源数据、国家层面的教育统计数据、学教评管大数据以及学校数据。可靠全面的数据来源能够提供准确的基础信息，为智慧教育的深入分析与科学决策奠定了坚实基础。通过这些数据，政府与利益相关方能够动态分析教育资源的投入与使用情况，评估智慧教育实施的实际成效，识别区域、学校和教师层面存在的差异与不足。此外，数据的收集与评估还需要结合先进的技术手段，通过实时监测、可视化展示和趋势预测，及时反馈智慧教育发展中的问题，提供针对性的解决方案，从而优化政策实施路径。

（二）全球智慧教育发展观察指标

2024 年，全球智慧教育合作联盟发布了《数字转型背景下智慧教育的国际理解》研究报告（以下简称《报告》）。《报告》由多位国内外知名学者共同参与研究和撰写，深入分析了国际社会关于智慧教育在提升教育质量、促进教育公平及推动教育数字化转型中的贡献等相关议题，为全球范围内更有效利用智能技术推动教育现代化提供了重要参考。《报告》系统整合了联合国教科文组织统计研究所（UIS）发布的教育数据、世界银行开放数据库、经济合作与发展组织发表的第 8 轮国际学生评估项目和教师教学国际调查（TALIS）结果，以及美国波图兰研究所和牛津大学赛德商学院联合发布的“网络就绪度指数”（NRI）等国际公开数据。基于智慧教育的表现性特征（performative features,PF）与建构性特征（constructive features,CF），《报告》构建了一个包含 10 个主指标和 30 个次级指标的全球智慧教育发展观察框架（见表 14–2），为评估各国智慧教育的实施成效和优化政策规划提供了科学依据，并为探索智慧教育的全球化发展路径奠定了坚实基础。

表 14–2 全球智慧教育发展观察框架

智慧教育特征	主指标	次级指标
表现性特征（PF）	PF1 以学生为中心的教学	1.1 数字技术在教学中的应用
		1.2 主动学习和创造力培养
		1.3 学生的主体性地位
	PF2 全面发展的学习评估	2.1 全方位的教与学评估
		2.2 多样化的师生反馈

续表

智慧教育特征	主指标	次级指标
表现性特征（PF）	PF3 泛在智慧学习环境	3.1 无缝优质的网络连接
		3.2 个性化的数字学习资源
		3.3 可信赖的教育数字设施
	PF4 持续改进的教育文化	4.1 学校数字领导力和基于证据的决策
		4.2 教师合作与交流
		4.3 学校面对挑战的前瞻性考量
	PF5 教育包容与公平的坚守	5.1 支持特殊学生的资源与设施
		5.2 学生的性别平等
		5.3 学校包容与公平
		5.4 教育资源公平
建构性特征（CF）	CF1 积极性学生社交社群建构	1.1 学校文化多样性建设
		1.2 学生的社会情感技能
		1.3 学生的数字素养
	CF2 合乎科技伦理的技术应用	2.1 师生的数据和隐私保护
		2.2 技术监管和法律框架
	CF3 教师发展的优先支持计划	3.1 教师能力建设
		3.2 职前教师的数字胜任力
		3.3 在职教师的数字胜任力
	CF4 可持续的教育改革规划	4.1 教育基础设施的长期投资
		4.2 数字资源汇聚
		4.3 教育创新和技术采纳
		4.4 教育经费和投资
	CF5 有效的跨部门与跨领域协同	5.1 公众参与决策的能力和意愿
		5.2 政府在线服务的可及性
		5.3 政府数据发布与使用情况

智慧教育的表现性特征的观察主指标包括以学生为中心的教学（PF1）、全面发展的学习评估（PF2）、泛在智慧学习环境（PF3）、持续改进的教育文化（PF4），以及教育包容与公平的坚守（PF5）。PF1 重点关注是否能够有效整合技术以促进主动学习、培养学生创造力，确保学生在教育过程中的主体地位；PF2 强调学生的全面发展，考量能否依托多样化的反馈机制和综合评估方法，为学生的成长提供有针对性的指导和支持；PF3 观察学习环境是否能够通过高质量的网络连接、可靠的数字工具和个性化学习资源来保证学习的连续性；PF4 考察学校是否在数字领导力、基于数据的决策以及教师专业发展的支持下，不断优化教育实践；PF5 评估是否能够营造包容和公平的学习环境，以适应不同背景、能力和性别的学生的需求。

智慧教育的建构性特征的观察主指标由积极性学生社交社群建构（CF1）、合乎科技伦理的技术应用（CF2）、教师发展的优先支持计划（CF3）、可持续的教育改革规划（CF4）、有效的跨部门与跨领域协同（CF5）五个方面构成。CF1 考量数字环境是否能促进学生之间的互动、帮助学生的社交学习和情感发展；CF2 侧重于评估教育系统是否建立了健全的伦理框架以保护师生的隐私和数据安全，确保技术的使用在伦理规范的指导下进行；CF3 聚焦于教育系统是否支持教师的持续学习和专业能力提升；CF4 考察是否有长期的战略规划和财政支持，以推动教育基础设施建设和技术创新采纳；CF5 重点关注能否促进并维持政府、私营部门、学术界和非政府组织之间的有效合作，以推动数字教育的持续发展。

（三）不同国家智慧教育的发展现状

《报告》基于全球智慧教育发展观察框架，对 81 个国家和地区的指标数据进行了统计与分析，图 14–5 呈现了这些国家和地区在智慧教育 10 个主指标上的整体得分情况。研究发现，智慧教育各项指标的整体表现存在一定差异。在建构性特征方面，各国和地区在合乎科技伦理的技术应用（CF2）方面得分较高，反映出全球范围内对技术伦理的广泛重视，各国和地区在推动数字技术应用于教育的同时，普遍关注其社会责任和道德规范。然而，各国和地区在可持续的教育改革规划（CF4）方面得分较低，表明全球在制定长期、稳定且可适应技术变革的教育政策方面仍存在较大挑战。在表现性特征（PF）方面，各国和地区在教育包容与公平的坚守（PF5）方面得分较高，凸显了各国和地区在政策制定过程中普遍强调公平与包容性，确保不同社会群体均能受益于数字教育的发展。但同时，各国和地区在持续改进的教育文化（PF4）方面得分较低，说明在教育数字化改革的长期推进过程中，各国和地区在机制建设、实践创新和文化认同等方面尚未形成统一共识，教育变革的可持续性和适应性仍有待加强。

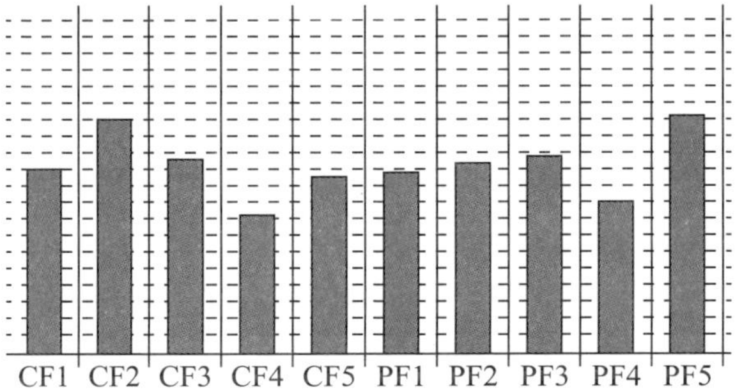

图14–5　81个国家和地区的智慧教育整体发展情况

81 个国家和地区的智慧教育整体发展情况的分析结果反映出全球范围内的教育数字化转型已进入技术与伦理并重的阶段，各国普遍关注如何负责任地利用信息技术促进教育公平，但在可持续发展和教育文化塑造方面仍存在不足。未来政策制定的关键在于如何构建长期稳定的教育数字化转型策略，确保数字技术的应用能够持续优化教育生态，并增强教育体系的适应性和韧性。因此，各国应积极推动绿色创新技术的应用，建立涵盖环境可持续性和教育有效性的长期目标，并通过政策制定者、教育工作者和社区成员等多方的协同合作，形成跨领域、多层次的政策执行机制，提升教育治理效能，促进教育文化的健康发展。

《报告》进一步分析了不同收入水平国家在全球智慧教育发展观察框架下的指标数据，揭示了各国在智慧教育发展中的不同优势与面临的挑战。研究发现，高收入国家通常在合乎科技伦理的技术应用（CF2）和教育包容与公平的坚守（PF5）上得分较高。这主要得益于其较完善的科技伦理监管体系和成熟的教育公平保障机制。例如，欧盟国家普遍建立了严格的教育数据隐私保护条例，并在人工智能应用中强调透明度和可解释性，使得技术应用符合伦理标准。中高收入国家的得分大多低于高收入国家，但在教师发展的优先支持计划（CF3）和全面发展的学习评估（PF2）方面表现更好。这可能与这些国家正处于教育数字化转型的关键阶段有关，其政策重点聚焦于提升教师的数字素养和优化学习评估体系。中低收入国家在可持续的教育改革规划（CF4）和有效的跨部门与跨领域协同（CF5）上得分最低，这可能是由于其财政投入有限、教育治理能力相对薄弱以及跨部门合作机制尚不健全。在部分低收入国家，教育资源的分配受到经济发展水平的限制，基础设施建设不足，导致数字教育的可持续推进面临挑战。同时，跨部门协作不力使得教育、科技、财政等多个领域难以形成合力，阻碍数字教育政策的系统化实施。这些国家在制定教育规划时，往往缺乏长期战略和稳定的资金支持，使得智慧教育发展缺乏连贯性和执行力。

数据分析结果表明，高收入国家在发展智慧教育方面具有较大的优势，而中高、中低收入国家仍然面临不少挑战。为保障智慧教育的可持续发展，各国可以采取相应措施。首先，应为教育工作者分配充足的财政资源和专门的培训时间，以提升其数字能力，从而为学生创造更具吸引力的学习环境。其次，各国需确保财政资源的合理分配，优先支持智慧教育发展，以增强教育系统的韧性。最后，各国应制定全国性政策，加强政府在智慧教育规划中的领导作用，并强化跨部门合作，以实现教育数字化的可持续发展。

（四）智慧教育观察指标对教育质量的贡献

智慧教育的发展在提升教育质量方面发挥着关键作用，而智慧教育观察指标为衡量其贡献提供了系统性的分析框架。教育质量的衡量通常基于多维度指标，为了全面评估智慧教育对教育质量的影响，《报告》采用可持续发展目标 4 基准指标、国际学生评估项目成绩以及各国在 QS 世界大学排名中排前三的大学的平均值三项核心指标进行综合测评，并得出相关矩阵（见图 14–6）。这一测评方法既能反映基础教育阶段学生的学业表现和教育公平性，又能体现高等教育的国际竞争力，从而构建出更加完整的教育质量衡量体系。

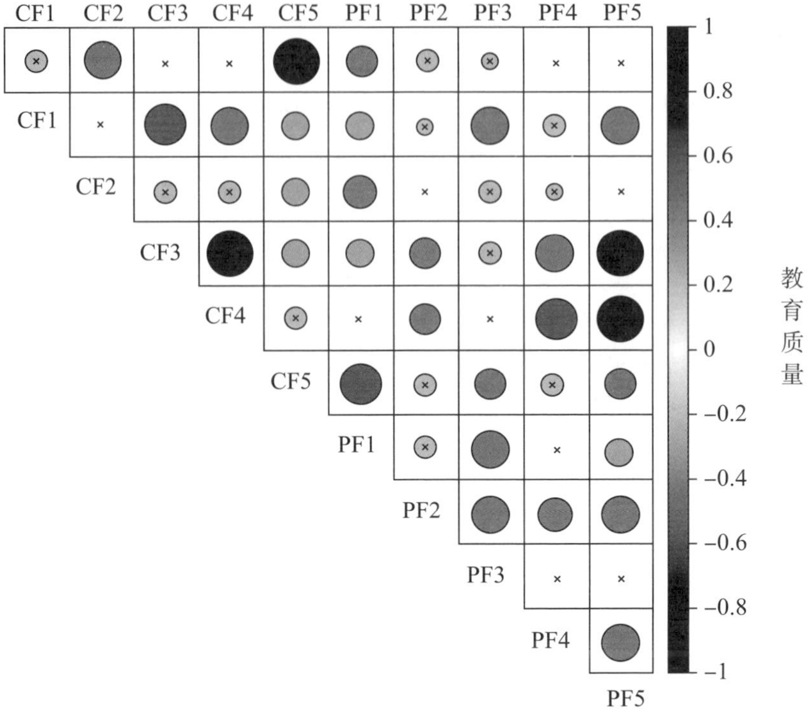

图14–6　表现性特征与建构性特征指标对教育质量的贡献

相关矩阵分析表明，智慧教育观察指标与教育质量之间存在显著的关联性，其中，可持续的教育改革规划（CF4）和有效的跨部门与跨领域协同（CF5）与教育质量呈现显著正相关，这意味着长期稳定的教育数字化转型政策以及多部门协同治理机制在提升教育质量方面发挥着关键作用。此外，泛在智慧学习环境（PF3）、教育包容与公平的坚守（PF5）和合乎科技伦理的技术应用（CF2）与教育质量呈现中度正相关，表明推动智慧学习空间的普及、保障教育公平性以及促进技术的伦理规范化应用，同样能够对教育质量产生积极影响。然而，相较而言，可持续的教育改革规划（CF4）和有效的跨部门与跨领域协同（CF5）可能是影响教育质量的关键因素，它们不仅决定了智慧教育政策的长期稳定性，还直接影响资源的高效配置和跨领域合作的深度融合。由此可见，智慧教育的发展不仅依赖于技术的创新与应用，更需要政策层面的系统性规划和跨部门协作，以确保教育数字化转型能够切实提升教育质量，并促进教育体系的可持续发展。

相关矩阵进一步揭示了智慧教育的表现性特征与建构性特征之间的相互关系，反映出不同教育策略和技术应用模式之间的动态平衡。例如，以学生为中心的教学（PF1）与全面发展的学习评估（PF2）之间存在显著的正相关，表明当教育体系更加强调以学生为中心的教学模式时，往往会采用更加全面、数据驱动的学习评估方式，以促进学生的多维发展。同时，全面发展的学习评估（PF2）与持续改进的教育文化（PF4）之间的正相关说明，基于多元评估体系的教育模式能够有效推动学校的数字化转型，并促进教育文化的持续发展。然而，研究还发现，持续改进的教育文化（PF4）与合乎科技伦理的技术应用（CF2）之间呈现出显著的负相关，这一现象可能反映出，在高度结果导向的教育环境下，数字技术的应用往往导向提升教学绩效和评估效率，而其伦理合理性则可能相对没有得到充分关注。换言之，虽然智慧教育能够借助数据分析优化教学与评估体系，但如果缺乏技术伦理的有效监管，可能会导致教育数字化转型过程中对学习者数据隐私保护、算法公平性和技术可持续性的忽视。因此，在推动教育文化变革的同时，政策制定者需要更加关注技术伦理治理，确保智慧教育既能促进教学质量的提升，又能保障教育的公平性和可持续性。

第十五章　教育社会实验与智能技术治理

在智能时代的背景下，人工智能正以前所未有的速度重塑社会运行和公共治理模式，教育领域亦在这一技术浪潮中发生着深刻变革。促进人工智能助力教育变革是教育强国建设的关键举措之一，其核心价值在于推动教育现代化，提升教育质量、优化教育资源配置、促进教育公平，并最终助力构建更加智能、高效、可持续的教育体系。人工智能不仅拓展了教育的边界，也重塑了学习方式、教学模式和教育决策过程。在此背景下，智能治理作为技术治理的一种新形态，为教育变革提供了科学决策和动态优化的支持，确保变革的系统性与可持续性。然而，教育的智能化变革也带来了新的挑战，包括技术伦理、数据安全、教育公平性、人工智能技术的可解释性以及变革路径的复杂性。如何平衡人工智能赋能教育的优势与可能带来的风险，成为当前教育治理和政策制定的重要议题。面对这些挑战，教育社会实验作为研究教育变革的重要方法，为理解教育系统的动态演化、评估人工智能赋能的有效性，以及制定科学合理的政策提供了可能。因此，本章围绕“教育社会实验与智能技术治理”这一主题展开探讨，重点关注以下四个方面：首先，分析教育领域中可信人工智能的应用价值及其对技术治理的支持作用；其次，阐述智能技术治理如何保障教育变革的有序推进；再次，聚焦社会转型背景下的大规模教育变革实验，揭示教育实践的复杂性与挑战；最后，探讨迈向智能时代的教育社会实验研究方法，为大规模、长周期的教育实践活动研究提供理论支持和实践路径。

一、教育领域中的可信人工智能

以人工智能为代表的新兴技术飞速发展，正在推动人类社会发生整体性巨变，在经济行为、产业形态、社会结构、道德伦理、日常生活等方面都产生了深远的影响。人工智能在融入教育的过程中展现出巨大的潜力，其应用价值受到广泛关注，但也带来了教育鸿沟扩大、隐私数据泄露以及算法相关的族群歧视等一系列新的伦理与安全问题。当前，波及全球的教育数字化应指向公平和可持续发展的教育变革，弥合分歧，实现教育的全纳与包容。我国政府高度重视人工智能对教育的影响，《新一代人工智能发展规划》明确提出，要建设完善的人工智能法律法规、伦理规范和政策体系。党的二十大报告强调要建设高质量教育体系，推进教育数字化，建设全民终身学习的学习型社会、学习型大国。《教育强国建设规划纲要（2024—2035 年）》提出要促进人工智能助力教育变革。面对生成式人工智能对教育的挑战，以及通用大模型所带来的诸种可能，发展可信的人工智能已成为全球共识与人工智能治理的核心。可信人工智能即系统、产品和服务等各方面可信赖的人工智能。教育领域基于全球视角，紧扣数字转型的时代命题，以创新人才培养为核心，分析学生成长、教师发展和学习环境升级等教育基本要素的变化，厘清人工智能变革教育的潜能与挑战，并基于智能技术教育应用的融合度分析，提出教育领域人工智能的可信度准则，构建教育领域中可信人工智能的演化模型（见图 15-1），为开展有效的人工智能技术治理，确保数字教育健康发展奠定基础。人工智能教育应用的伦理值得高度关注，因为现实生活中已经涌现出一些智能技术教育应用的负面案例。例如，算法推荐导致信息茧房、短视频沉迷影响注意力、“拍照搜题”惰化思维能力等。促进人工智能等新一代信息技术规范而有序地融入教育生态是社会各界的关切所在，要从以需求、潜能和挑战为代表的效应三要素入手，从融合度和可信度的不同环节上进行客观分析与深入研究。

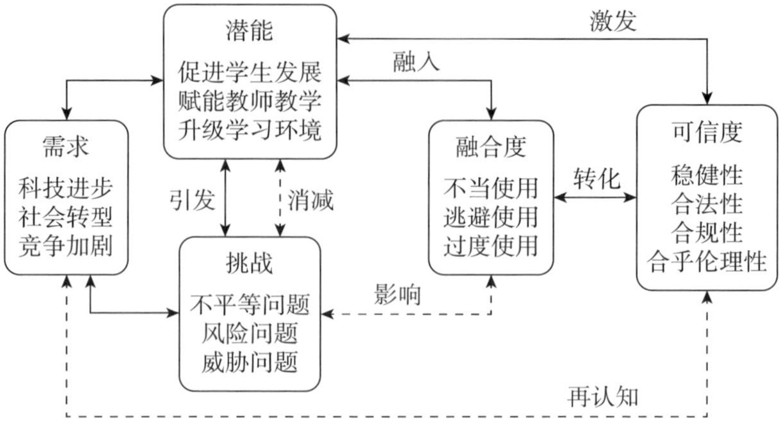

图15–1　教育领域中可信人工智能的演化模型

教育领域可信人工智能的要素与环节主要包括以下三大方面。一是人工智能赋能教育的效应三要素。人们已经普遍意识到由科技进展、社会转型和竞争加剧衍生出的新需求，也认识到人工智能在发展学生素养、赋能教师教学、升级学习环境等方面的潜能，但对人工智能的教育应用存在的挑战，即科技伦理中的不平等问题、风险问题和威胁问题尚未足够关注。二是人工智能与教育场景的融合度。不同地区、学校和师生群体在实际应用过程中可能存在过度使用、不当使用和逃避使用三类典型行为。融合度既受对人工智能潜能认知的直接影响，又与对人工智能作用的负面认知以及应用过程中遇到的挑战密切相关。三是人工智能的可信度。教育领域的人工智能应是合乎伦理的、合法的、合规的和稳健的，可信度在一定意义上能与融合度互相转化，能激发人工智能赋能教育的潜力，也能促进各界人士对时代背景下教育需求的再认知。人工智能与教育的融合是必然趋势，可信人工智能是确保教育生态健康发展的关键所在，亟须制定人工智能应用于教育的治理框架。

（一）人工智能教育应用面临的挑战

人工智能如一把双刃剑，它在为教育注入变革能量的同时，也不可避免地带来了诸多隐患。随着人工智能在教育领域的深入应用，其积极作用已初见成效，例如个性化学习、智能评估以及教育资源的精准分配。然而，这些进步背后隐藏的问题也逐渐浮现，尤其是在技术公平性、系统安全性以及潜在伦理威胁等方面，挑战不容忽视。

1. 人工智能引发教育“新”的不公平

教育公平是社会发展的重要基石，但随着人工智能的发展，在智能产品与其服务的生产者和消费者之间，以及不同国家、地区、人群和阶层之间出现了享有技术权利的不平等。若缺乏有效干预，人工智能在教育领域的部署可能加深数字鸿沟，进一步制造“新”的不平等。首先，从国家间视角来看，智能技术的应用显著拉大了国家间的数字鸿沟。人工智能和自动化的红利高度集中于少数发达国家和跨国公司，而技术资源匮乏的欠发达国家则面临被边缘化的风险，这加剧了全球技术、经济和社会的不平等。其次，从地区间差异来看，人工智能的应用加大了区域数字鸿沟。我国人工智能产业和教育资源高度集中于京津冀、长三角和珠三角等经济发达区域，这些地区不仅拥有领先的技术研发能力，还汇聚了人工智能领域的优质教育资源和人才培养基地。然而，西部地区因技术应用薄弱和教育资源匮乏，难以共享人工智能带来的红利，这可能进一步加大城乡和东西部教育水平的差距。最后，从群体间视角来看，人工智能的应用使数字性别鸿沟及对特殊群体、边缘群体的歧视等问题更严重。联合国教科文组织调查报告指出，妇女和女童懂得如何使用数字技术达到目标的可能性比男性低 25%，懂得如何利用计算机编程的可能性为男性的 25%。[①] 世界经济论坛 2020 年的报告显示，全球人工智能和大数据领域专业从业人员中女性仅占 26%。[②] 此外，人工智能系统的设计中存在种族与性别偏见，对老年人、学习障碍人士等特殊群体的需求也缺乏考虑。这不仅影响了教育公平的实现，还对教育全纳目标构成阻碍。

2. 人工智能教育应用产生的“新”风险

随着人工智能技术系统的日益复杂，技术方法与目的之间的断裂加剧，难以预料的技术风险不断显现。当前，教育领域的人工智能技术面临以下三

---

① UNESCO. I’d blush if I could：closing gender divides in digital skills through education [EB/OL].[2023-07-15]. https://unesdoc.unesco.org/ark:/48223/pf0000367416.page=1.

② World Economic Forum.Global gender gap report 2020[R/OL].[2023-07-15]. https://www3.weforum.org/docs/WEF_GGGR_2020.pdf.

大关键问题。首先，技术滥用引发的不端行为。人工智能系统可能催生新型网络犯罪、实体攻击和政治动荡，设计和开发人员需要尽可能降低技术被误用的风险。此外，技术滥用还可能导致教育领域的学术不端行为，例如利用生成式人工智能工具撰写作业或学术论文，侵蚀教育公平性和学术诚信。其次，数据泄露带来的隐私泄露风险。智能教学系统通过指纹、人脸、声音等生物特征识别用户身份，同时采集和记录环境信息，掌握了关于用户行为的大量数据。其中，隐私保护机制的缺失可能导致数据泄露、信息滥用甚至违法犯罪。隐私风险不仅对个体安全构成威胁，也将削弱公众对人工智能技术的信任。最后，智能教学机器的身份与权力边界模糊。教育机器人在部分替代教师机械性、重复性工作的同时，与学生的深度交互引发了身份和权力界定的争议。是否应赋予教育机器人合法身份？弱人工智能尚未具备自我意识，但如果机器人获得法律主体地位，应如何定义其权利与责任？教育机器人的决策是否具有法律效力？这些问题随着教育机器人的普及越发紧迫，亟须从哲学、伦理学、法律和社会学等多学科视角进行系统研究。人工智能技术在教育领域的广泛应用在带来深远变革的同时，也伴随多维度的技术风险、隐私威胁和伦理挑战。这些问题的解决不仅需要技术开发的前瞻性考虑，还需政策法规和社会治理的有效介入，为人工智能赋能教育保驾护航。

3. 人工智能教育应用缺失的潜在威胁

尽管近年来师生的数字素养整体有所提升，但在现实中，人们对人工智能教育应用仍存在畏惧、逃避甚至拒斥的现象。这种现象的产生主要源于多重因素的叠加影响：第一，部分教师担心人工智能取代人类角色，甚至导致教师职业的消亡，从而引发对职业意义与社会价值的焦虑；第二，部分教师受到传统思维与行为惯性的限制，不愿主动尝试人工智能教育应用，认为其只会增加教学负担；第三，低估人工智能的长期作用，认为技术始终只是工具，教育的核心依然在于教师和学生本身。

然而，人工智能正在推动人类社会迈向“人机协同、跨界融合、共创分享的智能时代”，人工智能教育应用的缺失可能带来一系列潜在威胁。首先，在人机共生的条件下，教师若无法发挥主体性价值与角色能动性，将难以为学生提供恰当的情感补偿与个性化引导，从而影响学生的人际交往和认知能力的提升，阻碍其适应性成长。其次，师生数字素养与技能无法得到切实提升，导致其缺乏在智能时代基本的适应力与生存力，可能面临巨大的就业压力和失业风险，甚至被排斥于社会边缘。再次，错失科技与教育系统性融合的机遇，无法激活教育内生变革动力，阻滞教育数字化转型和高质量发展。最后，从长远来看，这一问题还可能削弱我国在新一轮国际科技、政治、经济、军事竞争中的竞争力，对国家发展与民族振兴造成长期不利影响。

（二）智能技术教育应用的融合度

智能技术教育应用的融合度是衡量技术应用与教育场景需求协调性的关键指标，反映了技术与教育内容、教学模式以及学习环境等多要素深度融合的程度。它不仅涵盖了智能技术的工具属性，还涉及教育系统内在逻辑与外部技术逻辑之间的互动与适配。这一融合过程本质上是一种动态平衡，需要教育主体在技术选择与教学需求之间找到最佳契合点。融合度作为一个复杂且多层面的综合性概念，其内隐特征体现在技术对教育实践的适配性、有效性和可持续性上，需要通过多维度的量化指标加以测量。例如，技术对教学效率提升的贡献、对学生学习体验的优化程度以及对教育公平的支持效果等，都可以作为关键的测量维度。同时，其显性特征可以通过相关主体的技术应用行为进行表征，这些行为包括但不限于不当使用、逃避使用，以及过度使用。

1. 技术的不当使用

不当使用指相关主体应用智能技术的活动不符合基本伦理规范与教育规律，从而导致技术的功能异化。从学校层面看，部分学校将眼球追踪、人脸识别、电子头环等“监视”设备引入课堂，既侵害了未成年人的隐私权，削弱了师生间的信任关系，也可能对学生健全人格的形成产生消极影响。从教师层面看，部分教师将智能技术应用于强化机械记忆和知识灌输，而忽视了学生的思维发展和个性化需求。这种技术依赖在一定程度上形成了教学方法的“智能降级”①，与智能技术助力教学创新的初衷背道而驰。从学生层面看，部分学生使用智能设备进行短视频浏览、网页内容复制、拍照搜题，甚至用生成式人工智能工具代写论文、在考试中作弊等。这种智能技术的“被动型”应用不仅削弱了学生的自主学习能力，造成其思维能力的衰退，还可能导致学习惰性增加、学术不端等问题。同时，游戏成瘾、网络欺凌等现象的产生，进一步凸显了智能技术对青少年心理健康和行为规范的潜在威胁。

2. 技术的逃避使用

逃避使用是指相关主体由于认知局限，对智能技术的不确定性与模糊性感到恐惧或担忧，或因基础设施、数字素养与技能的不足而在教育中回避使用智能技术，这种现象具体表现为以下几个层面。从学校层面看，由于经费短缺、人才匮乏和基础设施老化等原因，许多学校在推动智能技术融入教育教学中缺乏足够的动力。同时，智能技术应用需要系统的规划和持续的投入，而这些条件在资源有限的学校中难以实现。从教师层面看，部分教师对人工智能教育应用有抵触情绪。一方面，智能设备和产品的操作具有一定技术门槛，一些教师由于学习能力不足或技术掌握不熟练等原因，产生了一定程度的“人工智能焦虑”②，对智能技术在教育中的应用持消极态度，表现出一定程度的排斥。另一方面，教育行政部门、学校、社会机构未能为教师提供有效的引导和培训，导致教师难以及时提升数字素养与技能，在使用智能技术时缺乏明确的思路和方法，难以形成较高的使用意愿，甚至以“使用效果不明显”作为拒绝应用智能技术的理由。从家庭角度看，家长普遍担心使用智能技术产品会造成孩子近视或网络沉迷，因此往往采取简单禁用的方式来规避潜在风险，这种过度防范的行为在一定程度上限制了学生对智能技术的接触和学习。

① 苗逢春.教育人工智能伦理的解析与治理：《人工智能伦理问题建议书》的教育解读[J].中国电化教育，2022（6）：22-36.

② 赵磊磊，张黎，章璐，等.中小学教师的人工智能焦虑：现状分析与消解路向[J].现代教育技术，2022（3）：81-91.

3. 技术的过度使用

过度使用是指相关主体未考虑教育场景需求与技术供给的联动关系，在教学实践中盲目引入技术，忽视技术的适切性与有效性。从学校角度看，智慧校园和智慧教室的建设往往出于“表象式”的变革诉求，忽略师生的真实需求，在教育教学中简单叠加式地引入技术产品、重复建设基础设施，导致技术应用泛滥甚至违背教育规律。这种形式化的技术使用不仅浪费教育资源，还可能掩盖教育变革的核心问题。从教师角度看，部分教师在教学和评价过程中过度依赖智能机器提供的数据和分析，弱化了与学生的情感交流和对学生的智性启迪。这种对技术的过度依赖削弱了教师的主体性，甚至在一定程度上造成了教学质量的下降和教育目标的偏离。从学生角度看，互联网内容提供商通过智能推荐算法持续推送同质化信息，极易诱发网络沉迷和信息茧房现象。这种对兴趣的过度激发和同质内容的持续灌输，容易导致青少年思维能力的钝化与人际交往能力的退化，还可能诱发抑郁症、主体性迷失、注意力缺陷等心理健康问题，进一步加剧其主体性迷失。

（三）教育领域人工智能的可信度准则

教育领域中的可信人工智能是实现教育公平、效率提升和创新发展的关键驱动力。人工智能的教育应用在展现其潜力的同时，也带来了技术滥用、逃避使用和过度使用等问题。这些问题不仅阻碍教育目标的实现，还可能对学生的成长、教师的职业角色和教育生态的平衡产生长期的负面影响。在这一背景下，可信人工智能的提出尤为重要。可信人工智能不仅需要具备技术上的先进性和应用上的有效性，还必须满足教育场景中的特殊需求，遵循特定的准则，才能真正发挥其积极作用。教育领域中的可信人工智能应包含以下四个基本准则：稳健性、合法性、合规性和合乎伦理性。这四个准则不仅是技术发展的底线，也是在将人工智能应用于教育时能够平衡技术创新与教育本质的重要保障。

1. 稳健性

教育领域中的可信人工智能要求人工智能具备稳健性，即人工智能应用本身是稳健、可靠并经久耐用的。这一准则的保障可以从技术设计和社会应用两个层面加以落实。从技术设计的角度，强调增强人工智能系统的可靠性和可解释性。具体措施包括嵌入可信准则以保障系统的稳健性，采用可解释性方法构建决策框架，提高算法的透明度和可追溯性，并引入针对人工智能系统的有效监管机制，以确保其在教育应用中的可信度。从社会应用的角度，需要依赖行业自律和算法透明来增强人工智能的可控性。建立公开透明的管理机制，提高人工智能在教育领域中的透明度和可操作性，是实现这一目标的关键。同时，通过推动行业规范化，加强对算法开发和使用的监控，可以有效规避系统滥用和不当决策的风险。稳健性不仅是人工智能系统功能可靠性的体现，也是增强教育领域人工智能信任度的重要基础。

2. 合法性

在教育领域，确保人工智能应用的合法性是保障其稳健运行和赢得公众信任的基本前提。法律不仅规定了人工智能开发和应用中的积极义务（如数据保护），也明确了消极义务（如禁止不当使用）。教育领域的人工智能应用需要严格遵循国家法律法规，以实现技术与教育的深度融合。首先，人工智能应用必须尊重知识产权，包括算法设计、教育内容及智能教学平台中的技术创新成果。这不仅是保护创新活力的基本手段，也是推动技术公平共享的重要保障。其次，教育领域的人工智能应用需遵循相关国际公约，以确保其在国际框架下的规范性和一致性。再次，个人数据与网络安全法律法规是合法性的核心内容之一，人工智能应用必须在数据采集、存储和使用过程中严格遵守相关规定，防止数据泄露或滥用，保护学生和教师的隐私权。最后，算法推荐管理条例要求教育领域的人工智能应用透明化和规范化，例如在教育平台中合理应用推荐算法，防止信息茧房和数据偏见对教育公平的侵蚀。通过严格遵守上述法律法规，教育领域的人工智能应用能够在实现技术创新的同时维护教育生态的健康发展。合法性不仅是人工智能技术应用的底线，也是建立公众信任、实现教育数字化转型的重要保障。

3. 合规性

在智能时代的学校教育中，确保人工智能应用的合规性是提升其可信度的关键环节。合规性不仅是技术实施的基础要求，也是维护教育环境安全、保障学生健康发展的必要条件。为此，应从学生发展、产品准入、应用场景规范三个层面构建全面的合规框架。首先，以促进学生身心发展为出发点，人工智能教育应用必须遵循儿童认知发展规律，确保技术的使用符合学生心理成长和认知特点。这不仅是教育伦理的基本要求，也是技术设计中需要优先考虑的核心原则。其次，应建立完善的智能技术产品校园准入制度，确保技术在教育环境中的安全性和适用性。具体措施包括构建全周期的准入制度体系，覆盖技术评估、认证、应用和退出的全流程；建立智能技术产品的安全测评与认证体系，严格把控技术进入校园的质量门槛；实行黑、灰、白名单的动态管理机制，根据技术产品的表现定期更新使用资格；同时，创建教育智能技术产品综合服务平台，为学校提供系统化的产品选择和评价服务。最后，要规范人工智能融入教育的应用场景。具体实践需结合差异教学、增强教学、协同教学、知识获取、自主学习、校园赋能、家校互联增强等典型场景，制定相应的实践指南。这些场景的规范化应用将有助于充分发挥人工智能的优势，同时防范因技术滥用或不当使用对教育秩序和学生成长可能带来的负面影响。

4. 合乎伦理性

教育领域的人工智能应用不仅需要技术与法律的保障，更需要严格遵循伦理道德原则，以确保其在促进教育变革的同时维护教育公平与社会信任。具体而言，人工智能应用在教育领域应遵守以下四大伦理原则。第一，人类自治原则。人工智能的应用应确保人类拥有充分且有效的自我决定权与监督权。在教育场景中，这意味着师生应对人工智能的功能、操作及决策过程有明确的知情权和控制权，避免因技术的过度干预削弱人类主体性。第二，可解释性原则。人工智能系统必须具备可追溯和透明的决策逻辑，确保相关方能够清楚地了解其功能和局限性。例如，智能推荐算法需具备对推荐依据的说明能力，避免因不透明导致误解或误用。第三，预防伤害原则。在教育领域应用人工智能，需特别关注隐私保护、数据治理以及对师生身心健康的潜在影响。例如，在教育数据采集中，需避免侵犯学生隐私或造成心理负担，同时应特别关注弱势群体的权益，确保人工智能技术的使用不会对特定群体造成不公。第四，公平性原则。人工智能的开发与部署应确保对所有用户的公平性，不应产生或加剧任何形式的歧视或偏见。例如，算法设计需避免因训练数据的不均衡导致的性别、种族或社会地位方面的歧视，同时应积极监测和消除潜在的偏见。这些伦理原则不仅是规范人工智能教育应用的基本要求，也是保障教育公平性、促进学生全面发展的重要前提。只有在技术创新与伦理规范并行的情况下，人工智能才能真正为教育变革赋能。

综上所述，教育领域中的可信人工智能需要从以需求、潜能和挑战为代表的效应三要素入手，从融合度、可信度等环节加以客观分析和深入研究。首先是人工智能赋能教育的效应三要素。人们已经普遍意识到了由科技进步、社会转型和竞争加剧衍生出的新需求，也认识到人工智能在促进学生发展、赋能教师教学、升级学习环境等方面展现的巨大潜能，但人工智能融入教育的过程存在挑战，包括不同国家和地区的师生在学习资源和服务接入方面的不平等问题、以个人隐私信息泄露为代表的风险问题，以及由此衍生的一系列威胁问题，这些挑战在一定程度上消减了人工智能促进教育变革的力量。其次是人工智能与教育场景的融合度。不同地区、学校和师生群体在技术的实际应用中可能存在不当使用、逃避使用和过度使用三种倾向，融合度的提升有赖于技术应用与教育场景需求的耦合与协调，它既受制于人们对人工智能潜能及其负面作用的认知，又与应用过程中面临的挑战密切相关。最后是人工智能的可信度。教育领域人工智能的可信度包含稳健性、合法性、合规性、合乎伦理性等准则。可信度在一定意义上可与融合度相互转化，它既能激发人工智能赋能教育的潜力，也将引发人们对新的时代背景下教育诉求的再认知。

二、智能技术治理保障教育变革的有序推进

（一）面向智慧社会的教育治理与技术治理

党的十九大报告指出，要决胜全面建成小康社会，开启全面建设社会主义现代化国家的新征程，并提出分两步走的战略目标，推进国家治理体系和

治理能力现代化。近年来广泛讨论的“技术治理”正是这一过程中不可或缺的重要内容。“治理”指个人与各种公共或私人的机构管理其共同事务的诸多方式的总和，是使相互冲突的或不同的利益得以调和并采取联合行动的持续过程[①],“技术治理”是当前全球社会治理的重要趋势[②]。在技术的推动下，传统社会治理模式正逐渐向智能化的社会治理新模式转型。已有研究主要从两个层面探讨该问题[③]。一是关注在总体支配的治理模式之后，政府治理向“技术化”转型，追求规范化和标准化[④]，这种技术治理实为“治理的技术”。但技术治理的思路也存在技术化、指标化的问题，容易忽视人的主体性，不利于“以人为本”理念的落实，形式化和理性化的技术治理过程可能导致非预期效果。二是随着数字技术的盛行，将技术引入政府治理和社会治理，进而推动治理方式变革，此时的技术治理即“用技术进行治理”。在具体的技术治理实践中，贯穿着技术与社会相互建构的逻辑。技术在被植入具体领域时，存在着从表面到嵌入的连续谱，表示技术应用的程度。技术治理并非一蹴而就的过程，需要在长期的治理过程中与既有的制度安排反复调试，以适应越来越复杂的社会情境。[⑤]也就是说，技术逻辑与组织结构之间存在匹配问题，技术治理是否成功取决于二者的匹配程度。因此，智能时代的社会治理通常包括科技进步中的技术治理和治理转型中的技术治理，两者互为手段和目标。[⑥]

教育是社会的子系统，面向智慧社会的教育治理同样具有这两个层面的内涵。首先是教育中的智能技术治理，主要关注确保智能技术融入教育生态的规范性和有序性。一方面，将科技伦理要求贯穿科学研究、技术开发等科技活动全过程，覆盖教育科技创新各领域，加强监测预警和规制应对。另一

① 王刚，宋锴业 . 治理理论的本质及其实现逻辑 [J]. 求实，2017（3）：50–65.

② 刘永谋 . 技术治理的逻辑 [J]. 中国人民大学学报，2016（6）：118–127.

③ 刘秀秀 . 新时代国家治理中技术治理的双重维度及其出路 [J]. 行政管理改革，2019（10）：65–70.

④ 渠敬东，周飞舟，应星 . 从总体支配到技术治理：基于中国 30 年改革经验的社会学分析 [J]. 中国社会科学，2009（6）：104–127.

⑤ 黄晓春 . 技术治理的运作机制研究：以上海市 L 街道一门式电子政务中心为案例 [J]. 社会，2010（4）：1–31.

⑥ 同③ .

方面，当前人工智能教育应用的伦理机制尚不清晰，针对性的算法和数据的治理体系亟待形成，为有效发挥人工智能的潜能、避免其消极影响，急需教育领域中的可信人工智能。其次是教育治理中的智能技术，即智能技术促进教育治理的精准化与长效化。利用智能技术实现大规模、多模态、跨领域数据的实时采集、集成分析和可视计算，支撑教育智能决策，助力“凭借经验的粗放管理”向“依靠数据分析的集约治理”转变，进而形成安全、有序的教育治理环境、联动高效的教育治理机制、动态调适的教育治理过程和包容公平的教育治理格局。

（二）智慧教育的科技支撑与治理框架

为推动人工智能技术在各行业的创新应用与安全治理，中央网信办、国家发改委等八部门联合启动并授权部分城市或单位建设国家智能社会治理实验基地。基地采用社会实验等规范化方法，系统性开展智能社会治理的理念创新与工具研究，以期形成可推广的理论框架和实践路径。基地建设涵盖七个特色方向，包括城市管理、教育、养老、社区治理、环境治理、卫生健康及体育。其中，教育方向以智慧教育为核心，其因在社会智能化进程中的基础性和先导性作用而备受关注。智慧教育不仅是实现智能社会治理的重要组成部分，也是教育治理现代化的重要路径。智慧教育的科技支撑与治理框架全面呈现了智能技术赋能教育治理的广阔前景（见图 15–2）。通过科技赋能，可以有效提升教育的智慧化水平，拓展其实践路径，为教育现代化提供技术支持与理论依据。具体而言，智慧教育的治理框架应从三个维度展开：一是学生成长，关注人工智能对学生学习兴趣激发和自主学习能力发展的促进作用；二是教师发展，强调智能技术在提升教学质量和实现精准教学服务方面的关键价值；三是学习环境，聚焦智能技术在构建安全高效、动态调适及公平包容教育生态中的应用前景。基于上述维度的协同推进，智慧教育将为智能社会治理提供重要示范，同时促进教育治理体系的现代化与长效化。

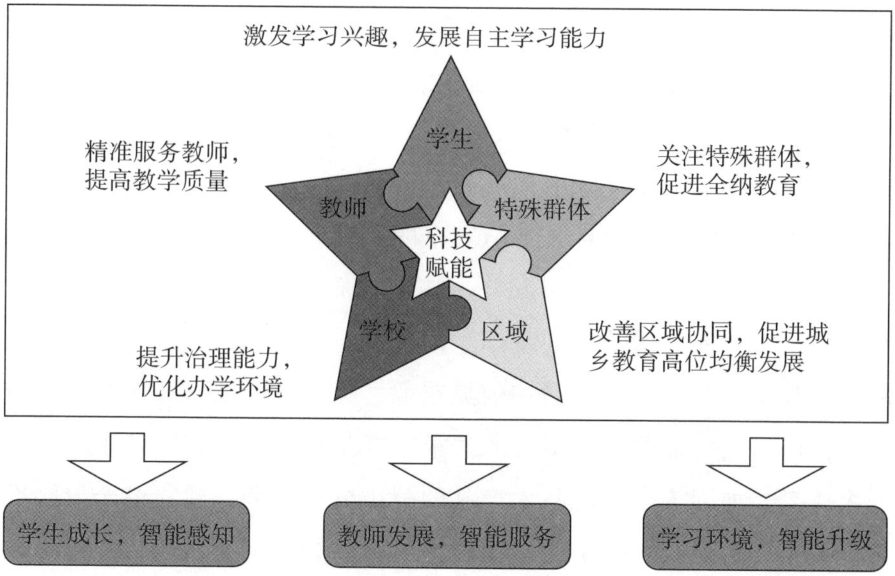

图15–2　智慧教育的科技支撑与治理框架

智慧教育治理不仅是技术与教育深度融合的体现，更是构建高效、安全、包容教育生态的关键。其治理框架涵盖学生、教师、特殊群体、学校和区域五大核心领域，全面呈现了智能技术在教育系统中的深层次应用与价值。就学生而言，关键在于激发学习兴趣，发展自主学习能力，激发学生的创新活力。智能技术可以通过智能感知，精准判断学情，为学生提供个性化服务，助力学生成长。就教师而言，关键在于提供精准服务，提升教学质量。智能技术可以通过提供精准化的智能服务，助力教师专业发展。智能技术贯穿准教师培养、教师在职培训、名师养成等教师成长的所有环节。就特殊群体而言，需要加强对他们的关注，利用智能技术推动特殊教育迈向全纳教育，帮助特殊群体融入主流社会，享受智能技术发展带来的福利。就学校而言，关键要增强治理能力，优化办学环境，推动学校治理体系和治理能力现代化。尤其要利用智能技术赋能教育应急治理①，提高处理教育领域各类突发事件的能力，加强教育舆情风险管理，消除不良影响。就区域而言，要利用智能技术改善区域协同发展，促进城乡教育高位均衡发展。智能技术在升级改

① 王运武，洪俐，陈祎雯，等. 教育应急治理及教育治理现代化的困境、挑战与对策 [J]. 中国电化教育，2020（12）：63–68.

造学习环境，打造舒适、宜人的泛在智慧学习环境方面具有极大潜能。当前，教育领域已经涌现出未来校园、元宇宙校园、智慧校园、智慧教室等多种新型学习空间，学习者能够从中获得个性化、智能化的学习体验。

人工智能技术的规范应用和治理，不仅直接影响教育系统的数字化与智能化水平，也关系到教育公平与安全的实现。基于此，教育领域人工智能技术治理包括五大核心关切点。一是规范而有序地提升师生的数字素养与技能是人工智能技术治理的基础。师生需不断优化在智能人机协同条件下的学习与工作能力，尤其是在信息获取、甄别、验证、筛选及整合方面的能力，以适应智能化教育生态的需求。二是建立人工智能技术产品的校园准入体系。加强人工智能技术产品的分级分类研究，建立健全校园准入体系至关重要。教育主管部门应完善审查、监管与问责机制，通过法律法规、政策措施及管理制度，确保人工智能技术产品的规范使用，促进教育领域人工智能的健康发展。三是强化人工智能教育的社会实验。人工智能教育社会实验采用循证方法，分析人工智能技术对教育教学环节的长期影响，总结智能时代教育变革的规律。四是规范人工智能技术的教育应用场景。系统分析教育学实验方法论与实验规范，逐步建立完善的人工智能教育场景真实需求与人工智能技术供给的耦合机制，加强对学生认知特征与智能技术场景关系的研究，对智能产品使用中所涉及的时间、地点、人物、资源、功能、学科等要素进行链条化分析，发掘与学科内容契合的知识点，探索教育机器人与学科教学的深度融合路径。五是确保师生的隐私与数据安全。由于相关法律法规和监管体系尚未健全，人工智能相关应用和工具可能导致隐私侵犯和数据泄露，引发族群歧视、教育鸿沟加大等新的教育不公。因此，应尽快开发出合乎伦理、安全可控、适合师生使用的生成式人工智能产品，确保隐私与数据安全。

三、社会转型背景下的大规模教育变革实验

（一）教育系统性变革下的研究方法创新诉求

人工智能在国家科技与产业发展战略中占据重要地位，其技术属性与社会属性的高度融合使其成为现代社会转型的重要驱动力。作为一项长期的社会观察实践，人工智能社会实验具有显著的战略意义。处理好人工智能与人的关系以及人工智能与社会的关系，是确保人工智能健康发展与合理应用的关键。在此背景下，准确把握人工智能社会实验的定位与方向，成为国家新一代人工智能创新发展试验区工作的核心组成部分。具体而言，需要集成跨学科资源，深化技术与社会科学的协同研究，设计科学严谨的人工智能实验体系。通过构建系统化的社会实验框架，不仅可以探索人工智能对社会结构、伦理规范与经济模式的深远影响，还可为人工智能技术的规范化应用与可持续发展提供重要依据。

而在教育领域，随着新技术逐渐融入教育教学活动，社会在不断发展的同时对“培养什么人、怎样培养人、为谁培养人”的教育发展诉求也发生了改变。由于提高教育质量和效率等内部多重因素的驱动，中国教育领域正在经历大规模的信息化变革，或可称之为一种智慧化教育的社会实验，为中国教育的变革与发展提供实践经验，为应对社会共同面临的诸多挑战和关键问题提供了思路，更为通过应用人工智能、大数据、物联网等新一代信息技术提升教育教学质量、促进教师专业发展以及促进教育数字化转型与现代化等提供了超大范围与独一无二的社会实验场景。中国教育的变革和转型实践也为教育学、社会学研究乃至“人类命运共同体”理论研究提出了新的任务：基于教育教学变革的实践进程，形成若干基于中国经验的教育教学新范式、新理论与新方法。在这类教育变革的超大规模社会实验中，教育信息化作为典型实例发挥着引领作用。教育信息化的创新示范试点和政策实验的方法得

到了系统化的应用和推行。教育信息化的高端形态是智慧教育①，而智慧教育示范区是探索智慧教育新形态和推广智慧教育的试点②。近年来，围绕智慧教育，国家发布了一系列政策推进示范区建设名单。从早期零散的创新到越来越多的国家布局试点，从国家级示范区建设到各类教育局、学校具有政策实验、模式实验等性质的创新举措，不仅为中国的教育改革发展提供了宜时宜地、切实可行的操作办法，而且为整体性的制度创设和改革方向提供了基本思路和解决方案。

历史上重大的技术革新和社会变迁都会促使教育环境、方法、模式和内容等要素的创新与发展。新技术通过引入新的要素拓展教育系统的内涵，与教育其他要素相互作用，推动教育形态和各要素间关系的重塑，进而引发教育的系统性变革。智能时代，新技术正逐渐融入教育教学应用，对教育产生多种具体的影响，如帮助学生优化学习体验，帮助教师提高教学效率，支持教师的专业发展，辅助精准的教学评估，进而支持科学的教学治理，最终赋能教育生态的重构。③教育的系统性变革，首先体现在技术使教育系统的结构和内涵得到进一步拓展。智能技术的支持促使传统教学环境向整体感知、全程记录、个性支持的智慧学习环境转变，使虚拟学习环境和物理学习环境相互融合，学习场域得到拓展，学习环境的开放性、灵活性与泛在性进一步增强。智能技术使现有教学内容的组织形式和表达更加多样，同时丰富了现有教学内容。智能技术还可以实现并普及个性化、自适应的学习方式。因此，技术已经融入并成为智慧教育系统中的重要元素。其次，教育系统中各类主体的能力得到增强。学习者在学习中的投入度和参与感由于智能技术的应用得到提升。教师和管理者依靠数据报告和分析结果可以更科学合理地决策，提升教学效率和效果。学生依靠新技术的帮助能够更加主动地获取知识，参

---

① 黄荣怀．智慧教育的三重境界：从环境、模式到体制 [J]. 现代远程教育研究，2014（6）：3–11.

② 王运武，李炎鑫，李丹．智慧教育示范区建设的现状、内容与对策 [J]. 现代教育技术，29（11）：26–32.

③ 张慧，黄荣怀，李冀红，等．规划人工智能时代的教育：引领与跨越：解读国际人工智能与教育大会成果文件《北京共识》[J]. 现代远程教育研究，2019（3）：3–11.

与以学生为中心的学习活动并实现有意义的学习。教师和学生在智慧教学环境中得到人机融合的支持。[①] 最后，教育系统呈现出情境性、个性化和数据驱动的趋势。智能技术的使用拓展了教育的场域，同时可以感知教育情境并作出合理的响应。教育内容和服务可以随着学校、教师、学生、时间、情境、场域的具体情况进行灵活定制。适时、适切的个性化教育服务能更好地支持弹性教学和自主学习。[②] 受益于新一代数字基础设施的利用，教和学的数据激增。高性能计算平台和大数据分析技术的迅速发展为教学计算提供了技术基础，促使智能时代的教育向数据驱动和个性化的方向演进。[③] 新技术产生的改变不仅体现在教育的实践层面，也为教育领域的研究带来了一些前所未有的挑战。随着信息化的发展，当下世界的整体形态呈现出复杂性、易变性、不确定性、脆弱性等特征。[④] 教育信息化变革的实践规模大、周期长、影响大、涉及面广、活动涉及因素多且关系复杂，发生在自然且没有控制条件的教学环境中。这些特点使得教育研究在宏观和微观上都充满了复杂性。采用何种方法研究这类超大规模的教育教学实践，并为改进优化教育实践找到合适的解决方案成为社会关切的重大问题。

（二）科学研究范式的转型与实验研究的发展

教育研究面临的新挑战在传统理论视角下难以得到满意的应对方案。在研究范式层面审视科学研究的转变历程和社会科学中实验研究的发展规律，广泛借鉴教育科学和社会科学等领域既有的研究方法和经验，有助于构建新的研究方法来回答上述教育变革进程中涌现出来的重大教育教学问题。作为一种培养人的社会实践活动，教育受到物质生产方式的制约，随着社会的发

① 余胜泉，王琦．“AI+ 教师”的协作路径发展分析 [J]. 电化教育研究，2019（4）：14–22.

② 黄荣怀，汪燕，王欢欢，等．未来教育之教学新形态：弹性教学与主动学习 [J]. 现代远程教育研究，2020（3）：3–14.

③ 沈阳，田浩，黄云平．智能增强时代推进新一轮学习革命：访中国科学院院士吴朝晖教授 [J]. 电化教育研究，2020（8）：5–10.

④ UNESCO. Education in a post–COVID world：nine ideas for public action[R/OL].（2020–06–22）[2023–08–01]. https://unesdoc.unesco.org/ark:/48223/pf0000373717.

展而发展。[①] 要在社会发展和转型背景下探索教育变革社会实验的研究方法，社会科学视角下的实验研究方法及其发展历程可以提供若干启示。

在古典社会学时期，研究方法从纯思辨走向实证，比较方法被认为是实验研究方法。社会学创始人奥古斯特·孔德（Auguste Comte）首先走出了纯思辨的研究传统，提出了实证主义哲学，用与自然科学研究相似的方法来研究人类社会，发现隐藏在现象背后的社会规律，主要包括实验方法、观察方法、纵向历时比较方法和横向共时比较方法。他将静态的、横向的比较研究和动态的、纵向的历史比较研究看作“实验方法”，用于研究在特定社会现象无法重复的条件下的社会变迁[②]。随后，社会学大师涂尔干（Émile Durkheim）也支持这一观点，认为比较研究方法就是一种“间接的实验方法”，用于研究无法按照研究者的意图而人为再现的社会现象[③]。20 世纪二三十年代，现代的社会科学实验登场，实验研究方法的设计更加规范化、精细化和系统化。这个阶段主要采用随机分配方法将被试分为控制组和干预组以观察干预效果。之后，实验方法对发现学科知识的重要性愈加得到认可。实验方法更加精细和系统化，并被广泛应用于社会科学的各个主流学科中，包括经济学、政治学、心理学、社会学和教育学。在这一时期，从实验目的看，实验研究分为理论对话、寻找事实、向政策制定者进言三类。从实验形式来看，根据参与者受控制程度的差异，现代实验方法分为田野实验、调查实验、实验室实验等[④]。

20 世纪 80 年代，复杂性科学运动兴起并产生重要影响，为社会科学研究开辟了新的路径，计算社会科学应运而生，基于数据、分析和计算的技术工具的应用极大地扩大了实验研究的规模，能够更加深入地认识复杂的社会，发现社会的整体运行规律，从而走向社会化。复杂性科学中，圣塔菲研究所（Santa Fe Institude，SFI）提出的复杂适应系统理论认为社会是一个复杂适应

① 贾宁超．教育是一种培养人的社会实践活动：试论教育的本质 [J]. 锦州师范学院学报（哲学社会科学版），1980（4）：13–17.

② 特纳，毕福勒，鲍尔斯．社会学理论的兴起 [M]. 侯钧生，等译．天津：天津人民出版社，2006：23–24.

③ 袁方．社会研究方法教程 [M]. 北京：北京大学出版社，1997：272.

④ 李强．实验社会科学：以实验政治学的应用为例 [J]. 清华大学学报（哲学社会科学版），2016（4）：41–42.

系统。社会实践活动中人的观点能够影响他们自身的行动，进而改变社会，最后又反过来影响认识过程，即人对社会的认知和人改变社会的行为相互作用。[①] 微观上主体的相互作用生成宏观的复杂性现象，这使人类社会显著不同于作为经典物理学研究对象的自然界。而传统的社会科学实证研究方法借鉴自然科学研究方法，只能适用于简单系统。由此，社会科学家意识到社会科学研究对象的本质与特征以及传统研究方法的局限性，认识到必须提出新方法来研究社会复杂系统。信息通信技术、大数据分析等技术的应用推动了计算社会科学的产生，并在社会科学的各子领域，如经济学、社会学、传播学、管理学领域得到应用。20 世纪 90 年代以后，逐渐形成包括社会数据计算、社会模拟和互联网社会科学实验三大方法。社会数据是指在网络空间中自然生成的、大规模、长时间、连续的、海量的互动和行为数据。这些社会数据隐含着个人与群体行为的规律，有助于发展对社会运行的认知。社会数据计算是指对社会数据进行搜集、分析、挖掘，将其运用于社会科学研究。社会模拟则主要指使用计算机仿真技术模拟动态的社会。互联网社会科学实验把互联网平台作为“新的实验室”开展实验，运用新兴信息技术工具改造传统实验方法，由此发展出新的方法，推动社会科学研究逐渐朝理论和数据双向驱动的方向演进。[②]

社会科学中的实验研究发展历程显示出从古典时期的比较研究到经典实验，再到依靠社会计算的发展轨迹。计算社会科学的三大方法使得实验研究在数据获取和分析、对因果规律等的验证方式以及其他方面上取得了突破性进展。多重因素推动传统实验研究向社会化实验研究发展。社会科学作为教育科学的上位学科，其研究方法的演变规律为预测教育科学研究发展的方向和创新教育科学的研究方法提供了方向性的启示和思路。

（三）智能时代背景下新型教育实验研究

传统的实验方法为特定的问题研究提供了有力的指导。然而，传统实验

① SOROS G. Fallibility，reflexivity，and the human uncertainty principle[J]. Journal of economic methodology，2013（4）：309–329.

② 罗俊 . 计算 · 模拟 · 实验：计算社会科学的三大研究方法 [J]. 学术论坛，2020（1）：35–49.

方法整体上体现出以下特点：小样本、特定语境、低维度变量，且涉及变量相对较少。具体而言，实验室实验发生在可控的实验室里，被批评缺乏现实的社会情境。这种方法尽管保障了因果推论的内部有效性，但却缺乏外部有效性；调查实验由于采用随机抽样的方法，虽然保证了外部有效性，然而在实验过程中对实验条件的控制不足；田野试验对实验的干预最少，克服了其他类型实验的人为影响，但是难以避免受试者偏差和情境效应。此外，有些实验存在人体伤害等潜在风险，在伦理上亦被诟病，[①] 因此，在智能时代人们考察大规模教育教学社会实践时，对传统实验方法的可行性存疑。

随着智能时代的到来，一方面，超级计算、大数据分析、物联网等新技术得到应用和推广，实验方法也不断得到优化创新。由于大规模多模态数据的处理技术的应用，传统实验研究面临的困难正在逐步被克服。例如，互联网、虚拟现实等技术构造的新空间拓展了实验研究的实施环境，丰富了数据的来源和模态，同时极大地增加了可用于分析的数据量。超级计算、大数据分析和人工智能的应用使数据的收集和处理能力得到极大提升，扩大了样本数量，甚至使得全样本研究成为现实。另一方面，跨学科研究逐渐兴起，通过整合多个学科的方法、理论来帮助解决单一学科难以解决的问题[②]，并带动实验方法在社会学科领域飞速发展，为新型实验研究的提出奠定了必要的基础。

四、迈向智能时代的教育社会实验研究

（一）教育社会实验的认识论基础

探索新研究方法的前提是明确认识对象的特点和认识的本质，因此，需要明确新的研究方法所遵循的认识论基础，因为认识论解释思维与存在的关

① 董奇．心理与教育研究方法（修订版）[M]. 北京：北京师范大学出版社，2004：34–36.
② 张炜，魏丽娜，曲辰．全球跨学科教育研究的特征与趋势：基于 Citespace 的数据分析 [J]. 高等工程教育研究，2020（1）：123–130.

系指明人类获取知识、认识现实和真理的方式[①]，从而为具体研究方法提供指导。把教育视为一种社会实践活动，并在社会层面研究教育实践活动时，马克思主义以实践为导向的认识论可以提供指导。

首先，从时代背景上看，在19世纪40年代的欧洲，马克思主义产生于第一次工业革命的背景下。当时危机中的西方社会正寻求变革，马克思把实践作为其社会理论的起点引入认识论，创立了基于实践观的能动反映论。[②]而当前探索新型教育实验研究方法正处于迈向智能时代新一轮工业革命兴起且社会向智慧化逐渐转型的背景过程中。马克思主义认识论具有类似的产生背景，且该理论的目的正是指导研究转型期的社会实践。

其次，马克思主义的认识论对认识的本质、认识对象的特征做了明确阐述。马克思在《关于费尔巴哈的提纲》中提出，认识是在实践基础上主体对客体的能动反映。而社会实践是指现实、感性的人为了满足自己的需要，通过一定手段而进行的主体活动。实践不会在一个水平上停滞，而是由低级到高级、从简单到复杂、永无止境地向前发展着。人类社会发展的历史过程存在并实现于人的实践活动之中。认识的对象是被建构的，建构的原则是实践原则。马克思主义强调社会生活的主体是人。实践是社会生活的本质体现。在实践过程的视阈下，人、人类社会、自然界被视为自我发展的过程，这个过程能够变化并且经常处于变化中，即人、自然、社会都处于生成性的实践过程中，体现着否定性的自我统一，通过创造而实现进化。分析社会生活需要在社会实践的基础上进行。[③]

最后，该理论提出了认识的过程是认识主体对客体的“能动的”反映的摹写、选择、创造过程。首先，认识是对客观事物的摹写，即人的认识是对某一事物的反映，必须以该事物本身为模型。其次，由于客观对象的信息是

① 范文翔，赵瑞斌. 具身认知的知识观、学习观与教学观 [J]. 电化教育研究，2020（7）：21–27.

② 邹广文. 马克思“新世界观”的总体构思：重读《关于费尔巴哈的提纲》[J]. 中共中央党校学报，2017（4）：56–64.

③ 杨柳，郑延龙，张鲲鹏. 论马克思认识论中的实践观及其时代意义 [J]. 科技致富向导，2014（11）：100–101.

复杂的，主体不可能吸收全部信息，只能吸收必要的信息，从而形成对客观对象的直观印象和对抽象本质的认识。主体对特有信息的选择机制体现出思维活动的能动选择性。最后，创造作为人对客体的反映，具有能动性。人的认识活动不能仅停留在直观感受的水平，而是要透过现象认识本质，形成概念，并运用概念进行判断、推理。认识的创造性不仅体现在通过现象认识本质，把感性认识能动地上升为理性认识，还进一步体现在为实践改造对象提供观念模型、对客观对象进行超前反映。

综上所述，遵循马克思主义认识论对认识内涵的论述，可以界定教育社会实验研究的定义和内涵。其对认识对象特征的描述有助于从整体上理解教育研究的对象，即教育教学实践活动的复杂性和动态发展性。该理论提出的认识过程包含摹写、选择、创造等主要步骤，为构建教育社会实验的过程模型提供了框架。

（二）教育社会实验的内涵

教育社会实验研究是在教育教学实践的基础上，研究人员能动地探究教育教学实践活动，发现和认识教育教学规律的过程。其具体含义是：从某一社会现象出发，采用循证学的理念探寻一类特殊的、隐形的、动态的社会实践活动，旨在通过背景分析和语境界定，设计循证目标、方法和途径，收集案例、数据和证据，发现隐形的社会活动进程，并审慎解释这类活动的信息和资源输入、触发进展的关键事件和操手、影响其他社会活动的普遍或长期效应特征，进而提出应对方法或干预措施。该方法由实验方法和活动表征两部分构成。

1. 教育社会实验研究的四个核心环节

教育社会实验研究中的实验方法是对教育领域传统实验研究要素的继承和发展。研究方法的演变并非是新方法对旧方法的完全替代。传统实验研究方法为教育社会实验研究的方法提供了基础。传统的教育实验研究按照不同的分类标准有不同类型。按照实验研究进行的背景，可以分为实验室研究和现场研究。实验室研究是指在实验室里进行的研究。按照情境和被试受到的控制程度从高到低，实验室研究又分为实验室实验、模拟实验和实验室观察。实验室实验是在实验室中创设一定的情境，在严格控制的条件下，操纵自变量，观测因变量，并确定实验处理的效应。模拟实验是提取实际生活的一些特征，在实验室环境和特定的实验室条件下再现实际事件或情境，然后观察和确定研究对象行为的特征和过程。实验室观察是在实验室安排现实生活中的事件，在没有实验控制的条件下，观察研究对象的反应或行为。现场研究是在实验室外的自然背景中进行的研究。常见的有自然观察法、参与观察法、现场实验法等。按照研究对教育现象的过程和发展变化是否关注，可将其分为发展研究与非发展研究。发展研究主要有纵向研究、横断研究和趋势研究三种类型。纵向研究是在比较长的时间跨度内，反复观察和测量同一研究对象，对研究对象的发展进行系统且定期的研究。横断研究是在同一时间内对某一个体或者群体的发展状态进行测查并加以比较。趋势研究是根据已有的资料或事实建立预测模型，并在实际发展中通过观测来检验模型。根据以上对各类实验研究进行的分析和总结，可以发现，实验研究都会涉及实验实施的背景、实验设计的方法、具体的证据和实验研究的报告。

在吸收上述不同种类实验研究的共同关键要素的基础上，提出教育社会实验研究的实验方法的四个核心环节，即循证手段、证据表征、背景分析和表达传递，并给出了操作性定义：（1）循证手段是揭示一类社会活动存在某种现象所采用的方法，包括界定问题、观察现象和探究规律的方法；（2）证据表征是指评判该活动中是否存在此现象的依据，包括观察的时长、样本规模、拟采集的数据或案例；（3）背景分析指对所研究的活动进行的情境化描述，包括活动的背景和拟讨论现象的语境；（4）表达传递是对整个研究的结构化叙述或报告，旨在使受众全面、清晰地理解研究的目的、问题、方法、过程和结论等。

2. 教育社会实践活动的核心要素

教育社会实验研究的核心内容之一是对目标教育实践活动进行全面深入的探究，因此，需要明确探究和衡量教育实践活动的核心要素。为评估教育项目提供框架的模型指出了重要的评估维度，包括背景评估、输入评估、过程评估和产品评估[①]。背景评估主要是在指定的环境中评估需求、问题和机会。输入评估主要评估与实施活动相关的工作计划、预算、策略等。过程评估主要是对活动进行监控、记录和评价。产品评估主要是确定和评估短期、长期，以及预期的和非预期的产出。此外，对影响社会活动的重要因素，社会学和经济学领域的学者也作出了论述。如在《国富论》中，亚当·斯密描述了一种在经济社会里能够驱使个人活动的机制，即市场和交换，他又将其称为“看不见的手”。[②]哈耶克则从社会学角度提出促使社会过程发生变化并对参与人员产生影响的要素，即人类行为在无意中产生的自发秩序。[③]在他们描述的基础上，我们把能够促使社会过程产生变化、对社会活动过程起到引导作用，并对参与人员和结果起到影响作用的因素称为“操手”。综合考虑上述对影响活动的要素的论述，输入、操手、效用和进程是衡量社会实践活动的关键维度。

以上衡量社会活动的四个关键维度是教育社会实验研究中对研究对象进行探究的关键，即活动表征四要素，以下是其操作性定义。（1）输入指在检视活动中与相关现象有关的信息或资源，包括人力、经济、时间等要素的投入。它为活动的正常进行提供必要的能量来源。（2）操手指活动中与该现象相关的核心操作者，也是促使该现象发生的关键触发因素，涉及人、财、物、信息、技术、权力等的主体或拥有者。操手促使具体活动发生，引导活动发展的过程，对活动的相关方和结果产生重要影响。（3）效用指活动中与过程相关的效果表征，包括产生的变化及其可见的特征。（4）进程指活动中与该现象相关的人员、财物、资金、信息、权力等的流动，其核心是数据、信息、资源三者的流动。进程是动态发展的，复杂活动的进程往往由一系列子过程构成，进程的关键点在时间上又多是离散的，因此，进程是不稳定的，结果也是不确定的。在进程中孤立的时间点上，短期看不到进程的全貌以及所有要素和要素之间的关系，因此，进程整体上是不清晰的、不可见的，是隐形

① KELLAGHAN T, STUFFLEBEAM D L,WINGATE L A. International handbook of educational evaluation [M]. Dordrecht：Springer，2003：31–62.

② 斯密 . 国富论 [M]. 胡长明，译 . 北京：人民日报出版社，2019：221–233.

③ 哈耶克 . 法律、立法与自由：第一卷 [M]. 邓正来，张守东，李静冰，译 . 北京：中国大百科全书出版社，2000：52–70.

的。进程的这些特点决定了只有经过系统化的研究，通过对输入、效用和操手的界定和描述，才能揭示隐形进程。

活动表征的核心要素如图 15–3 所示。

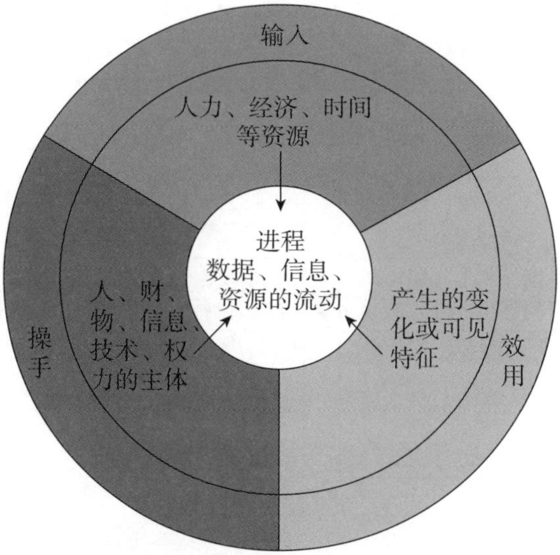

图15–3　教育社会实验研究活动表征的核心要素

综上所述，教育社会实验研究的实验方法包括循证手段、证据表征、分析背景和表达传递四环节，活动表征包括输入、进程、操手和效用四要素。这些要素组成了教育社会实验研究的框架（见图 15–4）。

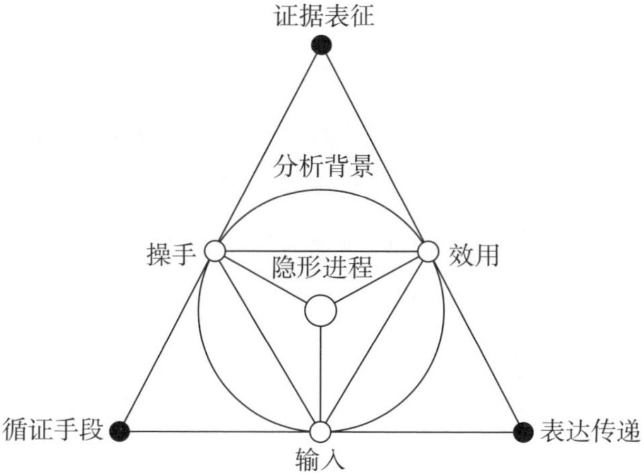

图15–4　教育社会实验研究的框架

（三）教育社会实验研究的过程

在继承和发展马克思主义认识论“摹写、选择、创造”认识过程的基础上，教育社会实验研究的过程主要包括三个阶段：研究设计、发现进程和解释现象。过程模型如图 15–5 所示。

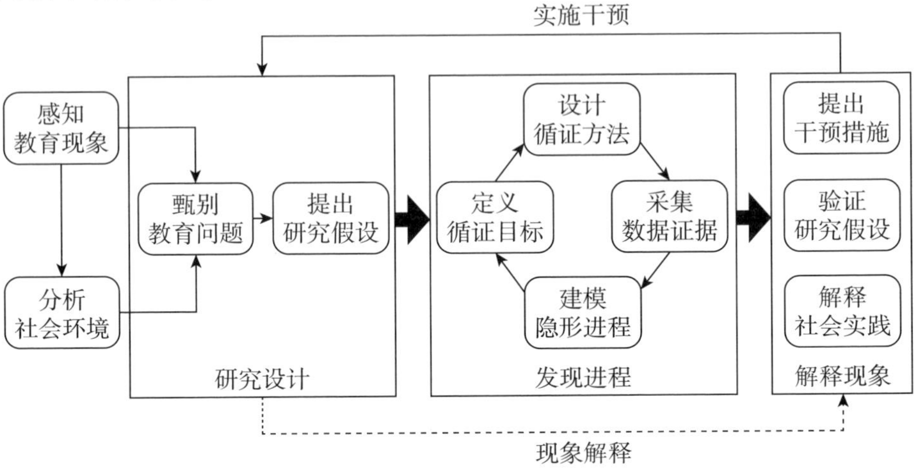

图15–5　教育社会实验研究的过程模型

第一阶段：研究设计。本阶段的任务首先是从感知特定的、可观测的教育现象着手，对与教育现象相关的社会环境进行描述和分析。具体方法是把教育现象放在所在国家或地区的具体背景中，描述和分析与当地的政治、历史、地理、宗教、文化、语言等有关的宏观特征。[①] 接着，在深入理解教育现象的基础上，描述与教育活动的操手、效用、输入和进程等要素相关的特征，透过现象甄别有重大研究意义的教育现实问题。然后，结合相关文献调研结果，确认已有研究中存在的不足，明确具体的研究问题并针对教育实践活动的隐形进程提出研究假设。最后，以研究问题为中心，以解释教育教学现象为具体目标，选择适切的研究方法并完成整体研究设计。

第二阶段：发现进程。主要任务包括定义循证目标、设计循证方法、采集数据证据以及建模隐形进程。首先，需要在研究问题和研究设计的基础上

① 黄荣怀，杨俊锋，刘德建，等．智能时代的国际教育比较研究：基于深度探究的迭代方法 [J]. 中国电化教育，2020（7）：1–9.

进一步定义具体的循证目标，然后设计循证方法，并确定需要的数据和证据的类型以及潜在来源。以循证目标为中心，结合获取有关教育教学实践活动的投入、效用、操手和进程等关键要素相关信息的需求，选择适切的循证方法，如观察法、大型调查、大数据分析或对这些方法的组合使用等。潜在的证据和数据有两大类来源：一是传统的研究数据，如回收的调查问卷答案、观察记录等；二是技术工具生成的大规模、多模态的社会数据。[①] 社会数据包括在线活动或者传感设备产生的文本、语音、视频等多模态数据，在类型上包括认知数据、行为数据、情感数据、生理数据、环境数据等[②③]。其次，按照选定的循证方法实施循证过程并收集和分析数据和证据。由于教育社会实验具有大规模、高度复杂、长周期的特点，收集和分析数据更具挑战性，因此，应综合使用人工和技术工具相结合的方法，如利用技术工具自动获取数据、感知情境、识别模式与特征、计算推理的系统化处理过程[④]，支持教育社会实验研究过程中对社会数据的应用。最后，利用教育实践活动的输入、操手和效应的相关数据对教育教学活动的隐形进程进行建模。进程是隐形的，优化有关表达进程的数据结构和表征方式，有助于深入挖掘活动中涉及的要素之间的关系、整合若干微观的子进程，进而完成跨时间的、完整隐形进程的建模。建模隐形进程的核心是发现教育实践活动过程中信息、数据和资源的流动或变化模式。由于进程是隐形的、复杂的，当已有循证结果不能支持清晰的建模进程时，需要重新定义循证目标，并开始“定义循证目标—设计循证方法—采集数据证据—建模隐形过程”的循环和迭代，直至得到足够的证据，

---

① 余胜泉，王琦．“AI+ 教师”的协作路径发展分析 [J]. 电化教育研究，2019（4）：14–22.

② HUANG R H，WANG H，ZHOU W，et al. A computing engine for the new generation of learning environments:ICALT 2020[C]//Proceedings of the International Conference on Advanced Learning Technologies and Technology–enhanced Learning. Washington：IEEE，2020.

③ 黄荣怀，周伟，杜静，等．面向智能教育的三个基本计算问题 [J]. 开放教育研究，2019（5）：11–22.

④ 黄荣怀，高博俊，王欢欢，等．基于教学过程感知的行为计算 [J]. 电化教育研究，2020（6）：20–26.

并能够对隐形进程做出准确的建模。教育社会实验研究的循证过程创造性地吸收了马克思主义认识过程中“摹写”和“选择”的概念，具体体现为全面感知教育现象、深入分析社会环境、如实反映教育问题、根据循证目标设计适切的循证方法和选择关键证据，并从输入、操手和效应等关键要素出发建模隐形进程等。

第三阶段：解释现象。本阶段的主要任务是基于所发现的隐形进程，验证研究假设，对证实或证伪假设并得出结论。在研究结论的基础上，一方面，全面诠释教育社会实践，阐明教育现象背后能够支配一类教育教学实践活动运行的规律，并对整个研究进行系统的报告；另一方面，在研究结论的基础上形成应对该类教育实践活动进行改进的干预措施，并把这些干预措施反馈、应用到后续的教育实践活动中，验证其效果。干预措施的提出及其对改进教育教学实践活动的意义，正是对马克思主义认识过程中“创造”阶段的继承和体现：对教育教学实践的认知要透过现象揭示规律，并进一步且主动地为改进后续教育教学实践提供观念模型和超前的解决方案。

（四）教育社会实验研究的特征

教育社会实验研究是在迈向智能时代的社会转型和教育持续发生改变的背景下，旨在探究并改进复杂的教育教学实践活动，并由新技术所增强的新型实验研究方法。该类研究具有一系列的特征，主要体现在研究对象所处的环境和受控水平、活动规模，涉及因素、研究周期和影响等方面。

从实验实施的环境看，教育社会实验研究关注的活动发生在自然的、现场的教育教学环境中，而非特定条件下的实验室环境里。从实验控制的角度看，教育社会实验研究的研究对象处于自然状态，不受实验控制，这区别于准实验和真实验。这些特点使教育社会实验研究外部有效性得到提高，克服了传统真实验及准实验外部有效性不足的问题。

从所研究实践活动的规模看，教育社会实验关注的活动一般具有大规模或者超大规模的特征。研究的教育教学活动一般在地区、国家乃至全球范围发生，能以前所未有的广度和深度收集和分析数据。这些特点使教育社会实验研究区别于个案研究和小样本研究，为深入挖掘教育教学规律提供新的视角，有助于克服个案研究和小样本研究规模小、研究结论的可推广程度低等弊端。

从研究涉及的因素看，教育社会实验研究对象的复杂程度高，涉及的因素多，且所涉及的因素间大多互相影响，这使教育社会实验研究的实施以及数据的收集和处理更加复杂。教育社会实验研究区别于对单一变量进行研究的简单实验研究，该方法更加注重对技术工具的使用和在循证过程中进行适度的循环和迭代，从而挖掘多种因素间的关系，更加深入地揭示隐形进程。

从实验实施的周期看，教育社会实验研究关注研究对象的状态变化和发展进程，研究时间跨度大，周期较长，属于发展性研究，区别于非发展性研究。这个特点要求教育社会实验研究人员整合、串联在多个孤立时间点上的微观的关键发现，从而在一定的时间尺度上揭示教育教学实践活动的整体运行和发展规律。

最后，从教育社会实验所研究的教育实践活动以及研究结论的影响看，教育社会实验研究的实践活动在国家或社会层面具有重大的现实影响。研究结论，尤其是提出的针对教育教学实践的干预措施，其目的是解决实践中出现的问题，帮助优化和改进实践。同时，研究结论也对发现教育教学新知识以及创新和发展理论具有重大意义，这使其区别于纯理论性的基础研究和纯粹的应用研究。

在迈向智能时代之际，教育所处的外部社会环境更加复杂，不确定、不稳定因素增多，变化成为常态。教育领域内产生了新的系统性变化，使其显著区别于传统教育。这一系列变化和面临的挑战迫使教育研究方法不断创新。在马克思主义认识论的框架下，基于对传统教育实验研究和评价理论的继承和发展所提出的教育社会实验研究方法，包含研究设计、发现进程、解释现象三个阶段，目的是基于大规模、长周期的数据对教育实践活动的隐形进程进行深入挖掘，诠释教育教学实践，发现教育教学规律，并利用研究发现形成干预措施，促进教育教学实践的改进。研究过程中迭代和循环的思想以及对技术工具的利用，有助于扩大研究规模、提高研究结论的有效性和可靠性，从而为突破传统实验研究方法的局限提供思路。该方法的提出为在新形势下研究大规模的、高度复杂的教育教学实践提供了新的方法论。

第十六章　智慧教育生态与科教融汇

教育现代化是国家现代化的基础性工程，其核心目标在于推动教育高质量发展，以适应经济社会转型和创新驱动发展的需求。在全球科技竞争加剧的背景下，教育不仅承担着知识传承的职能，更是科技创新和人才培养的重要支撑。习近平总书记强调，必须深刻把握中国式现代化对教育、科技、人才的需求，强化教育对科技和人才的支撑作用。在此背景下，需要深入推进科教融汇战略，构建教育、科技、人才协同发展的新格局，促进科技创新体系与教育体系的深度融合，构建科技创新与人才培养的协同机制，以全面提升国家的创新能力和核心竞争力。与此同时，国家教育数字化战略作为重要支撑，推动教育体系向数字化、智能化升级。通过构建智慧的学习环境，变革传统的教学方式，催生适应智能时代的教育制度，形成智慧教育生态，为科技创新与人才培养的深度融合提供关键保障。从战略层面看，科教融汇理念强调科教兴国、人才强国、创新驱动发展三大战略相互支撑，形成促进教育与科技协同创新的新格局，旨在全面提升创新人才培养质量，增强我国科技的国际核心竞争力，并通过数字化赋能构建全民终身学习型社会，实现科技与教育的深度融合。这既是对世界发达国家经验的积极回应，也是我国实现教育现代化、科技自立自强的关键路径。

本章将围绕“智慧教育生态与科教融汇”这一主题，明确科教融汇的本质在于科技与教育的双向促进，并呈现出螺旋式发展态势，其核心目标是培养拔尖创新人才，关键支撑在于依托多元化教育教学场景变革推动教育创新，并在教育转型的目标指引下，构建科教融汇典型场景。通过对科教融汇战略理念的深入剖析，揭示其在推动教育高质量发展、支撑科技创新体系建设中的深远价值，探寻加速教育现代化进程的关键路径与战略支撑。

一、科教融汇战略的时代意义

当前教育改革与发展的重心是建立高质量教育体系，扎实推进教育强国建设，加强教育与科技的协同布局。自党的十九大以来，我国教育信息化建设在教育理念更新、模式变革和体系重构等方面取得了显著成就，中国特色的教育信息化发展路径和实践经验受到了国际社会的广泛认可。教育信息化支撑和引领教育现代化已经得到普遍共识，目前我国正处在数字技术驱动教育系统变革的关键窗口期。数字化转型是教育系统变革的关键特征，也是科技创新全方位赋能教育综合改革、支撑高质量教育体系建设的重要途径。当前教育数字化与智能化进程加速，为智慧教育的发展奠定基础。智慧教育作为未来教育的理想形态，其核心理念正引导教育体系向更加智能化、精准化和个性化方向发展。依托人工智能、互联网、大数据等新一代信息技术，教育体系正逐步实现智能化教学环境的构建、个性化教与学方式的重塑以及精准化教育治理的提升，为高素质创新型人才培养创造有利条件。习近平总书记在党的二十大报告中，把教育、科技、人才在全面建设社会主义现代化国家中的战略意义概括为"基础性、战略性支撑"，明确将教育、科技、人才作为一个整体来论述，并强调要"推进职普融通、产教融合、科教融汇"。切实推进科教融汇，是推动新一轮科技革命和产业变革深入发展的必然要求，是推进教育现代化的重要内容，是实现高水平科技自立自强的有力支撑，是创新人才培养模式的重要突破口。必须深刻理解科教融汇在全面建设社会主义现代化国家中的重要作用，充分发挥智慧教育的驱动效能，加快建设国家战略人才队伍，提升国家创新体系整体效能①，为科教兴国提供坚实支撑。

1995 年中共中央、国务院颁布的《关于加速科学技术进步的决定》首次提出科教兴国战略，将高校科教融合提升到国家战略高度，强调科研院所与高

① 黄旭．切实推进科教融汇 [N/OL]. 光明日报，（2023–09–27）[2024–09–27]. http://theory.people.com.cn/n1/2023/0927/c40531–40086124.html.

等学校研究工作的紧密结合。[①]2002 年，党的十六大报告正式提出“拔尖创新人才”的概念，引发了高校对拔尖创新人才培养模式的积极探索。与此同时，基础学科拔尖人才的国家计划逐步生成。2009 年，“基础学科拔尖学生培养试验计划”启动，旨在培养国际一流水平的拔尖创新人才，标志着拔尖人才培养进入国家战略层面。党的十八大以来，科教融合被频繁纳入国家政策文件，成为高校的重要办学导向。2012 年，“高等学校创新能力提升计划”提出协同创新理念，推动多部门、多学段协同育人。[②] 进入新时代，国家进一步完善科教融合育人机制。2018 年国务院《关于全面加强基础科学研究的若干意见》提出，要结合国际一流科研机构、世界一流大学和一流学科建设，推进基础研究与科教融合；同年教育部发布的《关于加快建设高水平本科教育全面提高人才培养能力的意见》和 2020 年教育部、发改委、财政部发布的《关于加快新时代研究生教育改革发展的意见》均强调建立和完善科教融合育人机制。在这期间，我国相继推出基础学科拔尖学生培养计划 2.0 和基础学科招生改革试点（“强基计划”），探索基础学科拔尖创新人才的选拔与培养体系。

党的二十大以来，科教融汇已成为一个新的政策话语和导向，从科教融合到科教融汇不是简单的话语转变，从二者的内涵和使用场域来看，科教融汇体现了更高的战略定位和更强的现实意义。[③] 相较于科教融合，科教融汇是对宏观的教育与科技创新关系认识的深化。党的二十大报告强调，要全面提高人才自主培养质量，着力造就拔尖创新人才。进一步加快拔尖创新人才自主培养成为当下的时代任务。在当前国际科技竞争日益激烈的形势下，国家对教育在培养拔尖创新人才方面的要求越发提高，对依托科技创新提升整体教育质量的需求也愈加突出。必须坚持科教融汇的现代教育理念，发挥高水平科技创新的支撑作用，推动教育方式、学科体系、创新资源和科研组织的

---

① 钟秉林，李传宗 . 科教融合培养拔尖创新人才的政策变迁与实践探索 [J]. 中国高教研究，2024（1）：33–40.

② 卢晓中 . 科教融汇视角下高校教学与科研更好结合刍论 [J]. 中国高教研究，2023（11）：32–38.

③ 卢晓中，王婧 . 新质生产力发展视域下科教融汇促进拔尖创新人才培养 [J]. 江苏高教，2024（8）：13–24.

优化升级，实现科技创新与教育教学、科研组织与学科发展的深度融合。学校应走内涵式高质量发展道路，全面助力教育强国建设。科教融汇是在科教结合、科教协同、科教融合基础上的创新性表述。推进科教融汇，需要找准科技和教育的结合点，抓住“融”和“汇”的着力点，高质量推动科技和教育深度融合发展。[①]科教融汇即科学与技术同教育的融合交汇，要将科技革新力量与育人工作紧密结合起来，融汇成一股强大力量，助力国家现代化建设。

科教融汇的本质在于科技与教育的双向促进，即科技创新驱动教育变革，教育体系反哺科技进步，从而形成持续深化的动态循环。在这一机制的作用下，培养拔尖创新人才成为科教融汇的核心目标，关乎教育体系的高质量发展，也是支撑国家科技自立自强的关键。为此，需要进一步健全人才培养的支撑条件，加快教育领域的科技攻关，推动人机协同教学、跨学科融合创新等模式创新。与此同时，科教融汇战略的推进必须回应教育改革中的现实关切，依托多元化的教育教学场景变革促进科教融汇落地。在教育转型目标的指引下，需要创生典型的科教融汇场景，以推动能力建设为核心导向，增强教育体系从容应对科技变革的适应力，培养学生在智能时代所需的关键能力，提高教师的人机协同教学能力，并优化网络空间的技术治理能力，为教育现代化与科技创新的深度融合奠定坚实基础。

二、科技与教育的螺旋式融合发展

智能时代的教育迫切需要深入推进智能技术与教育深度融合，这不仅是促进教育变革创新的关键举措，也是实现高质量发展的必然路径。过去谈及科技与教育的融合，强调的是利用科技手段来优化教育教学过程、教学内容、教学工具和学校管理等，即科技赋能教育。随着全球数字化的演进，技术在

① 吴群刚．深入推进科教融汇，服务支撑国家高水平科技自立自强 [J]. 中国高等教育，2023（20）：21–24.

助力学生成长、教师发展与学习环境优化等方面的潜能已得到国际认可。[①]在科技进步、社会转型和教育变迁三者的动态相互作用下，科技与教育正逐渐形成全领域、全要素、全链条、全业务等系统性深度融合的新格局，呈现出范围广泛、方式多样、价值丰富等特征，科技变革教育的探索实践也正从单一的科技赋能拓展至社会转型、科技赋能、教育变革和变革有序四个维度（见图16–1）。这一演进逻辑表现为：社会转型催生教育新需求，新需求推动科技赋能教育高质量发展，由此引发教育的深层次变革，并促使教育变革逐步走向有序。科技与教育的深度融合需要在各教育场景中按照“需求—融入—演化—治理”四环节有序推进与迭代发展。第一，科技变革教育的需求、路径与成效依赖于在不同场景中的推进，在社会转型中识别变革场景是定义教育新需求的前提。第二，新一轮科技革命以人工智能为核心和重要驱动力，科技赋能是智能技术融入教育的核心价值。第三，教育是最为复杂的重要社会系统之一，存在高度的差异性和不确定性，开展变革推演是科技赋能教育价值的具体表征。第四，智能技术在教育中的不当使用将带来伦理、隐私保护与安全等风险，只有有效的智能技术治理才能保障教育系统变革的有序推进。

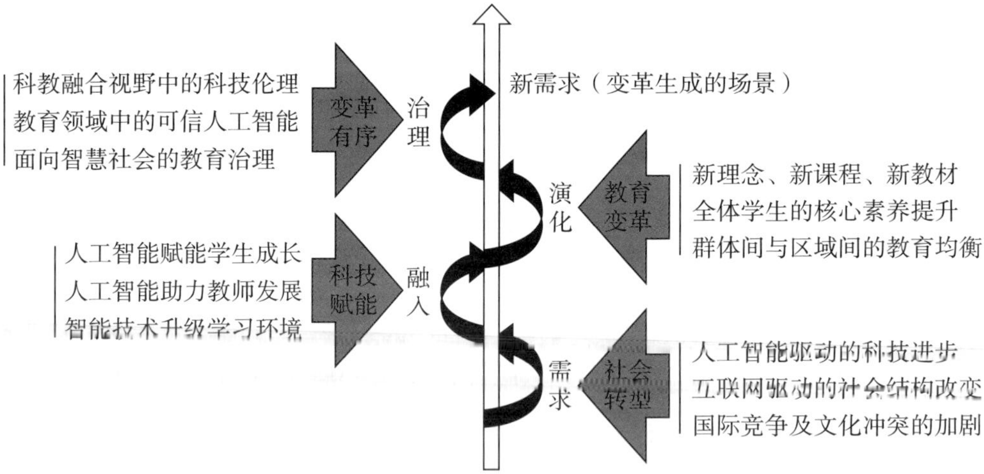

图16–1　智能技术赋能教育的螺旋式发展

---

① 张慧，黄荣怀，李冀红，等．规划人工智能时代的教育：引领与跨越：解读国际人工智能与教育大会成果文件《北京共识》[J]．现代远程教育研究，2019（3）：3–11.

（一）社会转型催生教育新需求

智能技术的迅猛发展正深刻推动人类社会从工业化向数字化、智能化转型，由此引发对人才结构和能力的全新需求，倒逼教育体系进行深层次变革。作为智能技术的核心，人工智能在全球范围内快速崛起，已成为推动科技进步和产业升级的重要引擎。互联网技术进一步打破了传统社会结构，催生了数字文化、数字社交和数字经济，全面重塑了社会网络和经济体系，为社会变迁注入强大动力。在这一背景下，国际竞争加剧与文化多样性融合并存，对教育提出了更高要求。智能时代的人才需具备国际竞争力，能够适应多元文化的碰撞与融合，并在全球化背景下促进文化共生与合作。这不仅要求教育加速培养学生的技术应用能力和跨文化沟通能力，还需注重学生创新能力、团队协作与伦理思维能力的综合提升。与此同时，人工智能的应用不仅驱动科技创新，也成为各国争夺未来竞争优势的重要领域。教育作为社会发展的核心系统，需要与时俱进，通过智慧教育的实践创新，回应社会转型对高层次人才的迫切需求，从而更好地服务于全球化和智能化的社会发展目标。

（二）新需求推动科技赋能教育高质量发展

教育信息化可以在广义上被理解为科技赋能教育。我国的教育信息化经历了工具辅助、整合应用和融合创新三个发展阶段，培养了大批信息科技人才，有效支撑了教育的改革与发展。“赋能”的核心价值在于实现创新与变革，从促进学生成长、助力教师发展、升级学习环境等方面推动教育的高质量发展。智能技术促进学习方式的创新，通过优化学生的学习路径，使其更主动地参与学习过程，从单一的知识接受者转变为具有独立思考能力的知识创造者。科技赋能不仅重塑了学生的学习方式，也为教师的发展注入了新的动能。智能技术能够帮助教师更精确地掌握教学对象的特点，优化教学方法，提升教学效率。学习环境的升级是科技赋能教育的重要体现之一，通过智能化和数字化的手段，学习环境从传统模式向更加开放、高效、灵活的方向转变。智能技术为学习环境带来了整体性的提升，使教学、管理和资源配置更加协同高效。

（三）技术发展引发教育的深层次变革

智能技术的有效融入正加速推动教育领域发生深层次的系统性变革。这种变革不仅限于教师、学生、课堂、课程或环境等单一要素的优化，更体现为教育理念、课程体系、教学资源与组织模式的整体性重构，进而催生出一系列新的教育观念与实践形式，包括新知识观、新学习观、新课程观和新教学观。这些变化对学生核心素养的提升提出了更高要求，促使教育系统必须适应智能时代的发展需求。与此同时，尽管智能技术的运用在一定程度上扩大了优质教育资源的可及性，但学生在数字素养与技术使用能力方面仍存在显著差异，加之不同地区和群体在资源配置上的不均衡，教育系统中的“数字不平等”问题进一步加剧。这一现象表现为部分群体拥有更强的技术接入能力和信息获取能力，而另一些群体则处于技术边缘，造成教育机会与发展能力的结构性分化。

（四）促使教育变革逐步走向有序

智能技术引发的教育不均衡发展问题正在成为教育领域非常值得关注的话题。从生态学视角看，其影响不仅限于表层的资源分配和教学模式改变，而是更深刻地打破了教育系统原有的生态平衡，重新定义了教育资源、技术应用和人力因素之间的关系。这种打破平衡的过程，既为教育创新和发展提供了契机，也可能加剧教育资源分布的地域、群体差异和数字鸿沟问题，带来新的不平衡和竞争。从协同论视角看，智能技术的融入会打破原有的有序状态，使教育发生从无序到有序、从有序到新的有序的状态变化。要引导教育系统从短期的无序适应走向长期的有序发展，必须深入关注和解决一些关键问题。包括如何规范科教融汇中的科技伦理，教育领域中可信人工智能如何实现公平与透明的应用，以及在迈向智慧社会的过程中如何构建兼顾效率与公平的教育治理体系。这些努力将成为教育系统迈向高质量和可持续发展的关键支撑。

三、健全拔尖创新人才培养支撑条件

教育的使命在于为强国建设提供人才支撑，而科技的自立自强有赖于技术的不断突破。为此，应充分发挥高校、国家重点实验室和国家工程研究中心等科技平台在创新人才培育中的关键作用，围绕教育领域核心技术，强化有组织的科研攻关。这不仅有助于破解学习环境、教与学模式和教育治理中的难点问题，推动国家整体科技实力的跃迁，也将为创新人才培养提供坚实的技术支撑。与此同时，技术的迅速发展持续推动着智能时代教育范式的深刻变革，人机协同教学已然成为新型教学样态的核心方向。人工智能、脑机接口、机器人等智能技术正深度嵌入教育场景，促使人机协同从辅助教学迈向深度融合。推动科教融汇需统筹技术创新与伦理规范，确保智能技术增强而非在替代人的主体性的前提下发展，同时保障教学公平性与数据安全，探索合理的技术应用边界，构建自主可控、人机协同、高度适应的智能教育体系。科技攻关与人机协同的双向驱动，不仅能为创新人才提供广阔的成长空间，更能有力支撑科技自立自强与人才强国战略协同推进。

（一）加速教育领域科技攻关

当前，教育领域仍面临诸多“卡脖子”技术问题，制约着智能技术的深度应用，亟须逐步加以破解，以支撑教育体系的智能化发展。重点应在以下五个方向开展技术的系统性突破。

一是远程教学交互系统。远程教学交互系统是促进优质教育资源普惠共享的关键支撑。需突破智能交互技术，打造高沉浸、多模态的远程学习体验，以满足多网融合、多点互动的教学需求。例如，基于 5G 的全息投影、虚拟现实和远程高清直播技术可被广泛应用于智慧课堂和虚拟仿真实验室建设，提升远程教学的实时交互性，优化跨时空学习体验。未来，还需探索基于脑机接口和触觉反馈技术的沉浸式学习交互，进一步增强远程教学的沉浸感与学习迁移效果。

二是知识建模与智能分析。知识建模与智能分析技术是实现个性化学习和精准教学的核心引擎。应重点进行生成性、适应性、智能化的学习资源研发，推动学习资源的动态更新和精准匹配。例如，生成式人工智能技术可自动生成文本、图像、音频等多模态内容，实现基于学习者需求的智能资源推荐，助力个性化学习与自主探究式学习模式的深化。同时，结合图神经网络等先进算法，优化知识图谱构建，提升关于教育内容的语义理解与关联推理能力，为精准教学提供更强大的智能支撑。

三是学习者建模与学习分析。学习者建模与学习分析技术是推动因材施教、提升学习成效的核心支撑。应借助大数据与人工智能算法，为学习者进行精准画像，实现对学习行为、认知水平、情感状态等多维度特征的动态分析。例如，科技部 2021 年重点专项“大规模学生跨学段成长跟踪研究”通过对学生成长数据的持续跟踪与深度分析，为精准教学、学习诊断与生涯规划提供科学依据。此外，结合人工智能情感计算技术，可实时感知学习者的情绪状态，优化课堂互动与教学反馈机制，提高教学适应性与个性化支持能力。

四是学习环境设计与评测。学习环境的智能化升级是推动智慧教育发展的基础环境条件。应加强智联学习环境的技术攻关，融合虚拟现实、增强现实、物联网等前沿技术，构建学校—家庭—社会多场域一体化的智能学习空间。例如，新一代人工智能国家科技重大专项中的“学习环境智联计算关键技术研究及应用示范”探索了智能学习环境的创新模式。未来，可进一步发展基于区块链的学习记录存证系统，保障学习数据的可信性与可追溯性，促进终身学习生态建设。

五是系统化教育治理。教育治理的智能化升级是提升教育体系现代化水平的关键环节。需突破互联网教育治理技术，推动教育管理由经验驱动向数据驱动转型。例如，科技部部署的“互联网教育应用的行为感知与风险监测关键技术研究”利用人工智能和大数据分析技术，对在线教育行为进行智能感知、风险预警与精准监管，提高教育治理的科学性与高效性。同时，可结合联邦学习（Federated Learning）等隐私计算技术，强化教育数据的安全共享与合规使用，构建透明、高效、安全的教育治理新模式。

（二）构建人机协同教学样态

人机协同的教育教学实践标志着智能技术从“辅助教学工具”向“智能协同主体”的跃迁，其本质是对教育主客体关系的范式重构。这一转型不仅体现了教育数字化转型中技术的演进迭代，更体现了对教育教学形态变革的社会期许，即通过机器智能与人类智能的价值对齐与深度融合，构建“人—机”多场域共存、深层次协同的教育教学样态。人机协同教学不仅是教学方式的革新，更是创新人才培养路径的拓展。智能技术的深度嵌入，使教学从单向知识传授向个性化、自适应学习转变，从传统课堂学习拓展至跨学科、跨情境的实践探索。在智能社会不断变化发展的背景下，教育不仅要适应技术变革，更要主动利用技术优势，以“人机共育”推动创新人才成长，并基于循证研究优化人机间智能协同的教育教学实践，以切实回应教育高质量发展的时代诉求。

1. 人机协同教学的社会性期许

以人工智能大模型为代表的新一轮科技革命对教育领域的冲击引发了教育系统性变革的自我觉醒。当前，教育系统正处于从被动接受外部变化转向主动适应并推动内部变革的关键阶段，如何利用数字技术破解教育难题、实现教育公平，正引发社会各界的热烈讨论。教育作为人才培养、科技进步和社会发展的关键因素，借助技术的优势弥补人力的局限，以增进教育实践的效率、质量和公平，一直是全球教育系统的共同期许。当前，教育数字化进程的持续推进无疑为教育教学形态的转变带来了创新机遇。具体而言，在机器智能不断改变现有教学要素、流程和场景业务的趋势下，利用数字化手段变革教学模式、创新学习方式、优化决策手段，逐渐形成人机协同教学的样态。

一是形成多元跨域的人机“协同教学”。数字化技术融入教学环境，使得教学实践开始进入人机共存、多维交互的多元智能协同场域，教学活动的实践边界得以扩展，同时促进教学结构从“师—生”二元结构向“师—生—机”三元结构过渡发展。这一教学结构形态需要教师与机器之间建立双向反馈的协同回路，以实现教学策略的迭代进化，提高教学实践活动的质量和效益。

二是形成双向赋能的人机“协同学习”。以人工智能大模型为代表的新一代信息技术的教育应用也将为学习者提供更拟人化、智能化、多模态的人机交互方式，使得技术可以通过扮演不同的教学角色为学习者带来全新的沉浸式学习体验。这一过程也将改变个体学习的发生机制，使得学习发生在多轮人机交互的协同过程中，实现人类智能和机器智能的互补增强。

三是形成安全可信的人机“协同决策”。信息过载时代，智能技术将通过合理的人机认知分工来实现决策优化，为深化智能时代教学评价方式和机制改革提供新手段。通过构建跨场景的数字化平台和工具，促使教学决策走向循证决策、数据驱动和人机协同的高层次水平，实现更加科学化、精细化、智慧化的教育教学决策。总的来说，数字技术在教育领域的运用是导致教育彻底变革的决定性因素。[①] 面对当前社会对人机协同教学的发展期许，迫切需要以数字技术优势作为教育教学创新发展的关键驱动力，对教育实践开展一场全面、系统、深刻的变革，以培养适应时代变化的创新人才，应对社会转型期的不确定性。

2. 证据导向的人机协同多元循证实践

面对智能时代教育教学实践的发展诉求，需要以学习环境建设为基础、以证据为导向、以教育伦理为保障，优化实践成效，有效促进教育教学实践迈向人机协同新样态。具体而言体现为以下三方面。

一是建构人机协同教学支持服务环境。学习环境的构建是实现学与教方式变革的基础，需要进一步聚焦数据、场景、交互模态和协同机制等方面的系统化设计，有效建构智联融通、人机协同的学习环境。包括建立多模态教育数据采集、传输和分析的标准机制，在避免数据隐私泄露的基础上挖掘背后的教学规律；基于不同教育场景、目标或任务的特性设计相应软硬件的技术方案，开发以人为中心的教育人工智能算法模型；综合考虑学科特点、学生教育水平和背景等因素，合理选择机器类型、形态外观与交互方式，强调机器赋能协同教学的人本化技术适配机制；根据人机各自能力的优势，合理分

① 何克抗．论现代教育技术与教育深化改革（上）：关于 ME 命题的论证 [J]. 电化教育研究，1999（1）：3–10.

配线上与线下环境的教育任务，实现人机间角色分工与能力互补的协同机制。

二是持续开展证据导向的人机协同教学实践。人机协同教学实践需要以数字教学法作为理论指导，采用基于证据的理念、教与学方法、系统平台，促使教师从基于经验的主观教学向基于过程性学习证据的教学转变。包括利用智能技术驱动的课堂数据采集、分析的可视化工具和学习分析方法，系统分析教师和学生的课堂行为模式，从教学过程性数据中提取人机协同教学的规律，作为教学实践持续创新和改进的依据；鼓励教师利用学习证据，精准识别关键教学问题，应用创新性的数字化资源与适应性的教学策略来设计、组织人机协同的最佳教学实践活动，在减轻教学工作负担的同时实现教学的提质增效。

三是探索完善人机协同教育伦理保障体系。规避技术风险以最大化享受人机协同教学红利的关键在于确定人机协同的伦理边界，并提高教育利益相关者的数字素养与技能，在技术具身化过程中避免技术介入对教育主体性的侵蚀，守护教育的人文内核。包括在保障技术安全合规的基本前提之下明确技术使用的“底线”，以人类的正确价值观指导机器在道德界限内开展教育实践行动，实现人机间意识形态、教育观念和教育行为规范的一致性；在设计教育人工智能系统的全生命周期时综合考虑多元群体的需求和观点，使其无障碍、无偏见地服务于各类社会群体；在教育决策过程中强调教育人工智能系统可解释性的依据，并突出人类教育工作者对其的审查、反馈和监管作用，形成人在回路的可靠保障；在社会范围内将人工智能素养教育纳入各级各类教育，全面发展教育利益相关者与人工智能相关的知识、技能和伦理态度，避免技术逃避或滥用的不良后果。

四、以多元化教育场景变革推进科教融汇

人工智能、互联网、大数据等新一代信息技术需要大批高素质的创新型人才。智能技术的不断突破和我国教育改革与发展的内在需求对教育提出了新的诉求，需要予以高度关注。新时期我国教育改革有三个现实关切。一是

迫切需要转变教育理念，培养数字化思维和意识。面对以人工智能为代表的新一代信息技术和数以亿计学习者的数字化学习变革诉求，数字化思维和意识尤为重要。学校及区域推动教育改革，需改变课堂教学中数字设备及教学资源的机械性应用模式和教育教学管理中数字技术简单叠加式应用的工具性思维，超越当前的“表象式”改革诉求，系统谋划和引领学校的改革与发展。二是缺乏智能技术变革教育的循证研究和社会实验。大规模的教育改革实践将引发教育系统性变革，也将带来教育研究范式的转变，实验研究方法和证据意识的重要性将进一步凸显。教育社会实验从某一社会现象出发研究教育社会实践活动，发现隐形进程，揭示智能时代教育变革的规律，提出应对方法或干预措施，为改进教育实践活动提供新的途径和方法论。我国正在开展长周期、大范围、跨领域的社会实验，探索人工智能融入教育的规律与路径。三是智能化评价手段和机制尚不健全。深化新时代教育评价改革，要求利用人工智能、大数据等智能技术构建跨区域、跨场景的教育测评系统平台和工具，优化数据采集标准，形成基于多元多模态数据的教育评价体系，探索开展学生学习情况全过程纵向评价、德智体美劳全要素横向评价的全新方式。①目前，我国智能化评价工具和标准尚有巨大进步空间，评价体系仍不完善，还有很长的一段路要走。

为破解教育改革与发展中的难点问题，亟须积极推动科教融汇，将科技创新与教育发展深度结合，形成协同效应。科教融汇不仅是应对当前教育领域结构性矛盾和技术瓶颈的重要途径，更是实现教育现代化、推动教育高质量发展的关键举措。通过推进教育教学场景的多元化变革，充分发挥智能技术、数字资源和创新模式的作用，可以有效提升教育质量，拓宽教育公平的实现路径，培养符合新时代需求的拔尖创新人才，助力教育强国建设。

（一）按优先级分类界定变革场景

场景是特定时间、空间、人物和事件等所构成的统一体。场景模糊和场

① 黄荣怀.未来学习，要构建智慧教育新生态[N].光明日报，2022-04-05（6）.

景泛化是教育教学实践中面临的主要问题。一方面，变革场景模糊源于教育变革外驱力与教育改革内生动力的耦合机制不协调，即面对智能技术的迭代更新与社会转型的持续加速，教育系统变革的适应性不足。另一方面，应用场景泛化源于智能技术应用于教育教学的“双盲盒”现象，即“技术黑盒子”和“方案空盒子”，表现为在产品开发中关键核心技术的缺失，以及技术开发者对产品的应用场景、兼容环境及衔接时序的不明确等，这是教育数字化转型的一大瓶颈。[①] 因此，需要认识到挖掘需求与定义场景是系统性变革的主要动力来源，基于师生在教、学、考、评、管等具体教育环节中的真实需求，按照优先级分类界定变革场景。

（二）按成熟度分步推进教学变革

教育信息化有效支撑了教育改革与发展，其历史进程已展现出科技赋能教育的价值。然而，在科技融入教育的过程中仍存在对智能技术价值的认知偏差，人们往往高估智能技术的即时作用，低估其长期效应。有的区域或学校会脱离教育实际发展情况，盲目引入昂贵的智能技术及设备，短期内造成高投入低回报的问题，阻碍教育数字化转型的发展进程并弱化整体效益。因此，要按照教育数字化成熟度渐进、灵活地推动教育变革。首先，研判区域及学校的数字化转型阶段，综合考虑教育教学业务改变的迫切性、师生及相关者的心理准备和数字素养、技术环境及资源准备情况等。其次，设计教育数字化转型梯次发展的战略规划，保障数字时代教育改革的目标递进、机制设置及文化形成等。最后，因地制宜构建技术供给与教育场景需求的持续演进机制，在需求牵引、应用为王原则的指引下分步推进教学变革。

（三）基于推演具象表征变革过程

传统教育教学研究和教学实验难以厘清教育变革的深层机制，对教育实

---

① 高远至，原碧霞 . 教育数字化，推开教育一扇新大门 [EB/OL].（2023–02–27）[2024–04–30]. http://www.banyuetan.org/jy/detail/20230227/ 1000200033136041677480094692065088_1.html.

践的解释力和指导性不足，教育理论常被指“中看不中用”“脱离实践”“低水平重复”等。教育理论需要观照教育变革的全域性与复杂性，挖掘变革背后的结构性原因与内隐性规律，因而需要引入多元循证研究、数据密集型研究和教育智能计算等手段，具象表征变革过程。一方面，教育社会实验基于大规模、长周期的数据，观察并阐释教育教学实践活动的隐形进程，在挖掘教育教学规律的基础上形成干预措施，进而实现教育教学实践的改进。另一方面，仿真模拟通过建立与真实教育系统平行的数字孪生系统，模拟复杂教育现实中多重变量的交互变化，可视化呈现教育演化的过程与趋势，进而指导并优化真实教育系统。

（四）遵循伦理原则强化技术治理

智能技术教育应用也存在一些问题，现实生活中已出现一系列负面案例，如算法推荐导致信息茧房、短视频沉迷影响注意力、“拍照搜题”惰化思维能力等，值得高度关注。智能技术在学校教育中既存在不当使用的现象，也存在过度使用和逃避使用的现象，需开展有效的智能技术治理才能保障教育系统变革的有序推进。面向智慧社会的教育治理，一是要保障人工智能等技术融入教育生态的规范性和有序性，确保技术是合乎伦理的、符合法律的、符合教育规律的以及稳健的。二是要利用新技术助力形成精准化、精细化、高效化的教育治理机制，实现教育治理体系与能力的现代化。

五、教育转型目标下的科教融汇典型场景

我国正在大力推进的教育数字化转型，是以数字技术驱动教育系统全要素、全业务、全领域和全流程的系统性变革。其核心目标不仅在于培养全社会的数字化意识，更在于提升教育主体的数字素养与技术应用能力，推动教育范式从工业化向智能化演进，构建开放、共享、高效的智慧教育生态，形成适应未来社会发展的数字治理体系和机制。在这一深刻变革过程中，教育

体系的稳定性、育人模式的前瞻性、教学方式的创新性以及治理体系的完善性成为影响教育数字化转型成效的关键因素。教育数字化转型的深入推进，将进一步促进科技创新与教育变革的深度融合，拓展教育与科技协同创新的路径，以能力建设为导向，为科教融汇提供更多发展契机，催生多元化的典型应用场景，助力教育体系在智能时代实现高质量发展。

（一）增强教育从容应对科技发展的能力

当下，新技术正以集群式、持续性、全方位的态势深度渗透人类生活的各个层面，其发展速度和影响广度在一定程度上超出了社会、经济与政治等领域的适应能力，甚至超越了人们的直觉感知与预测能力，给教育体系带来了前所未有的挑战。在此背景下，教育不仅要应对技术变革带来的冲击，更应以前瞻性思维主动塑造未来，以体系化、系统化的方式提升自身的适应力与发展力。面对技术变革的不确定性，教育应从理念革新、体制优化到研究范式转型进行系统性变革，化“被动生变”为“主动求变”，实现从“亡羊补牢”到“未雨绸缪”的战略升级。为此，需要建立健全前瞻性战略部署与顶层设计机制，加强趋势研判，依托新型教育平台强化智能化支撑，提高关键技术攻关能力，健全风险监测体系，完善治理督导机制，形成一整套科学、高效的应对策略，以构建具有韧性和可持续的未来教育生态，使教育体系能够在科技迅猛发展的时代背景下保持稳定性、适应性与创新性。

（二）培养学生在智能时代所需的关键能力

人工智能技术正重塑育人模式，具体体现在助力学生个性化学习、赋能教师教学模式改变、促进学校智能化学习环境升级和推动科学研究方式创新等方面，其核心价值在于培养智能时代的新公民，使学生具备时代所需的关键能力，以胜任未来社会的多元挑战。

具体包含以下关键能力。（1）持续终生的自主学习能力。这一能力将成为智能时代的核心学习能力，意味着学生在高等教育中要保持自我效能感和主观能动性，通过自我规划、自我决策、自我监控、自我管理、自我评价等行为，不断更新知识结构，以适应未来工作和生活的需求。（2）利用人工智能的创新能力。创新性地使用人工智能不仅要求掌握基本的技术应用，更在于将人工智能与已有经验融合，创造性地解决日常生活中的复杂问题，以及整合不同观点，创新解决方案。（3）多次灵活就业的适应能力。在智能时代，学生需要具备较强的专业技能和跨学科素养，灵活应对工作环境的变化，自如地在不同的角色与职责之间转换，满足各种职业需求和工作要求，以有效地适应不同行业的动态发展。（4）不确定性状况的处理能力。应对社会不确定性，要求学生具备批判性思维和风险评估能力，能够在快速变化的复杂环境和未知挑战中，作出敏捷且具备适应性的判断和决策。同时，还要求学生具备技术伦理意识和伦理判断能力，合理使用技术资源，保护个人隐私和信息安全。（5）富智能环境中的生存能力。在人机协同日益密切且复杂的环境中，在优先考虑个人主观能动性的同时，最大限度地发挥人类的创造力和机器的多任务处理效率，实现最佳效能。

（三）提高教师的人机协同教学能力

随着科教融汇的深化，教师的角色正从既有知识的传授者，转变为培养学生必备品格、高阶思维、复杂问题解决能力的人生导师。智能技术的广泛应用，使教师不仅要掌握数字化教学工具，更需具备与人工智能协同创新的能力，以实施“人机互补、智能增效”的教学方式。在人机协同的教学模式中，教师应充分利用智能技术提升教学效能。一方面，人工智能可承担知识检索、自动文本生成、作业批改等标准化和重复性工作，使教师能够将更多精力投入到高阶思维培养、复杂问题指导以及学生综合素养提升等关键环节。另一方面，人机协同的教学方式将不断得到丰富，例如，教师可与人工智能教育机器人合作开展“双师教学”，通过精准数据分析，实施个性化教学，提高因材施教的精准度；借助全息投影、自然体感交互等前沿技术，与“数字孪生教师”协同教学，增强学生的沉浸感与互动体验，优化知识建构过程。

（四）优化网络空间技术治理能力

健全网络综合治理体系，推动形成良好的网络生态[①]是治理体系和治理能力现代化的重要内容。随着教育数字化的深入发展，优化网络空间技术治理能力需从数据安全与隐私保护、法律体系完善以及治理主体协同等方面系统推进。首先，应构建“内生安全”的数据治理体系，将数据安全与隐私保护贯穿数字教育产品的全生命周期。在网络基础设施建设、系统架构设计、技术应用、业务流程规划、场景落地及具体操作环节，强化安全设计思维，主动规避数据泄露与滥用风险。通过隐私计算、联邦学习等新技术，从源头上提升数据安全性，实现“设计即安全”，减少对敏感数据的额外防护需求。其次，应进一步完善网络安全法律体系。尽管我国已颁布个人信息保护法、数据安全法、网络安全法等多部法律法规，并制定了一系列数字教育标准和规范，但由于教育生态的复杂性及其与社会各子系统的多层次关联，现有法规在前瞻性、适切性、解释力及可执行性方面仍需进一步优化。应针对教育场景的特殊需求，细化数据治理标准，明确权责边界，增强监管机构的执法能力，确保法律体系能够有效支撑教育数字化的发展。最后，应加强多主体协同治理机制，构建政府、学校、企业、社会组织及技术提供方等多方参与的协同治理体系。通过建立网络安全审查制度、健全信息共享与预警机制、加强技术伦理监管等措施，实现动态治理与精准监管，确保教育网络空间的健康可持续发展。随着数字化技术的快速演进，教育网络空间治理能力的优化不仅是应对当前挑战的必然要求，更是推动教育数字化高质量发展的重要保障。只有通过数据安全、健全法律体系、优化协同治理，才能形成更加安全、可信、高效的智慧教育生态。

① 杨立群. 健全综合治理体系 营造良好网络生态 [EB/OL].(2023-01-12)[2024-11-12]. http://www.qstheory.cn/dukan/hqwg/2023-01/12/c_1129277578.htm.

出 版 人　郑豪杰
责任编辑　何　蕴　秦　欢
版式设计　京久科创　郝晓红
责任校对　马明辉
责任印制　米　扬

图书在版编目（CIP）数据

智慧教育：迈向教育2050的路径 / 黄荣怀著. 北京：教育科学出版社，2025. 7. -- （智慧教育发展丛书）. -- ISBN 978-7-5191-4675-7

Ⅰ. G52

中国国家版本馆CIP数据核字第20252S9W17号

智慧教育发展丛书

智慧教育：迈向教育 2050 的路径

ZHIHUI JIAOYU: MAIXIANG JIAOYU 2050 DE LUJING

出版发行	教育科学出版社		
社　　址	北京·朝阳区安慧北里安园甲9号	**邮　　编**	100101
总编室电话	010-64981290	**编辑部电话**	010-64989421
出版部电话	010-64989487	**市场部电话**	010-64989009
传　　真	010-64891796	**网　　址**	http://www.esph.com.cn

经　　销	各地新华书店		
制　　作	北京京久科创文化有限公司		
印　　刷	中煤（北京）印务有限公司		
开　　本	720毫米×1020毫米　1/16	**版　　次**	2025年7月第1版
印　　张	28.5	**印　　次**	2025年7月第1次印刷
字　　数	415千	**定　　价**	98.00元